Esta coleção tem como objectivo proporcionar textos que sejam acessíveis e de indiscutível seriedade e rigor, que retratem episódios e momentos marcantes da História, seus protagonistas, a construção das nações e as suas dinâmicas.

CB141952

HISTÓRIA NARRATIVA

**Títulos publicados na colecção:**

1 – *História dos Estados Unidos desde 1865*, Pierre Melandri
2 – *A Grande Guerra – 1914-1918*, Marc Ferro
3 – *História de Roma*, Indro Montanelli
4 – *História Narrativa da II Guerra Mundial*, John Ray
5 – *Hitler – Perfil de um Ditador*, David Welch
6 – *A Vida de Maomé*, Virgil Gheorghiu
7 – *Nicolau II. O Último Czar*, Marc Ferro
8 – *História dos Gregos*, Indro Montanelli
9 – *O Império Otomano*, Donald Quataert
10 – *A Guerra Secreta*, Ladislas Farago
11 – *A Guerra de Secessão*, Farid Ameur
12 – *A Guerra Civil de Espanha*, Paul Preston
13 – *A Vida Quotidiana no Egipto no tempo das Pirâmides*, Guillemette Andreu
14 – *O Amor em Roma*, Pierre Grimal
15 – *Os Templários*, Barbara Frale
16 – *No Rasto dos Tesouros Nazis*, Jean-Paul Picaper
17 – *História do Japão*, Kenneth G. Henshall
18 – *Artur, Rei dos Bretões*, Daniel Mersey
19 – *O Islão e o Ocidente. Uma Harmonia Dissonante de Civilizações*, Christopher J. Walker
20 – *Pós-Guerra. História da Europa desde 1945*, Tony Judt
21 – *A Guerra Fria*, John Lewis Gaddis
22 – *História da União Soviética*, Peter Kenez
23 – *História do Tibete*, Thomas Laird
24 – *A Europa em Guerra*, Norman Davies
25 – *Santos e Pecadores. História dos Papas*, Eamon Duffy
26 – *A Grande Guerra pela Civilização. A Conquista do Médio Oriente*, Robert Fisk
27 – *O Sabor da Conquista*, Michael Krondl
28 – *Mundos em Guerra*, Anthony Pagden
29 – *História de Israel*, Martin Gilbert
30 – *O Parlamento do Homem. História das Nações Unidas*, Paul Kennedy
31 – *Os Celtas*, John Haywood
32 – *História da África*, J.D. Fage e William Tordoff
33 – *História da Polónia*, Adam Zamoyski
34 – *Fascistas*, Michael Mann
35 – *História de França*, Marc Ferro
36 – *História da América Latina*, Edwin Williamson
37 – *O Império de Hitler*, Mark Mazower
38 – *As Cruzadas vistas pelos Árabes*, Amin Maalouf
39 – *História Alemã*, Ulf Dirlmeier, Andreas Gestrich, Ulrich Herrmann, Ernst Hinrichs, Konrad H. Jarausch, Christoph Kleßmann, Jürgen Reulecke
40 – *O Continente das Trevas*, Mark Mazower
41 – *História de Espanha*, Julio Valdéon, Joseph Pérez, Santos Juliá
42 – *Ascensão e Queda dos Impérios Globais. 1400-2000*, John Darwin
43 – *A Águia e o Dragão*, Serge Gruzinski
44 – *Os Camisas Azuis e Salazar*, António Costa Pinto
45 – *Europa: A Luta pela Supremacia*, Brendan Simms
46 – *Reinos Desaparecidos*, Norman Davies
47 – *Antes de Auschwitz*, Kim Wünschmann

# HISTÓRIA DE
# ROMA

Título original
*Storia di Roma*

© 1969-2015 RCS Libri S.P.A., Milão

Tradução
Margarida Periquito

Revisão
Ruy Oliveira

Design de capa
FBA

Depósito Legal n.º

***Biblioteca Nacional de Portugal – Catalogação na Publicação***

MONTANELLI, Indro, 1909-2001

História de Roma: da fundação à queda do império. – (História narrativa; 3)

ISBN 978-972-44-2004-2

CDU 94(37)"…/0476"

Impressão e acabamento:
ARTIPOL
para
EDIÇÕES 70, LDA.
Março de 2017

ISBN da 1.ª edição: 972-44-1126-5
ISBN da 2.ª edição: 978-972-44-1276-4

Direitos reservados para todos os países de língua portuguesa por
EDIÇÕES 70

EDIÇÕES 70, uma chancela de Edições Almedina, S.A.
Avenida Engenheiro Arantes e Oliveira, 11 – 3.º C – 1900-221 Lisboa / Portugal
e-mail: geral@edicoes70.pt

**www.edicoes70.pt**

Esta obra está protegida pela lei. Não pode ser reproduzida,
no todo ou em parte, qualquer que seja o modo utilizado,
incluindo fotocópia e xerocópia, sem prévia autorização do Editor.
Qualquer transgressão à lei dos Direitos de Autor será passível
de procedimento judicial.

INDRO MONTANELLI

# HISTÓRIA DE ROMA

## da fundação à queda do império

70

*A Susina Moizzi*

# Introdução

Péssimo administrador de mim mesmo e das minhas coisas, nem tão pouco sei quantas edições teve esta *História de Roma*. Numa conta aproximada, creio poder dizer que vendeu mais de quinhentos mil exemplares, sem contar com as traduções. Não me vanglorio disso: nem sempre, ou melhor, quase nunca, o sucesso de um livro nos dá a medida do seu valor. Conheço muitos que, proclamados unanimemente «livros do ano», o foram realmente, na medida em que no ano seguinte já todos os tinham esquecido. Quando, porém, um livro do ano continua a sê-lo durante trinta e cinco anos (tantos os que tem, ou quase, esta *História*), quer dizer que algum mérito, pequeno ou grande, ele deve ter.

Obrigado a relê-lo antes de dar o sinal de partida a esta enésima edição, não achei que alguma coisa lhe devesse ser acrescentada ou retirada. Com o que não pretendo dizer que esta *Roma* esteja completa e perfeita. Nenhum livro de história o é. Segundo uma recente escola francesa – à qual se devem, note-se, obras de altíssimo nível – o historiador deveria saber de tudo, e de tudo dar, nas suas reconstituições, o quadro completo: não só de política e de economia, mas também de ciência, de urbanística, de numismática, de dietética, de medicina, de tecnologia, etc. O que me parece ser a descoberta da pólvora. Compreende-se que o historiador *deveria* saber isto tudo. Mas a verdade é que nenhum historiador, por mais enciclopédico que seja, o sabe. E se soubesse, provavelmente deixaria de ser capaz de escrever um livro de história, porque seria levado a fragmentar-se e a perder-se no labirinto de todas estas temáticas. O grande Strachey dizia que entre as muitas qualidades que um historiador precisa de ter, se conta também uma pitada de ignorância: aquela que, impedindo-o de aprofundar a análise de tantos pormenores, lhe permite captar a síntese dos grandes acontecimentos. E como prova citava o exemplo de Acton, o qual, considerado por todos o pai da historiografia inglesa, nunca escreveu um livro, porque nunca conseguiu meter dentro dele tudo aquilo que achava necessário para que estivesse completo.

Nunca tive a ambição de escrever uma história completa: sei muito bem que sacrifiquei muitos pormenores ao quadro geral. Mas o quadro geral, com os seus grandes acontecimentos e transformações, creio que o dei. Há trinta e cinco anos, como epílogo ao prefácio da primeira edição, escrevia: «Não descobri nada, com este livro. Ele não pretende fazer "revelações", nem dar uma interpretação original da história da Urbe. Tudo o que aqui conto, já foi contado. Espero apenas tê-lo feito de uma maneira mais simples e cordial, através de uma série de retratos que iluminam os protagonistas com uma luz mais real, despindo-os dos paramentos que até aqui no-los escondiam. A alguns, poderá parecer uma ambição modesta. A mim, não. Se conseguir que alguns milhares de leitores, até aqui repelidos pelo academismo de quem lha contou antes de mim, se afeiçoem à história de Roma, considerar-me-ei um autor útil e afortunado».

Também a isto não tenho absolutamente nada a acrescentar ou a retirar.

*Indro Montanelli*
*Milão, Outubro de 1988*

# 1

# Ab Urbe Condita

Não sabemos com precisão quando foram instituídas em Roma as primeiras escolas regulares, isto é, «estatais». Plutarco diz que nasceram por volta do ano 250 a.C., ou seja, cerca de quinhentos anos depois da fundação da cidade. Até àquele momento, os rapazes romanos haviam sido educados em casa, os mais pobres pelos pais, os mais ricos por *magistri*, isto é, professores ou preceptores, escolhidos habitualmente na categoria dos *liberti*, os escravos libertados que, por sua vez, eram escolhidos entre os prisioneiros de guerra e, de preferência, entre os de origem grega, que eram os mais cultos.

Sabemos, contudo, que não precisavam de se esforçar tanto como os de hoje. O latim, já o sabiam. Se tivessem precisado de o estudar, dizia o poeta alemão Heine, nunca teriam tido tempo para conquistar o mundo. E, quanto à história da sua pátria, contavam-lha mais ou menos assim:

Quando os gregos Agamémnon, Ulisses e Aquiles conquistaram Tróia, na Ásia Menor, e a puseram a ferro e fogo, um dos poucos defensores que se salvaram foi Eneias, afortunadamente «recomendado» (já naqueles tempos se usavam certas coisas) por sua mãe, que era nada menos que a deusa Vénus-Afrodite. Com uma mala às costas, cheia com as imagens dos seus celestes protectores, entre os quais, naturalmente, o lugar de honra cabia à sua boa mãezinha, mas sem um tostão no bolso, o desgraçado pôs-se a correr mundo, ao acaso. E, após não se sabe quantos anos de aventuras e desventuras, desembarcou, ainda com a tal mala às costas, em Itália, começou a subi-la para norte, chegou ao Lácio, onde casou com a filha do rei Latino, que se chamava Lavínia, fundou uma cidade a que deu o nome da mulher, e com esta viveu feliz e contente durante o resto dos seus dias.

O seu filho Ascânio fundou Alba Longa, fazendo dela a nova capital. E, oito gerações mais tarde, isto é, uns duzentos anos após a chegada de Eneias, dois descendentes seus, Numitor e Amúlio, ocupavam ainda o trono do Lácio. Infelizmente, dois num trono sentem-se apertados. E assim, um dia, Amúlio afastou o irmão para reinar sozinho, e matou-lhe todos os filhos, menos uma: Reia Sílvia. No entanto, para que ela não pusesse no mundo algum filho que pudesse, quando adulto, ter o capricho de vingar o avô, obrigou-a a tornar-se sacerdotisa da deusa Vesta, que é como quem diz, monja.

Um dia, Reia, que provavelmente desejava muito um marido e dificilmente se resignava à ideia de não se poder casar, estava a apanhar fresco na margem do rio, porque aquele era um Verão horrivelmente quente, e deixou-se dormir. Por acaso, passava por aquelas paragens o deus Marte, que descia com frequência à terra, quer para fazer algumas guerrazitas, que era a sua ocupação habitual, quer para procurar raparigas, que era a sua paixão favorita. Viu Reia Sílvia. Apaixonou-se por ela. E, sem sequer a acordar, engravidou-a.

Amúlio, quando soube, enfureceu-se muitíssimo. Porém, não a matou. Esperou que ela desse à luz não um, mas dois rapazinhos gémeos. Depois, mandou-os colocar sobre uma jangada microscópica, que confiou ao rio para que os levasse ao sabor da corrente, até ao mar, e ali os deixasse afogar. Mas não tinha contado com o vento, que naquele dia soprava bastante forte, e que levou a frágil embarcação a encalhar na areia, pouco longe dali, em campo aberto. Aqui, os dois desamparados, que choravam ruidosamente, chamaram a atenção de uma loba, que correu a dar-lhes de mamar. E é por isso que aquele bicho se tornou o símbolo de Roma, que depois veio a ser fundada pelos dois gémeos.

Dizem as más-línguas que aquela loba não era bicho nenhum, mas sim uma mulher de verdade, Aca Larência, a quem chamavam Loba por causa do seu carácter selvagem e das muitas infidelidades que praticava para com seu marido, um pobre pastor, indo para o bosque fazer amor com todos os rapazolas das redondezas. Mas talvez sejam apenas mexericos.

Os dois gémeos mamaram o leite, depois passaram para as papinhas, depois nasceram-lhes os primeiros dentes, receberam um o nome de Rómulo e o outro o de Remo, cresceram, e por fim conheceram a sua história. Então, voltaram a Alba Longa, organizaram uma revolução, mataram Amúlio e colocaram Numitor outra vez no trono. E depois, impacientes por fazer alguma coisa de novo, como todos os jovens, em vez de esperarem por um reino dado de mão beijada pelo avô, que certamente lho teria deixado, foram construir um novo, a pouca distância dali. E escolheram o ponto em que a sua jangada tinha encalhado, no meio das colinas entre as quais corre o Tibre quando está prestes a desaguar no mar. Aqui, como muitas vezes acontece entre irmãos, discutiram sobre o nome a dar à cidade. Depois, decidiram que o vencedor seria aquele que tivesse visto mais pássaros. Remo, sobre o Aventino, viu seis. Rómulo, sobre o Palatino, viu doze: a cidade chamar-se-ia, portanto, Roma. Jungiram dois bois brancos, abriram um sulco, e construíram as muralhas, jurando matar quem quer que fosse que as transpusesse. Remo, de mau humor por ter sido derrotado, disse que elas eram frágeis e derrubou-lhes um pedaço com um pontapé. E Rómulo, fiel ao juramento, matou-o com uma pazada.

Tudo isto, dizem, aconteceu setecentos e cinquenta e três anos antes de Cristo nascer, exactamente no dia 21 de Abril, que ainda hoje se festeja como o aniversário da cidade, nascida, como se vê, de um fratricídio. Os seus habitantes fizeram dessa data o início da história do mundo, até que o advento do Redentor impôs uma outra contabilidade.

Provavelmente, também os povos vizinhos faziam a mesma coisa: cada um deles datava a história do mundo a partir da fundação da sua capital, Alba Longa, Rieti, Tarquínia ou Arezzo, qualquer que ela fosse. Mas não conseguiram fazer com que isso fosse reconhecido pelos outros, porque cometeram o pequeno erro de perder a guerra, ou melhor, as guerras. Roma, pelo contrário, venceu-as. Todas. O terreno de poucos hectares que Rómulo e Remo talharam com o arado entre as colinas do Tibre tornou-se, no espaço de poucos séculos, o centro do Lácio, depois, de Itália, e depois, de toda a terra então conhecida. E em toda a terra então conhecida falou-se a sua língua, respeitaram-se as suas leis, e contaram-se os anos *ab urbe condita*, ou seja, desde aquele famoso 21 de Abril do ano 753 a.C., início da história de Roma e da sua civilização.

Evidentemente, as coisas não se tinham passado exactamente assim. Mas assim os papás romanos, por muitos séculos, quiseram que fossem contadas aos seus filhos: por um lado, porque eles próprios acreditavam nelas, e por outro porque, sendo grandes patriotas, os lisonjeava muito o facto de poderem misturar deuses influentes como Vénus e Marte, e personalidades proeminentes como Eneias, no nascimento da sua Urbe. Sentiam, de modo um pouco dúbio, que era muito importante criar os seus filhos na convicção de pertencerem a uma pátria construída com a participação de seres sobrenaturais, que sem dúvida não se teriam prestado a isso se não tivessem a intenção de lhe atribuir um grande destino. Isso deu um fundamento religioso a toda a vida de Roma, que de facto se desmoronou quando esse fundamento faltou. A Urbe foi *caput mundi*, capital do mundo, enquanto os seus habitantes souberam poucas coisas e foram suficientemente ingénuos para acreditar naquelas, lendárias, que lhes tinham ensinado os papás e os *magistri*; enquanto estiveram convencidos de ser os descendentes de Eneias, de ter nas suas veias sangue divino e de ser «ungidos do Senhor», embora naqueles tempos ele se chamasse Júpiter. Foi quando começaram a duvidar disso que o seu Império se desfez e a *caput mundi* se tornou uma colónia. Mas não nos precipitemos.

Na bela fábula de Rómulo e Remo, talvez nem tudo seja fábula. Talvez nela haja também algum elemento de verdade. Tratemos de trazê-lo à superfície, com base nos poucos dados suficientemente seguros que a arqueologia e a etnologia nos forneceram.

LOCAL DA FUNDAÇÃO DE ROMA

Parece que a Itália já seria habitada pelo homem trinta mil anos antes da fundação de Roma. Se era homem ou não, o certo é que os entendidos dizem tê-lo reconstruído a partir de alguns ossinhos do seu esqueleto encontrados aqui e ali, e que remontam à chamada «idade da pedra». Mas nós fiamo-nos pouco nessas induções, e, por conseguinte, saltamos a pés juntos para uma era muito mais próxima, a «neolítica», distante de nós qualquer coisa como oito mil anos, isto é, seis mil antes de Roma. Parece que a nossa península era então povoada por uns certos Lígures, a norte, e Sículos, a sul, gente com a cabeça em forma de pêra, que vivia quer em cavernas quer em pequenas cabanas redondas feitas de esterco e de lama, domesticava animais e se alimentava da caça e da pesca.

Damos mais um salto de quatro mil anos, ou seja, chegamos ao ano 2000 a.C.. E eis que do Setentrião, ou seja, dos Alpes, chegam outras tribos, sabe-se lá há quanto tempo a caminho, desde a sua pátria de origem: a Europa Central. Estes não são muito mais evoluídos do que os indígenas com cabeça de pêra; porém, têm o hábito de construir as suas habitações não em cavernas, mas sim sobre estacas mergulhadas na água, as chamadas «palafitas». Vê-se que vêm de lugares pantanosos, e de facto, chegados aqui, escolhem a região dos lagos, o Maggiore, o Como, o Garda, antecipando em alguns milénios o gosto dos turistas modernos. E introduzem no nosso país algumas grandes novidades: a criação de rebanhos, o cultivo do solo, a tecedura de panos e o hábito de cercar as suas aldeias com bastiões de lodo e terra batida, para defendê-las tanto dos ataques dos animais como dos homens.

Pouco a pouco, começaram a descer para sul, e habituaram-se a construir cabanas também em terra seca, mas continuando a escorá-las sobre estacas; aprenderam, parece que com uns certos primos seus instalados na Germânia, o uso do ferro, com o qual fabricaram um ror de novos objectos, machados, facas, navalhas de barbear, etc., e fundaram uma cidade a sério, que se chamou Villanova, a qual devia situar-se nas proximidades daquela que é hoje Bolonha. Foi esse o centro de uma civilização que se chamou precisamente «villanoviana» e que, pouco a pouco, se propagou a toda a península. Dela se julga que derivem, como raça, como língua e nos costumes, os úmbrios, os sabinos e os latinos.

O que estes vilanovianos fizeram dos indígenas lígures e sículos, quando se fixaram nas terras sobranceiras ao Tibre, não se sabe. Talvez os tenham exterminado, como era uso naqueles tempos, ditos «bárbaros» para os distinguir dos nossos, em que se faz a mesma coisa, conquanto se diga que são «civilizados»; talvez se tenham miscigenado com eles, depois de os terem subjugado. O que é facto é que, por volta do ano 1000 a.C., entre a foz do Tibre e a baía de Nápoles, os recém-chegados fundaram várias aldeias que, embora habitadas por gente do mesmo sangue, se guerreavam entre si e não se reconciliavam a não ser perante algum inimigo comum ou por ocasião de qualquer festa religiosa.

A maior e mais poderosa destas vilas foi Alba Longa, capital do Lácio, no sopé do monte Albano, que corresponde, provavelmente, a Castelgandolfo. E julga-se que fossem albalonguenses aquele punhado de jovens aventureiros que um belo dia emigraram algumas dezenas de quilómetros mais para norte, e fundaram Roma. Talvez fossem assalariados rurais que iam em busca de um pedaço de terra, para dela se apropriar e cultivá-la. Ou talvez fossem vadios que tinham algumas contas a ajustar com a polícia e os tribunais da sua cidade. Podiam também ser emissários enviados pelos seus governantes para vigiar aquele ponto, na fronteira com a Toscana, em cujas costas desembarcara, precisamente nessa altura, uma nova população, os etruscos, que não se sabia de que parte do mundo provinham, mas dos quais se diziam cobras e lagartos. E quem sabe se entre estes pioneiros existiam, na verdade, dois, que se chamavam um Rómulo e o outro Remo. De qualquer maneira, não deviam ser mais do que uma centena.

O sítio que escolheram tinha muitas vantagens e muitas desvantagens. Ficava a vinte quilómetros do mar, o que permitia estar protegido dos piratas que o infestavam, sem ter de renunciar a ter nele um porto: porque o braço de rio que o separava da foz era facilmente navegável pelas embarcações daquele tempo. Mas os charcos e pântanos que o rodeavam condenavam-no ao paludismo, flagelo que lhe bateu à porta até há poucos anos. Porém, havia as colinas, que, pelo menos em parte, protegiam dos mosquitos os habitantes. E foi, de facto, sobre uma delas, o Palatino, que inicialmente se aquartelaram, com a intenção de posteriormente povoar também as outras seis que lhe estavam em redor.

Mas, para povoá-las, era preciso fazer filhos. E, para fazer filhos, era preciso mulheres. E aqueles pioneiros eram solteiros.

Neste ponto, faltando-nos a história, somos forçados a regressar à lenda, que nos conta como fez Rómulo, ou como quer que se chamasse o cabecilha daqueles malandros, para arranjar mulheres para si e para os seus companheiros. Anunciou uma grande festa, talvez com a desculpa de celebrar o nascimento da sua cidade, e convidou para tomar parte nela os

AS ANTIGAS POPULAÇÕES DE ITÁLIA

seus vizinhos Sabinos (ou Quirites), com o seu rei, Tito Tácio, e, principalmente, as suas filhas. Os Sabinos compareceram. Mas, enquanto estavam concentrados no entusiasmo da competição das corridas a pé e a cavalo, que era o seu desporto preferido, muito pouco desportivamente os seus anfitriões roubaram-lhes as filhas e correram-nos a pontapé.

Os homens dos tempos remotos eram muito sensíveis às questões de mulheres. Pouco antes, o rapto de uma, Helena, custara uma guerra que durou dez anos e terminou com a destruição de um grande reino: o de Tróia. Os Romanos raptaram-nas às dúzias, e portanto é natural que no dia seguinte tivessem de fazer frente aos seus papás e irmãos, regressados, armados, para as recuperar. Barricaram-se no Capitólio, mas cometeram o erro imperdoável de confiar a chave da fortaleza a uma das suas mulheres improvisadas que, como é evidente, não ficara muito satisfeita com o marido que lhe calhou em sorte: Tarpeia, uma jovem romana que dizem que estava enamorada de Tito Tácio. Foi ela que abriu uma porta aos invasores. Os quais, gente cavalheiresca e, por conseguinte, refractária a todas as traições, incluindo as que eram perpetradas a seu favor, a compensaram esmagando-a sob o peso dos seus escudos. Os Romanos, mais tarde, deram o seu nome ao rochedo do qual costumavam atirar os traidores da pátria condenados à morte.

Tudo terminou num pantagruélico banquete nupcial. Porque as outras mulheres, em nome das quais a batalha tivera início, a certa altura interpuseram-se entre os dois exércitos e declararam que não queriam ficar órfãs, como sucederia se os seus maridos romanos vencessem, nem viúvas, como aconteceria se os seus papás sabinos fossem os vencedores. E que já era tempo de acabar com aquilo, porque se tinham dado muito bem com aqueles maridos, apesar de serem apressados e de terem a mão leve. Mais valia regularizar os casamentos, do que continuarem a chacinar-se. E assim foi. Rómulo e Tácio decidiram governar em conjunto, ambos com o título de rei, aquele novo povo nascido da fusão das duas tribos, das quais adoptou, conjuntamente, o nome: *romanos quirites*. E como Tácio, logo a seguir, teve a bondade de morrer, a experiência de reinar a dois, daquela vez, correu bem.

Quem sabe o que se esconde por trás desta história. Talvez esta seja apenas a versão, sugerida pelo patriotismo e pelo orgulho, de uma conquista de Roma por parte dos Sabinos. Mas também pode acontecer que os dois povos se tenham, na verdade, ligado voluntariamente, e que o famoso rapto não tenha sido mais do que a cerimónia normal do casamento tal como então se celebrava, isto é, com o rapto da noiva por parte do noivo, mas com o consentimento do pai dela, como ainda hoje fazem certos povos primitivos.

Se assim foi de facto, é provável que esta fusão, mais do que espontânea, tenha sido imposta pelo perigo de um inimigo comum: aqueles Etruscos que entretanto, a partir da costa tirrena, se tinham espalhado pela Toscana e pela Úmbria e, munidos de uma técnica muito mais evoluída, pressionavam em direcção ao sul. Roma e a Sabina encontravam-se na direcção desta marcha e sujeitas a ameaça directa. De facto, não lhe escaparam.

A Urbe acabara de nascer, e já tinha de se medir com um dos rivais mais difíceis e insidiosos de toda a sua história. Abateu-o, através de prodígios de diplomacia, primeiro, e de coragem e técnica, depois. Mas foram-lhe necessários séculos.

# 2

# Pobres Etruscos

Ao contrário dos Romanos de hoje, que fazem tudo por brincadeira, os da antiguidade faziam tudo a sério. E, principalmente quando se lhes metia na cabeça destruir um inimigo, não apenas lhe moviam guerra e não lhe davam trégua enquanto não o derrotassem, mesmo à custa de nela perder exércitos sobre exércitos e quatrins sobre quatrins(*), como depois lhe entravam em casa e não deixavam pedra sobre pedra.

Aos Etruscos reservaram um tratamento particularmente severo, quando, depois de terem sofrido muitas humilhações da parte deles, se sentiram suficientemente fortes para poder derrotá-los. Foi uma luta longa e com toda a espécie de golpes, mas ao vencido não sobraram nem os olhos para chorar. Raramente se viu, na história, um povo desaparecer da face da terra, e outro apagar-lhe os vestígios com tão obstinada ferocidade. A isto se deve o facto de quase nada ter ficado da civilização etrusca. Dela restam apenas algumas obras de arte e alguns milhares de inscrições, das quais só poucas palavras foram decifradas.

A partir destes escassíssimos elementos, cada um reconstruiu aquele mundo a seu modo.

Entretanto, ninguém sabe exactamente de onde veio este povo. Pelo modo como eles próprios se representaram nos bronzes e nos vasos de terracota, parece que tinham corpos mais atarracados e crânios mais com-

(*) Quatrim, moeda antiga de pouco valor (*N. do R.*)

pactos do que os vilanovianos, e traços fisionómicos que fazem lembrar as gentes da Ásia Menor. Na verdade, muitos afirmam que eles chegaram daquelas regiões, por mar; e isso seria confirmado pelo facto de terem sido os primeiros, entre os habitantes de Itália, a ter uma frota. É incontestável que foram eles que deram o nome de Tirreno, que significa, precisamente, «etrusco», ao mar que banha a costa da Toscana. Talvez tenham chegado em massa e subjugado a população indígena, ou talvez tenham desembarcado em número reduzido e se tenham limitado a submetê-la com as suas armas mais evoluídas e a sua técnica mais desenvolvida.

A superioridade da sua civilização em relação à vilanoviana é demonstrada pelos crânios que foram encontrados nos túmulos, os quais apresentam trabalhos de próteses dentárias bastante aperfeiçoados. Os dentes são um importante indício na vida dos povos. Deterioram-se com o avançar do progresso, que torna mais imperiosa a necessidade de tratamentos especializados. Os Etruscos já conheciam a «ponte» para reforçar os seus molares, e os metais necessários para fabricá-la. De facto, não só sabiam trabalhar o ferro, que foram procurar, e encontraram, na ilha de Elba, e que transformaram de metal bruto em aço, mas também o cobre, o estanho e o âmbar.

As cidades do interior a cuja construção se dedicaram imediatamente – Tarquínia, Arezzo, Perúgia, Veios – eram muito mais modernas do que as aldeias fundadas pelos Latinos, pelos Sabinos e pelas outras populações vilanovianas. Todas possuíam bastiões para defesa, ruas e, sobretudo, sistemas de esgotos. Em suma, seguiam um «plano urbanístico», como hoje se diria, que remetia para a competência dos engenheiros – que eram, para aquele tempo, habilíssimos – aquilo que os outros deixavam ao acaso e ao capricho dos indivíduos. Sabiam organizar-se para trabalhos colectivos, de utilidade geral, o que está patente nos canais com que beneficiaram as zonas que estavam infestadas pelo paludismo. Mas, acima de tudo, eram mercadores extraordinários, agarrados ao dinheiro e prontos a qualquer sacrifício para o multiplicar. Ainda os Romanos ignoravam o que havia por detrás do Soratte, um outeiro pouco afastado da sua cidade, e já os Etruscos tinham chegado ao Piemonte, à Lombardia e ao Véneto, atravessado a pé os Alpes e, subindo o Ródano e o Reno, levado os seus produtos aos mercados franceses, suíços e alemães, para trocá-los pelos produtos locais. Foram eles que introduziram em Itália a moeda como meio de pagamento, que depois os Romanos copiaram: tanto é verdade, que nela deixaram gravada a proa de um navio, quando os romanos ainda nunca tinham construído nenhum.

Eram um povo alegre, que levava a vida pelo lado mais agradável; foi por isso que por fim perderam a guerra contra os melancólicos romanos, que a levavam pelo lado mais austero. As cenas reproduzidas nos seus vasos e sepulcros mostram-nos homens bem vestidos, com aquela toga que depois os romanos copiaram, fazendo dela o seu traje nacional, cabelos compridos e barbas encaracoladas, muitas jóias nos pulsos, ao pescoço e nos dedos, e sempre prontos para beber, comer e conversar, quando não para praticar algum dos seus exercícios desportivos.

Estes consistiam, principalmente, no boxe, no lançamento do disco e do dardo, na luta e em mais duas manifestações que nós, erradamente, consideramos requintadamente modernas e estrangeiras: o pólo e a tourada. Naturalmente, as regras destes jogos eram diferentes das que hoje estão em uso. Mas já nessa época o espectáculo da luta entre o touro e o homem na arena era considerado meritório, pois até quem morria queria levar consigo para o túmulo, como recordação, cenas dessa luta pintadas em vasos, para continuar a divertir-se com elas no outro mundo.

Um grande passo à frente em comparação com os costumes arcaicos e patriarcais dos Romanos e dos outros indígenas, era a condição da mulher, que, entre os etruscos, gozava de grande liberdade, aparecendo representada na companhia dos homens, e tomando parte nos divertimentos deles. Parece que eram mulheres muito belas e de costumes muito livres. Nas pinturas, aparecem cheias de jóias, maquilhadas, e sem demasiadas preocupações com o pudor. Comem à tripa-forra e bebem a rodos, estendidas sobre amplos sofás com os seus homens. Ou, então, tocam flauta ou dançam. Uma delas, Tanaquilla, que veio a tornar-se muito importante em Roma, era uma «intelectual» que tinha profundos conhecimentos de matemática e de medicina. O que significa que, ao contrário das suas colegas latinas, condenadas à mais negra ignorância, frequentavam a escola e estudavam. Os Romanos, que eram grandes moralistas, chamavam «toscanas», ou seja, etruscas, a todas as mulheres de costumes fáceis. E, numa comédia de Plauto, há uma rapariga que é acusada de agir segundo os «costumes toscanos», porque é prostituta.

A religião, que é sempre a projecção da moral de um povo, centrava-se num deus de nome Tinia, que exercia o seu poder com o raio e o trovão. Ele não governava directamente os homens; preferia confiar as suas ordens a uma espécie de gabinete executivo, composto por doze grandes deuses – tão grandes, que era até sacrilégio pronunciar os nomes deles. Portanto, abstenhamo-nos também nós de o fazer, para não baralhar a cabeça de quem nos lê. Todos estes, em conjunto, formavam o grande tribunal do além, para onde os «génios», uma espécie de moços de recados ou guardas municipais, conduziam as almas dos defuntos mal elas abandonavam os respectivos corpos. E ali tinha início um processo a rigor. Quem não conseguia demonstrar que vivera de acordo com os preceitos dos juízes, era condenado ao inferno, a não ser que os parentes e amigos que permaneciam vivos rezassem tantas orações e fizessem tantos sacrifícios por ele, que conseguissem obter a sua absolvição. Neste caso, ascendia ao paraíso, para aí continuar a gozar aqueles prazeres terrenos à base de bebidas, comezainas, murros e cançonetas, reproduzidos nas alegres cenas que mandara esculpir no seu sepulcro.

Mas parece que os Etruscos falavam pouco, e raramente, do paraíso, preferindo que permanecesse como uma coisa indefinida. Provavelmente, eram tão poucos os que iam para lá, que não se sabia nada de preciso a esse respeito. Do que eles estavam muito bem informados era acerca do inferno, conhecendo, um por um, todos os tormentos que nele se padeciam. É evidente que os sacerdotes etruscos pensavam que para manter as pessoas na linha, produziam mais efeito as ameaças da danação do que as esperanças da absolvição. E esta maneira de ver as coisas perpetuou-se até tempos mais recentes, até ao tempo de Dante que, também ele nascido

AS PRINCIPAIS CIDADES ETRUSCAS

na Etrúria, partilhava este mesmo parecer e foi muito mais pródigo com o inferno do que com o paraíso.

Com isto, não nos devemos convencer que os Etruscos eram umas florzinhas mimosas. Matavam com relativa facilidade, podendo fazê-lo, simplesmente, com a boa intenção de oferecer a vítima em sacrifício pela salvação de algum amigo ou parente. Os prisioneiros de guerra, principalmente, estavam destinados a essa função. Trezentos romanos, capturados numa das tantas batalhas travadas entre os dois exércitos, foram mortos por lapidação em Tarquínia. E, nos seus fígados ainda palpitantes de vida, os adivinhos tentaram prognosticar os acontecimentos futuros da guerra. É claro que não conseguiram, senão teriam acabado com ela imediatamente. Mas esse era um costume que se praticava com frequência, embora geralmente se utilizassem as vísceras de alguns animais, quer fosse ovelha ou touro, e os romanos copiaram-no.

Politicamente, as suas cidades dispersas nunca conseguiram unir-se, e infelizmente nenhuma delas foi suficientemente forte para exercer o seu domínio sobre as outras, como fez Roma com as suas rivais latinas e sabinas. Houve uma federação dominada por Tarquínia, mas não conseguiu pôr fim às tendências separatistas. Os doze pequenos estados que faziam parte dela, em vez de se unir contra o inimigo comum, deixaram-se vencer e absorver por ele, um por um. A sua diplomacia era como a de certas nações europeias modernas, que preferem morrer sozinhas a viver em conjunto.

Tudo isto foi reconstituído, à custa de induções, a partir dos restos da arte etrusca que chegaram até nós e que constituem a única herança que aquele povo nos deixou. Compõe-se, principalmente, de vasos e de bronzes. Entre os vasos, há alguns belos, como o «Apolo de Veios», também chamado «Apolo que caminha», de terracota polícroma, que evidencia a grande perícia técnica e o gosto requintado dos coroplastas etruscos. São quase sempre imitações de obras gregas e, com excepção de alguns exemplares raros, não nos parece que sejam grande coisa.

Mas, apesar de escassos, estes restos chegam para nos permitir compreender o modo como os Romanos, tendo aniquilado os Etruscos depois de andar a frequentar as escolas deles e de suportar a sua superioridade, principalmente nos campos da técnica e da organização, não só os destruíram, como tentaram apagar todos os vestígios da sua civilização.

Consideravam-na doente e corruptora. Dela copiaram tudo aquilo que lhes convinha. Mandaram os seus filhos para as escolas de Veios e Tarquínia, para que se instruíssem, particularmente em medicina e engenharia. Imitaram a toga. Adoptaram o uso da moeda. E, provavelmente, também deles receberam como empréstimo a organização política, que no entanto os Etruscos tiveram em comum com todos os outros povos da antiguidade e que passou, também entre eles, de um regime monárquico para um republicano, dirigido por um *lucumone* (*), um magistrado eleito e, por fim, para uma forma de democracia dominada pelas classes abastadas.

Mas os seus próprios costumes, estóicos e sãos, baseados no sacrifício e na disciplina social, Roma quis resguardá-los da languidez dos costumes etruscos. Instintivamente, sentiu que não bastava vencer o inimigo na guerra e ocupar-lhe as terras, se depois se lhe dava a oportunidade de contaminar as casas do seu senhor, recebendo-o na qualidade de escravo ou preceptor, como era costume fazer, naqueles tempos, aos vencidos. E por isso o destruiu. E quis que fossem enterrados todos os seus documentos e monumentos.

Isto, porém, sucedeu muito tempo depois de se ter estabelecido o primeiro contacto entre os dois povos, que se encontraram precisamente em Roma, quando aí chegaram os albalonguenses e depararam, ao que parece, com uma pequena colónia etrusca já instalada, que dera ao sítio um nome dos seus. De facto, julga-se que Roma derive de *Rumon*, que em etrusco quer dizer «rio». E se isto for verdade, temos que deduzir que a primeira população da Urbe não foi formada apenas por latinos e sabinos, povos do mesmo sangue e da mesma cepa, como a história do famoso «rapto» nos permite crer, mas também por Etruscos, gente de raça, língua e religião completamente diferentes. Mais ainda: segundo alguns historiadores, o próprio Rómulo teria sido etrusco. Seja como for, não há dúvida que foi com um rito etrusco que ele fundou a cidade, escavando o sulco com um arado puxado por um touro e uma novilha, ambos brancos, depois de doze pássaros de bom augúrio lhe terem volteado sobre a cabeça.

Sem pretender entrar em concorrência com as sumidades que discutem estes assuntos há séculos e não conseguem chegar a um acordo, apresentaremos aqui a versão que nos parece ser a mais provável de todas.

Os Etruscos, que tinham a paixão do turismo e do comércio, haviam já fundado uma pequena aldeia na margem do Tibre, quando os Latinos e os

(*) Magistrado supremo que entre os Etruscos detinha o poder político, militar e religioso. (*N. do R.*)

Sabinos lá chegaram. E esta aldeia devia funcionar como entreposto central e estação de reabastecimento para as suas linhas de navegação em direcção ao sul, onde, e principalmente na Campânia, tinham já fundado ricas colónias: Cápua, Nola, Pompeia e Herculano, onde as populações locais, que se chamavam samnitas e que eram, também elas, de origem vilanoviana, vinham trocar os seus produtos agrícolas pelos produtos industriais que vinham da Toscana. Era difícil, a partir de Arezzo ou de Tarquínia, chegar até lá abaixo por terra. Faltavam as estradas, e a região estava infestada de feras e de malfeitores. Para os Etruscos, dado que possuíam uma frota, era muito mais fácil chegar lá por mar. Mas a viagem era longa, eram necessárias semanas inteiras para a fazer. As naus, do tamanho de cascas de noz, não podiam carregar muitas provisões para os homens, e precisavam de portos, ao longo do caminho, onde se pudessem abastecer de farinha e água para o resto do trajecto. A foz do Tibre, exactamente a meio do percurso, oferecia-lhes uma baía muito oportuna para reabastecer as estivas vazias, e além disso, navegável como era naqueles tempos, representava também uma via de comunicação muito prática para penetrar até ao interior e fazer alguns negociozitos com os latinos e os sabinos que ali habitavam. Aquela região estava constelada de povoados, que não se sabe ao certo se eram à volta de trinta ou de setenta, cada um dos quais representava um pequeno mercado de troca. Não é que fosse possível fazer ali grandes negócios porque o Lácio, naqueles tempos, a única riqueza que tinha era a madeira, graças (quem o diria hoje?) aos seus bosques maravilhosos. Tirando isso, nem sequer frumento produzia, apenas espelta, e um pouco de vinho e azeitona. Mas os etruscos, desde o momento que ganhassem uns quatrins, contentavam-se mesmo com pouco, e ficou-lhes esse vício.

Por isso fundaram Roma, quer lhe tenham dado este nome ou outro qualquer, mas sem dar muita importância ao caso. Sabe-se lá quantas Romas havia, espalhadas ao longo da costa do mar Tirreno, entre Livorno e Nápoles. E lá colocaram, a tomar conta do lugar, uma guarnição de marinheiros e de mercadores, que talvez considerassem um castigo serem transferidos para ali. Tinham de manter em ordem, principalmente, o estaleiro para reparação dos barcos danificados pelas tempestades, e os armazéns para os reabastecer.

Até que, um belo dia, começaram a chegar os Latinos e os Sabinos aos grupinhos, em parte, talvez, porque estavam a sentir-se apertados em casa, mas também porque eles próprios desejavam negociar com os Etruscos, de cujos produtos tinham necessidade. Que eles já então tivessem um plano estratégico de conquista, primeiro de Itália, e depois do mundo, e que por causa disso considerassem indispensável a posição de Roma, são fantasias dos historiadores de hoje. Aqueles Latinos e Sabinos eram uns labregos com uma visão de campónios, para os quais a geografia se resumia ao quintal lá de casa. É provável que estes recém-chegados tenham lutado entre si. Mas é também provável que depois, em vez de se destruírem mutuamente, se tenham aliado para fazer frente aos Etruscos, que deviam olhá-los um pouco como os Ingleses olhavam os indígenas, nas suas colónias. Perante aquela gente forasteira que os tratava com altivez e que falava um idioma que lhes era incompreensível, tiveram de dar-se conta que eram irmãos, unidos pelo mesmo sangue, pela mesma língua e pela idêntica miséria. E por isso partilharam o pouco que tinham: as mulheres. Provavelmente, o famoso rapto não é mais do que o símbolo deste acordo, do qual é natural que os Etruscos tenham ficado de fora, mas por sua própria vontade. Sentiam-se superiores, e não se queriam misturar com aquela ralé.

A divisão racial continuou pelo menos durante cem anos, durante os quais Latinos e Sabinos, agora já fundidos no tipo romano, tiveram de engolir muitos sapos. Quando, depois de Tarquínio, o Soberbo, que foi o último rei, eles ficaram em vantagem, a vingança foi indiscriminada. E talvez que o ódio tenaz com que se dedicaram à destruição da Etrúria, não apenas como Estado, mas também como civilização, lhes tenha sido incutido, precisamente, pelas humilhações que haviam sofrido dos etruscos, mesmo na própria pátria. E quiseram que tudo fosse expurgado da existência deles, até mesmo a história, dando uma certidão de nascimento latino a Rómulo, que possivelmente nascera etrusco, e fazendo remontar a origem da cidade à união com os Sabinos.

# 3

# Os Reis Agricultores

Quando Rómulo morreu, muitos anos depois de ter enterrado Tito Tácio, os Romanos disseram que o deus Marte o tinha raptado e levado para o céu para transformá-lo em deus, o deus Quirino. E como tal o veneraram a partir de então, como ainda hoje fazem os napolitanos com São Januário.

Sucedeu-lhe, como segundo rei de Roma, Numa Pompílio, que a tradição nos pinta como meio filósofo e meio santo, tal como foi, muitos séculos depois, Marco Aurélio. As questões que mais o interessavam eram as religiosas. E como neste campo devia haver uma enorme anarquia, porque cada um dos três povos venerava os seus próprios deuses, dos quais não se chegava a compreender qual era o mais importante, Numa decidiu pôr as coisas em ordem. E, para impôr essa ordem aos seus obstinados súbditos, fez correr a notícia de que todas as noites, enquanto dormia, a ninfa Egéria vinha do Olimpo visitá-lo, em sonhos, para lhe dar directamente instruções a esse respeito. Quem desobedecesse a essas ordens, não era com o rei, homem entre os homens, que tinha de se entender, mas sim com o próprio deus em pessoa.

O estratagema pode parecer infantil, mas ainda hoje continua a pegar, uma vez por outra. Em pleno século XX, Hitler, para fazer com que os Alemães lhe obedecessem, não foi capaz de imaginar outro melhor. De vez em quando descia da montanha de Berchtesgaden, trazendo na manga algumas novas ordens do bom deus: para exterminar os judeus, por exemplo, ou para destruir a Polónia. E o mais engraçado é que, segundo parece, ele próprio acreditava nelas. A humanidade, nestes assuntos, não fez grandes progressos desde os tempos de Numa.

No entanto, também nesta lenda talvez exista um fundo de verdade, ou, pelo menos, um indício que nos permite reconstruí-lo. Quaisquer que tenham sido os seus nomes e as suas origens, os reis da Roma dos tempos remotos, mais do que reis propriamente ditos, tiveram de ser papas, como de resto o era o «arconte-rei», em Atenas.

Todas as autoridades, naqueles tempos, se escoravam, sobretudo, na religião. O poder do próprio *paterfamilias*, ou chefe de família, sobre a mulher, os irmãos mais novos, os filhos, os netos e os servos, era, acima de tudo, o de um sumo sacerdote em quem o bom deus delegara certas funções. E por isso era tão poderoso. E por isso as famílias romanas eram tão disciplinadas. E por isso cada um se sentia tão preso aos seus deveres e os cumpria, na paz como na guerra.

Numa, estabelecendo uma ordem de precedência entre os diversos deuses que cada um dos vários povos que formavam Roma trouxera consigo, talvez tenha realizado uma obra política fundamental: aquela que permitiu depois aos seus sucessores, Tulo Hostílio e Anco Márcio, conduzir o povo unido à vitória, nas guerras contra as cidades rivais da região. Porém, verdadeiros poderes políticos não devia haver muitos, porque os maiores e mais decisivos permaneciam nas mãos do povo que o elegia e perante o qual tinha sempre de responder.

Isto, só por si, não quereria dizer nada, pois em todos os tempos e sob qualquer regime, quem governa afirma fazê-lo em nome do povo. Mas em Roma não foi só palavreado, pelo menos até à dinastia dos Tarquínios, os quais, de resto, perderam o trono precisamente porque quiseram deixar-se estar confortavelmente sentados, como senhores, em vez de actuarem como «delegados». E era mais ou menos nestes termos que se fazia a distinção do poder.

A cidade dividia-se em três *tribos*: a dos Latinos, a dos Sabinos, e a dos Etruscos. Cada tribo dividia-se em dez *cúrias*, ou bairros. Cada cúria, em dez *gentes*, ou estirpes. Cada estirpe estava dividida em famílias. As cúrias reuniam-se, geralmente, duas vezes por ano, e nessas ocasiões faziam o *comício curial*, que, entre outras coisas, se ocupava também da eleição do rei, quando o outro morria. Todos tinham o mesmo direito de voto. A maioria decidia. O rei executava.

Era a democracia absoluta, sem classes sociais, e funcionou enquanto Roma foi uma pequena aldeia, habitada por pouca gente, que raramente punha a cabeça fora dos limites das suas paredes. Depois, os habitantes aumentaram, e aumentaram também as exigências. O rei, que além de dizer missa, isto é, de celebrar os sacrifícios e os outros ritos da liturgia, tinha também de aplicar as leis, ou seja, desempenhar o papel de juiz, deixou de ter tempo para executar todas estas tarefas, e começou a nomear «funcionários» que as desempenhassem. Assim nasceu a dita «burocracia». Aquele que fora sobretudo um padre, torna-se bispo e nomeia párocos e curas que o auxiliem nas funções religiosas. Depois, tem também necessidade de quem se ocupe das ruas, do censo, do cadastro, da higiene, e nomeia pessoas competentes que se ocupem destas tarefas. Deste modo nasce o primeiro «ministério»: o chamado Conselho dos Anciães, ou Senado, constituído por uma centena de membros que eram descendentes, por direito de primogenitura, dos pioneiros que vieram com Rómulo para fundar Roma, os quais inicialmente têm como única função aconselhar o soberano, mas que progressivamente se vão tornando mais influentes.

E finalmente nasce, como organização estável, o exército, também ele baseado na divisão em trinta cúrias, cada uma das quais tinha de fornecer uma *centúria*, ou seja, cem soldados de infantaria, e uma *decúria*, ou seja, dez cavaleiros com os respectivos cavalos. As trinta centúrias e as trinta decúrias, isto é, três mil e trezentos homens, formavam, todas em conjunto, a *legião*, que foi o primeiro e único corpo de tropas dos primórdios de Roma. O rei, que era o seu comandante supremo, tinha direito de vida ou de morte sobre os soldados. Mas também não exerce este poder militar de maneira absoluta e sem controlo. Dirige as operações, mas depois de ter pedido conselho ao *comício centurial*, ou seja, à legião armada, a quem solicita também aprovação para a nomeação dos oficiais, que naquele tempo se chamavam *pretores*.

Em suma, os Romanos tinham tomado todas as precauções para que o rei não se transformasse num tirano. Devia permanecer como um «delegado» da vontade popular. Quando um bando de pássaros passava no ar, ou um raio abatia uma árvore, era sua obrigação reunir os sacerdotes, estudar com eles o que é que aqueles sinais quereriam dizer e, se achavam que significavam algo de menos bom, decidir que sacrifícios era necessário fazer para aplacar os deuses, evidentemente ofendidos por qualquer motivo. Quando dois particulares se envolviam em litígio, ou se acontecia que um roubava ou esganava outro, o rei não tinha que se ocupar disso. Mas se alguém cometia qualquer delito contra o Estado ou a colectividade, então era levado à sua presença por alguns guardas e, provavelmente, condenava-o à morte. Relativamente a tudo o mais, não podia tomar decisões. Devia pedi-las, em tempo de paz, aos comícios *curiais* e, em tempo de guerra, aos *centuriais*. Se era astuto conseguia, como também hoje acontece, apresentar como «vontade do povo» a sua vontade pessoal. De outro modo, tinha de se sujeitar. Mas, para executá-la, tinha sempre de receber instruções do Senado.

Foi essa a ordem que o primeiro rei de Roma, tenha ele sido Rómulo ou não, e a qualquer das três raças tenha pertencido, deu à Urbe. E foi essa mesma ordem que o atilado Numa deixou ao seu sucessor, Tulo Hostílio, que tinha um temperamento muito mais vivo.

Corria-lhe no sangue a política, a aventura e a cobiça. Mas o facto de o comício o ter escolhido precisamente a ele como soberano significa que, após os quarenta anos de paz que Numa lhes garantira, Roma inteira tinha um grande desejo de luta. Das aldeias e cidades que a rodeavam, Alba Longa era a mais rica e importante. Não sabemos qual o pretexto que Tulo inventou para lhe mover guerra. Talvez nenhum. Mas o facto é que um belo dia a atacou e a arrasou, embora a lenda tenha transformado esta prepotência num episódio cavaleiresco e quase cortês. Dizem, com efeito, que os dois exércitos confiaram a sorte das armas a um duelo entre três Horácios romanos e três Curiácios albalonguenses. Estes mataram dois Horácios. Mas o último Horácio, por sua vez, matou os três Curiácios, e decidiu a guerra. A verdade, porém, é que Alba Longa foi destruída, e o seu rei foi ligado, pelas pernas, a dois carros que, lançados em direcções opostas, o esquartejaram. Foi este o tratamento que Roma deu àquela que considerava a sua mãe-pátria, a terra de onde dizia que tinham vindo os seus fundadores.

Como é natural, este acontecimento deve ter alarmado um pouco todas as outras aldeias da região, que, não tendo sofrido a influência etrusca, ficaram para trás naquilo a que se chama progresso, e, por conseguinte, sentiam-se mais fracas e menos armadas do que as romanas. Tulo Hostílio e o seu sucessor Anco Márcio, que lhe seguiu o exemplo, tiveram vários conflitos com todas elas.

Concluindo: no dia em que Tarquínio Prisco subiu ao trono como seu quinto rei, Roma já era o inimigo público número um daquela região, cujas fronteiras não se conhecem exactamente, mas que devia estender-se mais ou menos até Civitavecchia a norte, até perto de Rieti a este, e quase até Frosinone, a sul.

Ora, é muito provável que esta política de conquista, que havia de tornar-se ainda mais agressiva com os últimos três reis da família Tarquínia, fosse de inspiração, principalmente, etrusca. E isto, por uma razão simples: enquanto os latinos e os sabinos eram agricultores, os etruscos eram industriais e mercadores. Os primeiros, cada vez que rebentava uma nova guerra tinham de abandonar as suas terras, deixando-as arruinar-se, para se alistarem na legião, e arriscavam-se a perdê-las se o inimigo vencesse. Os segundos, pelo contrário, só tinham a ganhar: os consumos aumentavam, choviam as «encomendas» do governo e, em caso de vitória, conquistavam-se novos mercados. Em todos os tempos e em todas as nações, foi sempre assim: os habitantes das cidades, capitalistas, intelectuais, comerciantes, querem as guerras contra a vontade dos camponeses, que as têm de fazer. Quanto mais um Estado se industrializa, mais vantagens a cidade obtém sobre o campo e mais a sua política se torna aventureira e agressiva.

Até ao quarto rei, o elemento camponês prevaleceu em Roma, e a sua economia foi sobretudo agrícola. Aqueles três mil e trezentos homens que constituíam o seu exército mostram que a população total devia atingir umas trinta mil almas, a maior parte das quais, provavelmente, se espalhavam pelo campo. Na cidade propriamente dita estariam, se tanto, metade, que a partir do Palatino se encontravam agora dispersas também sobre as outras colinas. A maior parte dos habitantes vivia em cabanas de adobe construídas a monte e em desalinho, com uma porta para se entrar mas sem janelas, e uma única divisão, em que comiam, bebiam e dormiam todos juntos, pai, mãe, filhos, noras, genros, netos, escravos (quem os tinha), frangos, burros, vacas e porcos. Os homens, de manhã, desciam à planície para lavrar a terra. E entre eles encontravam-se também os senadores que, como todos os outros, jungiam os bois e lançavam a semente à terra, ou ceifavam. Os filhos ajudavam-nos, porque o trabalho dos campos era a sua única escola e o seu único desporto. E os pais aproveitavam a ocasião para lhes ensinar que a semente só dava bom fruto quando o céu mandava água e sol em doses certas sobre os torrões; que o céu só mandava água e sol em doses certas sobre os torrões quando os deuses assim queriam; que os deuses só assim queriam quando os homens tivessem cumprido todos os seus deveres para com eles; e que o primeiro desses deveres consistia na obediência dos jovens aos velhos.

Assim cresciam os cidadãos romanos, pelo menos os de ascendência latina e sabina, que deviam constituir a maioria. A higiene e os cuidados com a sua própria estariam reduzidos ao mínimo, também no que tocava às mulheres. Nada de cosméticos, nada de coquetaria, pouca ou nenhuma

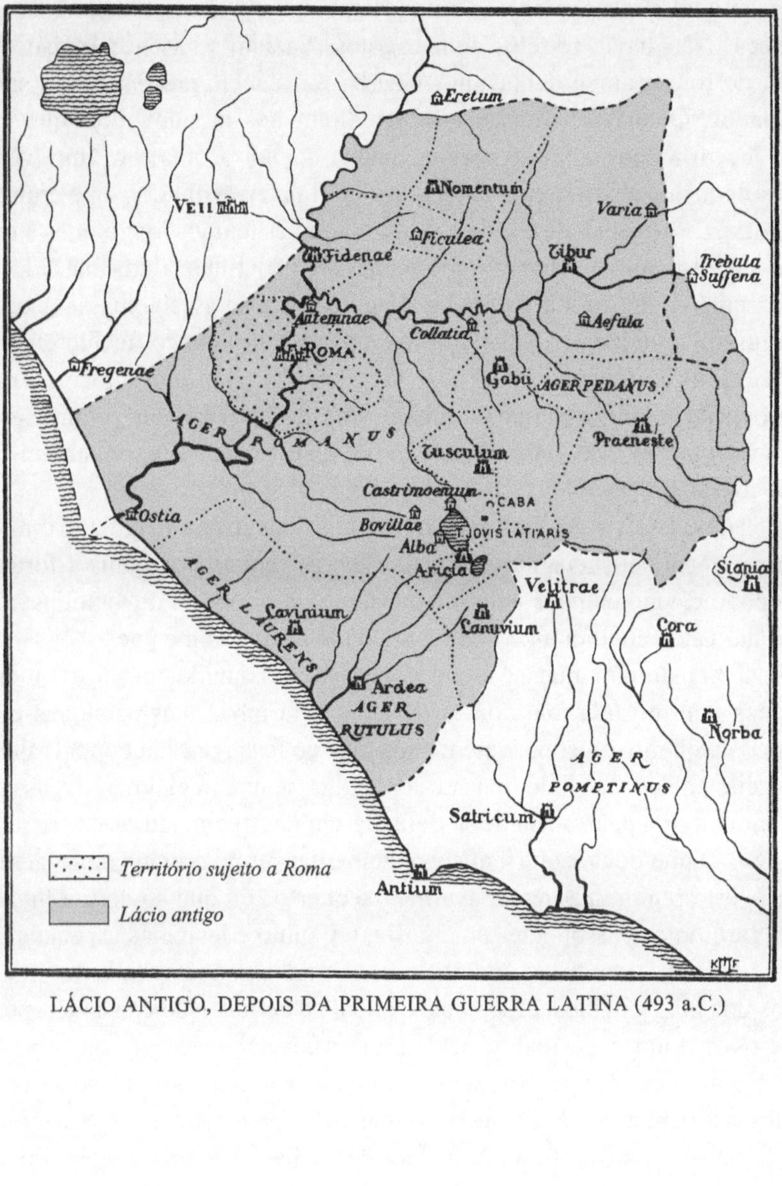


LÁCIO ANTIGO, DEPOIS DA PRIMEIRA GUERRA LATINA (493 a.C.)

água, a qual elas tinham de ir buscar lá abaixo e transportar em ânforas, à cabeça. Não havia retretes nem esgotos. Faziam-se as necessidades do lado de fora e ali se deixavam. A barba e o cabelo cresciam sem serem cuidados. Quanto às roupas, não acreditem nos monumentos, que aliás pertencem a épocas muito mais recentes, quando Roma teve uma verdadeira indústria têxtil e uma categoria de alfaiates evoluídos, que eram, na maioria, de origem e de escola gregas. Naqueles tempos longínquos a toga, que depois ganhou tanta importância, ou não tinha ainda nascido, ou reduzia-se à sua forma mais elementar. Talvez se assemelhasse à túnica que usam actualmente os Abissínios: um andrajo branco, tecido em casa pelas mulheres e pelas filhas com lã de ovelha, com um buraco ao meio para enfiar a cabeça. Poucos tinham uma de reserva. Em geral, usavam sempre a mesma, de Verão e de Inverno, de dia e de noite, imaginem com que consequências.

Não se cedia a nenhum prazer, nem tão pouco aos da gula. Contra as teorias dos cientistas americanos modernos, segundo os quais a força de um povo é condicionada pelo seu consumo de calorias e de vitaminas, que por sua vez é condicionado pela variedade da sua alimentação, os Romanos demonstraram que se pode conquistar o mundo mesmo comendo apenas uma mistela mal cozida de água e farinha, duas azeitonas e um pouco de queijo, regado, somente nos dias de festa, por um copo de vinho. O azeite parece ter vindo mais tarde, e julga-se que inicialmente o usavam só para ungir a pele, a fim de se defenderem das queimaduras do frio e das do Sol. O que devia contribuir para aumentar muito o mau cheiro geral.

A este regime não escapava nem sequer o rei, que só com a dinastia dos Tarquínios passou a ter uma farda, um elmo e insígnias especiais. Até Anco Márcio, o rei foi um igual entre os iguais; também ele lavrou a terra atrás dos bois jungidos, espalhou a semente e ceifou. Não consta tão-pouco que tivesse um paço real, e nem mesmo um gabinete. Consta, sim, que andava no meio das pessoas sem escolta de protecção porque, se a tivesse, todos o teriam acusado de querer reinar pela força, em vez de o fazer com o consenso do povo. Tomava as decisões debaixo de uma árvore, ou sentado à porta de casa, depois de ter escutado a opinião dos anciães, que formavam um círculo a toda a sua volta. Subia ao trono e talvez vestisse também um fato especial, apenas quando tinha de executar um sacrifício ou qualquer outra cerimónia religiosa.

Até mesmo à guerra os Romanos iam sem nada que se assemelhasse a uma verdadeira organização militar. O pretor que comandava a centúria ou a decúria não tinha insígnias de patente. As armas eram sobretudo bastões, pedras e espadas grosseiras. Foi preciso muito tempo até se chegar ao elmo, ao escudo e à couraça, invenções que na época devem ter produzido o efeito que nos nossos dias produziram a metralhadora e o tanque. De modo que as grandes campanhas que Roma empreendeu durante os reinados dos seus primeiros reis belicosos deviam parecer-se mais com expedições punitivas, e decidir-se através de grandes pauladas numa luta de homem contra homem, sem sombra de táctica e de estratégia. Os Romanos venceram-nas, não tanto por serem os mais fortes, mas porque eram os mais convencidos de que a sua pátria fora fundada pelos deuses, para realizar grandes feitos, e que morrer por ela constituía não um mérito, mas apenas o pagamento de um débito contraído no momento em que se nascera.

O inimigo, uma vez derrotado, deixava de ser um «sujeito», para se tornar simplesmente um «objecto». O Romano que o fizera prisioneiro considerava-o uma coisa sua: se estava de mau humor, matava-o; se estava de bom humor, levava-o para casa como escravo, e podia fazer dele o que quisesse: matá-lo, vendê-lo, obrigá-lo a trabalhar. As terras eram requisitadas pelo Estado e arrendadas aos súbditos. As cidades, muitas vezes, eram destruídas e as populações deportadas.

Com estes métodos, Roma cresceu à custa dos latinos para sul, dos sabinos e dos équos para este, e dos etruscos para norte. No mar, do qual distava poucos quilómetros, não ousava aventurar-se porque não dispunha ainda de uma frota, e a população camponesa desconfiava dele por instinto. Sob Rómulo, Tito Tácio, Tulo Hostílio e Anco Márcio, os Romanos foram «terrenos» e a sua política «terrestre».

Foi a subida ao trono de uma dinastia etrusca que mudou radicalmente as coisas, quer na política interior quer na exterior.

# 4

# Os Reis Mercadores

Não se sabe com precisão quando e como morreu Anco Márcio. Mas deve ter sido uns cento e cinquenta anos após o dia em que a lenda pretende que Roma foi fundada, ou seja, cerca do ano 600 a.C.. Seja como for, consta que nesse momento se encontrava na cidade um certo Lúcio Tarquínio, personagem muito diferente daquelas que os Romanos costumavam escolher para rei e magistrados.

Não era dali. Viera de Tarquínia, e era filho de um Grego, Demarato, emigrado de Corinto e casado com uma Etrusca. Deste cruzamento nascera um rapaz vivo, brilhante, desinibido, ambiciosíssimo que, quando veio estabelecer-se entre os Romanos, talvez tenha sido olhado por eles com um misto de admiração, inveja e desconfiança. Era rico e esbanjador, entre gente pobre e tacanha. Era elegante, no meio dos campónios. Era o único que sabia filosofia, geografia e matemática, num mundo de pobres analfabetos. Quanto à política, sangue grego misturado com sangue etrusco deviam fazer dele um diplomata de mil recursos, entre concidadãos que quase não os tinham. Tito Lívio diz dele: «Foi o primeiro que fez apelo ao voto para ser eleito rei e pronunciou um discurso para conquistar o apoio da plebe».

Que tenha sido o primeiro, duvidamos. Mas que tenha feito apelo ao voto, temos a certeza. Provavelmente as famílias etruscas, que constituíam uma minoria, mas rica e poderosa, viram nele o seu homem; e, cansadas de ser governadas por reis pastores e camponeses, de raça latina e sabina, surdos às suas necessidades comerciais e expansionistas, decidiram elevá-lo ao trono.

Como as coisas se passaram, ignora-se. Mas a alusão de Tito Lívio à plebe permite-nos fazer uma ideia. Trata-se de um elemento novo na história romana ou, pelo menos, de um elemento que não se fizera sentir nos reinados dos primeiros quatro reis, os quais não tiveram qualquer necessidade de falar à plebe para ser eleitos, pelo simples motivo de no seu tempo a plebe não existir. Nos comícios curiais, que procediam à investidura do soberano, não existiam diferenças sociais. Todos eram cidadãos, todos eram pequenos ou grandes proprietários de terras; portanto, todos tinham, formalmente, os mesmos direitos, embora, por força de certas coisas, na prática, eram alguns profissionais da política que depois tomavam as decisões e as impunham aos outros.

Era uma democracia caseira perfeita, onde tudo era feito à luz do dia e discutido entre cidadãos iguais; e o que contava, para a distribuição dos cargos, era a estima e o prestígio de que se gozava. Mas isso pressupunha a pequena cidade que Roma foi durante aquele seu primeiro século de vida, encerrada no seu limitado círculo de casebres, e onde cada um conhecia o outro e sabia de quem era filho, e o que é que tinha feito, e como tratava a mulher, e quanto gastava para comer, e quantos sacrifícios celebrava em nome dos deuses.

Mas à época da morte de Anco Márcio a situação estava completamente mudada. As necessidades da guerra haviam estimulado a indústria e, portanto, favorecido o elemento etrusco, ao qual pertenciam os carpinteiros, os ferreiros, os armeiros, os mercadores. Tinham vindo de Tarquínia, de Arezzo, de Veios; as oficinas encheram-se de moços e aprendizes que, depois de terem aprendido bem o ofício, abriram outras oficinas. O aumento dos salários atraíra para a cidade a mão-de-obra camponesa. Os soldados, depois de terem feito a guerra, regressavam contrariados aos campos e preferiam ficar em Roma, onde se encontrava com mais facilidade mulheres e vinho. Mas as vitórias, sobretudo, fizeram confluir para Roma enchentes de escravos. E era esta multidão de forasteiros que constituía o *plenum*, de que deriva a palavra *plebe*.

Lúcio Tarquínio e os seus amigos etruscos devem ter visto imediatamente a vantagem que se podia tirar desta multidão de gente, na sua maioria excluída dos comícios curiais, se se conseguisse convencê-la de que só um rei forasteiro, como ele, poderia fazer valer os seus direitos. E por isso lhes fez um discurso, prometendo-lhes sabe-se lá o quê, talvez aquilo que depois fez de facto. Ele tinha a apoiá-lo aquilo a que hoje se chamaria o *lobby* do capital: gente que tinha para gastar na campanha eleitoral todos os quatrins que quisesse, e estava decidida a fazê-lo, para garantir a si própria um governo mais disposto do que os anteriores a tutelar os seus interesses, e a seguir aquela política expansionista que era a condição da sua prosperidade.

Conseguiram-no, sem dúvida, pois Lúcio Tarquínio foi eleito com o nome de Tarquínio Prisco, permaneceu no trono trinta e oito anos e, para se verem livres dele, os *patrícios*, isto é, os «nativos» tiveram de mandá-lo assassinar. Inutilmente, porém. Em primeiro lugar, porque a coroa, depois dele, passou para o seu filho e depois para o seu neto. Em segundo lugar, porque, mais do que a causa, a subida ao trono da dinastia dos Tarquínios foi o efeito de uma certa viragem que a história de Roma sofrera e que já não lhe permitia regressar à sua ordem social primitiva e arcaica e à política que daí resultava.

O rei dos capitalistas e da plebe foi um rei autoritário, guerreiro, planificador e demagogo. Quis ter um paço real e mandou-o construir em estilo etrusco, muito mais requintado do que o romano. Depois, mandou erguer um trono no paço real, e nele se sentou, com grande pompa, de ceptro na mão e um elmo repleto de penachos. Deve ter procedido assim não só por vaidade, mas também porque conhecia o chão que pisava e sabia muito bem que a plebe, a quem devia a sua eleição e cuja simpatia queria conservar, amava o fausto e gostava de ver o rei em uniforme de gala e rodeado de coiraceiros. Ao contrário dos seus antecessores, que passavam a maior parte do tempo a dizer missa e a fazer horóscopos, ele passou-o a exercer o poder temporal, isto é, a fazer política e guerras. Primeiro, subjugou todo o Lácio, depois, teve umas escaramuças com os sabinos e comeu-lhes mais uns pedaços de terras. Para o fazer, precisou de muitas armas, que a indústria pesada lhe forneceu, fazendo grandes negócios à custa disso, e de muitas provisões que os mercadores lhe asseguraram, amealhando generosos lucros. Os historiadores republicanos e anti-etruscos escreveram, depois, que o seu reinado foi, todo ele, uma maquinação, um desfalque generalizado, o triunfo das gorjetas e das «luvas», e que o espólio que ele tirou aos vencidos não foi utilizado para embelezar Roma, mas sim as cidades etruscas, principalmente Tarquínia, sua terra natal.

Duvidamos que assim tenha sido, porque foi precisamente no seu reinado que Roma deu um salto em frente, em especial no que respeita a monumentos e urbanística. Antes de mais, construiu a Cloaca Máxima, ou seja, os esgotos, que finalmente libertaram os cidadãos das suas imundícies, com as quais tinham, até aí, convivido. E depois a Urbe, finalmente, começou a sê-lo de verdade, com ruas bem traçadas, bairros demarcados, casas que já não eram cabanas mas sim verdadeiras construções, com o telhado inclinado em ambos os lados, janelas e átrio, e um *foro*, isto é, uma praça central, onde todos os cidadãos se reuniam.

Infelizmente, para realizar esta autêntica revolução, que perturbava não apenas a face exterior de Roma mas também os seus hábitos de vida, teve de sofrer as hostilidades do Senado, depositário da tradição antiga e pouco disposto a renunciar ao seu direito de controlo sobre o rei. Noutros tempos, tê-lo-ia deposto ou obrigado a demitir-se. Mas agora havia que contar com a plebe, essa multidão que ainda não tinha uma representação política adequada, mas esperava que Tarquínio lha concedesse e estava pronta a apoiá-lo, até com uma revolução se preciso fosse. Era mais fácil matá-lo, e assim fizeram. Mas cometeram o erro imperdoável de deixar vivos sua mulher e seu filho, convencidos de que ela, devido ao seu sexo, e ele, devido à sua jovem idade, não pudessem manter o poder.

Talvez tivessem tido razão, se Tanaquil fosse Romana, quer dizer, habituada apenas a obedecer. Contudo, era Etrusca, tinha estudado, tinha partilhado com seu marido não apenas o leito mas também o trabalho, interessando-se pelos problemas do Estado, pela administração, pela política externa e pelas reformas; mas, sobretudo, era muito mais esperta do que os próprios senadores, muitos dos quais eram analfabetos.

Enterrado o rei, ela ocupou o seu lugar no trono, e manteve-o quente para Sérvio, que entretanto crescia, e que foi o primeiro e último rei de Roma a herdar a coroa sem ser eleito. Não se sabe ao certo se ele era seu filho ou de uma sua serva, como o nome parece indicar. De qualquer modo, também dele os historiadores romanos, todos republicanos fervorosos, tentaram dizer mal. Mas não o conseguiram. Embora contrariados, tiveram de admitir que o seu governo foi iluminado, e que no seu reinado foram levados a bom termo alguns dos mais importantes empreendimentos. Antes de mais, construiu muralhas em redor da cidade, dando assim trabalho a pedreiros, técnicos e artesãos, que nele viram o seu protector. Em seguida, meteu mãos à grande reforma política e social, que esteve na base de todos os posteriores sistemas romanos.

A velha divisão em trinta cúrias pressupunha uma cidade de trinta ou quarenta mil habitantes, todos mais ou menos com as mesmas habilitações, os mesmos méritos e o mesmo património. Mas agora a cidade tinha crescido extraordinariamente, e há quem faça subir a setecentas ou oitocentas mil almas a população citadina do tempo de Sérvio. Provavelmente, estes cálculos estão errados: esse número devia englobar não só os habitantes de Roma, mas os de todo o território por ela conquistado. No entanto, a cidade devia superar, pelo menos, os cem mil, e as grandes obras públicas que Tarquínio e Sérvio empreenderam devem ter sido impostas, também, por uma crise aguda de habitação.

Desta massa de gente, só aqueles já inscritos nos comícios curiais é que gozavam de algum prestígio e podiam votar. Os outros continuavam a estar excluídos, e entre eles contavam-se também os maiores industriais, comerciantes e banqueiros: aqueles que forneciam ao Estado os quatrins para fazer as guerras e as grandes obras de melhoramento. Esses tinham agora direito a uma recompensa.

Como primeira medida, Sérvio deu a cidadania aos *libertini*, que eram os filhos dos escravos alforriados, ou *libertos*. Deviam ser muitos e muitos milhares de pessoas, que a partir daquele momento foram os seus mais tenazes apoiantes. Depois, aboliu as trinta cúrias, divididas de acordo com os bairros, e no seu lugar instituiu cinco *classes*, que se diferenciavam não com base no seu domicílio mas no seu património. À primeira, pertenciam aqueles que tinham, pelo menos, cem mil asses; à última, os que tinham menos de doze mil e quinhentos. É difícil estabelecer a quanto corresponde, em moeda de hoje, um *asse*. Seja como for, foram estas diferenças económicas que determinaram também as diferenças políticas. Pois, enquanto nas cúrias todos eram iguais, pelo menos formalmente, e o voto de um valia tanto como o de qualquer outro, as classes votavam por centúrias, mas não as possuíam em igual número. A primeira tinha noventa e oito. Ao todo, eram cento e noventa e três. De modo que, na prática, bastavam os noventa e oito votos da primeira classe para determinar a maioria. As outras, mesmo que se coligassem, não conseguiam batê-la.

Era um regime capitalista ou plutocrático como mandam as regras, que dava o monopólio do poder legislativo ao capital, retirando-o aos camponeses, isto é, ao Senado, que possuía muito menos dinheiro. Mas o que podia ele fazer? Sérvio não lhe devia tão-pouco a eleição, pois herdara a coroa do pai; e tinha do seu lado os quatrins dos ricos, que lhe eram devedores do seu novo poderio, e o apoio do zé-povinho, a quem dera emprego, salário e cidadania. Apoiado por estas forças, rodeou-se de uma guarda armada para proteger a sua vida dos mal-intencionados, cingiu a cabeça com um diadema de ouro, mandou fabricar um trono de marfim e nele se sentou, majestosamente, com um ceptro na mão, encimado por uma águia.

Patrício ou não patrício, senador ou mendigo, quem quer que pretendesse aproximar-se dele tinha de fazer-se anunciar e aguardar pacientemente a sua vez, na antecâmara.

Era difícil eliminar um homem destes. E de facto os seus inimigos, para o conseguirem, tiveram de confiar a tarefa ao seu sobrinho-genro, que, nessa qualidade, podia circular livremente pelo palácio real.

Este segundo Tarquínio, antes de arriscar o golpe, tentou fazer com que o tio fosse deposto por abuso de poder. Sérvio apresentou-se às centúrias, que o reconfirmaram rei por unânime aclamação (conta-o Tito Lívio, grande republicano e, portanto, deve ser verdade).

Por conseguinte, não havia outro recurso a não ser o punhal, e Tarquínio usou-o sem demasiados escrúpulos. Mas o suspiro de alívio que deram os senadores, com os quais se tinha aliado, ficou-lhes atravessado na garganta quando viram o assassino sentar-se, por sua vez, no trono de marfim sem lhes pedir autorização, como acontecia naqueles bons velhos tempos que eles esperavam restaurar.

O novo soberano mostrou-se imediatamente mais tirânico do que aquele que despachara para o outro mundo. De facto, chamaram-lhe «o Soberbo», para o distinguir do fundador da dinastia. Se lhe deram aquele epíteto, por alguma razão foi, embora não seja verdade o que depois se disse a respeito da sua queda. Parece que se divertia a matar pessoas no Foro. De carácter agressivo foi, sem dúvida, pois passou a maior parte do seu tempo, como rei, a fazer guerras. Guerras afortunadas, porque sob o seu comando o exército, que agora dispunha de algumas dezenas de milhares de homens, conquistou não apenas a Sabina, como também a Etrúria e as suas colónias meridionais, pelo menos até Gaeta. Daqui até quase à foz do Arno, era Roma que dava as cartas. A guerra nem sempre era quente. Muitas vezes era apenas «fria», como hoje se diz. Mas, em síntese, Tarquínio foi, um tanto pela força das armas e um tanto graças à diplomacia, o chefe máximo de qualquer coisa que, para aqueles tempos, era um pequeno império. Não atingia o Adriático, mas já dominava o Tirreno.

Talvez Tarquínio tenha combatido tanto também para fazer esquecer a maneira como subira ao trono, sobre o cadáver de um rei generoso e popular. Os sucessos exteriores servem muitas vezes para mascarar a fraqueza interior de um regime. De qualquer modo, foi a este frenesim de conquista que Tarquínio ficou a dever, ao que parece, a sua queda.

Contam que um dia ele estava no acampamento, com os seus soldados, o seu filho Sexto Tarquínio e o seu sobrinho Lúcio Tarquínio Colatino.

Estes, debaixo da tenda, começaram a discutir acerca da virtude das suas respectivas mulheres, cada um enaltecendo, como bom marido, a da sua. Provavelmente, um disse ao outro: «A minha esposa é honesta. A tua põe-te os cornos». Decidiram regressar naquela noite a casa, para apanhá-las de surpresa. Montaram os cavalos, e partiram.

Em Roma, encontraram a mulher de Sexto, que se consolava da viuvez momentânea banqueteando-se com amigos e deixando-se cortejar. A de Colatino, Lucrécia, iludia a espera tecendo um fato para seu marido. Colatino, triunfante, meteu ao bolso a aposta e voltou ao acampamento. Sexto, humilhado e sedento de vingança, pôs-se a fazer a corte a Lucrécia, e por fim, usando um tanto de violência e outro tanto de astúcia, venceu a resistência dela.

Cometida a infidelidade, a pobre mulher mandou chamar o marido e o pai, que era um senador, confessou-lhes o sucedido e matou-se com uma punhalada no coração. Lúcio Júnio Bruto, também ele sobrinho do rei, que lhe matara o pai, reuniu o Senado, contou a história daquela infâmia e propôs a destronização do Soberbo e a expulsão, da cidade, de toda a sua família (excepto ele, é claro). Tarquínio, tendo sido informado, correu para Roma, ao mesmo tempo que Bruto galopava para o acampamento e, provavelmente, encontraram-se no caminho. Enquanto o rei tentava repor a ordem na cidade, Bruto semeava-lhe a desordem nas legiões, que decidiram então rebelar-se e marchar sobre Roma.

Tarquínio fugiu para Norte, refugiando-se naquela Etrúria da qual os seus antepassados eram provenientes e cujo orgulho ele humilhara, reduzindo as suas cidades à condição de vassalas de Roma. Deve ter sido uma humilhação bem amarga para ele, pedir hospitalidade a Porsena, *lucumone*, isto é, primeiro magistrado de Chiusi, que naqueles tempos se chamava *Clusium*.

Mas Porsena, grande cavalheiro, concedeu-lha.

Em Roma, proclamaram a república. Como mais tarde a dos Plantagenetas, em Inglaterra, e a dos Bourbons, em França, também a monarquia de Roma tinha durado sete reinados.

Corria o ano de 509 a.C.. Tinham decorrido duzentos e quarenta e seis desde a fundação da cidade.

# 5

# Porsena

Como sempre acontece com os povos quando mudam de regime, também os Romanos saudaram o novo com grande entusiasmo, e nele repuseram todas as suas esperanças, incluindo as da liberdade e da justiça social. Foi convocado um grande comício centurial, no qual tomaram parte todos os cidadãos-soldados, que proclamaram definitivamente enterrada a monarquia e lhe atribuíram a responsabilidade de todos os erros e abusos com que fora manchada a administração do Estado naqueles primeiros dois séculos e meio de vida; em vez do rei, nomearam dois *cônsules*, escolhendo-os nas pessoas dos dois protagonistas da revolução: o pobre viúvo Colatino, e o pobre órfão Lúcio Júnio Bruto. Tendo o primeiro declinado, foi substituído por Públio Valério.

Públio Valério passou à história com a alcunha de «Publícola», que quer dizer «amigo do povo».

Publícola demonstrou essa amizade submetendo e fazendo aprovar pelo comício algumas leis que permaneceram como fundamentais durante todo o período que a república durou. Essas leis cominavam a pena de morte a quem tentasse apoderar-se de um cargo sem a aprovação do povo. Concediam ao cidadão que tivesse sido condenado à morte o recurso em apelo à Assembleia, ou seja, ao comício centurial. E concediam a todos o direito de matar, mesmo sem processo, quem tentasse fazer-se proclamar rei. Esta última lei, porém, esquecia-se de precisar com base em que elementos é que se podia imputar a alguém essa ambição. E isso permitiu ao

Senado, nos anos que se seguiram, libertar-se de muitos inimigos incómodos apontando-os, precisamente, como aspirantes a rei. O sistema ainda está em uso entre vários povos: os aspirantes a rei chamam-se, umas vezes, «oposicionistas», outras, «inimigos da pátria» ou «agentes a soldo do imperialismo estrangeiro». Os delitos não mudam com o progresso. O que muda é apenas a rubrica.

No seu zelo democrático, Publícola introduziu também o hábito, por parte do cônsul, quando entrava no recinto do comício centurial, de mandar baixar, pelos lictores que o precediam, as insígnias – aqueles famosos *feixes*, que depois Mussolini repôs em moda, e que constituíam o símbolo do poder – para demonstrar, formalmente, que este poder vinha do povo e do qual, depois de o ter delegado no cônsul, o povo continuava a ser senhor.

Todas estas coisas eram belíssimas, e a princípio fizeram um grande efeito. Mas, uma vez arrefecidos os entusiasmos, as pessoas começaram a perguntar-se em que é que se concretizavam, na prática, as vantagens do novo sistema. É certo que todos os cidadãos podiam votar, mas nos comícios continuava a praticar-se esse direito por classes, ainda organizadas segundo aquele esquema de Sérvio, pelo qual os capitalistas da primeira, tendo noventa e oito centúrias e, por conseguinte, noventa e oito votos, bastavam, só por si, para impor a sua vontade a todas as outras. Com efeito, uma das primeiras decisões que tomaram foi a de revogar a distribuição de terras feita aos pobres pelos Tarquínios nas povoações conquistadas. De maneira que foram muitos os pequenos proprietários que viram, de um dia para o outro, serem-lhes confiscados a casa e o terreno e, sem saber do que viver, voltaram para Roma à procura de trabalho.

Mas em Roma, não havia trabalho, porque os cônsules, sendo nomeados por apenas um ano, não podiam dar início a nenhuma daquelas grandes obras públicas que eram a especialidade dos reis, eleitos vitaliciamente os primeiros cinco e, na realidade, a título hereditário os últimos dois. Por outro lado, a república, dominada pelo Senado que a criara, e que era constituído por proprietários de terras de origem sabina e latina, era sovina, ao contrário da monarquia esbanjadora, dominada pelos industriais e pelos mercadores de origem etrusca e grega. O que ela queria era «restabelecer o orçamento», como se diria hoje, ou seja, praticar uma política financeira moderada, até porque não tinha nenhum interesse em multiplicar a categoria dos novos ricos, seus adversários naturais.

Resumindo: a cidade estava em crise, e os pobres campónios que nela vinham tentar escapar à desocupação e à fome que alastravam nos campos, encontraram outra fome e outra desocupação. Os estaleiros estavam parados e a construção das casas e das ruas ficara a meio. Os destemidos empresários, que haviam sido os grandes apoiantes dos Tarquínios e tinham dado emprego a milhares de técnicos e a dezenas de milhares de operários, estavam desterrados, ou temiam vir a sê-lo. Os estabelecimentos públicos fechavam um após outro por falta de clientes, reduzidos pela escassez de capital e pelo clima puritano que todas as repúblicas difundem ou tentam difundir. Os propagandistas do novo regime arengavam continuamente à multidão, para lhes recordar os delitos cometidos pelos reis. Os ouvintes olhavam à sua volta e pensavam que entre os «delitos» estava, também, o Foro, onde naquele momento se encontravam, e que fora construído pelos odiados reis.

Um outro ponto em que os propagandistas insistiam eram os crimes perpetrados pela última dinastia, que tentara fazer de Roma uma colónia etrusca. Havia aí alguma verdade, mas era precisamente graças a isso que Roma tinha, agora, o seu Circo Máximo, a sua Cloaca, os seus engenheiros, os seus artesãos, os seus *histriões* (que eram os actores daquele tempo), os seus pugilistas e gladiadores, protagonistas daqueles espectáculos de que os Romanos eram tão gulosos, e as suas muralhas, e os seus canais, e os seus adivinhos, e a sua liturgia para adorar os deuses: que eram tudo coisas importadas, precisamente, da Etrúria.

Como é natural, nem todos o sabiam, porque nem todos tinham estado na Etrúria. Mas os jovens intelectuais estavam mais conscientes disso do que os outros, pois estudaram e fizeram a licenciatura nas universidades etruscas de Tarquínia, de Arezzo ou de Chiusi, para onde os papás os mandaram estudar, e das quais conservavam uma viva recordação. Em geral, não pertenciam às famílias patrícias, que educavam os filhos em casa, com a preocupação de fazer deles não homens instruídos, mas homens de carácter. Provinham de famílias burguesas, e o seu destino estava ligado ao do comércio, da indústria e das profissões liberais, que eram exactamente as mais atingidas pelo novo estado de coisas.

Por todas estas razões, o descontentamento não tardou a surgir. E, infelizmente, coincidiu com a declaração de guerra, lançada por Porsena sob instigação de Tarquínio.

Como este caso se desenrolou, não se sabe exactamente. Porém, dada a situação, não é difícil imaginar quais devem ter sido os argumentos que o monarca deposto apresentou, para persuadir o *lucumone* a prestar-lhe auxílio. Este, sem dúvida, não deixou de lhe fazer notar que os Tarquínios, embora de sangue etrusco, não agiram depois como bons filhos em relação à Etrúria; tinham-na atormentado continuamente com guerras e expedições punitivas, até chegar ao ponto de tê-la quase toda sob o seu domínio. Mas o Soberbo, provavelmente, respondeu-lhe que ao mesmo tempo que ele e os seus dois antecessores tornavam a Etrúria romana, tornavam igualmente etrusca a própria Roma, conquistando-a, por assim dizer, pelo lado de dentro, à custa do elemento latino e sabino, que a dominara inicialmente. A luta não fora entre potências estrangeiras, mas entre cidades rivais, filhas da mesma civilização. Roma, embora nascida por último, não tentara destruí-las, mas antes reuni-las sob um único comando, para conduzi-las ao predomínio em Itália. Talvez tivesse cometido erros, talvez se tivesse excedido aqui ou ali, com pouco respeito pelas suas autonomias municipais. Mas a nenhuma os Tarquínios reservaram a sorte a que haviam sujeitado, por exemplo, Alba Longa, e tantas outras vilas e aldeias do Lácio e da Sabina, destruídas até aos alicerces. Nenhuma cidade etrusca fora alguma vez saqueada. Os mercadores, os artesãos, os engenheiros, os actores, os pugilistas de Tarquínia, de Chiusi, de Volterra, de Arezzo, logo que emigravam para Roma, não os esperava aí a sorte dos escravos, pois tornavam-se proeminentes, e toda a economia, a cultura, a indústria e o comércio das cidades estavam, praticamente, nas mãos deles.

Ou melhor, estiveram, enquanto os Tarquínios permaneceram no trono, a protegê-los. Agora, com a república, o que teria acontecido? A república significava o regresso ao poder daqueles latinos e sabinos labregos, avarentos, desconfiados, reaccionários e instintivamente racistas, que tinham sempre alimentado em segredo um ódio surdo pela burguesia etrusca, liberal e progressista. Não havia que ter ilusões sobre o procedimento adoptado por eles. E o seu desaparecimento significava a afirmação, na foz do Tibre, de uma potência forasteira e inimiga, no lugar daquela que era consanguínea e amiga (ainda que um pouco litigiosa e com a mão leve), que amanhã podia vir a unir-se aos outros inimigos da Etrúria e contribuir para o seu declínio.

Porsena teria coragem de se desinteressar de uma tal ruptura de equilíbrio? Ou não achava conveniente acautelar a catástrofe, investindo contra Roma, agora que o marasmo reinava no seu interior, e no exterior, principalmente no Lácio e na Sabina, os ossos do povo estavam doridos das pancadas recebidas dos soldados romanos? A um sinal do poderoso *lucumone* de Chiusi, todas aquelas cidades se insurgiriam contra as escassas guarnições que as custodiavam, e Roma encontrar-se-ia, só e em discórdia, à mercê do inimigo.

Não sabemos quase nada a respeito de Porsena. Mas, pelo modo como se comportou, temos de deduzir que aos dotes do bravo general devia unir os do homem político perspicaz. Ele apercebeu-se de que havia alguma verdade nos argumentos de Tarquínio. Mas, antes de se comprometer, quis certificar-se de duas coisas: que o Lácio e a Sabina estavam realmente prontos a alinhar com ele, e que na própria Roma havia uma «quinta coluna» monárquica, disposta a facilitar-lhe o trabalho com uma insurreição.

A insurreição deu-se efectivamente, e nela participaram também os dois filhos do cônsul Lúcio Júnio Bruto, esquecidos, como se vê, do fim que o Soberbo tinha mandado dar ao seu avô. Foram presos e condenados à morte, depois de a revolta ter sido energicamente reprimida. E o pai deles, dizem, quis assistir pessoalmente à sua decapitação.

Mas a guerra correu mal. As várias cidades latinas e sabinas massacraram as guarnições romanas e uniram as suas forças às de Porsena, que vinha do Norte à cabeça de um exército confederado, para o qual toda a Etrúria enviara os seus contingentes. Segundo os seus historiadores, Roma fez milagres contra esta invasão. Múcio Cévola, tendo penetrado no acampamento de Porsena para matá-lo, errou o alvo e castigou a sua própria mão enganadora, estendendo-a sobre um fogareiro a arder. Horácio Cocles bloqueou, sozinho, todo o exército inimigo à entrada da ponte sobre o Tibre, que os seus companheiros destruíam, nas suas costas. Mas a guerra foi perdida e estas próprias lendas são a prova disso. A sua exaltação constitui um dos primeiros exemplos de «propaganda de guerra». Quando um país sofre uma desfeita, inventa ou exagera «episódios gloriosos» para sobre eles chamar a atenção dos contemporâneos e dos pósteros, e distraí-la do resultado final e global. Eis o motivo por que os «heróis» alinham, principalmente, nos exércitos derrotados. Os que vencem, não têm necessidade disso. César, por exemplo, nos seus *Comentários*, não cita nenhum.

A rendição da Urbe foi, como hoje se diz, incondicional. Teve de restituir todos os seus territórios etruscos a Porsena. Os latinos aproveitaram para atacar, por sua vez, Roma, que no entanto conseguiu salvar-se com a batalha do lago Regilo, onde os Dióscoros, Castor e Pólux, filhos de Júpiter, vieram em seu auxílio. Ao fim e ao cabo, depois de tantas desventuras, aquela que sob os reis fora a capital de um pequeno império encontrava-se reduzida àquilo que hoje seriam uns arrabaldes, ou nem isso, que a norte não chegava a Fregene e a sul terminava antes de Anzio. Era uma grande catástrofe, e foi-lhe necessário um século para se recompor.

Mas aquela guerra fez uma vítima ainda maior: Tarquínio. Tinha ele já feito as malas para regressar a Roma, retomar o poder e pôr em prática as suas vinganças, quando Porsena o interrompeu e lhe disse que não tencionava voltar a colocá-lo no trono. Ter-se-ia apercebido que a restauração monárquica era impossível, ou não confiava naquele maquinador que, novamente à testa do seu povo e do seu exército, esqueceria talvez a ajuda que recebera e recomeçaria a martirizar a Etrúria?

Inclinamo-nos mais para a segunda hipótese. A Etrúria era um país anárquico, onde cada cidade queria permanecer independente, e não admitia que limitassem a sua autonomia. Tarquínio teria feito de Roma uma cidade definitivamente etrusca, como faria da Etrúria uma província definitivamente romana. A Etrúria não quis, e custou-lhe caro. A Liga que Porsena constituíra a custo para aquela ocasião, desfez-se antes que o seu exército confederado pudesse restabelecer as comunicações com as colónias etruscas do Sul, que entretanto andavam a ser mordiscadas pelos Gregos. O *lucumone* regressou a Chiusi, e aí permaneceu enquanto os Gregos avançavam a sul, e a norte se perfilava outra ameaça terrível: a dos Gauleses que desciam dos Alpes e arrasavam as colónias etruscas do vale do Pó. Mas nem mesmo perante este perigo a Etrúria encontrou a sua unidade, aquela unidade que Tarquínio queria dar-lhe sob o signo e sob o nome de Roma. O velho rei continuou a maquinar, mas em vão. As cidades vitoriosas do Lácio, com Veios à cabeça, colaboraram para impedir o seu regresso. Preferiam lidar com uma Roma republicana, da qual conheciam todas as dificuldades internas e, por conseguinte, a impossibilidade de tentar uma vingança, que, de facto, demorou um século a esboçar-se.

As «libertações» custam sempre caro. Roma pagou com o Império a sua libertação do rei. Levara dois séculos e meio para conquistar a hegemonia sobre a Itália Central, e alcançara-a sob o comando de sete soberanos. A república, para continuar a sê-lo, teve de renunciar a todo esse património.

Então, o que é que não funcionara durante a monarquia, para levar os Romanos, embora tendo-se visto livres dela, a uma tal renúncia?

Não funcionara o cadinho, ou seja, a fusão entre as raças e as classes de que era constituído o seu povo. Os primeiros quatro reis tinham humilhado o elemento etrusco que constituía a Burguesia, a Riqueza, o Progresso, a Técnica, a Indústria e o Comércio. Os últimos três humilharam o elemento latino e sabino que constituía a Aristocracia, a Agricultura, a Tradição e o Exército, que encontravam no Senado a sua expressão política. E agora, o Senado vingava-se. Vingava-se com a república, que foi exclusivamente obra sua.

Daí em diante, tudo em Roma foi republicano, até, e principalmente, a história, que começou a ser narrada de modo a desacreditar cada vez mais o período monárquico e os êxitos grandiosos que Roma alcançara sob esse regime. É preciso não esquecer isso ao ler os livros de história romana, que são unânimes em fazer coincidir o início da grandeza da Urbe com o momento em que o último Tarquínio foi corrido.

Mas não é verdade. Roma já fora uma capital poderosa no tempo dos reis, e é em boa parte graças à obra deles que voltará a sê-lo. Os austeros magistrados que ocuparam o lugar dos reis e exerceram o poder «em nome do povo» já encontraram constituídas as premissas dos triunfos futuros: uma cidade bem organizada do ponto de vista urbanístico e administrativo, uma população cosmopolita e plena de recursos, uma elite de técnicos de primeira qualidade, um exército experimentado, uma Igreja e uma língua já perfeitamente codificadas, e uma diplomacia que fizera o seu tirocínio contraindo e desfazendo alianças um pouco com todos os seus vizinhos.

Esta diplomacia foi hábil, até no momento da catástrofe. Apressou-se a estipular dois tratados: um com Cartago, para garantir a tranquilidade pelo lado do mar, e outro com a Liga Latina, para garanti-la pelo lado de terra. Ambas implicavam as renúncias mais radicais. No mar, Roma abandonava todas as suas pretensões em relação à Córsega, à Sardenha e à Sicília, que se comprometia a não ultrapassar com os seus navios, e onde podia apenas abastecer-se, sem lá pôr o pé. Mas esta era uma renúncia que pouco lhe custava, visto que ainda não possuía uma frota digna desse nome.

Mais dolorosas eram as terrestres, sancionadas pelo cônsul Espúrio Cássio no final das hostilidades com Veios e os seus aliados. Roma ficou na posse de apenas quinhentas milhas quadradas, e teve de aceitar ser par entre pares na Liga Latina. O *foedus*, ou seja, o pacto de 493 a.C., começa com estas enfáticas palavras: «Haja paz entre os Romanos e todas as cidades latinas enquanto a posição do céu e da terra permanecer a mesma...»

A posição do céu e da terra não mudara absolutamente nada quando, menos de um século depois, a república romana retomou o caminho da guerra, a meio do qual se haviam detido os seus antigos reis, e não deixou às cidades latinas nem sequer os olhos para chorar.

Desde então, as alianças entre os Estados continuaram a contrair-se, com o propósito de fazê-las durar enquanto a posição do céu e da terra permanecer a mesma. E, dentro de poucos ou de muitos anos, um dos aliados acaba, inevitavelmente, com Veios. No entanto os diplomatas, impassíveis, insistem em usar aquela fórmula, ou outra equivalente, e os povos continuam a acreditar nela.

# 6

# SPQR

Desde aquele ano 508 em que foi fundada a república, todos os monumentos que os Romanos ergueram um pouco por toda a parte ostentaram sempre a sigla SPQR, que quer dizer: *Senatus Populus-Que Romanus*, ou seja, «o Senado e o povo romano».

O que era o Senado já nós dissemos. Pelo contrário, não dissemos ainda o que era o povo, que não correspondia, de modo algum, àquilo que entendemos por esta palavra. Naqueles dias longínquos de Roma, essa designação não incluía «todos» os cidadãos, como hoje acontece, mas apenas duas «ordens», ou duas classes sociais: a dos «patrícios» e a dos *equites*, ou «cavaleiros».

Os patrícios eram os que descendiam dos *patres*, os fundadores da cidade. Segundo Tito Lívio, Rómulo escolhera uma centena de chefes de família que o ajudassem a construir Roma. Esses, como é natural, tinham açambarcado os terrenos melhores e consideravam-se um pouco os donos da casa em relação aos que vieram depois. Os primeiros reis, de facto, não tiveram de resolver nenhum problema social, porque todos os súbditos eram iguais entre si, e o próprio soberano era apenas um deles, encarregado, por todos os outros, de exercer determinadas funções, principalmente religiosas.

Com Tarquínio Prisco, começara a chover em Roma um dilúvio de outras gentes, em especial da Etrúria. E os descendentes dos *patres* mantinham as distâncias, com grande desconfiança, em relação a estes recém-vindos, refugiando-se na fortaleza do Senado, acessível somente aos membros das suas famílias. Cada uma delas usava o nome do antepassado que a fundara: Mânlio, Júlio, Valério, Emílio, Cornélio, Cláudio, Horácio, Fábio.

Foi a partir do momento em que estas duas populações diferentes – os descendentes dos antigos pioneiros e os recém-vindos – começaram a conviver dentro das muralhas da cidade, que as classes se começaram a diferenciar: de um lado os patrícios, do outro os plebeus.

Em breve, os patrícios foram superados em número, como sempre acontece em todos os países novos, como por exemplo a América do Norte. Aqui, os patrícios chamavam-se *Pilgrim Fathers*, os pais peregrinos, e eram representados pelos trezentos e cinquenta colonizadores que foram os primeiros a ir fixar-se ali, a bordo de um navio chamado *Mayflower*, há mais de três séculos. Também os seus descendentes continuam ainda hoje a considerar-se um pouco os patrícios da América: mas não puderam conservar nenhum privilégio, porque as ondas sucessivas de imigrantes bem depressa os submergiram. Descender de um pai peregrino do *Mayflower* é, naqueles sítios, apenas um título honorífico.

Os patrícios romanos resistiram muito mais tempo a esta mistura. E para melhor defender as suas prerrogativas, fizeram aquilo que fazem todas as classes sociais, quando são espertalhonas e se encontram em minoria numérica: chamaram alguns plebeus para compartilhar os seus privilégios, comprometendo-os desse modo a defenderem-nos também.

No reinado de Sérvio Túlio, as classes sociais já não eram só duas. Entre os plebeus destacara-se uma alta burguesia, ou classe média, bastante numerosa e, sobretudo, poderosíssima do ponto de vista financeiro. Quando o rei organizou os novos comícios centuriais, dividindo-os em cinco classes de acordo com o património, e dando à primeira, a dos milionários, votos suficientes para bater as outras quatro, os patrícios não ficaram nada contentes, porque se viram superados, como potência política, por gente «sem berço», como hoje se diz, ou seja, que não tinha antepassados, mas em compensação tinha mais quatrins do que eles. Porém, quando Tarquínio, o Soberbo, foi corrido e, no seu lugar, instaurada a república, eles compreenderam que não podiam ficar sozinhos contra os outros todos, e pensaram em tomar como aliados aqueles ricaços, que no fundo, como todos os burgueses de todos os tempos, não ambicionavam mais do que fazer parte da aristocracia, isto é, do Senado. Se os nobres franceses do século XVIII tivessem feito o mesmo, teriam sido poupados à guilhotina.

Estes ricaços, como dissemos, eram chamados *equites*, «cavaleiros». Eram todos originários do comércio e da indústria, e o seu grande sonho era serem senadores. Para consegui-lo, não só votavam sempre, nos comícios centuriais, de acordo com os patrícios, que eram os patrões do Senado, como não se importavam de suportar os custos quando lhes era confiado um cargo ou uma incumbência. É que os patrícios faziam-se pagar generosamente pela concessão dessa grande honra. E quando casavam com a filha de um cavaleiro, por exemplo, exigiam um dote de rainha. Mas depois, no dia em que o cavaleiro conseguia, finalmente, tornar-se senador, não era acolhido como *pater*, isto é, patrício, mas como *conscriptus*, naquela assembleia que, na verdade, era constituída por «pais e recrutas», *patres et conscripti*.

O povo era, pois, formado somente por estas duas ordens: patrícios e cavaleiros. Tudo o mais era plebe, e não contava. Esta incluía um pouco de tudo: artesãos, pequenos comerciantes, empregaditos, escravos alforriados. E, como é natural, não estavam satisfeitos com a sua condição. Com efeito, o primeiro século da nova história de Roma foi inteiramente preenchido pelas lutas sociais entre aqueles que queriam alargar o conceito de povo e os que queriam mantê-lo limitado às duas aristocracias: a do sangue e a da carteira.

Esta luta começou no ano 494 a.C., que equivale a dizer catorze anos depois da proclamação da república, quando Roma, atacada por todos os lados, perdera tudo aquilo que conquistara enquanto fora governada por reis e, reduzida mais ou menos a capital de um subúrbio, tivera de se acomodar à sua qualidade de membro da Liga Latina, em pé de igualdade com todas as outras cidades. No fim daquela guerra desastrosa, a plebe, que fornecera a mão-de-obra para combatê-la, viu-se em condições desesperadas. Muitos haviam perdido a terra, que ficara nos territórios ocupados pelo inimigo. E todos, para manter as famílias enquanto estavam a combater, tinham-se coberto de dívidas, o que naquele tempo não era motivo para uma tranquilidade perfeita, como hoje o é. Quem não as pagava, tornava-se imediatamente escravo do credor, o qual podia encarcerá-lo na sua cave, matá-lo ou vendê-lo.

Se os credores eram muitos, estavam autorizados a dividir entre si o corpo do desgraçado, depois de o matarem. E embora não conste que alguma vez se tenha chegado a este extremo, a situação do devedor não deixava de ser desconfortável na mesma.

O que podiam fazer estes plebeus para reivindicar um pouco de justiça? Nos comícios centuriais não tinham voz, porque pertenciam às classes mais baixas, aquelas que tinham muito poucas centúrias, e portanto muito poucos votos, para poder impor a sua vontade. Começaram a agitar-se pelas ruas e nas praças, pedindo pela boca dos mais expeditos, que sabiam falar, a anulação dos débitos, uma nova distribuição de terras que lhes permitisse substituir o terreno que tinham perdido, e o direito de eleger magistrados próprios.

As «ordens» e o Senado fizeram ouvidos de mercador a estes pedidos. E então a plebe, ou, pelo menos, grandes massas de plebeus, cruzaram os braços, retiraram-se para o Monte Sacro, a cinco quilómetros da cidade, e disseram que a partir daquele momento não dariam nem um trabalhador à terra, nem um operário às indústrias, nem um soldado ao exército.

Esta última ameaça era a mais grave e premente, porque precisamente naquele momento, restabelecida, tanto quanto possível, a paz com os vizinhos latinos e sabinos, um novo perigo se apresentava dos lados dos Apeninos, de cujos montes tinham começado a rolar para o vale, à procura de terras mais férteis, as tribos bárbaras dos Équos e dos Volscos, que já estavam invadindo as cidades da Liga.

O Senado, com a faca na garganta, mandou embaixadas, uma após outra, aos plebeus, para convencê-los a regressar à cidade e colaborar na defesa comum. E Menénio Agripa, para os convencer, contou-lhes a famosa história daquele homem cujos membros, para castigar o estômago, se recusaram a dar-lhe de comer: desse modo, sem receber alimento, eles próprios acabaram por morrer, tal como o órgão de que se queriam vingar. Mas os plebeus, duros, responderam que não havia alternativa: ou o Senado anulava os débitos e libertava os que foram feitos escravos por não os terem pago, e permitia à plebe eleger os seus próprios magistrados que a defendessem, ou a plebe permaneceria no Monte Sacro, mesmo que viessem todos os Équos e os Volscos deste mundo para destruir Roma.

Por fim, o Senado rendeu-se. Anulou os débitos, devolveu à liberdade quem por causa deles caíra na escravidão, e colocou a plebe sob a protecção de dois *tribunos* e de três *edis*, eleitos por ela todos os anos. Esta última foi a primeira grande conquista do proletariado romano, aquela que lhe deu o instrumento legal para alcançar também as outras, na via da justiça social. O ano 494 é muito importante na história da Urbe e da democracia.

Com o regresso dos plebeus, foi possível pôr um exército em campo para deter a ameaça dos Volscos e dos Équos. Nesta guerra, que durou cerca de sessenta anos e na qual apostava a sua sobrevivência, Roma não esteve só. O perigo comum fez com que se lhe mantivessem fiéis não apenas os aliados latinos e sabinos, mas também um outro povo limítrofe, os Hérnicos.

Nos combates que imediatamente se acenderam com êxito incerto, contam que se distinguiu um jovem patrício chamado Coriolano, nome derivado do de uma cidade que conquistara. Era um conservador intransigente, e não queria que o governo fizesse uma distribuição de trigo ao povo esfomeado. Os tribunos da plebe, que entretanto haviam sido eleitos, pediram e obtiveram o seu exílio. Coriolano, então, passou-se para o inimigo, obteve o seu comando e, como brilhante estratega que era, conduziu-o de vitória em vitória até às portas de Roma.

Também a ele os senadores enviaram embaixada após embaixada para levá-lo a desistir. Não houve maneira. Só quando viu vir ao seu encontro, suplicantes, a mãe e a mulher, é que deu ordem de «meia volta, volver!» aos seus homens, que em resposta o mataram; mas depois, sem terem o seu guia, foram derrotados e forçados a retirar.

Do remoinho de pó levantado por eles surgiram os Équos, que já tinham levado a desordem a Frascati. Conseguiram quebrar os laços entre os Romanos e os seus aliados. E o perigo atingiu tal gravidade que o Senado, para eliminá-lo, concedeu título e poderes de ditador a Lúcio Quíncio Cincinato que, com um novo exército, libertou as legiões que estavam cercadas e conduziu-as a uma vitória definitiva, em 431; em seguida, deposto do comando depois de tê-lo exercido por apenas dezasseis dias, foi de novo lavrar o seu terreno, de onde viera.

Mas ainda antes desta feliz conclusão, uma outra guerra acendera-se a norte, movida pela etrusca Veios, que não queria perder aquela oportunidade favorável de arrasar definitivamente Roma. Já lhe fizera várias provocações, enquanto lutava para se defender dos Équos e dos Volscos. E Roma tinha aguentado à inglesa, isto é, sem deixá-las cair no esquecimento. Assim que se encontrou com as mãos livres, preparou-se para acertar as contas. Foi uma guerra dura e que também exigiu, a certa altura, a nomeação de um ditador. Foi ele Marco Fúrio Camilo, grande soldado e, sobretudo, grande gentil-homem, que introduziu no exército uma novidade de peso: o *stipendium*, ou seja, um «soldo». Até àquele momento os soldados prestavam serviço grátis; e, se tinham mulher, as famílias que ficavam na pátria morriam de fome. Camilo achou isso injusto e remediou o mal. A tropa, satisfeita, redobrou de zelo, conquistou Veios de uma arrancada, destruiu-a meticulosamente, e deportou como escravos todos os seus habitantes.

Esta grande vitória e o castigo exemplar que a selava encheram os Romanos de orgulho, quadruplicaram os seus territórios, elevando-os a dois mil quilómetros quadrados, e encheram-nos de ciúme e de desconfiança em relação a quem lhos obtivera. Enquanto Camilo continuava a conquistar cidade após cidade na Etrúria, em Roma começaram a dizer que ele era um ambicioso e que embolsava o espólio dos povos vencidos, em vez de entregá-lo ao Estado. Camilo ficou de tal modo amargurado com isso, que se demitiu do comando e, em vez de regressar à pátria para se desculpar, exilou-se voluntariamente em Árdea.

Provavelmente, aí teria morrido deixando um nome manchado pelas calúnias, se os ingratos romanos não tivessem precisado dele novamente, para se salvarem dos Gauleses, o último e mais grave perigo de que tiveram de se defender antes de iniciar a grande conquista. Os Gauleses eram um povo bárbaro, de raça celta que, vindo de França, subjugara já a planície do Pó. Dividiram aquele território fértil entre as suas tribos: os Insubres, os Cenomanos e os Sénones; mas uma delas, sob o comando de Breno, movimentou-se para Sul, conquistou Chiusi, destroçou as legiões romanas nas margens do rio Ália, e marchou sobre Roma.

Os historiadores, que o contaram depois de tudo concluído, envolveram em muitas lendas este capítulo, que deve ter sido muito desagradável para a Urbe. Dizem que quando os Gauleses se preparavam para subir ao Capitólio, os gansos consagrados a Juno começaram a grasnar, acordando Mânlio Capitolino que, à testa dos defensores, repeliu o ataque. Pode ser. Mas a verdade é que os Gauleses entraram no Capitólio, da mesma maneira que entraram em todo o resto da cidade, de onde a população fugira em massa para se refugiar nos montes vizinhos. Também dizem que os senadores se deixaram ficar, todos eles, solenemente sentados nas toscas cadeiras de madeira da sua cúria, e que um deles, Papírio, quando um gaulês lhe puxou a barba, por escárnio, talvez pensando que era falsa, lhe bateu com o ceptro de marfim na cara. E por fim narram que Breno, depois de ter deitado fogo a Roma inteira, pediu, para se ir embora, não sei quantos quilos de ouro, e exigiu, para pesá-los, uma balança que roubava. Os senadores protestaram, e então Breno colocou também a sua espada no prato dos pesos, pronunciando a famosa frase: *«Vae victis!»*, «Ai dos vencidos!». Ao que Camilo, ali surgido por milagre, teria respondido: *«Non auro, sed ferro, recuperanda est patria»*, «A pátria restaura-se com o ferro, não com o ouro»; e assumindo o comando de um exército, que até àquele momento não se compreende onde é que estava escondido, teria posto em fuga o inimigo.

A verdade é que os Gauleses conquistaram Roma, saquearam-na, e partiram perseguidos pelas legiões, mas carregados de quatrins. Eram salteadores robustos e rudes, que não seguiam nenhuma linha política ou estratégica nas suas conquistas. Assaltavam, saqueavam, e retiravam-se sem a mínima preocupação com o dia de amanhã. Se tivessem podido imaginar qual a vingança que Roma exerceria por aquela humilhação, não teriam deixado pedra sobre pedra. Assim, é verdade que a devastaram, mas não a destruíram. E regressaram pelo mesmo caminho, em direcção à Emília e à Lombardia, permitindo a Camilo, chamado de urgência de Árdea, reparar os estragos. Este, provavelmente, não chegou a ter nem uma escaramuça com os Gauleses, que já tinham partido quando ele chegou. E, pondo de lado os rancores, retomou o título de ditador, arregaçou as mangas, e pôs-se a reconstruir a cidade e o exército.

Os mesmos que lhe haviam chamado ambicioso e ladrão, chamavam-lhe agora «o segundo fundador de Roma».

Mas enquanto tudo isto acontecia na frente externa, na interna a Urbe alcançava uma grande meta, com a Lei das Doze Tábuas.

Foi um êxito dos plebeus, os quais, desde que regressaram do Monte Sacro, não cessaram de pedir que as leis deixassem de ser monopólio da Igreja, que por sua vez era monopólio dos patrícios, e que fossem publicadas de maneira que cada um soubesse quais eram os seus deveres e quais as penas que lhe tocaria em caso de infracção. Até àquele momento, as normas em que se baseavam os julgamentos do magistrado eram secretas, e estavam reunidas em textos que os sacerdotes conservavam ciosamente, e misturadas com ritos religiosos, com os quais se pretendia indagar a vontade dos deuses. Um assassino, se o deus estivesse de bom humor, podia escapar; um pobre ladrãozeco de galinhas, se apanhasse o deus em dia mau, estava sujeito a acabar na forca. Uma vez que aqueles que interpretavam a vontade dos deuses – magistrados e sacerdotes – eram patrícios, os plebeus sentiam-se sem defesa.

Sob a pressão do perigo externo dos Volscos, dos Équos, dos Veientes, dos Gauleses, e a ameaça de uma segunda rebelião no Monte Sacro – o Senado, após muita resistência, rendeu-se, e mandou três dos seus membros à Grécia, para estudar o que Sólon fizera neste campo. Quando os enviados regressaram, foi nomeada uma comissão de dez legisladores, chamados *decemviri* por causa do seu número. Sob a presidência de Ápio Cláudio, redigiram o códice das Doze Tábuas, que constituiu a base, escrita e pública, do direito romano.

Esta grande conquista está datada do ano 451, que correspondia, mais ou menos, ao tricentésimo aniversário da fundação da Urbe.

Mas não deixou de trazer problemas. Porque os plenos poderes que o Senado conferira aos *decemviri* para realizá-la tinham-lhes agradado tanto, que decorridos dois anos, prazo em que deviam caducar, eles recusaram-se a restituí-los a quem lhos havia dado. Contam que a culpa foi de Ápio Cláudio, que quis continuar a exercê-los para reduzir à escravidão e assim vencer a resistência de uma bela e apetitosa plebeia, Virgínia, por quem se apaixonara. O pai, Lúcio Virgínio, foi apresentar protesto. E, uma vez que Ápio não lhe dava ouvidos, para impedir que a sua filha ficasse em poder daquele malandro, apunhalou-o. Após o que, como fizera Colatino a seguir ao caso de Lucrécia, correu ao quartel, contou aos soldados o sucedido e exortou-os a sublevarem-se contra o déspota. Indignada, a plebe retirou-se uma vez mais para o Monte Sacro (já aprendera o truque), e o exército ameaçou seguir-lhe o exemplo. O Senado, reunido de urgência, disse aos *decemviri* (com profunda satisfação, imaginamos) que não podia mantê-los em funções. Foram, pois, demitidos do cargo, Ápio Cláudio foi desterrado, e o poder executivo foi restituído aos cônsules.

Ainda não era o triunfo da democracia, que só acontecerá um século mais tarde, com as Propostas de Lei Licínio-Séstias. Mas já era um grande passo em frente. O P daquela sigla SPQR começava a ser o *Populus*, tal como nós o entendemos hoje.

# 7

# Pirro

Da humilhação que sofreu às mãos dos Gauleses e das convulsões da luta interna entre patrícios e plebeus, Roma saiu com dois grandes trunfos na mão: a supremacia da Liga, em relação às rivais latinas e sabinas que, muito mais devastadas do que ela, não encontraram depois um Camilo que as reconstruísse; e uma ordem social mais equilibrada, que garantia uma trégua entre as classes. De maneira que, assim que se dispersaram os fumos dos incêndios que Breno deixara na esteira da sua retirada para Norte, a Urbe, toda nova e mais modernamente apetrechada do que antes, começou a olhar à sua volta, à procura de presa.

Entre as terras limítrofes, a Campânia era a mais fértil e rica. Era habitada pelos Samnitas, uma parte dos quais, no entanto, ficara sobre os montes de Abruzos. E daqui, acossados pelo frio e pela fome, desciam com frequência para saquear os rebanhos e as searas dos seus confrades da planície. Sob a ameaça de uma destas incursões, os Samnitas de Cápua pediram a protecção de Roma, que lha concedeu de todo o coração, porque essa era a melhor maneira de dividir aquele povo definitivamente em dois, e de meter o nariz nos seus assuntos internos. Assim começou a primeira das três guerras com os Samnitas e a guerra contra Abruzos, que duraram ao todo cerca de cinquenta anos.

Esta foi breve, de 343 a 341, e alguns dizem que nem chegou a ser combatida, porque o exército de Abruzos não se deixou ver, e aos Romanos não apeteceu ir à procura deles lá ao cimo dos montes. Todavia, uma consequência ficou: a «protecção» de Roma sobre Cápua, que se sentiu de tal maneira protegida que convidou os Latinos para com eles formarem uma frente única contra a protectora comum. Os Latinos aderiram, e Roma, de aliados que eram, passou a tê-los inesperadamente como inimigos. Foi um momento mau, que exigiu os episódios heróicos do costume para superar as inerentes dificuldades. O cônsul Tito Mânlio Torquato, para dar um exemplo de disciplina, condenou à morte o próprio filho que, contrariando a ordem de ficar imóvel, saíra das filas para responder ao insulto de um oficial latino. E o seu colega Públio Décio Mure, quando os áugures lhe disseram que só com o sacrifício da sua vida salvaria a pátria, avançou sozinho contra o inimigo, feliz por se deixar matar.

Sejam estes episódios verdadeiros ou inventados, Roma venceu, e dissolveu a Liga Latina que a traíra. Assim terminou a política «federalista» usada até agora e se inaugurou a «unitária», do bloco único. Às diversas cidades que tinham feito parte da Liga, Roma deu formas diferentes de autonomia, de maneira a impedir uma comunhão de interesses entre elas. Era a técnica do *divide et impera* que espreitava. Entre as cidades subjugadas não deviam existir relações políticas. Cada uma delas mantinha-as apenas com a Urbe. Para a Campânia foram enviados *colonos*, aos quais foram oferecidas as terras conquistadas e que aí constituíram os postos avançados da romanidade no Sul. Nascia o império.

A segunda guerra com os Samnitas começou quinze anos depois, em 328, sem qualquer pretexto. Os Romanos, que com a guerra anterior chegaram às portas de Nápoles, a capital das colónias gregas, puseram-lhe os olhos em cima e ficaram encantados com as suas longas muralhas helénicas, os seus ginásios, os seus teatros, os seus comércios e a sua vivacidade. E, um belo dia, ocuparam-na.

Os Samnitas, tanto os da planície como os da montanha, compreendendo que, se a deixassem à vontade, aquela gente iria devorar a Itália toda, acordaram a paz entre si e atacaram pelas costas as legiões que tanto tinham avançado para sul. Inicialmente, o seu exército, mais de guerrilheiros do que de soldados, foi batido; mas depois, melhores conhecedores do terreno do que os Romanos, atraíram-nos para as gargantas de Cáudio [Forcas Caudinas], perto de Benevento, e nelas os sitiaram. Após tentativas repetidas e inúteis para escapar ao aperto, os dois cônsules tiveram de capitular e sofrer a humilhação de passar sob o jugo improvisado com as lanças dos samnitas: foram estas as famosas «forcas caudinas».

Roma, como habitualmente, encaixou a bofetada, mas não pediu paz. Tirando partido da experiência, reorganizou as legiões de modo a não voltar a expô-las a semelhantes desventuras e a torná-las mais fácil e rapidamente manobráveis. Em 316 retomou a luta. Uma vez mais enfrentou o perigo, quando os Etruscos, a norte, e os Hérnicos, a sudeste, tentaram apanhá-la de surpresa. Derrotou-os separadamente. Depois, dirigiu todas as suas forças contra os isolados Samnitas, em 305 conquistou a sua capital, Boviano, e pela primeira vez as suas legiões, tendo atravessado os Apeninos, chegaram à costa adriática da Apúlia.

Estes êxitos preocuparam gravemente os outros povos da península que, por medo, conseguiram ter coragem para desafiar, todos unidos, Roma. Aos Samnitas aliaram-se desta vez, além dos Etruscos, também os Lucanos, os Úmbros e os Sabinos, decididos a defender, juntamente com a independência, a anarquia. Formaram um exército, que enfrentou os Romanos em Sentino, nos Apeninos úmbricos. Eram superiores em número, mas os vários generais que comandavam os vários contingentes, em vez de colaborar uns com os outros, atabalhoava cada um para seu lado. E, como é natural, foram derrotados. Décio Mure, filho do cônsul que se tinha sacrificado voluntariamente pela pátria na campanha anterior, repetiu o gesto do pai, e assegurou definitivamente a passagem à história do nome da família. A coligação desfez-se. Etruscos, Lucanos e Úmbros pediram uma paz separada. Samnitas e Sabinos continuaram a combater por mais cinco anos. Renderam-se em 290 a.C.

Os historiadores modernos afirmam que Roma enfrentou este ciclo de guerras tendo em mira um objectivo estratégico preciso: o Adriático. Nós estamos convencidos que as legiões romanas chegaram ao Adriático sem saber como nem porquê, quando iam apenas em perseguição do inimigo em fuga. Os Romanos daquele tempo não tinham mapas geográficos, ignoravam que a Itália constituía aquilo que hoje se chamaria «uma unidade geopolítica natural», que tinha a forma de uma bota, e que, para tê-la na mão, era preciso dominar os mares. O que eles praticavam, sem conhecer nem formular a sua teoria, era simplesmente o princípio do «espaço vital», segundo o qual, para viver e respirar, um território tem necessidade de anexar os que lhe são contíguos. Assim, para garantir a segurança de Cápua, conquistaram Nápoles; para garantir a segurança de Nápoles, conquistaram Benevento; até que chegaram a Taranto, onde pararam, pois para além havia apenas o mar.

Taranto, naqueles tempos, era uma metrópole grega que fizera enormes progressos, especialmente no campo das indústrias, dos comércios e das artes, sob a liderança de Arquitas, um dos maiores homens de estado da antiguidade, meio filósofo e meio engenheiro. Não era uma cidade belicosa. Em 303, tinha pedido e obtido da Urbe a promessa de que os navios romanos nunca passariam para além do cabo Colonne, ou seja, que os Romanos a deixariam em paz pelo lado do mar, estando certa de que por terra eles não podiam lá chegar. Afinal, era precisamente daquele lado que agora os via cair-lhe em cima.

O pretexto de guerra foi proporcionado, como habitualmente, por um pedido de protecção que os habitantes de Turii, importunados pelos Lucanos, dirigiram a Roma, a qual, como sempre, o acolheu prontamente e enviou uma guarnição para os defender, mas por mar. Fê-lo de propósito para arranjar conflito, sem dúvida. Os navios, para chegarem a Turii, eram obrigados a ultrapassar o cabo Colonne; e os Tarantinos fecharam os olhos a esta infracção ao pacto. Mas quando as dez trirremes de Roma pretenderam fundear no seu porto, consideraram a coisa como uma provocação, atacaram-nas e afundaram quatro.

Realizado o gesto, deram-se conta de que ele comportava a guerra, e que a guerra não podia acabar senão muito mal para eles, se não lhes viesse alguma ajuda poderosa de fora. Mas qual? Em Itália não havia um único Estado que pudesse opor-se a Roma. De maneira que mandaram procurar essa ajuda no estrangeiro, inaugurando um costume que no nosso país ainda hoje dura. Encontraram-na, do outro lado do mar, em Pirro, rei do Epiro.

Pirro era uma curiosa personagem que, se se tivesse contentado com o seu pequeno reino montanhês, poderia ter tido uma vida longa e abastada. Mas lera na *Ilíada* as proezas de Aquiles; nas suas veias corria sangue macedónio, que fora o sangue de Alexandre Magno; e tudo contribuía para fazer dele uma figura muito semelhante aos nossos *condottieri* do século XV. Ele era, em suma, como hoje se diria, um tipo que «procurava sarna para se coçar». Aquela que os Tarantinos lhe ofereciam era justamente à sua medida, e aproveitou-a imediatamente. Embarcou o seu exército nos navios deles e enfrentou o dos Romanos em Heracleia.

Estes encontraram-se pela primeira vez cara a cara com uma nova arma, que nunca imaginaram que existisse e que provocou neles a mesma impressão que os primeiros tanques ingleses provocaram nos Alemães, na Flandres, em 1916: elefantes. A princípio, pensaram que fossem bois, e foi assim que de facto lhes chamaram: «bois lucanos». Mas quando os viram vir direito a eles, foram dominados pelo terror e perderam a batalha, embora tenham infligido tais perdas ao inimigo que lhe tiraram toda a alegria da vitória. As «vitórias de Pirro» foram, desde então, pagas a um preço demasiado elevado.

O Epirota bisou no ano seguinte (279), em Ascoli Satriano. Mas também ali as suas perdas foram tais que, ao olhar o campo de batalha coberto de mortos, foi tomado pela mesma crise de terror que dois milénios mais tarde havia de atacar Napoleão III, à vista do campo de batalha de Solferino. E enviou a Roma o seu secretário, Cíneas, com propostas de paz, dando-lhe por companheiros dois mil prisioneiros romanos, que tinham assumido o compromisso de regressar, caso a paz não fosse concluída. Dizem que o Senado estava para aceitar aquelas ofertas, quando se levantou para falar o censor Ápio Cláudio, o Cego, a fim de recordar à assembleia que não era digno negociar com um estrangeiro, enquanto o seu exército invasor continuava acampado em Itália.

Não cremos que isto seja verdade, porque para Roma, a Itália, naquele momento, era apenas Roma. Mas é verdade que o Senado recusou as propostas, e que Cíneas, quando regressou com os dois mil prisioneiros, nenhum dos quais faltara à palavra dada, fez a Pirro uma tal descrição daquilo que vira em Roma, que o Epirota preferiu abandonar a empresa: e, tendo recebido um convite dos Siracusanos para ajudá-los a livrarem-se dos Cartagineses, dirigiu-se para a Sicília. Nem mesmo aqui as coisas lhe correram bem, pois as cidades gregas que viera defender nunca conseguiram chegar a acordo para lhe fornecer os contingentes que lhe haviam prometido. Desencorajado, Pirro voltou a atravessar o estreito para ir novamente prestar auxílio a Taranto, que nessa altura estava a ser atacada pelas legiões romanas. Desta vez, já estavam habituadas aos elefantes e não se deixaram aterrorizar por eles. Pirro foi derrotado em Malevento, que por causa do acontecimento foi rebaptizada pelos Romanos com o nome de Benevento, em 275. Decididamente, a Itália não lhe trouxera sorte. Amargurado, regressou à pátria, foi procurar uma vingança na Grécia e, em vez dela, encontrou aí a morte.

Eram decorridos exactamente setenta anos (343-273) desde que Roma, tendo recuperado a sua ordem interna conforme pôde, depois do terramoto que se seguiu à queda da monarquia, e superado a luta pela existência, dera início às verdadeiras guerras de conquista. E ei-la, por fim, senhora absoluta de toda a península, desde os Apeninos tosco-emilianos até ao estreito de Messina. Um após outro, todos os pequenos potentados que a constelavam caíram em seu poder, incluindo os da Magna Grécia continental, que não tiveram quem os defendesse depois da partida de Pirro. Taranto rendeu-se em 272, Reggio em 270. Após a experiência com a Liga Latina, Roma compreendera que era preciso desconfiar dos «protegidos» e dos «aliados à força». E, um pouco por este motivo, mas também impelidos pela pressão demográfica da Urbe, os Romanos deram início à verdadeira romanização da Itália com o método das «colónias», que já fora adoptado a seguir à primeira guerra com os Samnitas. As terras inimigas eram confiscadas e distribuídas pelos cidadãos romanos que nada possuíam, principalmente com fundamento em méritos a que hoje chamaríamos «de combate». Eram atribuídas, sobretudo, a veteranos: gente de confiança, pronta a lutar para se defender e para defender Roma. Os auctótones, como é natural, acolhiam-nos sem simpatia, como ladrões opressores. Do nome de um deles, Cafo, cabo do exército de César, criaram mais tarde a palavra *«cafone»*, termo depreciativo que significa grosseiro e vulgar. E foi inspirado nesta hostilidade que surgiu, então, o uso da *«pernacchia»*, esgar ruidoso, irreverente, com que os povos vencidos saudavam os Romanos que entravam nas suas cidades, e que de início, segundo parece, foi tomada por uma expressão de boas-vindas.

É evidente que ninguém pode esperar aumentar o seu território de quinhentos para vinte e cinco mil quilómetros quadrados, como Roma fez neste período, sem pisar os calos a alguém. Mas em compensação, toda a Itália do Centro e do Sul começou a falar uma única língua e, em vez de pensar em termos de aldeia e de tribo, começou a fazê-lo em termos de nação e de Estado.

Ao mesmo tempo que se travavam estas guerras longas e sangrentas, e debaixo da pressão por elas gerada, os plebeus alcançavam, um após outro, todos os seus objectivos, até ao último e fundamental, garantido pela Lei de Hortênsio, assim chamada por causa do nome do ditador que a impôs: segundo ela, o plebiscito transformava-se automaticamente em lei, sem precisar de ratificação por parte do Senado. Desde que com a Lei de Canuleio, de 445, fora abolida, pelo menos no papel, a proibição de casamentos entre patrícios e plebeus, estes já não eram, legalmente, excluídos de nenhum direito ou magistratura. E, uma vez que a *pretura*, aberta livremente aos plebeus, permitia, a quem a tivesse exercido, livre acesso ao Senado, também esta cidadela da aristocracia se lhes tornou acessível, embora com mil cautelas e limitações.

Tudo isto fora conseguido depois de imensos desacordos, que por vezes tinham posto em perigo a existência da Urbe. Mas o facto de, bem ou mal, se ter aí chegado, demonstrava que as classes altas de Roma, sendo, sem dúvida, conservadoras, tinham miolos na cabeça. Não se envergonhavam de defender abertamente os seus interesses de casta e não fingiam namoriscar as «esquerdas», como fizeram tantos príncipes e industriais. E pagavam os impostos, faziam dez anos de duro serviço militar, morriam ao comando dos seus soldados, e quando era preciso escolher entre os seus privilégios e o bem da pátria, não hesitavam. Por isso, mesmo depois de terem aceitado a plena igualdade de direitos com os plebeus, permaneceram no poder, da mesma maneira que a nobreza inglesa consegue ainda fazê-lo.

No período de repouso que a si se concedeu após a vitória sobre Pirro, e que lhe serviu para digerir aquele belo banquete, Roma deu os últimos retoques a este equilíbrio interno, e levou a ordem ao grande pedaço de península de que era senhora. A via Ápia, que fora mandada construir por Ápio Cláudio para unir Cápua a Roma, foi prolongada até Brindisi e Taranto. E por ela, além dos soldados, puseram-se a caminho os colonos que iam romanizar Benevento, Isernia, Brindisi, e tantas outras cidades. Aos vencidos, Roma reconheceu poucas autonomias, respeitou-as ainda menos, e foi a primeira e maior responsável pelo malogro do nascimento, em Itália, das liberdades comunais e cantonais, que, pelo contrário, tão exuberantemente se desenvolveram no mundo germânico. Em compensação, levou à sua mais alta expressão o conceito de Estado, de que foi praticamente a inventora, e apoiou-o sobre os cinco pilares que ainda hoje o sustentam: o Prefeito, o Juiz, o Gendarme, o Código e o Cobrador de impostos.

Foi com este apetrechamento que partiu à conquista do mundo. E agora vejamos mais de perto porque é que conseguiu realizá-la.

# 8

# A Educação

Na Roma daqueles tempos, todos «viviam perigosamente». E os perigos começavam no dia em que se vinha ao mundo. Porque os filhos do sexo feminino ou os que nasciam, por qualquer razão, diminuídos, o pai tinha o direito de atirá-los pela porta fora e de ali os deixar morrer. O que, na realidade, acontecia frequentemente.

O filho varão e são, pelo contrário, em geral era bem acolhido, não só porque mais tarde, com o seu trabalho, ajudaria os pais, mas também porque estes acreditavam que, se não ficasse cá ninguém que olhasse pelo seu túmulo e sobre ele celebrasse os devidos sacrifícios, a sua alma não teria entrada no paraíso.

Se tudo corresse bem, isto é, se tivesse acertado no sexo e na integridade física, o recém-chegado, oito dias após o nascimento, era oficialmente recebido pela *gente* com uma cerimónia solene. A *gens* era um grupo de famílias que remontavam a um antepassado comum, do qual haviam herdado o nome. Na verdade, o menino recebia habitualmente três nomes: o individual ou «nome próprio» (como Mário, António, etc.), o da gente, ou «nome» verdadeiro, e o da sua própria família, ou «apelido». Isto, no que respeita aos homens. As mulheres, por sua vez, só tinham o «nome», ou seja, o da *gente*. E chamavam-se apenas Túlia, Júlia, Cornélia, etc., enquanto os seus irmãos eram, por exemplo, Marco Túlio Emílio, Públio Júlio António, ou Caio Cornélio Graco.

Este estranho costume deu origem a um ror de confusões, pois uma vez que os antepassados fundadores foram, como já dissemos, uma centena ao todo, em igual número eram os «nomes» das *gentes* e, portanto, repetiam-se continuamente, tornando obrigatório o acréscimo de um quarto ou de um quinto sobrenome. Por exemplo, o Públio Cornélio Cipião que destruiu Cartago mandou acrescentar também, no seu cartão de visita, «Emiliano Africano Menor», para se distinguir do Públio Cornélio Cipião que vencera Aníbal, o qual mandara acrescentar, ao seu, «Africano Maior».

Eram, como se vê, nomes compridos, pesados e imponentes, que por si só sobrecarregavam os ombros do recém-nascido com um certo número de deveres. Um Marco Túlio Cornélio não podia permitir-se os luxos nem abandonar-se aos caprichos daqueles que hoje acham que têm o direito de ser tratados por «*Fofino*» ou «*Pupetto*». E, na verdade, cresciam sem saber o que era ser mimado. Desde a mais tenra idade, ensinavam-lhes que a família da qual eram membros constituía uma verdadeira unidade militar, em que todos os poderes se concentravam no chefe, ou *paterfamilias*. Só ele podia comprar e vender, pois só ele era o proprietário de tudo, incluindo o dote da mulher. Se ela o traía ou lhe roubava vinho da pipa, ele podia matá-la sem processo. Idênticos direitos tinha sobre os filhos, que podia até vender como escravos. Tudo o que estes comprassem, tornava-se automaticamente seu. As mulheres só se subtraíam a esta autoridade paterna quando ele as entregava, como esposa, a outro, *cum manu*, quer dizer, renunciando explicitamente a qualquer direito sobre elas. Mas, nesse caso, esses direitos transitavam para o marido. De maneira que a mulher acabava por depender sempre de um homem: ou do pai, ou do marido, ou, se ficava viúva, do filho mais velho ou de um tutor.

Esta disciplina dura, que depois se atenuou lentamente com o correr dos séculos, encontrava o seu limite na *pietas*, isto é, nos afectos entre os cônjuges e entre estes e os filhos. Mas esses afectos nunca ou quase nunca chegavam a quebrar a unidade inabalável da família romana, que incluía também os netos, os bisnetos e os escravos, sendo estes considerados simples objectos. A mãe era chamada *domina*, quer dizer, senhora, e não estava confinada a um gineceu, como acontecia às gregas. Tomava as refeições com o marido, mas sentada no triclínio (uma espécie de sofá tosco), e não estendida, como ele. De modo geral, não trabalhava muito, manualmente, pois não havia crise de pessoal doméstico, com tantos escravos que eram capturados no campo de batalha, e todas as famílias tinham mais do que um. A *domina* dirigia-os e vigiava-os. E para se distrair tecia a lã para os fatos do marido e dos filhos. Livros, cartas de jogar, teatro, circo: nada disso. As visitas eram raras e obedeciam a uma praxe rigorosa. Um cerimonial meticuloso tornava-as complicadas e difíceis. A *domus*, ou seja, a casa, era, mais do que um quartel, um verdadeiro fortim. E ali, na mais absoluta obediência, educavam-se os filhos.

Era-lhes ensinado que a chama nunca se devia apagar na lareira, porque representava Vesta, a deusa da vida. Era preciso alimentá-la, juntando-lhe constantemente mais lenha, e atirando para lá migalhas de pão durante as refeições. Nas paredes, que eram de terra ou de tijolos, estavam pendurados pequenos ícones, em cada um dos quais o rapaz via um Lar ou um Penate, diabretes domésticos que protegiam a prosperidade da casa e dos campos. Sobre a porta estava Jano com as suas duas caras, uma virada para dentro e outra para fora, a vigiar quem entrava e quem saía. E a toda a volta, montando guarda, estavam os Manes, as almas dos antepassados, que se deixavam ficar por perto mesmo depois de mortos. De maneira que ninguém podia fazer um movimento sem dar de caras com qualquer guardião sobrenatural, que também fazia parte da família: uma família que não se compunha apenas dos vivos, mas também daqueles que os tinham precedido e dos que viriam depois deles. Todos em conjunto, formavam um microcosmos não só económico e moral, mas também religioso, do qual o *pater* era o papa infalível. Era ele que executava os sacrifícios sobre o altar de casa. E era em nome dos deuses que dava as ordens e distribuía os castigos.

A religiosidade em que o rapaz romano crescia tinha mais o objectivo de discipliná-lo do que de torná-lo melhor, no sentido que hoje damos a esta palavra. Com efeito, ela não o impelia em direcção aos nobres ideais da bondade e da generosidade, mas para a aceitação das regras litúrgicas que transformavam toda a sua vida num rito. Não lhe pediam, por exemplo, que fosse desinteressado; pediam-lhe, sim, ou melhor, impunham-lhe, que respeitasse determinadas regras e que participasse nas cerimónias. Todas as suas orações tinham por objectivo alcançar fins práticos e imediatos. Dirigia-se a Abeona para que lhe ensinasse a dar os primeiros passos; a Fabulina para que o ajudasse a pronunciar as primeiras palavras; a Pomona para que fizesse crescer bem as peras no quintal; a Saturno para que o ajudasse a semear; a Ceres para o ajudar a ceifar; a Stérculo para que as vacas, no estábulo, produzissem muito estrume.

Todos estes deuses e espíritos eram personagens sem preocupações morais, mas muito miudinhos naquilo que dizia respeito às formalidades. Evidentemente, não tinham ilusões sobre a alma humana. E, considerando--a não susceptível de uma verdadeira melhoria, abandonavam-na a si própria. O que lhes interessava não eram as intenções dos seus fiéis, mas sim os seus gestos, que queriam manter em ordem dentro das barreiras das grandes instituições – a família e o Estado – de que constituíam o cimento. Por isso exigiam a obediência ao pai, a fidelidade ao marido, a fecundidade, a aceitação da lei, o respeito pela autoridade, a coragem na guerra até ao sacrifício, e a firmeza perante a morte. E tudo isto revestido de uma solenidade sacerdotal.

A esta formação escrupulosa e obstinada do carácter seguia-se, por volta dos seis ou sete anos, a da mente, ou seja, a instrução propriamente dita. A qual não era administrada pelo Estado, como sucede hoje com as escolas públicas. Era confiada à família, e raramente o pai, mesmo nas casas abastadas, a delegava em algum escravo ou liberto. Este uso surgiu muito mais tarde, quando Roma era maior e mais forte, mas já não *estóica*. Até às guerras púnicas todas, era o pai que fazia de professor do filho, era ele que lhe ensinava aquilo que hoje se chama cultura, e que então se chamava «disciplina», para dar mais ênfase ao seu carácter de obediência absoluta.

As matérias eram poucas e simples: leitura, escrita, gramática, aritmética e história. Os Romanos conheciam uma espécie de tinta, extraída do suco de certas bagas. Nela molhavam uma varetazinha de metal, com a qual escreviam as palavras em tabuinhas de madeira aplainada (só mais tarde conseguiram fabricar papel de linho e pergaminho). A sua língua tinha uma sintaxe rigorosa, mas com poucos vocábulos e sem expressividade, que se prestava mais para a compilação de leis e códigos do que para os romances e a poesia. Aliás, os Romanos não sentiam necessidade nenhuma destas coisas, e quem as quisesse ler tinha de aprender grego, língua muito mais rica, expressiva e flexível. De facto, o seu primeiro texto de história escrita foi composto em grego: o de Quinto Fábio Pittore. Mas é do ano 202 a.C., de uma época, portanto, muito mais avançada.

Até àquele momento, a história era transmitida só por via oral, de pai para filho, através de contos imaginativos que impressionassem a fantasia das crianças: eram as de Eneias, de Amúlio e Numitor, dos Horácios e dos Curiáceos, de Lucrécia e de Colatino. Estas lendas históricas, arbitrárias mas fortificantes, eram reforçadas pela poesia, toda ela de entoação sacra e comemorativa. Encontrava-se condensada em volumes que se chamavam *Fasti consolari, Libri dei magistrati, Annali massimi*, etc., e celebravam os grandes acontecimentos nacionais: eleições, vitórias, festas, milagres.

O primeiro a afastar-se destes temas de pragmática rigorosa foi um escravo grego, Lívio Andronico que, feito prisioneiro durante o saque de Taranto, foi levado para Roma, onde começou a contar a *Odisseia* aos amigos do seu senhor, que se divertiram muito com a história. E, como eram pessoas de posição social elevada, encarregaram-no de criar, a partir dela, um espectáculo para os grandes *ludi*, ou «jogos», do ano 240. Lívio, para traduzir aqueles versos gregos, inventou outros semelhantes em latim, com um ritmo tosco e irregular. E com eles compôs uma tragédia, da qual ele próprio representou e cantou todas as partes, enquanto lhe restou um fio de voz na garganta. Os Romanos, que nunca tinham visto nem ouvido nada de semelhante, divertiram-se a tal ponto que o governo reconheceu os poetas como uma categoria do povo e permitiu que eles se unissem numa «corporação», com sede no templo de Minerva, no monte Aventino.

Mas também isto, repito, aconteceu muito mais tarde. De momento, no que respeita a literatura, os rapazes romanos não tinham nada para ler. Depois de aprenderem a soletrar e a memorizar as tais lendas, passavam à matemática e à geometria. A primeira consistia em simples operações de contabilidade executadas com os dedos, dos quais os números escritos eram apenas imitações. I é a representação gráfica de um dedo erguido; V é uma mão aberta; X são duas mãos abertas e cruzadas. Com estes símbolos, prefixos (IV) e sufixos (VI, XII), os Romanos contavam. A partir desta aritmética manual, desenvolveu-se depois um sistema decimal, com partes e múltiplos de dez, isto é, dos dez dedos. Quanto à geometria, manteve-se arcaica até que os Gregos vieram ensiná-la: reduzia-se ao mínimo que era necessário para as construções rudimentares da época.

Ginástica, nenhuma. Os «ginásios» e «escolas de educação física» são de uma época muito posterior, e também de importação grega. Os papás romanos preferiam enrijar os músculos dos seus filhos pondo-os a trabalhar na sua propriedade com a enxada e o arado, e entregando-os mais tarde ao exército que, quando os deixava vivos, os devolvia muitos anos depois, à prova de bomba. Por isso, nem sequer se ensinava a medicina. Para os Romanos, não eram os *virus* que provocavam as doenças, mas os deuses. Portanto, das duas uma: ou os deuses queriam, com esse sinal, dizer ao doente: «desaparece», e nesse caso não havia nada a fazer, ou queriam apenas aplicar-lhe um castigo momentâneo, e não havia outra coisa a fazer senão esperar. E, na verdade, para cada doença havia uma oração, a esta ou àquela divindade. Nossa Senhora da Febre, à qual ainda hoje o zé-povinho romano recorre, é a versão actualizada das deusas Febbre e Mefite a quem eles recorriam naquele tempo.

No que respeita às horas de recreio do estudo, nem sequer essas podiam ser vividas à vontade pelos rapazes, e eram forçosamente desperdiçadas. Depois de muitas horas de enxada e algumas de gramática, os papás senadores davam a mão aos filhos e levavam-nos à cúria, em frente ao Foro, onde a sua assembleia fazia as reuniões, ou *senatoconsulti*. E, sentados naqueles bancos, em silêncio, os meninos romanos, desde a idade de sete ou oito anos, ouviam debater os grandes problemas do Estado, a administração, as alianças, as guerras, e modelavam-se segundo aquele estilo grave e solene, que constituiu a sua característica principal (e os tornava tão enfadonhos).

Mas o toque final da sua formação era-lhes dado pelo exército. Quanto mais rico era um cidadão, tantos mais impostos tinha que pagar e mais anos de serviço tinha que prestar. Para quem queria iniciar uma carreira pública, o mínimo eram dez anos. Por isso, praticamente só os ricos é que podiam iniciá-la, pois só esses podiam passar tanto tempo afastados do seu pedaço de terra ou da oficina. Mas mesmo aqueles que se contentavam com o exercício dos seus direitos políticos, ou seja, o de voto, tinham de ter sido soldados. Pois era nessa qualidade, quer dizer, como membros da centúria, que tomavam parte na Assembleia Centurial, o corpo legislativo máximo do Estado, dividida, como já dissemos, nas suas cinco classes.

A primeira tinha noventa e oito centúrias, das quais dezoito eram de cavalaria e o resto de infantaria pesada, em que cada um se alistava armado à sua própria custa, com duas lanças, um punhal, um sabre, um capacete de bronze, a couraça e o escudo, que a segunda classe não tinha, embora no restante fosse idêntica à primeira. A terceira e a quarta não possuíam nenhum instrumento de defesa (capacete, couraça e escudo). Os da quinta estavam armados apenas com um bastão e pedras. A unidade fundamental deste exército era a legião, constituída por quatro mil e duzentos soldados de infantaria, trezentos cavaleiros e vários grupos auxiliares. O cônsul comandava duas delas, portanto, cerca de dez mil homens. Cada legião tinha o seu estandarte, e era compromisso de honra de cada soldado impedir que ele caísse nas mãos do inimigo. Por isso os oficiais, quando as coisas se apresentavam difíceis, empunhavam-no e lançavam-se para a frente. A tropa seguia-os, para o defender. E muitas batalhas que estavam a correr mal foram remediadas desta maneira, no último momento.

Nos tempos iniciais, a legião era dividida em falanges: seis linhas sólidas de quinhentos homens cada. Depois, para torná-la mais manejável, foi dividida em unidades de duas centúrias. Mas aquilo que constituía a força deste exército não era o modo como o organizavam; era a disciplina. O cobarde era chicoteado até à morte. E o general podia decapitar quem quer que fosse, oficial ou soldado, pela menor desobediência. Aos desertores e aos ladrões cortava-se a mão direita. E o rancho consistia de pão e vegetais. Estavam tão habituados a esta dieta, que os veteranos de César, num ano de carestia de trigo, lamentaram-se por ser obrigados a comer carne.

A incorporação era aos dezasseis anos, quando, nos nossos dias, se começa a pensar nas raparigas. Os Romanos de dezasseis anos, pelo contrário, tinham de pensar no regimento, onde eram acolhidos e recebiam os últimos retoques. Ali, a disciplina era tão dura e o trabalho tão pesado, que todos preferiam a batalha. A morte, para aqueles rapazes, não era grande sacrifício. Por isso a enfrentavam com tanta desenvoltura.

# 9

# A Carreira

O jovem que conseguira sobreviver a dez anos de vida militar, quando regressava para casa podia iniciar a carreira política, que evoluía por graus e era electiva na sua totalidade, e sujeita a toda a espécie de precauções e controlos.

Cabia à Assembleia Centurial avaliar as candidaturas aos vários cargos, que eram todos plurais, isto é, constituídos por muitas pessoas. O primeiro posto era o de *questor*, uma espécie de assistente dos magistrados mais altos para as finanças e a justiça. Ajudava a controlar as despesas do Estado e colaborava na investigação dos delitos. Não podia estar no cargo mais do que um ano; mas se se tivesse desempenhado bem das suas incumbências, podia apresentar-se de novo à Assembleia Centurial para ser promovido de categoria.

Se não tinha agradado aos eleitores, era rejeitado, e durante dez anos não podia concorrer a nenhum cargo. Se, pelo contrário, os deixara satisfeitos, era eleito *edil* (havia quatro); nessa qualidade, e também por um ano, superintendia aos edifícios, aos teatros, aos aquedutos, às ruas, enfim, a todos os edifícios públicos ou de interesse público, incluindo os prostíbulos.

Se também nestas funções, que eram praticamente as de um assessor, apresentava resultados satisfatórios, podia concorrer, ainda segundo o mesmo método electivo e pelo período de um ano, a um dos quatro lugares de *pretor*, cargo altíssimo, civil e militar. Em tempos, foram eles os generais que comandavam o exército. Agora, eram presidentes de tribunais e intérpretes da lei. Mas, quando rebentava a guerra, retomavam o comando das grandes unidades, às ordens dos *cônsules*.

Chegado ao topo desta carreira, que se chamava *cursus honorum*, ou «curso de honras», podia-se aspirar a um dos dois lugares de *censor*, que era eleito por cinco anos. O tempo de duração do cargo era imposto pelo facto de só de cinco em cinco anos ser revisto o património dos cidadãos, ou, como hoje se diria, ser preenchida a declaração de rendimentos.

Esta era a principal atribuição do censor, que tinha depois de estabelecer para o quinquénio, com base na «avaliação», quanto é que cada cidadão devia pagar de impostos e quantos anos devia cumprir de serviço militar.

Mas as suas funções não se limitavam só a esta. Tinha também algumas mais delicadas, e por isso o cargo, principalmente quando era exercido por cidadãos de grande prestígio, como Ápio Cláudio, o Cego, bisneto do famoso decênviro, e Catão, chegava a fazer concorrência ao consulado. Cabia ao censor averiguar secretamente os «precedentes» de qualquer candidato a qualquer cargo público. Devia vigiar a honra das mulheres, a educação dos filhos, o tratamento dos escravos. O que o autorizava a meter o nariz nos assuntos particulares de todos, a baixar ou a elevar-lhes a classe e, até, a correr do Senado com os seus membros que não se mostrassem dignos de o ser. Finalmente, eram os censores que redigiam o chamado orçamento do Estado e lhe autorizavam as despesas. Como se pode ver, tratava-se de poderes vastíssimos, que requeriam, da parte de quem os exercia, grande sagacidade e consciência. De modo geral, na época republicana, quem deles foi investido mostrou-se à altura.

No topo da hierarquia estavam os dois cônsules, que eram os dois chefes do poder executivo.

Em teoria, pelo menos um deles devia ser plebeu. Mas a verdade é que os próprios plebeus preferiram quase sempre um patrício, porque só homens de elevada educação e de longo tirocínio lhes davam boas garantias de saber conduzir o Estado, rodeados de problemas que se tornavam cada vez mais complexos e difíceis. E depois, havia a eleição, a qual se realizava segundo processos que permitiam à aristocracia cometer fraudes de todo o género. No dia do voto da Assembleia Centurial, o magistrado em funções observava as estrelas para descobrir quais os candidatos que eram *personae gratae* aos deuses. E dado que ele exigia como um direito ser o único a conhecer a linguagem das estrelas, podia ler nelas tudo aquilo que quisesse. A Assembleia, assustada, aceitava o veredicto e preparava-se para limitar a sua escolha só aos concorrentes que agradavam à divina sumidade, ou seja, ao Senado.

Os candidatos apareciam vestidos com uma toga branca, sem ornamentos, para demonstrar a simplicidade da sua vida e a austeridade da sua moral. E muitas vezes levantavam uma ponta da toga, para exibir aos eleitores as feridas trazidas da guerra. Se eram eleitos, ficavam no cargo durante um ano, todos com idênticos poderes; tomavam posse a 15 de Março; e, quando as suas funções terminavam, geralmente o Senado acolhia-os como membros, vitaliciamente, como seria de esperar.

Uma vez que o título de senador continuava a ser, apesar de tudo, o mais ambicionado por todos, era natural que o cônsul procurasse não desagradar nunca àqueles que lho podiam conferir. Ele representava, num certo sentido, o braço secular daquela alta assembleia que, de um ponto de vista estritamente constitucional, nada contava, mas na prática, usando de vários subterfúgios, decidia sempre tudo.

Os cônsules eram acima de tudo, tal como os primeiros reis, chefes do poder religioso e dirigiam os ritos mais importantes. Em tempo de paz, presidiam às reuniões tanto do Senado como da Asssembleia e, recolhidas as respectivas decisões, executavam-nas promulgando leis para as aplicar.

Em tempo de guerra, transformavam-se em generais e lideravam o exército, cujo comando dividiam em partes iguais: metade para um, metade para o outro. Se um morria ou era feito prisioneiro, o outro assumia, sozinho, todos os poderes; no caso de ambos serem mortos ou feitos prisioneiros, o Senado declarava um interregno de cinco dias, nomeava um *interrex* para dar andamento aos assuntos, e tratava de organizar novas eleições. Estas próprias palavras bastam para mostrar que o cônsul exercia, durante um ano, os mesmos poderes que haviam exercido os antigos reis, os não absolutos, que antecederam os Tarquínios.

As funções de cônsul eram, naturalmente, as mais ambicionadas, mas também as mais difíceis de exercer, e requeriam, além de muita energia, muita diplomacia também, porque obrigavam a contínuas manobras de destreza entre o Senado e as assembleias populares que o elegiam e perante as quais devia responder.

Estas assembleias eram três: os *comícios curiais*, os *comícios centuriais* e os *comícios das tribos*.

Os comícios curiais eram os mais antigos, porque já vinham do tempo de Rómulo, quando Roma era composta por *patres*. E na verdade, só os patrícios faziam parte deles. Nos primeiros tempos da república, desempenharam funções importantes, como a de eleger os cônsules. Mas depois, a pouco e pouco, tiveram de ceder quase todos os seus poderes à Assembleia Centurial, que foi a verdadeira Câmara dos deputados da Roma republicana. E, lentamente, transformaram-se numa espécie de Conselho Heráldico, que decidia, principalmente, sobre questões genealógicas, isto é, se um cidadão pertencia a esta *gens* ou àquela.

A Assembleia Centurial era, praticamente, o povo em armas. Faziam parte dela todos os cidadãos que tinham cumprido o serviço militar. Por conseguinte, eram excluídos dela os estrangeiros, os escravos e os que estavam, por lei, isentos do serviço militar e de impostos, por serem demasiado pobres. Roma era avara na concessão da cidadania, a qual concedia privilégios como a imunidade à tortura e o direito de apelo à Assembleia contra as decisões de qualquer funcionário.

A Assembleia não era permanente. Reunia-se a pedido de um cônsul ou de um tribuno, e não podia promulgar leis nem decretos por decisão própria. Podia apenas votar por maioria o «sim» ou o «não» às propostas que o magistrado lhe apresentava. O seu carácter conservador era garantido, como já sabemos, pela sua divisão em cinco classes. Uma vez mais devemos ter presente que a primeira, composta por noventa e oito centúrias, entre patrícios, *equites* e milionários, bastava para formar a maioria entre um total de cento e noventa e três. Como ela era a primeira a votar e o voto era anunciado imediatamente, às outras nada mais restava do que inclinar a cabeça.

Havia neste procedimento um critério de justiça. Os Romanos achavam que os direitos deviam andar a par e passo com os deveres, e vice-versa. Por isso, quanto mais rico se era, mais impostos se tinha de pagar, mais anos de serviço militar se tinha de cumprir, mas, em compensação, mais influente se era politicamente.

Mas não há dúvida que o pobre diabo, embora tivesse a vantagem de pagar poucos impostos e de prestar serviço no quartel durante poucos meses, politicamente nada contava, e era obrigado a seguir sempre a vontade daqueles que contavam muito.

Foi então que estes deserdados começaram a reunir-se, por iniciativa própria, nos chamados *concílios da plebe*, cuja autoridade não era reconhecida pela Constituição, mas que, com o decorrer dos anos, deram origem aos comícios das tribos, que foram o órgão com que o proletariado romano combateu a sua longa batalha para conquistar uma maior justiça social.

Nasceram logo após a rebelião da plebe no Monte Sacro, quando lhes foi permitido eleger os seus próprios magistrados, os famosos tribunos, que tinham o direito de veto contra qualquer lei ou decreto considerados lesivos dos interesses proletários. E foram precisamente os comícios das tribos que se encarregaram de nomear estes magistrados. Depois, lentamente, pediram e obtiveram o direito de nomear também outros: os questores, os edis da plebe e, por fim, os tribunos militares, com poder consular.

Esta Assembleia, tal como a Centurial, não tinha outro poder a não ser o de votar, «sim» ou «não», as propostas do magistrado que as convocava. Mas o voto era dado individualmente, e valia tanto um como outro, independentemente das condições financeiras. Por conseguinte, era um órgão muito mais democrático. O multiplicar-se das suas atribuições assinala o lento crescimento, através de lutas infinitas, do proletariado romano em relação às outras classes: até que as suas deliberações, chamadas *plebiscitos*, deixaram de ser válidas apenas para a plebe e se tornaram obrigatórias para todos os cidadãos, transformando-se assim em verdadeiras leis.

Com estas duas assembleias, a Centurial e a Curial, que acabaram fatalmente lutando entre si, a segunda em nome do conservadorismo, a primeira em nome do progresso social, e com magistrados, como os tribunos, eleitos propositadamente pela plebe para lhes dificultar o trabalho, compreende-se como devia ser difícil a tarefa dos dois cônsules.

Cada um deles tinha, nominalmente, o *imperium*, o comando, e exibia-o, fazendo-se preceder, onde quer que fosse, de doze lictores, cada um dos quais levava um feixe de varas com o machado no meio. Os dois em conjunto davam o nome ao ano em que exerciam o cargo, e isso era registado na lista dos *fasti consolari*. Eram coisas que lisonjeavam as ambições de qualquer um. Mas, quanto ao poder efectivo, outro galo cantava. Primeiro que tudo, para o exercerem tinham de estar de acordo entre si, porque cada um tinha o direito de veto sobre as decisões do outro. E além disso, era preciso ter a aprovação das duas assembleias.

Porém, era justamente esta paralisia do poder executivo que permitia ao Senado exercer o seu. Este compunha-se de trezentos membros, e os censores encarregavam-se de preencher as vagas originadas por morte, nomeando, para o lugar do desaparecido, um ex-cônsul ou um ex-censor que se tivesse distinguido de maneira especial. O censor, ou o próprio Senado, podiam também expulsar os membros que não se mostrassem dignos da elevada honra.

Esta venerável assembleia reunia-se igualmente na cúria, em frente do Foro, a pedido do cônsul que a presidia. E as suas decisões, que eram tomadas por maioria, não tinham, nominalmente, força de leis; eram apenas conselhos ao magistrado. No entanto, este quase nunca ousava apresentar aos comícios que, sozinhos, podiam dar-lhe poder executivo, uma proposta que não tivesse recebido a aprovação prévia do Senado. Na prática, o seu parecer era decisivo para todas as grandes questões do Estado: guerra e paz, o governo das colónias e das províncias. Quando se dava uma crise, o Senado recorria a um decreto especial de emergência, o *senatusconsultum ultimum*, que decidia irrevogavelmente.

Todavia, o seu poder vinha mais do prestígio do que da Constituição, que pouco lhe reconhecia. O próprio tribuno, que, dada a sua origem eleitoral, não podia ser favorável ao Senado, quando assistia, como era seu direito, na qualidade de observador silencioso, saía, geralmente, com ideias mais conciliadoras do que quando entrara. Tanto que, com o passar do tempo, muitos tribunos tornaram-se senadores graças às atitudes amigáveis que assumiram, durante o seu cargo, para com aquela que devia ter sido, para eles, a trincheira inimiga. Para concluir, digamos que o Senado tinha o grande remédio para resolver os grandes males nas ocasiões especiais, em que não se conseguia que os magistrados se pusessem de acordo entre si e com a população: podia nomear um ditador por seis meses ou por um ano, investindo-o de plenos poderes, excepto o de dispor dos fundos do Estado. A proposta era feita por um dos dois cônsules, sem que o outro se pudesse opor. E a pessoa era escolhida entre os *consulares*, isto é, entre os que já tinham exercido aquele cargo e, portanto, já eram senadores. Todos os ditadores da Roma republicana, excepto um, foram patrícios. Todos, excepto dois, respeitaram os limites de tempo e de poder que lhes foram impostos. Um deles, Cincinato, que após dezasseis dias apenas de exercício do cargo supremo o deixou espontaneamente, para ir lavrar a terra com os seus bois, passou à história com as cores da lenda.

O Senado raramente recorreu a este seu direito, quer dizer, não abusou dele, embora nem sempre tenha estado à altura do seu grande nome. Por vezes, deixava-se tentar pela cobiça, principalmente na exploração dos países conquistados. Outras vezes foi surdo e cego na defesa dos privilégios da sua casta contra a necessidade de uma justiça superior. Aqueles que o compunham não eram super-homens, cometeram erros, algumas vezes vacilaram e contradisseram-se. Mas no conjunto, a sua assembleia representou, na história de todos os tempos e de todos os povos, um exemplo de sabedoria política jamais superado. Provinham todos de famílias de estadistas e cada um deles tinha larga experiência de exército, de justiça e de administração. Estiveram no seu pior nas vitórias, quando se excediam em orgulho e cobiça; e no seu melhor nas derrotas, quando a situação apelava à coragem e à tenacidade. Cíneas, o embaixador que Pirro enviou para negociar com eles, depois de os ter visto e ouvido disse, admirado, ao seu soberano: «Aposto que em Roma não há um rei. Cada um daqueles trezentos senadores é rei».

# 10

# Os Deuses

Esta organização do Estado e das magistraturas só foi possível graças à lei, ou seja, graças à publicação das Doze Tábuas dos *decemviri*, que constituíram, simultaneamente, a sua causa, a sua consequência e o seu instrumento.

Até então, Roma vivera praticamente num regime de teocracia, no qual o rei era também papa. Como tal, só ele tinha o direito de orientar as relações entre os homens, não de acordo com uma lei escrita, mas de acordo com a vontade dos deuses, que só a ele a comunicavam nas cerimónias religiosas. O papa, inicialmente, fazia tudo sozinho. Depois, com o crescimento da população e com a multiplicação e a complicação dos problemas, passou a ter todo um clero a ajudá-lo. E foram precisamente os sacerdotes os primeiros advogados de Roma.

O pobre diabo que recebera, ou pensava ter recebido uma afronta, ia ter com um deles para se aconselhar. E ele aconselhava-o, consultando textos secretíssimos, onde só eles – os padres – tinham o direito de meter o nariz. Portanto, ninguém sabia com precisão quais eram os seus direitos e os seus deveres. O sacerdote é que lhes dizia quais eram, caso a caso. E os processos eram celebrados de acordo com uma liturgia, da qual só ele conhecia os ritos. Uma vez que o clero, originalmente, era todo aristocrático ou dominado pela aristocracia, é fácil imaginar como eram os veredictos quando estavam em jogo causas entre patrícios e plebeus.

O primeiro efeito das Doze Tábuas foi a separação entre direito civil e direito divino, isto é, a desvinculação das relações entre cidadãos da vontade volúvel dos deuses, ou melhor, daqueles que diziam que representavam os deuses. E a partir deste momento, Roma deixou de ser uma teocracia. Pouco a pouco, o monopólio eclesiástico da lei começou a desmoronar-se. Ápio Cláudio, o Cego, publicou um calendário de *dies fasti*, indicando os dias em que as causas podiam ser discutidas e de acordo com qual processo: coisa que, até aqui, os padres diziam ser os únicos a saber. Mais tarde, Coruncânio fundou uma escola de advogados, que acabaram por se tornar os técnicos da lei, com exclusão dos padres. As Doze Tábuas, que forneceram os princípios fundamentais para toda a legislação posterior, de Roma e do mundo, tornaram-se matéria de ensino obrigatório para os rapazes da escola, que tinham de decorá-las, e contribuíram para formar o carácter romano, ordenado e severo, legalista e litigioso.

É a partir deste momento que os padres, obrigados a ocuparem-se apenas de questões religiosas, tentam introduzir-lhes uma certa ordem, sem, aliás, consegui-lo por completo. Estavam organizados em colégios, cada um dos quais era dirigido por um supremo pontífice, eleito pela Assembleia Centurial. Para entrar nesses colégios não era necessário nenhum estágio especial, não formavam uma casta à parte e não tinham nenhum poder político. Eram simplesmente funcionários do Estado, e com o Estado, que lhes pagava, tinham de colaborar.

O mais importante destes colégios era o dos nove *àuguri*, que tinham como tarefa averiguar as intenções dos deuses em relação às graves decisões que o governo ia tomar. Vestido com os seus paramentos sagrados e precedido por quinze *flamines*, o pontífice máximo recolhia os auspícios, nos primeiros tempos observando o voo das aves, como fizera Rómulo para fundar Roma, e mais tarde estudando as vísceras dos animais que eram oferecidos em sacrifício (ambos os sistemas foram aprendidos com os etruscos). Nas crises mais graves enviava-se uma delegação a Cuma para interrogar a Sibila, que era a sacerdotisa de Apolo. E nas crises gravíssimas, mandava-se consultar o oráculo de Delfos, cuja fama chegara até Itália. Ora, como os sacerdotes não tinham outros deveres a não ser os do Estado, é natural que fossem sensíveis às solicitações feitas pelo Estado, com promessas de uma subida de categoria ou de um aumento de ordenado.

O rito consistia numa oferta ou num sacrifício aos deuses para obter a sua protecção ou iludir a sua ira. O processo era meticuloso e bastava um pequeno erro para ter de repeti-lo, até trinta vezes. A palavra «religião», em latim, tem um significado completamente exterior e processual; e «sacrifício» quer dizer, literalmente, tornar sagrada qualquer coisa: aquilo que se oferecia à divindade. Como é natural, as ofertas variavam de acordo com as possibilidades de quem as fazia e a importância dos benefícios a que se aspirava. O pobre pai de família que, no interior da casa fazia de pontífice máximo para suplicar uma boa colheita, sacrificava sobre a lareira um pedaço de pão e de queijo ou um copo de vinho. Se a seca se prolongava, chegava a um frangote. Se havia ameaça de cheia, era capaz de degolar o porco ou uma ovelha. Mas quando o sacrifício era feito pelo Estado, para obter o favor divino para qualquer grande empresa nacional, o Foro, onde geralmente se realizava a cerimónia, transformava-se num verdadeiro matadouro. Rebanhos inteiros eram degolados, enquanto os sacerdotes pronunciavam as fórmulas, de um rigor absoluto. Aos deuses, que tinham o paladar delicado, reservavam-se os miúdos, principalmente o fígado. O resto era comido pela população, reunida em círculo. De maneira que aquelas cerimónias transformavam-se em banquetes pantagruélicos intercalados com orações. Uma lei do ano 97 a.C. proibiu o sacrifício de vítimas humanas. O que prova que em casos excepcionais se recorria a elas, com prejuízo dos escravos ou dos prisioneiros de guerra. Mas também houve cidadãos que voluntariamente ofereceram a vida pela salvação da nação: como aquele Marco Curzio que, para aplacar os deuses dos Infernos, por ocasião de um terramoto, se atirou para uma fenda que imediatamente se fechou.

Menos bárbaras e mais delicadas eram as ditas cerimónias de purificação, de um rebanho ou de um exército que partia para a guerra, ou de uma cidade inteira. Fazia-se uma procissão a toda a volta, cantando os *carmina*, hinos cheios de fórmulas mágicas. Muito semelhante era o processo dos *vota*, dádivas para obter qualquer favor dos deuses.

Que deuses?

O Estado romano, que era o empresário deles, nunca foi capaz de pôr ordem nesta matéria, ou talvez não tenha querido. Júpiter era considerado o mais importante de todos os inquilinos do Olimpo, mas não o rei dos deuses, como foi Zeus na Grécia Antiga. Permaneceu sempre indefinido, como uma força impessoal que ora se confundia com o céu, ora com o Sol, ora com a Lua, ora com o raio, conforme os gostos. E, num primeiro momento, talvez ele e Jano, o deus das portas, constituíssem apenas um. Só depois se diferenciaram. As matronas romanas ricas iam em procissão, descalças, ao templo de Júpiter Tonante, no Capitólio, para suplicar a chuva nas épocas de seca, enquanto em tempo de guerra se abriam os portões do templo de Jano, para que ele pudesse alcançar o exército e guiá-lo na batalha.

Da mesma categoria deles eram Marte, que dera o nome a um mês do ano (Março), e que estava ligado a Roma por laços de família, como pai natural de Rómulo, e Saturno, o deus da sementeira, que a lenda pintava como um rei pré-histórico, professor de agronomia e vagamente comunista.

Depois deste quadrunvirato, vinham as deusas. Juno era a da fertilidade, seja dos campos e das árvores, seja dos animais e dos homens, e com o seu nome se baptizara um dos meses (Junho), considerado o mais favorável aos casamentos. Minerva, importada da Grécia às costas de Eneias, protegia a sabedoria e a sapiência. Vénus ocupava-se da beleza e do amor. Diana, deusa da Lua, superintendia na caça e nos bosques, num dos quais, perto de Nemi, se erguia um seu majestoso templo, onde se dizia que ela desposara Vírbio, primeiro rei da floresta.

Depois, seguia-se um bando de deuses menores: os oficiais subalternos, digamos assim, daquele exército celeste. Hércules, deus do vinho e da alegria, era capaz de disputar aos dados uma cortesã, com o sacristão do seu templo; a Mercúrio era atribuído um fraco pelos mercadores, os oradores e os ladrões, três categorias de pessoas que os Romanos, evidentemente, consideravam da mesma laia; Belona tinha a especialidade da guerra…

Mas é impossível nomeá-los todos. Multiplicaram-se desmesuradamente com o crescimento da cidade e com a expansão do seu domínio. Porque qualquer Estado ou província que conquistassem, a primeira coisa que os soldados romanos faziam era o saque dos deuses locais, e levavam-nos para a pátria, convencidos que os derrotados, tendo ficado sem deuses, não poderiam tentar uma vingança.

Porém, além destes que, embora recebendo tratamento privilegiado, eram, no entanto, deuses prisioneiros, havia os *novensiles*, ou seja, aqueles que muitos forasteiros, quando se mudavam para Roma e aí montavam casa, traziam consigo, para se sentirem menos desterrados e desambientados. Instalavam-nos em templos construídos com fundos privados. E os Romanos não só nunca contestaram esse direito a nenhum deles, como até se mostraram extraordinariamente hospitaleiros para com todos. O Estado e os seus sacerdotes consideravam-nos, num certo sentido, polícias que contribuiriam para manter em ordem os seus fiéis, sem exigir, sequer, ordenado. E a muitos atribuíram, até, um lugar no Olimpo oficial. Em 496 a.C., foi assim que Deméter e Dioniso passaram a fazer parte do «quadro», como colegas e colaboradores de Ceres e Líbero. Poucos anos depois, Castor e Pólux, também eles consagrados de fresco, exoneraram-se, descendo do céu para ajudar os Romanos a resistir na batalha do lago Regilo.

Por volta do ano 300, Esculápio, que era uma autoridade de Epidauro, foi transferido para Roma para aí ensinar medicina. E, pouco a pouco, estes recém-chegados, de hóspedes que eram, transformaram-se em donos da casa; principalmente os gregos, mais inspiradores de confiança e mais cordiais, e menos frios, formalistas e distantes do que os deuses romanos. Foi por influência helénica que gradualmente se formou entre eles uma hierarquia, em cuja chefia foi reconhecido Júpiter, com os mesmos atributos que Zeus tinha em Atenas. Este foi o primeiro passo na direcção daquelas religiões monoteístas que, primeiro com o estoicismo, depois com o judaísmo, triunfaram, por fim, com o cristianismo.

Mas este processo só muito mais tarde se desenrolou. Os Romanos do período republicano conviveram com uma multidão de deuses, dos quais Petrónio dizia que em algumas cidades eram mais numerosos do que os habitantes, e que Varrão avaliou em cerca de trinta mil. As suas actividades e interferências tornavam a vida difícil aos fiéis, que não sabiam como agir nas suas lutas e rivalidades. Por todo o lado se podia tropeçar num qualquer objecto que era sagrado para uma ou outra pessoa. Ofendidos, eles de noite apareciam sob a forma de bruxas a voar, comiam serpentes, matavam as crianças e roubavam os cadáveres. Em Horácio e em Tibulo, em Virgílio e em Lucano, encontra-se disso a todo o passo. Tornavam-se ainda mais perigosos na medida em que, ao contrário de quase todas as outras religiões, a romana não os considerava confinados ao céu, ainda que admitisse que lá também os havia, mas pensava que eles, de preferência, estavam na terra, e dominados por estímulos terrestres: fome, luxúria, cobiça, ambição, inveja, avareza.

Para proteger os homens das suas asneiras, os colégios, ou ordens religiosas, multiplicaram-se. Entre eles houve também um feminino, o das vestais, as quais, recrutadas entre os seis e os dez anos, tinham de servir durante trinta anos, em castidade absoluta. Foram as precursoras das nossas freiras. Vestidas e veladas de branco, a sua função consistia sobretudo em regar a terra com água tirada da fonte consagrada à ninfa Egéria. Se fossem surpreendidas a transgredir o voto de virgindade, eram açoitadas com varas e enterradas vivas. Os historiadores romanos transmitiram-nos doze casos desta tortura. Terminado o serviço tricenal, eram acolhidas na sociedade com muitas honras e privilégios, e podiam, até, casar-se. Mas, naquela idade, dificilmente encontravam marido.

Era a religião que dava aos Romanos, que não conheciam o domingo nem o *week-end*, os dias feriados e de repouso. Havia uma centena por ano, quase os mesmos que há agora. Mas celebravam-nos com mais interesse. Algumas destas «férias» eram austeras e comemorativas, como os *lemuri* (o nosso dia de Finados), em Maio, que todos os pais de família celebravam em casa, enchendo a boca de feijões brancos e cuspindo-os em redor, ao gritar: «Com estes feijões, redimo a minha pessoa e a minha família. Ide-vos, almas dos nossos antepassados!». Em Fevereiro, havia os *parentali*, ou os *ferali* e os *lupercali*, durante os quais se atiravam bonecos de madeira ao Tibre, para enganar o deus que reclamava homens de verdade. Depois, havia os *fiorali*, os *liberali*, os *ambarvali*, os *saturnali*...

Também neste campo reinava uma tal anarquia que o primeiro motivo que levou os Romanos a elaborar um calendário foi a necessidade de redigir uma lista destas festas. Nos primeiros tempos eram os padres que se encarregavam disso, indicando, mês a mês, quando se deviam celebrar e como. A tradição atribui a Numa Pompílio o mérito de ter posto ordem nesta matéria com um calendário fixo, que esteve em vigor até César. Dividia o ano em doze meses lunares, mas dava aos sacerdotes o direito de prolongar ou encurtar o mês, como lhe desse na cabeça, desde que no final do duodécimo se atingisse a soma de trezentos e sessenta e cinco dias. E eles abusaram disso a tal ponto, para favorecer ou prejudicar este ou aquele magistrado que, no final da república, o calendário pompiliano se tinha tornado completamente opinável e só dava origem a controvérsias.

Durante o dia, as horas eram calculadas a olho, pela posição do Sol no céu. O primeiro relógio, de sol, foi de fabrico grego; importaram-no de Catânia, em 263, e colocaram-no no Foro. Mas como Catânia está três graus a Este de Roma, a hora não correspondia; os Romanos enfureciam-se e, durante um século, houve grande confusão, porque ninguém foi capaz de acertar aquela excentricidade.

Os dias do mês eram divididos segundo as *calendas* (o dia um), as *nonas* (o dia cinco ou sete), e os *idos* (o dia treze ou quinze). O ano, que se chamava *annus*, o que também quer dizer «anel», começava em Março. A seguir vinham Abril, Maio, Junho, Quintil, Sextil, Setembro, Outubro, Novembro, Dezembro, Janeiro e Fevereiro. Havia um substituto do domingo na *nundina*, que era de nove em nove dias, e era aquele que nas nossas aldeias é, ainda, o dia de mercado. Os camponeses abandonavam o campo para vir ao povoado vender os ovos e a fruta, mas não era verdadeiramente dia de festa.

Para se divertirem de verdade, os Romanos tinham de esperar pelos *liberali* e pelos *saturnali*, quando, diz uma personagem de Plauto, «cada um pode comer aquilo que quiser, ir onde lhe aprouver, e fazer amor com quem lhe agradar, desde que deixe em paz as mulheres casadas, as viúvas, as solteiras e os rapazes».

# 11

# A Cidade

Não se sabe com precisão quantos habitantes tinha Roma nas vésperas das guerras púnicas. As cifras fornecidas pelos historiadores, baseadas em recenseamentos incertos, são contraditórias e possivelmente não têm em conta o facto de que a maior parte dos recenseados devia habitar não dentro das muralhas da cidade, o chamado *pomerio*, mas fora, no campo e nas aldeias que o constelavam. Na cidade propriamente dita não devia haver mais de cem mil almas: população que nos parece modesta, mas que naqueles tempos era enorme. A sua composição étnica já devia fazer dela um centro internacional, mas menos do que fora no tempo dos reis Tarquínios que, com a sua paixão etrusca pelo comércio e pelo mar, a ela tinham atraído demasiados forasteiros, muitos deles de assimilação difícil. Com a república, o elemento indígena, latino e sabino, obtivera a sua vingança, reforçara-se e provavelmente tinha controlado com mais parcimónia a imigração. Esta era originária, na sua maioria, das províncias limítrofes e era constituída por gente que se fundia mais facilmente com os donos da casa.

A cidade, do ponto de vista urbanístico, não progredira muito com os magistrados republicanos, avarentos, grosseiros, e de fracas pretensões. Duas ruas principais cruzavam-se, dividindo-a em quatro bairros, cada um com os seus deuses tutelares, os *lari compitali*, dos quais se erguiam estátuas em cada esquina. Eram ruas estreitas e de terra batida, que só mais tarde foram calçadas com pedras extraídas do leito do rio. A Cloaca Máxima, isto é, o sistema de esgotos, já existia, ao que parece, desde o tempo dos Tarquínios. Canalizava as imundícies de Roma para o Tibre, infectando-lhe a água, que devia servir para beber. Em 312, Ápio Cláudio, o Cego, enfrentou e resolveu este problema, construindo o primeiro aqueduto que abasteceu Roma de água fresca e limpa, tirada directamente dos poços. E pela primeira vez os Romanos, pelo menos aqueles de uma certa categoria, tiveram água suficiente para se poder lavar. Contudo, as primeiras Termas, ou banhos públicos, só foram construídas depois da derrota de Aníbal.

As casas permaneciam mais ou menos as mesmas que os arquitectos etruscos haviam construído. Só os exteriores foram embelezados, estucando-os e decorando-os com grafitos.

Os perigos por que tinham passado levaram os Romanos a construir sobretudo templos, para conquistar a simpatia dos deuses. Sobre o Capitólio surgiram três em madeira, bastante imponentes e revestidos de tijolos, a Júpiter, a Juno e a Minerva.

A cidade ainda vivia principalmente da agricultura, baseada na pequena propriedade privada. Boa parte da população, até mesmo do centro da cidade, depois de ter dormido amontoada sobre a palha, levantava-se ao alvorecer e, depois de carregar a enxada e o sacho sobre a carroça puxado pelos bois, ia lavrar o seu bocado de terra, que em média não superava os dois hectares. Eram camponeses tenazes, mas não muito evoluídos, que não conheciam outro adubo a não ser o estrume dos animais, nem outra rotação de culturas senão a do trigo aos legumes e vice-versa. Delas, muitas famílias aristocratas tiraram o próprio nome: os Lentuli eram especialistas em lentilhas, os Caepiones em cebolas, os Fabii em favas. Outros produtos eram o figo, a uva e o azeite. Cada família possuía os seus galináceos, os seus porcos e, sobretudo, as suas ovelhas, que davam a lã para tecer as roupas em casa.

Nas vésperas da guerra púnica, este quadro idílico de vida rural alterara-se um tanto. Os campos estavam despovoados devido às expedições efectuadas contra as populações limítrofes: as casas de campo, abandonadas, estavam em ruínas; mato e escalracho cobriam os campos dos que escaparam e que, para viver, regressaram à cidade. O novo território, conquistado à custa dos vencidos, era declarado «terreno público» pelo Estado, que o revendia aos capitalistas enriquecidos com as empreitadas da guerra. Assim surgiram os latifúndios, que os proprietários exploraram à custa do trabalho dos escravos, que eram numerosos e não custavam quase nada, enquanto na cidade se formava um proletariado de ex-camponeses, que nada tinham, à procura de trabalho.

O trabalho, porém, era difícil de encontrar, porque a indústria, depois da queda dos Tarquínios, em vez de progredir, regredira. O subsolo, pobre em minerais, era propriedade do Estado, que o alugava a exploradores de fraca consciência e competência. A metalurgia dera poucos passos em frente, e o bronze continuava a ser mais usado do que o aço. O único combustível que se conhecia era a madeira, e para o arranjar foram arrasadas as belas florestas do Lácio. Só a indústria têxtil é que prosperara bastante, e existiam empresas bem apetrechadas que deram início a uma produção em série.

Os obstáculos à expansão industrial e comercial eram quatro. O primeiro, por ordem psicológica, era a desconfiança da classe dirigente romana, toda terrenha, em relação a estas actividades, que fortaleceriam as classes médias burguesas. O segundo era a falta de estradas, que não permitia o transporte das matérias primas e dos produtos. A primeira delas, a via Latina, foi construída em 370, quase um século e meio após a instauração da república, e limitou-se a ligar a Urbe às Colinas Albanas. Só Ápio Cláudio, o autor do aqueduto, sentiu a necessidade, cinquenta anos depois, de construir uma, que de facto recebeu o seu nome, para alcançar Cápua. Os senadores aprovaram, relutantes, os seus projectos grandiosos, e fizeram-no apenas porque também os generais pediam uma rede de estradas. O terceiro obstáculo era a falta de uma frota, desaparecida a seguir ao fim da supremacia etrusca em Roma. Pequenos armadores privados continuaram a construir alguns barcos, mas as tripulações eram tímidas e inexperientes. De Novembro a Março não havia maneira de fazê-los sair do porto de Óstia, onde, aliás, o lodo do Tibre lhes bloqueava as embarcações. Uma vez, engoliu duzentas de um só trago. Além disso, não iam além da pequena cabotagem, porque não queriam perder a costa de vista, com todos aqueles piratas gregos a oriente e cartagineses a ocidente, que infestavam as imediações. O que torna ainda mais admirável o milagre que Roma realizou dali a poucos anos, enfrentando, com as suas frotas improvisadas, as de Hanão e de Aníbal.

Um quarto estorvo para o comércio foi também, nos primeiros tempos, a falta de um sistema monetário. No primeiro século de república, o meio de troca foi o gado. Negociava-se em termos de galinhas, porcos, ovelhas, burros, vacas. E de facto as primeiras moedas têm as imagens destes animais, e chamaram-se *pecunia*, de *pecus*, que quer dizer, precisamente, «gado». A primeira unidade monetária que foi cunhada foi o *asse*, que era um pedaço de cobre de uma libra. Pouco depois de ter surgido, já o Estado a desvalorizava nuns bons cinco sextos, para fazer frente às despesas da guerra púnica. Por aqui se vê que a burla da inflação sempre existiu e se repete desde que o mundo é mundo, com sistemas idênticos. Nessa altura o Estado lançou também um empréstimo entre os cidadãos que, para ajudá-lo a armar o exército, lhe levaram todos os asses de uma libra de cobre que possuíam. O Estado recebeu-os, dividiu cada um deles por seis, e por cada asse recebido restituiu um sexto ao credor.

Durante muito tempo, este asse desvalorizado foi a única moeda romana. O seu poder de compra era, segundo parece, bastante baixo (esta forma de desvalorização tem servido de exemplo para muitos governos, mesmo nos nossos dias). Depois, desenvolveu-se um sistema mais complexo; veio o *sesterzio* de prata, que eram dois asses e meio; a seguir o *denario*, também de prata, igual a quatro sestércios; e, por fim, o *talento* de ouro, que devia ser, sem dúvida, um lingote, porque valia mais de quatro mil *denários*, e noventa por cento dos Romanos provavelmente nunca viram como ele era.

Ao contrário de nós, que consideramos os bancos igrejas, os antigos Romanos consideravam as igrejas bancos, e nelas depositavam os fundos do Estado, porque as consideravam mais protegidas dos ladrões. Não havia institutos de crédito do governo. Os empréstimos eram feitos pelos *argentari*, agentes de câmbio privados, que tinham umas lojecas numa ruela perto do Foro. Uma das Leis das Doze Tábuas proibia a usura e fixava a taxa de juro num máximo de oito por cento. Mas a usura floresceu à mesma, sobre a miséria e as necessidades dos pobres diabos, que eram muitos e estavam em condições desesperadas, porque aquilo a que aqui chamo indústria era, na realidade, um pulular de pequenas oficinas artesanais que, para vencer a concorrência, tentavam baixar os custos dos seus produtos, sobretudo poupando nos salários de uma mão-de-obra servil e sem protecção dos sindicatos. Desorganizada e sem dirigentes, não fazia greves contra os patrões. O que fazia de vez em quando eram verdadeiras guerras, que se chamaram, precisamente, *servili*, e que puseram em risco o Estado. Em compensação, tinha as «corporações de ofícios», também elas reconhecidas pelo nome de «colégios», parece que desde os tempos de Numa. Havia as dos oleiros, dos ferreiros, dos sapateiros, dos carpinteiros, dos tocadores de flauta, dos curtidores, dos cozinheiros, dos pedreiros, dos cordoeiros, dos bronzistas, dos tecelões e dos «artistas de Dioniso», como se chamavam os actores. E a partir delas podemos deduzir quais eram os ofícios dos Romanos da cidade. Eram, porém, controladas por funcionários do Estado, que não permitiam que nelas se debatessem questões de salário ou de ordenado e que, quando sentiam que os descontentamentos se exaltavam perigosamente, procediam a algumas distribuições gratuitas de trigo. Os membros reuniam-se aí para conversar sobre o ofício, jogar aos dados, beber um copo, e ajudarem-se mutuamente. Porque eram mesmo pobres diabos até aqueles que eram livres e com direitos políticos. É verdade que não pagavam impostos e faziam pouco serviço militar em tempo de paz. Mas em tempo de guerra, morriam como os outros.

Os escritores romanos cujas obras chegaram até nós e que floresceram muito tempo depois, embelezaram muito este período da Roma estóica. Fizeram-no por motivos polémicos, para contrapor as virtudes antigas aos defeitos da sua época. A república não foi isenta de defeitos graves, e se durante ela foi fundado o direito, não se pode dizer que a justiça tenha nela triunfado.

Todavia, é verdade que os cidadãos viveram nela com mais desconforto e sacrificados, mas mais organizados e sãos do que os do Império. A moralidade não era rígida, mesmo nesse tempo, mas os maus costumes eram mantidos na sua «sede» e não contaminavam a vida da família, baseada na castidade das meninas e na fidelidade das esposas. Os homens, depois de alguma libertinagem com as prostitutas, casavam-se cedo, à volta dos vinte anos. E a partir daí estavam demasiado ocupados a manter mulher e filhos para que se entregassem a passatempos perigosos.

O casamento era precedido do noivado, que geralmente era decidido pelos dois pais, muitas vezes sem chegarem a consultar os interessados. Era, na verdade, um contrato que dizia respeito principalmente a questões patrimoniais e de dote, e selava-se com um anel que o noivo enfiava no anelar da noiva, pois se acreditava que nele passava um nervo que ia ter ao coração.

O casamento era de duas espécies: *con mano* ou *senza mano*. Com o primeiro, o mais comum e completo, o pai da rapariga renunciava a todos os seus direitos sobre ela, a favor do genro, que se tornava praticamente dono dela. Com o segundo, que dispensava a cerimónia religiosa, o pai conservava os direitos. O casamento *con mano* realizava-se por *uso*, quer dizer, depois de um ano de coabitação entre os noivos, por *coemptio*, isto é, por aquisição, ou por *confarreatio*, quando comiam um bolo juntos. Este último era reservado aos patrícios, e exigia uma cerimónia religiosa solene, com cantos e cortejos. As duas famílias reuniam-se com amigos, servos e clientes, na casa da noiva, e dali partiam em procissão para a do noivo, com acompanhamento de flautas, cantos de amor e apóstrofes grosseiramente alusivas. Quando o cortejo chegava ao destino, o noivo, de trás da porta, perguntava: «Quem és?». E a noiva respondia: «Se tu és Tizio, eu sou Tizia». Então o noivo erguia-a nos braços e entregava-lhe as chaves de casa. E os dois, de cabeça baixa, passavam sob um jugo, para simbolizar que se submetiam a um vínculo comum.

Teoricamente, o divórcio existia. Mas o primeiro de que temos notícia deu-se dois séculos e meio depois da fundação da república, embora uma regra de honra o tornasse obrigatório em caso de adultério por parte da mulher (o marido era livre de fazer o que lhe apetecia). As mulheres, naquele tempo, eram em geral feiotas e grosseiras, de pernas curtas e «proeminências» pesadas. As louras, raríssimas, tinham maior cotação do que as morenas. Em casa, usavam a *stola*, uma espécie de túnica abissínia, até aos pés, de lã branca, fechada no peito com um alfinete. Quando saíam, vestiam-lhe por cima a *palla*, ou «capa».

Os homens, mais sólidos do que belos, com o rosto queimado do sol e o nariz direito, usavam, em rapazes, a *toga pretesta*, orlada de púrpura; e, depois do serviço militar, a *virile*, completamente branca e cobrindo todo o corpo, com uma ponta que subia sobre o ombro esquerdo, dali descia passando sob o braço direito (que deste modo ficava livre) e voltava ao ombro esquerdo. As pregas serviam de bolsos. Até ao ano 300, os homens usaram barba e bigode. Depois, prevaleceu o costume de se barbearem, que a muitos pareceu ousado e contrastante com aquela compostura que os Romanos apreciavam, como nós hoje, pelo contrário, apreciamos a desenvoltura.

Uma sobriedade espartana vigorava até mesmo nas casas dos grandes senhores. O próprio Senado acomodava-se em bancos toscos de madeira, dentro da cúria, que não era aquecida nem sequer no Inverno. Os embaixadores cartagineses, que vieram pedir a paz depois da primeira guerra púnica, divertiram muito os seus compatriotas, esbanjadores e amantes do luxo, quando lhes contaram que, nas refeições que lhes foram oferecidas pelos senadores romanos, tinham visto circular sempre o mesmo prato de prata que, evidentemente, eles passavam uns aos outros.

Os primeiros sinais de luxo apareceram com a segunda guerra púnica. Foi imediatamente promulgada uma lei que proibia jóias, roupas de fantasia e refeições muito dispendiosas. O governo queria sobretudo manter uma dieta sóbria e sã, baseada num pequeno almoço de pão, mel, azeitonas e queijo, um almoço à base de vegetais, pão e fruta, e um jantar em que só os ricos usavam carne ou peixe. Bebiam vinho, mas quase sempre misturado com água.

Os jovens respeitavam os velhos, e provavelmente no âmbito da família e das amizades havia mesmo expressões de amor e ternura. Mas em geral, as relações entre os homens eram rudes. Morria-se facilmente, e não apenas na guerra. O tratamento dado aos prisioneiros e aos escravos era impiedoso. O Estado era duro com os cidadãos e feroz com o inimigo. Teve, no entanto, alguns gestos de grandeza moral. Quando, por exemplo, um sicário lhes veio propor envenenar Pirro, cujos exércitos ameaçavam Roma, os senadores não só recusaram tomar parte, como informaram o rei inimigo da conspiração que o ameaçava. E quando, depois de os ter derrotado em Canas, Aníbal enviou dez prisioneiros de guerra a Roma para negociar o resgate de mais oito mil, com o compromisso de regressar caso não fossem bem sucedidos, e um deles transgrediu deixando-se ficar na pátria, o Senado pô-lo a ferros e restituiu-o, algemado, ao general cartaginês, cuja alegria pela vitória, diz Políbio, foi ofuscada por aquele gesto, que lhe mostrou com que espécie de homens estava a lidar.

Em suma, o Romano desta época foi bastante semelhante ao tipo que dele idealizaram historiadores como Tácito e Plutarco. Faltavam-lhe muitas coisas: o sentido da liberdade individual, o gosto pela arte e pela ciência, a conversação, o prazer da especulação filosófica (da qual, aliás, desconfiava) e, sobretudo, o humorismo. Mas teve a lealdade, a sobriedade, a tenacidade, a obediência, o espírito prático.

Não era feito para entender o mundo e gozá-lo. Era feito, apenas, para conquistá-lo e governá-lo.

Passatempos, à parte as festas religiosas, poucos tinha. Até 221 a.C., quando foi construído o Flamínio, Roma possuiu um único circo: o Circo Máximo, atribuído a Tarquínio Prisco, onde se ia para admirar as lutas entre escravos, que terminavam quase sempre com a morte do vencido. As mulheres também podiam assistir, e a entrada era gratuita. As despesas foram suportadas primeiro pelo Estado e depois pelos edis, para fazerem a propaganda eleitoral. Alguns deles, à custa de financiarem espectáculos de qualidade, conseguiriam chegar ao consulado, do mesmo modo que agora certos presidentes de clubes de futebol, quando as equipas ganham, se tornam presidentes de câmaras ou deputados.

Além destes divertimentos, que podemos considerar normais, para animar a vida austera e penosa dos Romanos havia também o «triunfo», que se realizava em honra do general regressado vitorioso de uma batalha, na qual tivesse matado pelo menos cinco mil soldados inimigos. Se tivesse chegado só aos quatro mil novecentos e noventa e nove, tinha de se contentar com uma simples «ovação», assim chamada porque consistia no sacrifício de uma *ovis*, «ovelha», em sua honra.

Para o «triunfo», porém, fazia-se uma imponente procissão fora da cidade, às portas da qual o general e as tropas tinham de depor as armas e passar sob um arco de madeira e ramos, que serviu de modelo àqueles que depois foram construídos em pedra travertino. Uma coluna de trombeteiros abria o cortejo. Atrás, vinham os carros carregados com os despojos de guerra; depois, grandes rebanhos e manadas destinados ao abate; a seguir, os chefes inimigos, acorrentados. E por fim, precedido pelos lictores e flautistas, o general, em pé sobre uma quadriga de cores vivas, com uma toga cor de púrpura sobre os ombros, uma coroa de ouro na cabeça, um ceptro de marfim e um ramo de louro. Os filhos rodeavam-no e, a cavalo, seguiam-no familiares, secretários, conselheiros e amigos. Subia aos templos de Júpiter, Juno e Minerva, no Capitólio, depunha a seus pés os despojos, mandava reunir os animais que iam ser degolados, e como oferta suplementar ordenava a decapitação dos comandantes inimigos, prisioneiros.

O povo rejubilava e aplaudia. Mas da parte dos soldados era costume lançar chistes e graças mordazes dirigidas ao seu general, denunciando as suas fraquezas, defeitos e tolices, para que não se enchesse de soberba e não se convencesse que era uma sumidade infalível. A César, por exemplo, gritavam: «Pára de olhar para as matronas, abóbora pelada. Contenta-te com as prostitutas!...».

Se se pudesse fazer o mesmo com os ditadores dos nossos tempos, talvez a democracia nunca mais tivesse nada a recear.

# 12

# Cartago

Também Cartago, como todas as cidades daquele tempo, fazia remontar as suas origens a uma espécie de milagre, e contava a sua história como se fosse um romance, segundo o qual fora fundada por Dido, filha do rei de Tiro, mais tarde venerada como deusa pelos seus concidadãos. Tendo ficado viúva por culpa de seu irmão, que lhe matara o marido, assumira o comando de um grupo de sequazes à procura de aventuras e, da extremidade oriental do Mediterrâneo, largara com eles para oeste, a bordo de um navio. Fazendo cabotagem ao longo da costa setentrional de África, transpusera o Egipto, a Cirenaica, a Líbia. E, chegada por fim a dez milhas a ocidente do ponto onde está Tunes, desembarcara e dissera aos amigos: «Eis o lugar onde construíremos a Nova Cidade». Foi isso, de facto, que lhe chamaram: Nova Cidade, como Nápoles e Nova Iorque, que na linguagem deles se dizia *Kart Hadasht*, e que depois os Gregos traduziram por *Karchedon* e os Romanos por *Carthago*.

Certamente, as coisas não foram bem assim. Mas como na realidade se passaram, é difícil saber, porque também com Cartago, que teve a má sorte de se encontrar no seu caminho, os Romanos fizeram aquilo que haviam feito com a Etrúria: reduziram-na a uma papa tal, que hoje é quase impossível, por falta de material, uma reconstrução exacta da sua história e civilização.

Foi decerto fundada pelos Fenícios, um povo de raça e língua semita, como os Hebreus, grandes mercadores e navegadores que andavam para cá e para lá com as suas embarcações, vendendo e comprando um pouco de tudo. Não tinham medo nem do diabo. Foram os primeiros marinheiros do mundo a ultrapassar as chamadas Colunas de Hércules, isto é, o estreito de Gibraltar, para descer o Atlântico ao longo da costa africana e subi-lo ao longo das costas de Espanha e Portugal. Quando Roma nasceu, já eles tinham fundado, neste itinerário, vários países, que inicialmente deviam ser apenas um estaleiro e um bazar, ou seja, um mercado. Leptis Magna, Utica, Biserta, Bona, tiveram, certamente, essa origem. E Cartago foi uma sua co-irmã, talvez entre as mais humildes, enquanto as circunstâncias não a tornaram a mais importante.

Essas circunstâncias foram sobretudo o declínio militar e comercial de Tiro e de Sídon, que, para seu azar, estavam no caminho de Alexandre da Macedónia, o qual, enquanto Roma era ainda uma aldeia, queria tornar-se imperador do mundo, e por pouco não o conseguiu. Ameaçados pelos seus exércitos, os milionários daquelas duas cidades, que, como todos os milionários, tinham mais medo do que ninguém, pensaram em pôr a salvo as suas pessoas e os seus capitais. E, tal como hoje é moda refugiar-se em Tânger, nessa altura era moda refugiar-se em Cartago.

A cidade cresceu com esses novos habitantes, cheios de dinheiro e de iniciativas. Foram empurrando cada vez mais para o interior a população indígena, constituída por negros pobres, muitos dos quais foram tomados como servos e escravos. E, como já não se contentavam só com o comércio e com o mar, dedicaram-se também à terra. Este pormenor é interessante, porque até aqui pensara-se sempre que os Hebreus eram refractários à terra por natureza. Afinal, os de Cartago demonstraram o contrário. Foram mestres de muitas culturas, principalmente de vinhedos, olivais e pomares; os próprios Romanos tiveram muito que aprender com eles. O maior professor de agronomia da antiguidade foi um cartaginês: Magão.

A economia de Cartago era perfeitamente equilibrada. Na cidade florescia uma indústria metalúrgica excelente, que produzia as melhores ferramentas para trabalhar a terra, dotá-la de uma rede de canais e transformá-la em hortas e jardins. Grande parte deste produtos eram carregados nos navios, que eram os maiores do mundo, e despachados para a Espanha ou Grécia. Os armadores financiavam os exploradores, para descobrirem novos mercados. Um deles, Hanão, com uma galé solitária, desceu as costas atlânticas da África, numa distância de dois mil quilómetros.

Outros caixeiros-viajantes batiam os itinerários terrestres, fazendo-se transportar em mulas, camelos e elefantes; encontraram ouro e marfim, e levaram-no para a pátria. Atravessaram o Sara com a indiferença com que nós atravessamos o Arno. E, na sequência dos seus relatórios, como mais tarde viria a fazer Veneza, o governo enviava quer uma frota quer um exército, para se apossar dos pontos estratégicos.

O seu sistema económico e financeiro era o mais avançado da época. Quando Roma começou a cunhar moedas grosseiras de metal, já Cartago tinha notas de banco: umas tiras de couro, estampilhadas de maneira diferente, conforme o seu valor. Essas notas eram, em toda a bacia do Mediterrâneo, aquilo que mais tarde viria a ser a libra esterlina e, mais tarde ainda, o dólar. O seu valor nominal era garantido pelo ouro que transbordava nos cofres do Estado. Porque à medida que ia fazendo novas conquistas, a primeira coisa que Cartago impunha aos vencidos era um tributo, e não dos mais leves. Leptis, por exemplo, retribuía a grande honra de ser vassala de Cartago com trezentos e sessenta e cinco talentos por ano.

Esta exploração do seu próprio império colonial foi, provavelmente, uma das razões da derrota de Cartago quando entrou em conflito com Roma. Mas, enquanto esta ameaça não surgiu no horizonte, proporcionou à cidade fenícia uma exuberância até então nunca vista. Tinha na altura duzentos ou trezentos mil habitantes, que não moravam em cabanas como em Roma; os mais pobres viviam em arranha-céus que tinham até doze andares; e os mais ricos, em palácios com jardim e piscina. Templos e banhos públicos existiam até em excesso. O porto tinha duzentos e vinte molhes e quatrocentas e quarenta colunas de mármore. No centro da zona habitacional era a *city*, como em Londres, com o Ministério do Tesouro. A cidade era toda cercada por um bastião tríplice de muralhas com torres, uma espécie de «linha Maginot», que podia conter até vinte mil soldados, com todo o seu armamento, quatro mil cavalos e trezentos elefantes.

Do povo e dos seus costumes, o único testemunho que nos resta é o dos historiadores romanos que, como é natural, não podiam ser equânimes a esse respeito. A sua língua devia ser muito aproximada à hebraica, e de facto os magistrados chamavam-se *shofetes*, que vem, com certeza, do hebraico *shofetim*. Os traços fisionómicos também denunciavam a origem semítica. Eram pessoas de pele cor de azeitona, geralmente com longas barbas mas sem bigodes, e já desde essa época usavam o turbante. Os mais pobres, que provavelmente resultavam da miscigenação com o elemento indígena e tinham, portanto, a pele mais escura, vestiam-se com aquilo a que no Egipto se chama hoje *jallabìa*, um camisão solto e comprido, até aos pés calçados com sandálias. Os senhores, por sua vez, seguiam a moda grega, como agora se segue a inglesa, usavam fatos elegantes, guarnecidos com púrpura, e um anel no nariz. A condição das mulheres era inferior à das atenienses, mas superior à das romanas. De um modo geral, andavam veladas e estavam confinadas à casa; no entanto, tinham acesso à carreira eclesiástica, na qual podiam atingir categorias elevadas. Ou então, podiam entregar-se à prostituição, que florescia viçosamente e constituía uma profissão de prestígio ou, pelo menos, não desqualificada, tal como é, ainda hoje, no Japão.

Políbio e Plutarco garantem, unanimemente, que o nível moral era baixo, o que nos espanta tratando-se de um povo de raça semita, cujos costumes são geralmente austeros, ou melhor, puritanos. Apresentam-nos como grandes comedores e bebedores, festeiros impenitentes, sempre prontos para pândegas nos *clubs* e nas tabernas. A *fides punica*, isto é, a palavra dos Cartagineses, permaneceu, no latim, como sinónimo de traição. Mas é preciso não esquecer que a história das traições cartaginesas foi escrita pelos historiadores romanos. Plutarco apresenta-nos estes velhos e irredutíveis inimigos de Roma como «servis para com os inferiores e oscilantes entre a cobardia na derrota e a crueldade na vitória». Políbio acrescenta que para eles tudo era avaliado pela medida do lucro. Mas sabemos que Políbio era amigo íntimo de Cipião, aquele que destruiu Cartago, incendiando-a.

É claro que os Cartagineses também tinham os seus deuses. Haviam-nos trazido consigo da pátria de origem, a Fenícia, mas mudaram-lhes os nomes. Em vez de Baal-Moloch e Astarte, como lhes chamavam em Tiro e em Sídon, passaram a chamar-lhes Baal-Haman e Tanit. Abaixo destes havia Melkart, que quer dizer «chave da cidade», Eshmun, senhor da riqueza e da boa saúde, e, finalmente, Dido, a fundadora, que tinha em Cartago o lugar que em Roma era ocupado por Quirino.

Ofereciam sacrifícios a todos estes deuses, principalmente nos momentos de necessidade. Para os deuses menores, eram cabras ou vacas. Mas quando era preciso aplacar ou agradar a Baal-Haman, recorria-se às crianças, que eram colocadas nos braços da grande estátua de bronze que o representava, deixando-se que dali rolassem para o fogo que ardia por baixo. Chegaram a queimar trezentas num só dia, no meio de um tumulto de trombetas e tambores, para sufocar os seus gritos. E as mães ficavam a assistir, sem uma lágrima nem um lamento. Consta que era costume, por parte das famílias ricas, quando lhes pediam que fornecessem uma criança para assar na grelha, comprá-la aos pobres. Porém, quando Agátocles, de

Siracusa, pôs cerco à cidade, tornando necessário, além da ajuda dos deuses, também o acordo entre as classes sociais, esse uso foi proibido, para não alimentar os ódios entre afortunados e deserdados.

Feitas as contas, o regime político não era muito diferente do de Roma. Aristóteles escreveu-lhe um grande elogio, talvez devido àquilo que ouviu dizer e porque nunca surgiram ameaças sérias de ditadura, à qual ele tinha horror. Tal como em Roma, o órgão supremo era o Senado, também aqui composto por trezentos membros, a maioria dos quais foi inicialmente fornecida pela aristocracia terrenha, passando, pouco a pouco, à aristocracia do dinheiro, ou seja, à plutocracia. Era ele que tomava as grandes decisões, cuja execução confiava aos dois *shofetes*, que correspondiam, mais ou menos, aos cônsules romanos. Só quando eles não conseguiam chegar a acordo é que se pedia o parecer a uma espécie de Câmara dos Deputados, que tinha poder para dizer «sim» ou «não», mas não o tinha para apresentar propostas por iniciativa própria.

O Senado era também, teoricamente, electivo. Na prática, porém, tendo na mão todas as alavancas de comando, conseguia, através da corrupção ou de imbróglios, impor os seus candidatos. Acima dele havia apenas uma espécie de Côrte constitucional formada por cento e quatro juízes que, em certa medida, exercia controlo sobre tudo: não só sobre a constitucionalidade das leis, mas também sobre as contas da administração. Durante as guerras com Roma, esta Côrte transformou-se, pouco a pouco, no verdadeiro governo.

Cartago não tinha em grande conta o exército, até porque os seus vizinhos africanos não a preocupavam. Os Cartagineses não gostavam dos quartéis, que estavam, de facto, cheios de mercenários, recrutados entre os indígenas e, sobretudo, entre os Líbios. O mérito dos grandes cometimentos realizados durante o século de luta contra Roma é, consequentemente, atribuído quase exclusivamente ao génio dos seus Aníbais, Amílcares e Asdrúbais, que se contaram entre os generais mais brilhantes da antiguidade.

No mar, pelo contrário, era forte; era a mais forte de todas as potências navais daquele tempo. A sua *home fleet* possuía, em tempo de paz, quinhentas *quinquerremes*, a que podemos chamar os couraçados da época, mas eram rápidas e leves, e vistosamente pintadas de vermelho, verde e amarelo. Os almirantes que as comandavam eram competentíssimos: mesmo sem a bússola e o compasso, conheciam o Mediterrâneo tão bem como o lago que tinham no jardim das suas casas. Em todas as reentrâncias das costas espanhola e francesa tinham estaleiros, armazéns de abastecimento e informadores. O seu Instituto Cartográfico era o mais actualizado e moderno. Enquanto Roma, ocupadíssima a consolidar a sua hegemonia sobre a península, não lançou ao mar uma frota sua, a cartaginesa não admitiu intrusões, entre a Sardenha e Gibraltar, da parte de ninguém. Qualquer barco estrangeiro que se apresentasse ao alcance dos deles era requisitado ou afundado, afogando os marinheiros sem tão-pouco lhes perguntar de onde vinham e sob que bandeira navegavam.

Esta era, no seu conjunto, Cartago, quando os Romanos, tendo-se libertado, um após outro, de todos os seus rivais italianos e unificado a península sob o seu próprio comando, começaram a ocupar-se das coisas do mar.

Mas, atenção, tudo aquilo que dissemos foi reconstruído a partir de elementos muito frágeis. Cipião, quando pôs a cidade a ferro e fogo, sem deixar pedra sobre pedra, encontrou lá, entre outras coisas, muitas bibliotecas. Mas, em vez de levá-las para Roma, distribuiu-as pelos seus aliados africanos (coisa que muito surpreende, partindo de um homem culto como ele), que tinham pouco amor aos livros e os deixaram estragar. Razão pela qual não possuímos, sequer, um manual da sua história, e temos de nos contentar com o pouco que Salústio e Juba conseguiram reconstituir. Alguns fragmentos de Magão e um testemunho de Santo Agostinho garantem-nos, no entanto, que Cartago teve uma cultura, e de boa qualidade.

Os Gregos, tendo embora Atenas diante dos seus olhos, diziam que Cartago era uma das mais belas capitais do mundo. Contudo, aquilo que dela nos resta é demasiado pouco para no-lo confirmar. Os seus vestígios mais importantes são aqueles que os arqueólogos desenterraram nas Baleares, onde os Cartagineses haviam fundado uma colónia, e onde provavelmente alguns deles se refugiaram, no momento do massacre, levando consigo também algumas obras de arte. Todo o resto está reunido no museu de Tunes, onde os arqueólogos continuam a juntar aquilo que a pouco e pouco vão escavando dez milhas a oeste, onde se erguia a cidade.

Podem aí admirar-se alguns pedaços de esculturas, tirados dos sarcófagos. O estilo é uma mistura greco-fenícia. Há ainda as peças de louça do costume, mas de pouco valor: objectos utilitários e de fabrico em série. Nada nos resta daquilo que, segundo parece, foi o orgulho de Cartago: o artesanato. Dizem que os ourives, principalmente, eram grandes mestres. Infelizmente, a joalharia foi, em todos os tempos, o espólio de guerra mais procurado.

# 13

# Régulo

O pacto que haviam feito com Cartago no ano 508 a.C., quando se encontraram presos entre a revolução interna e a guerra com os Etruscos, Latinos e Sabinos, no exterior, comprometia os Romanos a nunca levar os seus barcos, por motivo nenhum, para além do canal da Sicília, e a não desembarcar na Sardenha e na Córsega a não ser em caso de «força maior», isto é, por motivo de abastecimento ou de reparação num estaleiro.

Eram restrições graves, mas Roma não sofrera muito com isso porque a sua frota estava ainda a começar a formar-se, e completamente nas mãos dos armadores etruscos que, com a constituição da república, tinham perdido quatrins e influência política. No mar, para o qual os senadores latino-sabinos, todos «terrenhos», se estavam nas tintas e do qual nada percebiam, a importância de Roma naquele tempo era insignificante, e portanto apenas renunciara àquilo que não tinha. Talvez ignorasse, até, as grandes mudanças que, justamente naqueles anos, tinham ocorrido no chamado «equilíbrio das potências navais» do Mediterrâneo. Vejamo-las, por alto.

Na bacia oriental, a leste do canal da Sicília, travara-se durante séculos uma guerra entre as frotas fenícia e grega, que agora se estava a definir a favor da segunda. Primeiro o Egeu e depois o Jónio caíram nas mãos dos Gregos, e a Itália apercebeu-se disso quando nas suas costas meridionais e nas da Sicília começaram a desembarcar os vencedores, cada vez em maior número, e a fundar aí colónias que vieram a tornar-se um verdadeiro império: a Magna Grécia, Catânia, Siracusa, Heracleia, Crotone,

Messina, Sibari, Reggio e Nasso foram, para o seu tempo, as flores da metrópole. Infelizmente, junto com os seus deuses, a sua filosofia, o seu teatro e a sua escultura, aqueles pioneiros trouxeram também consigo da pátria de origem o seu carácter brigão. E esse vício havia de ser a perdição deles na luta contra Roma. Por agora, porém, eram eles os donos da região.

Todavia, na bacia ocidental os Fenícios venceram, por obra da sua mais jovem colónia, Cartago, que por sua vez fundara inúmeras outras colónias, não apenas na costa do norte de África, mas também nas costas portuguesa, espanhola, francesa, corsa e sarda, de maneira a fazer de todo o Mediterrâneo Ocidental um lago cartaginês.

Quando Roma, governada pelos reis, fora dona da Etrúria e, portanto, também da sua frota, entrara em contacto com Cartago diversas vezes, e provavelmente nem sempre estes contactos foram dos mais corteses. Naquele tempo, a «guerra de corso» era comum, e só comprometia os capitães e as tripulações que a faziam. Um navio agredia outro, mesmo compatriota que fosse, saqueava-o, lançava os marinheiros ao mar e tudo acabava ali.

Depois, Roma desaparecera como potência mediterrânica, e em frente não restavam senão os Gregos da Magna Grécia e os Fenícios de Cartago, uns a este e outros a oeste da Sicília, cujas costas repartiram entre si: as orientais eram gregas, e as ocidentais cartaginesas. Olhavam-se de través, e viviam num regime perpétuo de «guerra fria» com episódios de guerra quente, seguidos de armistícios e «desanuviamentos». Tanto uns como outros estavam convencidos que mais tarde ou mais cedo tinham de chegar a um acerto de contas; mas não imaginavam que ele revertesse a favor de um terceiro.

Ninguém pode afirmar com certeza se Roma sabia o que estava a fazer e mediu as consequências do seu gesto, quando decidiu aceitar a oferta dos mamertinos.

Os mamertinos eram um grupo de mercenários, contratados em todos os pontos de Itália por Agátocles de Siracusa, para combater os Cartagineses. Quando foram despedidos, em 289, em vez de regressarem às suas terras, onde talvez os esperasse um mandato de captura, formaram um bando, assaltaram Messina, saquearam-na, exterminaram a população, e aí se instalaram como donos e senhores, atribuindo-se aquele nome burlesco e presunçoso de «mamertinos», que queria dizer nem mais nem menos do que «filhos de Marte».

Havia cerca de vinte anos que eles praticavam todo o género de patifarias. Atravessavam o estreito para incendiar e destruir as aldeias da costa da Calábria que lhes ficava em frente. Causaram problemas a Pirro e também aos Romanos. E agora, no final de 270, foram sitiados por Hierão de Siracusa, que queria acabar com eles de uma vez por todas.

Para se esquivarem ao castigo, que certamente teria sido exemplar, os mamertinos pediram ajuda aos Cartagineses, que enviaram um exército e ocuparam a cidade. Uma vez que a regra «com um prego se arranca outro prego» funcionara, os mamertinos resolveram aplicá-la de novo, e não demoraram a chamar os Romanos, para que viessem libertá-los dos «libertadores» cartagineses. Corria o ano 264. Tinham passado dois séculos e meio desde que Roma e Cartago haviam concluído aquele solene pacto de aliança que, contas feitas, funcionara sempre bem e que fora pomposamente reconfirmado vinte anos antes, quando Cartago oferecera e dera ajuda a Roma, na sua luta contra Pirro.

A verdade é que para os Romanos a Sicília, na qual procuravam pôr o pé, era o Eldorado. Quem já lá estivera não fazia senão enaltecer-lhe as riquezas e belezas. O convite dos mamertinos era daqueles a que é difícil resistir.

No entanto, talvez tivesse sido declinado se os senadores tivessem tido a liberdade de decidir sozinhos: eles sabiam onde é que essa intervenção levaria. Mas agora, certas decisões estavam reservadas à Assembleia Centurial, na qual dominavam aquelas classes burgueso-industriais e mercantis que nas guerras tinham sempre molhado a sopa, e precisamente por isso eram nacionalistas e patrioteiras até mais não. Quem nada tinha, esperava obter alguma coisa, por exemplo uma quinta numa nova colónia qualquer; quem já tinha alguma coisa, esperava multiplicá-la. E é difícil opor objecções contra quem fala, ou diz falar, em nome da Pátria e dos Destinos Infalíveis.

A Assembleia Centurial decidiu aceitar a oferta e confiou a execução do cometimento ao cônsul Ápio Cláudio. Na Primavera de 264, depois de algumas tentativas infrutíferas, uma pequena frota romana sob as ordens do tribuno Caio Cláudio conseguiu atravessar o estreito, entrou de surpresa, com a ajuda dos mamertinos, em Messina, e fez prisioneiro o general cartaginês Hanão, dando-lhe a escolher: ou o cárcere, ou a retirada da cidade, com os seus homens.

Hanão devia ser um homem acomodatício. Poucos meses antes, devolvera a Ápio Cláudio umas trirremes romanas que uma tempestade fizera naufragar nas costas sicilianas, como que a dizer-lhe: «Vá lá, não faças disparates!». Agora, perante aquela alternativa ameaçadora, não hesitou e, à frente do seu pequeno exército, voltou para casa, onde, como recompensa, o crucificaram. É claro que Cartago não estava disposta a engolir aquele sapo. E de facto, pôs imediatamente em campo outro Hanão, à frente de outro exército.

O novo general desembarcou na Sicília e, primeiro que tudo, pensou em fazer um acordo favorável com os Gregos. Chegou imediatamente a acordo com os de Agrigento e, logo a seguir, recebeu em Selinunte uma embaixada de Hierão de Siracusa, que aceitava uma aliança com ele. Era evidente que os Gregos preferiam o velho inimigo, em detrimento do novo.

Ápio Cláudio, que contava com a secular discórdia helénico-fenícia, foi apanhado de surpresa, com o grosso do seu exército ainda na Calábria. E recorreu, então, à astúcia. Fez espalhar a notícia de que a nova situação o obrigava a regressar a Roma para receber novas ordens e, efectivamente, mandou alguns navios velejar para Norte. Tranquilizados, os Cartagineses abrandaram a vigilância no estreito. E Ápio, tirando partido disso, desembarcou as suas forças, de vinte mil homens, um pouco a sul de Messina, nas proximidades do acampamento siracusano, que atacou.

Hierão saiu-se bastante bem. Mas o aparecimento inesperado daquele exército fê-lo suspeitar de uma traição da parte de Hanão, que abandonou à sua sorte, regressando à pressa a Siracusa. Isolados, deste modo, os Cartagineses, Ápio lançou-se contra eles imediatamente, mas desta vez não foi bem sucedido. Então, deixando um destacamento a sitiar Messina, pensou em correr atrás do outro inimigo, pensando que ele era mais fraco. Hierão, porém, era um bom capitão e infligiu uma dura derrota aos Romanos. Ápio salvou a pele por milagre, e teve de se render à evidência de que a empresa era menos fácil do que aquilo que se pensava em Roma. Por esse motivo, deixando parte das suas forças a vigiar Hanão, regressou à Urbe para contar o que se passava e pedir reforços.

Os reforços foram-lhe dados principalmente pela diplomacia, que restabeleceu as relações com Hierão, passando-o para o lado dos Romanos. Era um bom golpe. Mas depois de Siracusa era preciso conquistar, também, Agrigento, e aqui a diplomacia era impotente, porque em Agrigento estava uma guarnição cartaginesa. Os Romanos sitiaram a cidade, e sete meses depois os ocupantes, devido à fome, tentaram uma saída desesperada e foram derrotados.

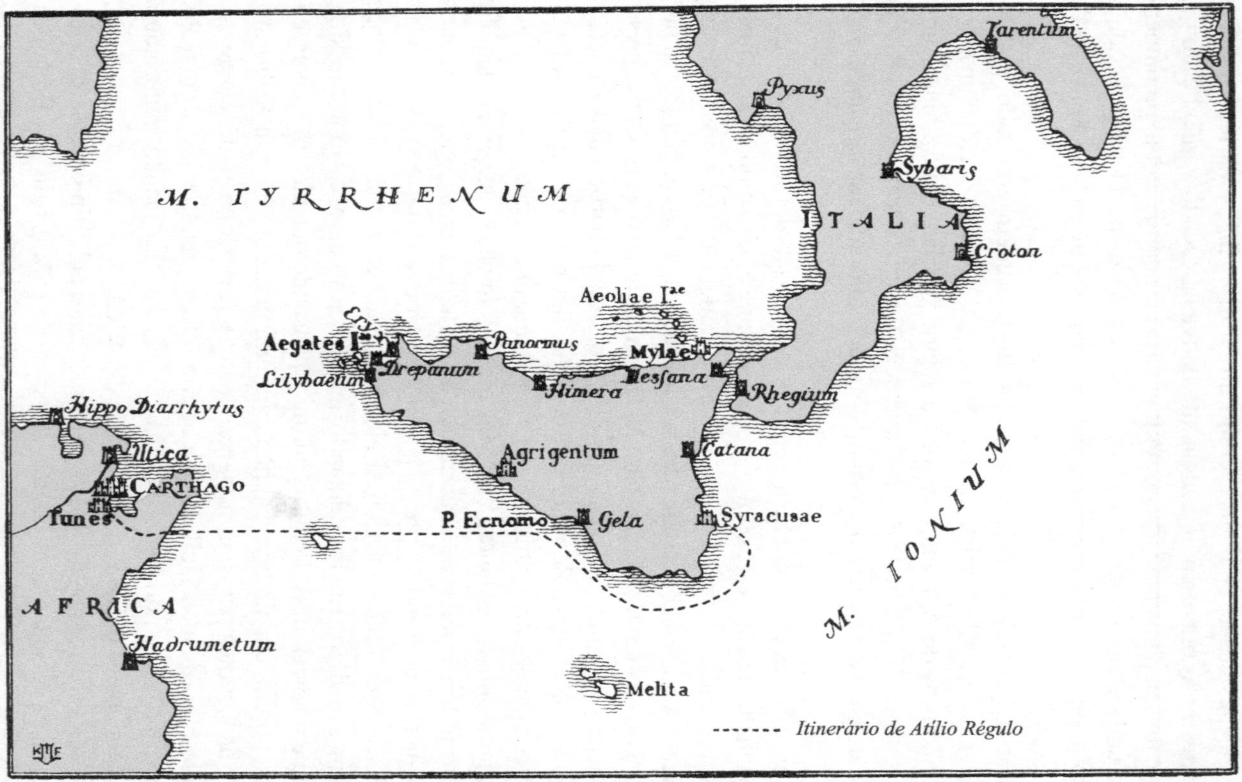


A PRIMEIRA GUERRA PÚNICA (264-241 a.C.)

Os Cartagineses puseram imediatamente em campo outro exército, que confiaram a Amílcar (o qual não tem nada a ver com o seu homónimo, pai de Aníbal). Este compreendeu que por terra não havia nada a fazer contra os Romanos, e começou a atacar com a frota todas as suas praças-fortes marítimas, alcançando sucessivas vitórias.

Foi aqui que se viu o que era Roma. Não tinha nem navios nem marinheiros. No espaço de poucos meses, graças ao esforço conjunto de todos os cidadãos, aprontou cento e vinte unidades. Amílcar, que tinha cento e trinta, saiu-lhes ao encontro sem tomar sequer as habituais medidas de prudência. E encontrou-se diante dos «corvos», os estranhos mecanismos que, içados sobre a proa dos navios romanos, prendiam as manobras aos navios inimigos. Perdeu um terço das suas forças, e fugiu.

Em Cartago, quando tiveram conhecimento, ficaram preocupados, pois estavam convencidos de que, no mar, davam lições a qualquer um. Em Roma, ficaram orgulhosos, e resolveram levar a guerra ao coração do inimigo, através do Mediterrâneo. À primeira armada foi acrescentada uma segunda: trezentos e trinta barcos ao todo, com cento e cinquenta mil homens, às ordens do cônsul Atílio Régulo. Para enfrentá-la, Cartago pôs em campo uma com igual número de forças, às ordens de Amílcar. O recontro deu-se ao largo de Marsala. Os Romanos pagaram a sua vitória incerta com vinte e quatro barcos; os Cartagineses pagaram a sua derrota certa com trinta. Mas Atílio Régulo conseguiu desembarcar em África, no cabo Bom.

Agora, tocava a Cartago mostrar aquilo que era. E mostrou. Teve algumas hesitações perante os primeiros sucessos dos Romanos que, com a ajuda dos Númidas revoltados, tinham chegado a trinta quilómetros de Cartago. Enviaram, então, uma embaixada a pedir a paz. Régulo impôs, de sua iniciativa, condições inaceitáveis. E os Cartagineses, perante isso, prepararam-se para o duelo mortal. Tendo perdido a confiança nos seus generais, confiaram o comando a um Grego de Esparta, o que seria equivalente a dizer, hoje, a um Alemão da Prússia: Xantipo. Este reorganizou o exército com meios expeditos e «fuzilamentos» sumários, introduzindo-lhe aqueles novos critérios na utilização da cavalaria e dos elefantes, que depois Aníbal exploraria admiravelmente.

A batalha decisiva foi combatida perto de Tunes. Do exército romano, salvaram-se apenas dois mil homens que se refugiaram no cabo Bom. Régulo foi feito prisioneiro. Era o ano 255 a.C.

Em Roma, precisaram de cinco anos para se recompor, material e moralmente, daquele desastre que fizera a guerra regressar à Sicília.

Durante esse lustro, os reveses foram alternados, mas de modo geral favoráveis aos Cartagineses. Até que um dia o seu novo general, Asdrúbal, ao tentar reconquistar Palermo, foi derrotado deixando vinte mil homens no campo de batalha. Cartago, cansada e pensando que o adversário também o estivesse, tirou Régulo da prisão e enviou-o a Roma com os seus embaixadores, para apoiar calorosamente as suas propostas de paz. Caso fossem recusadas, ele empenhava a sua palavra em como regressaria. O Senado convidou-o a exprimir o seu parecer diante dos plenipotenciários inimigos. Régulo afirmou que era preciso prosseguir com a guerra. E quando viu que o seu parecer era bem acolhido, retomou o caminho para Cartago, não obstante as súplicas da mulher. Torturaram-no até à morte, impedindo-o de dormir. Os seus filhos, em Roma, pegaram em dois prisioneiros cartagineses de elevada patente e mantiveram-nos acordados até que, por sua vez, morreram. Eram os costumes da época.

A guerra foi retomada, mas agora surgiu, pelo lado cartaginês, um novo protagonista: Amílcar Barca, o pai de Aníbal, comandante supremo do exército e da armada. Foi o inventor daqueles que hoje se chamam os *comandos*, e começou a enviá-los, com efeitos devastadores, até mesmo para as costas da península, dando aos Romanos a impressão de pretenderem desembarcar aí.

O Senado, aterrado, não queria arriscar-se a enviar outra armada contra eles. Os contingentes militares estavam no extremo limite das suas condições físicas; os cofres do Tesouro, vazios. Foi então que os cidadãos mais ricos construíram, do seu próprio bolso, uma armada de duzentos navios e a puseram à disposição do cônsul Lutácio Catulo, que estava a bloquear os portos de Drépano e Lilibeu. Os Cartagineses, por sua vez, enviaram uma de quatrocentas unidades, carregadas de reforços, armas e provisões. Se conseguissem desembarcar, para os Romanos que estavam na Sicília era o fim. Contra as ordens do Senado, que lhe proibia iniciativas marítimas, Catulo, embora gravemente ferido, deu ordens à sua armada para atacar. Os barcos cartagineses, pesadíssimos por causa da carga que transportavam, não conseguiram manobrar e cento e vinte foram afundados, enquanto os outros regressavam a Cartago. Amílcar estava isolado da mãe-pátria e, depois de tantos sucessos, só lhe restava render-se.

Lutácio Catulo não quis repetir a experiência de Régulo, e acolheu imediatamente a proposta, concedendo a Amílcar a honra das armas e a retirada com os seus homens, e remetendo para a competência do Senado as outras condições.

Em Roma, houve quem reprovasse a Catulo tanta indulgência, e propusesse o retomar das hostilidades até àquilo que hoje chamaríamos a «rendição incondicional» do inimigo. Mas as «rendições incondicionais» são, quase sempre, pretensões tolas, e o Senado fez muito bem em rejeitar a ideia. Pediu aos Cartagineses o abandono da Sicília, a restituição, sem resgate, dos prisioneiros, e o pagamento de três mil e duzentos talentos em dez anos. Eram condições razoáveis, e Cartago apressou-se a aceitá-las.

E assim, após quase um quarto de século de luta, terminou a primeira guerra púnica, que durou desde 265 até 241 a.C.

No entanto, todos sabiam, em Roma como em Cartago, que aquela paz era apenas um armistício.

# 14

# Aníbal

Ambos os adversários saíram maltratados daquele quarto de século de luta, mas as consequências foram piores para Cartago do que para Roma. Não só teve de ceder toda a Sicília, entregar-se a uma reparação pesada, e aceitar a concorrência do comércio romano em todo o Mediterrâneo, como ainda caiu na anarquia, devido a conflitos internos que se desencadearam.

O seu governo recusou pagar os «atrasados» aos mercenários que tinham servido sob a bandeira de Amílcar. Estes revoltaram-se, tendo à frente Matão, um cabozeco espertalhaço, e encontraram apoio imediato nos povos submetidos, principalmente nos Líbios, que se amotinaram e formaram um exército sob o comando de Spendio, que era um escravo napolitano. E, todos juntos, puseram assédio à cidade. Os mercadores ricos de Cartago estremeceram, e pediram a Amílcar que os livrasse daquela ameaça. Amílcar hesitou: não lhe agradava ter de combater contra os seus velhos soldados. Mas depois de eles terem cortado as mãos e partido as pernas ao seu colega Cesco, e enterrado vivos setecentos Cartagineses, decidiu-se a agir. Chamou para o serviço militar todos os jovens que encontrou dentro das muralhas da cidade sitiada, submeteu-os a um treino militar duro e conciso, atacou com dez mil homens o inimigo que tinha uma força de quarenta mil, rompeu o assédio e acossou-os para dentro de um vale estreito, do qual tapou as duas saídas; e pôs-se à espera que eles morressem de fome.

Eles comeram primeiro os cavalos, depois os prisioneiros, e depois os escravos. E por fim, desesperados, mandaram Spendio pedir a paz. Amílcar, como resposta, crucificou-o. Os mercenários tentaram uma fuga e foram massacrados. Matão, feito prisioneiro, foi morto com chibatadas lentas. «Foi», diz Políbio, «a guerra mais sangrenta e mais desumana da história». Durou mais de três anos. E quando terminou, Cartago soube que Roma ocupara também a Sardenha. Protestou, e Roma, sabendo em que condições se encontrava a sua adversária, respondeu com uma declaração de guerra. Para evitá-la, Cartago aceitou a perda da Sardenha, juntou-lhe também a da Córsega, e resignou-se a pagar outros mil e duzentos talentos. Isto é, para evitar a guerra, aceitou a derrota sem hesitações. E desta vez não protestou.

Também Roma, entretanto, estava lambendo as suas feridas. O exército estava empobrecido de homens e a moeda fora desvalorizada em oitenta e três por cento. A política unitária inaugurada na península dera, no conjunto, bons frutos, pois nenhum dos povos subjugados aproveitara as desgraças da Urbe para se rebelar. Mas a fronteira do Norte não oferecia segurança. Os Lígures, incapazes de fundar um Estado, eram no entanto habilíssimos a fazer cabotagem com as suas embarcações ao longo do Tirreno, impedindo a navegação na zona e saqueando as costas, principalmente as toscanas. No Adriático Norte, os Ilírios, aninhados entre os rochedos da Dalmácia, faziam o mesmo. E de Bolonha até aos Alpes, em toda a planície do Pó, os Gauleses estavam a reforçar-se com a chegada dos seus confrades de França que, não conhecendo ainda os Romanos, não os temiam. Deixando que eles continuassem a crescer, corria-se o risco de os ver rolar outra vez por ali abaixo, como já acontecera com Breno.

A Sicília, limpa dos restos cartagineses e ocupada por guarnições e «colónias», à excepção do reino de Siracusa, que foi deixado ao fiel Hierão, foi proclamada *província* pelos Romanos. Foi ela a primeira das muitas que mais tarde formaram o império. A segunda foi constituída pela Sardenha e a Córsega, juntas. Instaurada assim uma certa ordem administrativa, a Urbe decidiu estendê-la, a seguir, para além dos Apeninos toscanos, sua fronteira setentrional.

Começou pelos Lígures, que eram os mais isolados e os menos perigosos. E provavelmente nem chegou a tratar-se de uma guerra de verdade, mas sim de uma série de operações «anfíbias», ou seja, conduzidas ao mesmo tempo por terra e por mar. Duraram cinco anos, de 238 a 233, e não houve necessidade dos episódios heróicos do costume. Quando terminaram, os Lígures haviam-se tornado vassalos e não possuíam um único barco com que pudessem perturbar as comunicações com a Sardenha e a Córsega.

A seguir foi a vez dos Gauleses, que em verdade haviam já tomado a iniciativa, organizando, com o auxílio francês, um exército de cinquenta mil soldados de infantaria e vinte mil cavaleiros. Aos Romanos nunca tinham caído no goto aqueles soldadecos que Políbio nos descreve como «altos e belos, sempre ávidos de guerras, que combatiam nus, salvo alguns colares e amuletos». O Senado ficou tão aterrorizado com este novo ataque que, retomando um costume já em desuso, resolveu granjear a simpatia dos deuses com um sacrifício humano, enterrando vivas duas vítimas. Mas escolheu-as entre os Gauleses. No entanto, vê-se que os deuses ficaram contentes à mesma, porque em Talamone as legiões conseguiram cercar o inimigo e praticamente destruíram-no de uma vez por todas. Quarenta mil Gauleses ficaram no campo de batalha, e dez mil foram feitos prisioneiros. Toda a Itália, até aos Alpes, estava à mercê de Roma. Esta nova e riquíssima província, que era a terceira, foi chamada Gália Cisalpina. Os Romanos ocuparam a sua capital, Mediolanum, e fundaram duas colónias poderosas: Cremona e Piacenza.

Depois, voltou-se para leste e, em poucos anos, com expedições semelhantes às que organizara contra os Lígures, transformou num povo tributário a Ilíria da rainha Teuta. E com isto pôs pela primeira vez o pé na outra margem do Adriático, fazendo dele a sua rampa de lançamento para as posteriores conquistas no Oriente.

Enquanto Roma completava assim a conquista da península e se punha a salvo a este e a norte, em Cartago Amílcar tentava por todos os meios preparar a vingança. Imediatamente após ter dominado a revolta, suplicara ao seu governo que lhe desse um exército para restabelecer o prestígio fenício que ficara abalado em Espanha, e aí constituir uma base de operações contra a Itália. Teve a seu favor as classes médias, que queriam reconquistar, no Mediterrâneo, um monopólio comercial do qual dependia a sua sorte, e contra si a aristocracia terrenha, que não queria correr outra vez o risco de perder os seus privilégios em aventuras perigosas.

Por fim, chegou-se a um acordo: em vez de um exército completo, deram a Amílcar apenas uma divisão. Mas bastou-lhe. Amílcar era, na verdade, um grande general, e não foi por acaso que lhe deram o apelido «Barca», que na língua fenícia significa «grande guerreiro». Antes de partir à frente daqueles poucos homens, levou à igreja os seus «leõezinhos», que era como ele chamava ao seu genro Asdrúbal e aos seus três filhos: Aníbal, Asdrúbal e Magão, e ali os fez jurar, diante do altar de Baal-Haman, que um dia vingariam Cartago. Após o que os embarcou juntamente com as tropas, levando-os na comitiva.

Em poucos meses forçou à obediência as cidades espanholas que se haviam revoltado, e começou a recrutar indígenas para constituir um exército de verdade. A mãe-pátria não moveu um dedo para ajudá-lo, mas Amílcar fez tudo sozinho. Escavou minas das quais extraiu o ferro, e trabalhou-o para com ele fabricar as armas; e monopolizou o comércio para se financiar. Infelizmente, a morte surpreendeu-o ainda jovem, durante um combate contra uma tribo rebelde. Ao expirar, recomendou como sucessor seu genro Asdrúbal, que assumiu o comando durante oito anos, sem dar oportunidade para que se sentisse saudades do sogro, e construiu integralmente uma nova cidade, aquela que hoje se chama Cartagena, na região mineira. Quando ele por sua vez morreu, sob o punhal de um assassino, os soldados aclamaram general em campo Aníbal, o mais velho dos três filhos de Amílcar. Naquele momento, ele tinha vinte e seis anos; e já passara dezassete debaixo da tenda, com os soldados. Mas estava bem lembrado do juramento que seu pai o obrigara a fazer.

Aníbal foi, sem dúvida, se não o maior em sentido absoluto, o mais brilhante cabo de guerra da antiguidade. Muitos o colocam no mesmo plano que Napoleão. Antes de seu pai o levar para Espanha, recebera uma educação perfeita. Perfeita para aquele tempo, entenda-se. Sabia história, línguas (o grego e o latim), e pelas descrições de Amílcar formara uma ideia bastante clara de Roma, da sua força, e das suas fraquezas. Estava convencido, por exemplo, que uma derrota em Itália retiraria à Urbe os seus aliados, porque isso sucedera nos tempos de seu pai: ignorava por completo que a política romana já não era federalista. Era robusto, frugal, e de uma astúcia e coragem sem limites. Tito Lívio conta que ele era sempre o primeiro a entrar na batalha e o último a abandoná-la. Talvez tivesse uma confiança excessiva nas suas capacidades de improvisação. Os historiadores romanos, incluindo Lívio, insistiram muito na sua avareza, crueldade e ausência de escrúpulos. E de facto, as ratoeiras que armou aos Romanos foram infinitas e diabólicas. Mas por isso mesmo os soldados o adoravam e acreditavam cegamente nele. Não tinha necessidade de galões para afirmar o seu prestígio. Efectivamente, vestia como eles e com eles partilhava todas as dificuldades. Além de um mestre da estratégia, demonstrou ser um excelente diplomata e um campeão da espionagem.

Sendo um desconhecido para os seus compatriotas, a cujo convívio não regressara desde a idade de nove anos, Aníbal não podia contar com a sua aprovação para o início das hostilidades. A guerra, portanto, em vez de declará-la era preciso fazer com que lha declarassem. Por isso sitiou Sagunto, no ano 218.

Sagunto era uma cidade aliada de Roma, que no entanto já no tempo de Asdrúbal se comprometera a reconhecer como zona de influência cartaginesa toda aquela que ficava a sul do Ebro. E como a cidade se encontrava precisamente naquela zona, Aníbal pôde facilmente refutar o protesto que em tom de ultimato lhe chegou de Roma, que estava convencida que Cartago era ainda a mesma cidade, aterrorizada e em desordem, das revoltas mercenárias. Assim começou, com muita habilidade de um lado e muita leviandade do outro, a segunda campanha.

Aníbal ficou ainda oito meses cercando as muralhas de Sagunto, antes de saqueá-la. Não se atrevia a deixar para trás aquele excelente porto, aberto à armada romana. Depois, deixando ali o seu irmão Asdrúbal com ordens para vigiar e preparar os reforços, atravessou o Ebro com trinta elefantes, cinquenta mil soldados de infantaria e nove mil cavaleiros. Eram quase todos espanhóis e líbios e não havia entre eles nenhum mercenário.

As dificuldades começaram logo depois dos Pirenéus. As tribos gaulesas aliadas de Marselha, que por sua vez era aliada de Roma, opuseram-lhe resistência, estando-se nas tintas para a sorte que Roma reservara às suas co-irmãs das planícies do Pó. E três mil dos seus homens recusaram-se a seguir Aníbal, quando souberam que ele queria atravessar os Alpes. O Barca não os obrigou. Pelo contrário, libertou do seu compromisso outros sete mil que se mostravam hesitantes e mandou-os voltar para casa. Aliviado assim das tropas assustadas e hesitantes, apontou para norte, em direcção a Vienne, e iniciou a escalada.

Não se sabe com precisão por onde passou. Há quem diga que foi pelo São Bernardo, e quem afirme que foi pelo Montgenèvre. A maior parte inclina-se para o Montgenèvre. Seja como for, no início de Setembro de 218 atingiu o cume, encontrou-o coberto de neve e concedeu aos seus homens dois dias de repouso. Perdera já alguns milhares deles, vencidos pelo frio e pelo cansaço, pelos precipícios e pelos guerrilheiros celtas. E, depois daquela paragem, iniciou a descida, que foi ainda mais difícil, principalmente para os elefantes. A alma daqueles destemidos conheceu horas de crise e de desespero. Aníbal superou-as apontando-lhes, lá em baixo, na distância, a bela planície do Pó, e prometendo-lha como presa.

Aqueles que alcançaram o fundo dos declives eram ao todo vinte e seis mil homens, menos de metade dos que haviam partido. Em compensação, os Boios e os outros Gauleses acolheram-nos amigavelmente, reabasteceram--nos de víveres e aliaram-se a eles, massacrando e pondo em fuga os Romanos de Cremona e Piacenza.

Espantado com tanta audácia, o Senado deu-se imediatamente conta de que aquela segunda guerra se anunciava muito mais perigosa do que a primeira. Mobilizou para o exército trezentos mil homens e catorze mil cavalos, e confiou uma parte deles ao primeiro dos muitos Cipiões que haviam de tornar célebre o nome da família. Este enfrentou Aníbal no Ticino, deixou romper a formação das tropas pela cavalaria númida, e perdeu a batalha. Teria mesmo morrido se, gravemente ferido como estava, não tivesse sido salvo pelo filho que, dezasseis anos depois, havia de vingar o pai em Zama. Era o mês de Outubro de 218 a.C.

Passados dois meses, foi enviado outro exército para enfrentar Aníbal em Trébula. Segunda batalha e segunda derrota. Mais oito meses passaram e ao encontro do Barca, então já senhor de toda a Gália Cisalpina, partiu Caio Flamínio, à frente de trinta mil homens. Estava tão seguro de vencer que levava consigo uma carrada de cadeias para pôr nos pés dos prisioneiros. Aníbal pareceu querer evitar a batalha campal. Na verdade, com um sábio jogo de patrulhas e escaramuças, atraiu o inimigo para uma planície nas margens do Trasimeno rodeada de colinas e de bosques, onde escondera a sua cavalaria. Com esta o envolveu de modo inextricável. Dos Romanos, não ficou vivo quase nenhum, nem sequer Flamínio.

Tito Lívio conta que a notícia lançou Roma no pânico. Mas o Senado enfrentou a situação com firmeza viril. O pretor Marco Pompónio não tentou desdramatizá-la ao ler, da tribuna dos oradores, o comunicado que anunciava a derrota: «Fomos vencidos numa grande batalha», disse. «O perigo é grave».

Também para Aníbal nem tudo eram rosas. À medida que se aproximava de Roma, ia-se apercebendo de que a esperança de separá-la dos seus aliados era infundada. Na Toscana e na Úmbria as cidades fechavam--se diante do seu exército, que não sabia como reabastecer-se. Em vão mandou para casa, livres, os prisioneiros não romanos. Dos Apeninos ao Sâmnio, a Itália formava um bloco com a Urbe. E Aníbal não teve outro remédio senão fazer um desvio na direcção do Adriático, à procura de terras mais hospitaleiras. Os seus soldados, depois de três batalhas consecutivas, estavam cansados, e ele mesmo padecia de um tracoma agudo.

Os aliados gauleses, que não viam para além do próprio nariz, agora que ele se afastava das suas regiões, começaram a desertar. Aníbal enviou mensageiros a Cartago para pedir reforços: foram-lhe recusados. Enviou-os também a Asdrúbal: mas este estava bloqueado em Espanha pelos Romanos, que entretanto tinham ali desembarcado. Retomou a marcha para sul, mas encontrou-se diante de um novo e incómodo estratega.

Quinto Fábio Máximo fora nomeado ditador e inaugurara aquela «inacção magistral» pela qual passou à história com o cognome de «Temporizador». Travava escaramuças, armava emboscadas, mas não se deixava atrair para a batalha. Esperava que as dificuldades, a fome e o cansaço completassem a sua obra entre os soldados do inimigo, que estava, de facto, desesperado. Infelizmente, primeiro do que eles cansaram-se os Romanos, que queriam uma vitória e imediata, e deram ouvidos complacentes às maledicências de Minúcio Rufo, lugar-tenente e detractor de Fábio. Este foi desapossado e o seu comando dividido entre dois cônsules nomeados de fresco: Terêncio Varrão e Emílio Paulo. Paulo era um aristocrata muito sensato, perfeitamente consciente de que contra a estratégia de Aníbal, a de Roma não elaborara ainda critérios adequados. Varrão era um plebeu, melhor como patriota do que como general, e queria o mesmo que queriam os seus eleitores: um sucesso rápido. Falando em nome do orgulho e do nacionalismo, teve, como habitualmente, razão. E conduziu os seus oitenta mil soldados de infantaria e seis mil cavaleiros contra Aníbal que, embora tendo apenas vinte mil veteranos, quinze mil gauleses traiçoeiros e dez mil cavaleiros, deu um suspiro de alívio. Quem ele receava era apenas Fábio Máximo.

A batalha, que foi a mais gigantesca da antiguidade, teve lugar em Canas, nas margens do Ofanto. O Barca, como de costume, atraiu o inimigo para um terreno plano, adequado aos movimentos da cavalaria. Depois alinhou as tropas, pondo ao centro os Gauleses, certo de que eles se iam pirar. De facto, assim fizeram. Varrão lançou-se para dentro do buraco deixado por eles, e as alas de Aníbal fecharam-se sobre ele. Paulo Emílio, que não quisera o recontro, combateu valorosamente e caiu, juntamente com mais quarenta mil Romanos, entre os quais oitenta senadores. Varrão conseguiu salvar-se, em companhia do Cipião que já tinha escapado no Ticino, fugiu para Chiusi e dali regressou a Roma.

O povo enlutado esperava-o às portas da cidade. Quando o viram aparecer, foram todos ao seu encontro, com os magistrados à frente, e agradeceram-lhe por não ter duvidado da pátria. Foi assim que a Urbe reagiu à catástrofe.

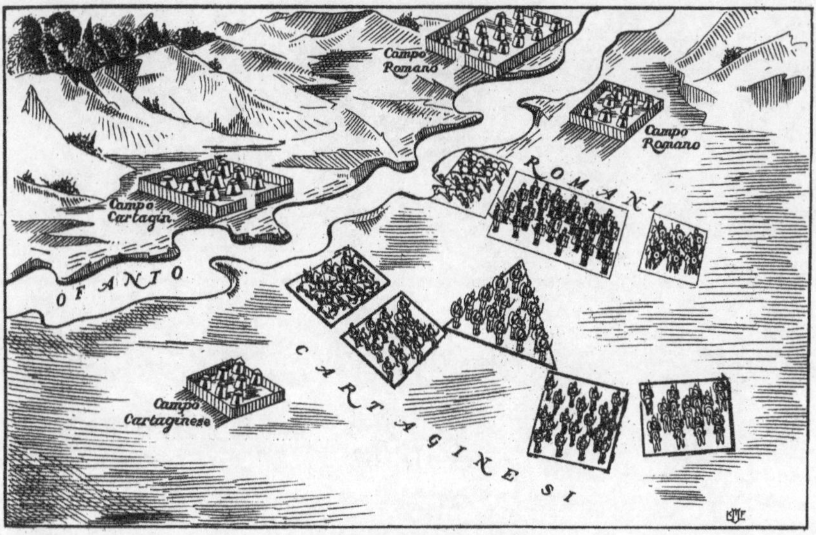


A FORMAÇÃO INICIAL

SEGUNDA FASE

TERCEIRA FASE

# 15

# Cipião

Segundo os competentes, Canas continua a ser, na história da estratégia, um exemplo jamais superado. Aníbal, o único capitão que foi capaz de derrotar os Romanos quatro vezes consecutivas, perdeu na batalha apenas seis mil homens, quatro mil dos quais eram gauleses. Mas também nela perdeu o segredo do seu sucesso, que o inimigo finalmente compreendeu qual era: a superioridade da sua cavalaria.

Naquele momento, pareceu que o invasor tinha ganho a partida: os Samnitas, os Abruzeses e os Lucanos sublevaram-se; em Crotone, Locri, Cápua e Metaponto, a população massacrou as guarnições romanas; Filipe V da Macedónia aliou-se com o Barca; Cartago, envaidecida, anunciou o envio de reforços; e alguns jovens patrícios romanos, já corrompidos pela cultura helénica, pensaram em fugir para a Grécia, a sua pátria ideal.

Mas estes últimos foram casos isolados. O jovem Cipião, sobrevivente das duas derrotas, do Ticino e de Canas, denunciou-os com palavras inflamadas. O povo aceitou novos tributos e novas incorporações, as nobres matronas levaram ao Tesouro as suas jóias e varreram com os seus cabelos o pavimento dos templos; o governo ordenou um novo sacrifício humano, agora não de duas, mas de quatro vítimas, e enterrou vivos dois Gregos e dois Gauleses. Os soldados recusaram o soldo. E de suas casas partiram voluntários de treze e catorze anos para ir engrossar as fileiras da débil guarnição que se preparava para defender Roma na última batalha contra Aníbal.

Porém, Aníbal não apareceu, e ainda hoje nos perguntamos por que motivos não quis ousar. Como Hitler depois de Dunquerque, este grande soldado que tanta coragem tinha em combate, não a teve para enfrentar este último obstáculo, apesar de o saber quase desprovido de defesa. Iludiu-se, pensando receber reforços a tempo para a grande empresa? Esperou que o inimigo pedisse a paz? Ou será que, apesar de a ter derrotado quatro vezes, Roma ainda lhe incutia um respeito reverencial? Seja como for, em vez de desfrutar o enorme sucesso de Canas, decidiu descansar. Mandou voltar para casa os prisioneiros não romanos, e propôs à Urbe restituir-lhe os Romanos mediante uma pequena indemnização. O Senado, orgulhosamente, recusou. Aníbal, tendo mandado um certo número deles para Cartago como escravos, adaptou os outros a jogos gladiadores para divertimento dos seus soldados. Depois, aproximou-se até poucos quilómetros de Roma, fazendo-a tremer, mas desfilou para este, sobre Cápua.

Os Romanos, por agora, não foram atrás dele. Estavam a organizar penosamente um novo exército de duzentos mil homens. Quando já estava preparado, entregaram parte dele ao cônsul Cláudio Marcelo para que repusesse a ordem na Sicília, que se revoltara; outra parte mantiveram-na para defesa da cidade; e a outra foi enviada para Espanha sob o comando dos dois Cipiões mais velhos, para aí bloquear Asdrúbal.

No ano seguinte, Cláudio Marcelo conquistara Siracusa que, após a morte do fiel Hierão, traíra a aliança e tentara resistir, contando com as subtilezas de Arquimedes, o maior matemático e técnico da antiguidade. Entre outras coisas, ele imaginara as «mãos de ferro» que, pelas descrições confusas e estupefactas que os historiadores nos deixaram, deviam ser guindastes que levantavam os barcos romanos, e os «espelhos ustórios» que as incendiavam à distância, concentrando sobre elas os raios solares. É provável que tenham sido apenas ideias brilhantes que depois ficaram no papel. Tanto mais que a cidade caiu à mesma, e na carnificina que se seguiu o próprio Arquimedes perdeu a vida.

A este êxito que fez subir o prestígio de Roma no Sul, juntaram-se os dos dois Cipiões, que derrotaram Asdrúbal em Espanha em várias campanhas, e a reconquista de Cápua, que caiu em 211, num momento em que Aníbal se afastara dela na esperança de enganar os Romanos, fingindo marchar contra a Urbe. O castigo da cidade infiel foi exemplar: todos os chefes foram mortos, e a população foi deportada em massa. Em toda a Itália se espalhou o terror, e a fé no «libertador» Aníbal vacilou.

E eis que justamente neste momento surge o grande chefe que iria vingar todas as humilhações de Roma. Os dois Cipiões, que guerreavam contra Asdrúbal, embora vitoriosos, caíram em combate. Para substituí-los foi enviado o seu respectivo filho e neto, de apenas vinte e quatro anos, Públio Cornélio, o sobrevivente do Ticino e de Canas. Não atingira ainda os limites de idade para um comando tão elevado, mas o Senado e a Assembleia estiveram de acordo em derrogar a lei numa circunstância tão grave. Públio Cornélio Cipião fora um soldado valoroso e um excelente comandante de falange e de *coorte*. Regressado a Roma com Varrão no momento mais trágico, aquele que se seguiu à derrota de Canas, fora ele o animador da resistência. Era belo. Era eloquente. Ostentava um grande nome. Tinha fama de piedoso, cortês e justo. Não tomava qualquer iniciativa, nem pública nem privada, sem pedir primeiro o parecer dos deuses, recolhendo-se no templo a rezar. E, além disso, conseguira fazer com que os seus compatriotas o considerassem afortunado, isto é, «recomendadíssimo» pelo céu.

De facto, assim que chegou a Espanha, onde encontrou o exército ocupado a assediar Cartagena, deu imediatamente uma prova dos favores especiais de que beneficiava. Para tomar de assalto a cidade, havia que atravessar um charco que comunicava com o mar, e a profundidade da água era tal que era necessário fazê-lo a nado; operação impossível para homens sobrecarregados com a couraça, o elmo e as armas. Uma bela manhã, Públio Cornélio convoca os seus soldados e conta-lhes que Neptuno, que lhe aparecera em sonho, lhe prometera ajudá-lo fazendo baixar o nível do charco. Os soldados acreditam e não acreditam. Mas quando, a certa altura, vêem o seu general lançar-se-lhe para dentro e atravessá-lo a correr, gritando que é milagre, lançam-se atrás dele e, para se mostrarem dignos, mais do deus do que dele, conquistam de um salto o objectivo.

Na realidade, não havia ali nada de miraculoso. Públio Cornélio tinha simplesmente compreendido, falando com os pescadores de Tarragona, os movimentos das marés alta e baixa, que os seus veteranos, todos camponeses, ignoravam. Mas a energia e o entusiasmo das tropas duplicam quando estão convencidas de estar a seguir um general que leva no bolso Neptuno. Já se murmurava, de Públio Cornélio, que o seu verdadeiro pai não fora Cipião, mas sim uma serpente monstruosa em que Júpiter se metamorfoseara. Ou melhor, o murmúrio partira dele mesmo. Naqueles tempos, para vencer, os Romanos não se importavam de atribuir uma má reputação até às próprias mães. De qualquer modo, desta vez a brincadeira deu bom resultado.

Com aquele golpe, quase toda a Espanha caiu nas mãos de Roma. Mas Asdrúbal, que já não tinha qualquer motivo para continuar ali, conseguiu escapar e, com o seu exército, lançou-se no encalço do irmão, para ir ter com ele atravessando a França e os Alpes. Bem ou mal, também ele conseguiu transpô-los. Mas uma mensagem sua para Aníbal, em que anunciava que estava a chegar e por onde passaria, caiu nas mãos dos Romanos, que assim ficaram a conhecer todo o seu plano de operações. Dois novos exércitos foram treinados à pressa. Um deles, comandado por Cláudio Nero, tomou medidas para imobilizar Aníbal na Apúlia, e ele, desconhecedor de tudo, ali se deixou ficar. O outro, sob as ordens de Lívio Salinator, esperou Asdrúbal e os seus homens no ponto mais favorável, no Metauro, perto de Senigallia, e exterminou-os. Conta-se que a cabeça do general, caído no campo de batalha, foi decepada, levada para o Abruzo e atirada por cima das muralhas do baluarte atrás do qual Aníbal estava refugiado, com os seus homens. Ele perdera já um olho, por causa do tracoma. Mas aquele que lhe restava bastou para que reconhecesse os míseros restos do irmão que amara como se fosse um filho.

Agora, o cartaginês sentia-se um homem acabado. Filipe da Macedónia, depois de uma platónica declaração de guerra, deixara-se reconquistar pela diplomacia de Roma e aceitara a paz. Os rebeldes italianos, apavorados com o exemplo de Cápua, mostravam simpatizar com o Barca, mas não o ajudavam. Dos cem navios carregados de reforços que Cartago enviara, oitenta foram a pique nas costas da Sardenha. E os «ócios de Cápua», que a partir de então se tornaram proverbiais, tinham enfraquecido o moral e o físico do audaz exército de Canas. «Os deuses», dissera um lugar-tenente a Aníbal, quando este se recusara a marchar contra Roma, «não dão todos os seus dons a um só homem. Tu sabes conquistar as vitórias, mas não sabes como usá-las.» Talvez neste juízo houvesse alguma verdade.

Em 204, Cipião, regressado dos seus triunfos em Espanha, foi posto à frente de um exército novo e mais poderoso que, uma vez embarcado, velejou para as costas africanas. Para Cartago, a guerra passava de ofensiva a defensiva e, aterrorizada, chamou a toda a pressa o seu Aníbal para defendê-la. Mas aquele que regressou, depois de trinta e seis anos de ausência, meio cego e consumido pelas fadigas e pelos desenganos, ainda era um grande capitão, mas já não o demónio de vinte e oito anos que partira de Cartagena. Metade das suas tropas recusou-se a segui-lo até lá. Os historiadores romanos dizem que ele matou, por desobediência, vinte mil homens. Com os outros desembarcou, no ano 202, reconhecendo a custo a sua cidade, da qual partira com apenas nove anos; e foi tomar posição, com os veteranos que lhe restavam, na planície de Zama, cerca de cinquenta milhas a sul de Cartago.

Os dois exércitos, como forças, eram mais ou menos equivalentes. Ficaram a olhar-se durante muitos meses, cada um reforçando as suas posições. Depois, os Romanos receberam uma ajuda inesperada. Massinissa, rei da Numídia, destronado pelo seu rival Siface, que era amigo e protegido dos Cartagineses, veio, com a sua cavalaria, alinhar ao lado de Cipião. E era precisamente na cavalaria que Aníbal depositava, como sempre, as suas esperanças.

Foi talvez por isso que, antes do recontro, ele quis tentar a cartada de uma conciliação amigável. Pediu uma audiência ao adversário, que lha concedeu. Os dois grandes generais, finalmente, encontravam-se a sós. A conversa foi breve e, ao que parece, extremamente cortês. Os dois interlocutores verificaram a impossibilidade de um acordo, mas, pelo desenrolar dos acontecimentos, dir-se-ia que sentiram um pelo outro uma viva simpatia (quanto à consideração, não podia deixar de existir). Separaram-se sem rancor, e logo a seguir começaram a combater.

Pela primeira vez na vida, Aníbal, em vez de impor, teve de sofrer a iniciativa do adversário que, para vencê-lo, usou a mesma táctica da tenaz. O Barca, agora com quarenta e cinco anos, reencontrou, no revés, a energia dos vinte. Atacou Cipião em duelo individual e feriu-o. Atacou Massinissa. Formou e voltou a formar, cinco, seis, dez vezes, as suas falanges devastadas, para as arrastar ao contra-ataque. Mas não havia nada a fazer. Vinte mil dos seus homens jaziam no campo de batalha. E não lhe restou senão montar um cavalo e galopar para Cartago. Chegou lá coberto de sangue, reuniu o Senado, anunciou que perdera não uma batalha, mas a guerra, e aconselhou que mandassem uma embaixada pedir a paz. Assim se fez.

Cipião mostrou-se generoso. Exigiu a entrega de toda a armada cartaginesa, excepto dez trirremes, a renúncia a qualquer conquista na Europa, o reconhecimento de Massinissa numa Numídia independente, e uma indemnização de dez mil talentos. Porém, deixou a Cartago as suas possessões tunisinas e argelinas, embora proibindo-a de lhe acrescentar outras, e renunciou à entrega de Aníbal, que o povo de Roma teria gostado de ver sob o jugo, atrás do carro do vencedor, no dia do triunfo.

A tanto cavalheirismo da parte do inimigo não correspondeu nenhum, para com Aníbal, da parte dos seus compatriotas. Ainda o tratado de paz não fora ratificado e já alguns Cartagineses informavam secretamente Roma que Aníbal pensava na vingança e se entregava de corpo e alma à sua preparação. A verdade é que ele procurava apenas fazer regressar a ordem à sua pátria e, à frente do partido popular, tentava destruir os privilégios da corrupta oligarquia senatorial e mercantil, que era a verdadeira responsável pela derrota.

Cipião usou toda a sua influência para dissuadir os compatriotas de pedir a cabeça do seu grande inimigo. Mas foi em vão. Para escapar à prisão e à entrega, Aníbal fugiu de noite a cavalo, galopou ao longo de mais de duzentos quilómetros, até Tapso, e ali embarcou para Antioquia. O rei Antíoco, naquele momento, hesitava entre a paz e a guerra com Roma. Aníbal aconselhou-lhe a guerra e tornou-se um dos seus peritos militares. Contudo, apesar da sua perícia, Antíoco foi derrotado em Magnésia, e os Romanos, entre outras condições, exigiram a entrega do Barca. Ele fugiu de novo: primeiro para Creta e depois para a Bitínia. Os Romanos não lhe deram trégua e por fim cercaram o seu esconderijo. O velho general preferiu a morte à captura. Lívio conta que, ao levar o veneno à boca, disse ironicamente: «Devolvamos a tranquilidade aos Romanos, já que não têm paciência para aguardar o fim de um velho como eu». Tinha sessenta e sete anos. Poucos meses depois, o seu vencedor e admirador Cornélio seguiu-o na morte.

Foi esta segunda guerra púnica que decidiu, durante séculos e séculos, os destinos do Mediterrâneo e da Europa Ocidental, porque a terceira não foi mais do que um *post-scriptum* completamente supérfluo. Deu a Roma a Espanha, o Norte de África, o domínio sobre o mar e a riqueza.

Mas estes ganhos foram também o ponto de partida para uma alteração da vida romana que não viria a revelar-se benéfica para os destinos da Urbe. Ao todo, ficaram no campo de batalha trezentos mil homens que eram a elite da agricultura e do exército. Quatrocentas cidades foram destruídas. Metade das quintas foram saqueadas, principalmente no Sul da Itália, que exactamente desde essa altura nunca mais se recompôs completamente.

Os Romanos de duzentos anos atrás teriam dado remédio a estes males em poucos decénios. Os seus sucessores, porém, já não eram da mesma têmpera. Aquilo que agora os tentava já não era o trabalho no campo, mas o comércio internacional. Em vez de lutar pela riqueza com paciência e tenacidade, levando uma vida frugal e poupada, era mais cómodo ir procurá-la, já pronta, em Espanha, por exemplo, onde bastava arranhar a terra para encontrar ferro e ouro. A espoliação dos povos vencidos enchera os cofres do Tesouro. Os tributos que os Estados subjugados pagavam, ao ritmo de biliões, ano a ano, punham cada Romano a viver dos rendiemntos, e tiravam-lhe a vontade de trabalhar.

Este *boom* económico, como lhe teriam chamado os americanos, subverteu a sociedade, tornando inadequados os pilares que a tinham sustentado até agora. Começou a formar-se uma nova burguesia de traficantes e empreiteiros. Os costumes tornaram-se brandos e amoleceram. Surgiu aquilo a que hoje chamaríamos uma *social life*, com salões intelectuais e progressistas. A fé nos deuses enfraqueceu, assim como na democracia, a qual, nos momentos de perigo, tivera, para salvar a pátria, de recorrer aos ditadores e aos «plenos poderes».

A crise não se precipitou imediatamente. Mas é nestes anos, a seguir à catástrofe de Cartago, que se criam as suas premissas.

# 16

## «Graecia Capta...»

Uma das primeiras carradas de despojos que, quando decidiu mover--lhe guerra, Roma trouxe da Grécia, foi um grupo de cerca de mil intelectuais que se haviam distinguido na resistência à Urbe. Entre eles havia um certo Políbio, que tinha a paixão da história e ensinou aos Romanos como é que ela se escreve. «Com que sistemas políticos», perguntou-se ele ao chegar, «conseguiu esta cidade, em menos de cinquenta e três anos, subjugar o mundo, proeza que até agora ninguém mais conseguira?»

A verdade é que Roma levara muito mais de cinquenta e três anos. Mas, para o grego Políbio, o «mundo» era apenas a Grécia, cuja conquista, na realidade, não exigira mais de meio século. Porém, não tinham sido de modo nenhum as traquinices políticas do Senado e dos generais romanos a tornar este êxito tão fácil, mas sim o facto de a Grécia, antes de ser conquistada, se ter já destruído a si própria. A sua desintegração dera-se no seu interior. Roma limitou-se a colher os frutos.

As primeiras relações que a Urbe tivera com a Grécia remontavam ao tempo de Pirro, que tomou a iniciativa de estreitá-las quando desembarcou em Itália em 281, com os seus soldados e os seus elefantes, para defender Taranto e as outras cidades gregas da península da agressão romana. Ora acontece que a Grécia, naquele momento, deixara já de existir como nação; ou melhor, abandonara já qualquer esperança de o vir a ser. As várias cidades de que era composta passavam o tempo a combater entre si, e já não havia nenhuma que fosse capaz de manter as outras unidas na defesa dos interesses comuns.

A última tentativa para criar uma nação grega viera de fora, ou seja, da Macedónia, uma terra que os Gregos de Atenas, de Corinto, de Tebas, etc. consideravam bárbara e forasteira. Na verdade, ela tinha muito pouco de grega. As intransponíveis cadeias de montes que a fechavam a sul tinham impedido a passagem à cultura e aos costumes, isto é, à civilização das metrópoles costeiras, que aliás era uma civilização demasiado citadina e mercantil para que se conseguisse adaptar àquela região austera e tosca de vales fechados, de rebanhos dispersos e aldeias arcaicas e solitárias. Em compensação, a população conservara-se sã, rude e forte. Não sabia gramática nem filosofia, acreditava nos seus deuses e obedecia aos seus senhores. Estes formavam uma aristocracia de grandes proprietários fundiários, cuja única ocupação era a administração das terras e cujas únicas distracções eram os torneios e a caça. À capital, Pella, iam muito raramente e de má vontade: não só porque a viagem era cansativa, como também porque naquele burgo campestre e sem atracções estava o rei, do qual se queriam manter o mais possível independentes. Somente Filipe e seu filho Alexandre conseguiram diluir as desconfianças deles e uni-los numa grande aventura de conquista. Cada um levou para o exército comum o seu próprio contingente de forças, das quais foi general; e todos juntos, sob o comando único do pai e, depois, do filho, ocuparam a Grécia, puseram-lhe ordem, e tentaram coordenar as suas forças com as macedónias, para irem à conquista do mundo.

Não passou de uma aventura maravilhosa, que não sobreviveu aos seus dois protagonistas. Quando no ano 323, com apenas trinta e três anos, Alexandre morreu na Babilónia, depois de ter conduzido o seu exército de vitória em vitória até ao Egipto e à Índia através da Ásia Menor, Mesopotâmia e Pérsia, o seu efémero império desfez-se em pedaços. Aos seus generais que, reunidos à sua cabeceira, lhe perguntavam quem é que ele designava como herdeiro, respondeu: «O mais forte»; mas esqueceu-se de precisar quem era o mais forte, ou então não sabia. Por isso, eles dividiram a herança em cinco partes: Antípatro ficou com a Macedónia e a Grécia; Lisímaco com a Trácia; Antígono com a Ásia Menor; Seleuco com a Babilónia e Ptolomeu com o Egipto. E, como é natural, começaram imediatamente a guerrear-se uns aos outros.

Deixemos estes *diádocos*, como foram chamados os cinco sucessores, entregues às suas disputas, que depois reverteram todas definitivamente a favor de Roma. E limitemo-nos àquelas que logo rebentaram no interior do reino de Antípatro, o qual devia manter unidas a Macedónia e a Grécia. Se esta união se tivesse realizado, Roma teria encontrado um osso muito mais duro de roer. Mas os Gregos não a queriam e fizeram de tudo para sabotá-la. Quando Alexandre morreu, conta Plutarco, o povo ateniense, que dele não recebera senão benefícios, formou cortejos pelas ruas cantando hinos de vitória, «como se tivessem sido eles quem abatera o tirano». Demóstenes, que fora o campeão da «resistência», uma resistência só de palavras, teve o seu momento de glória e incitou os concidadãos a organizarem um exército para resistir a Antípatro. O exército foi organizado e obviamente derrotado pelo novo rei macedónio. O qual, ignorante como era, não tinha as fraquezas de Alexandre pela civilizadíssima Atenas, e a tratou como estava habituado a tratar os seus soldados quando lhe desobedeciam.

Quando por sua vez Antípatro morreu, deixando o trono a seu filho Cassandro, Atenas rebelou-se de novo. E de novo foi vencida e castigada. Durante decénios foi-se avançando à força de revoltas e repressões. Até que Demétrio Poliorceta (que quer dizer «conquistador de cidades»), filho de Antígono, veio da Ásia Menor correr com os Macedónios da Grécia. Em Atenas acolheram-no como um triunfador e mobilaram-lhe um apartamento no Parténon, que ele encheu de prostitutas e de efebos. Depois cansou-se daqueles ócios, proclamou-se rei da Macedónia e, como tal, aboliu a independência que ele próprio restaurara e voltou a entregar a cidade a uma guarnição macedónia.

Deste regime de anarquia que durou um século e que foi agravado por uma terrificante invasão de Gauleses, a Grécia emergiu politicamente acabada. Na esteira da sua frota mercante e aos ombros de Filipe, de Alexandre e dos seus diádocos, a sua civilização penetrara em toda a parte, do Epiro à Àsia Menor, à Palestina, ao Egipto, à Pérsia e até à Índia; e onde quer que as classes dirigentes e intelectuais fossem gregas ou helenizantes. A sua filosofia, a sua escultura, a sua literatura, a sua ciência, transplantadas para os países conquistados, aí criavam uma nova cultura. Politicamente, porém, a Grécia estava morta, e assim havia de ficar durante dois mil anos.

Quando Roma, tendo-se libertado de Cartago, voltou o olhar para ela, o que viu foi uma Via Láctea de estadozecos em perpétua zaragata uns com os outros. Políbio não tinha qualquer motivo para se admirar de Roma levar tão pouco tempo a conquistá-los. Na verdade, podia ter levado muito menos.

Tudo começou por culpa de Filipe V, rei da Macedónia. Este Estado, sangrado por Alexandre, já não era aquilo que fora. Mas continuava a ser o mais sólido da Grécia, cujas cidades estavam naquele momento divididas em duas Ligas, a Aqueia e a Etólia, que faziam as pazes entre si só para se unirem contra ele.

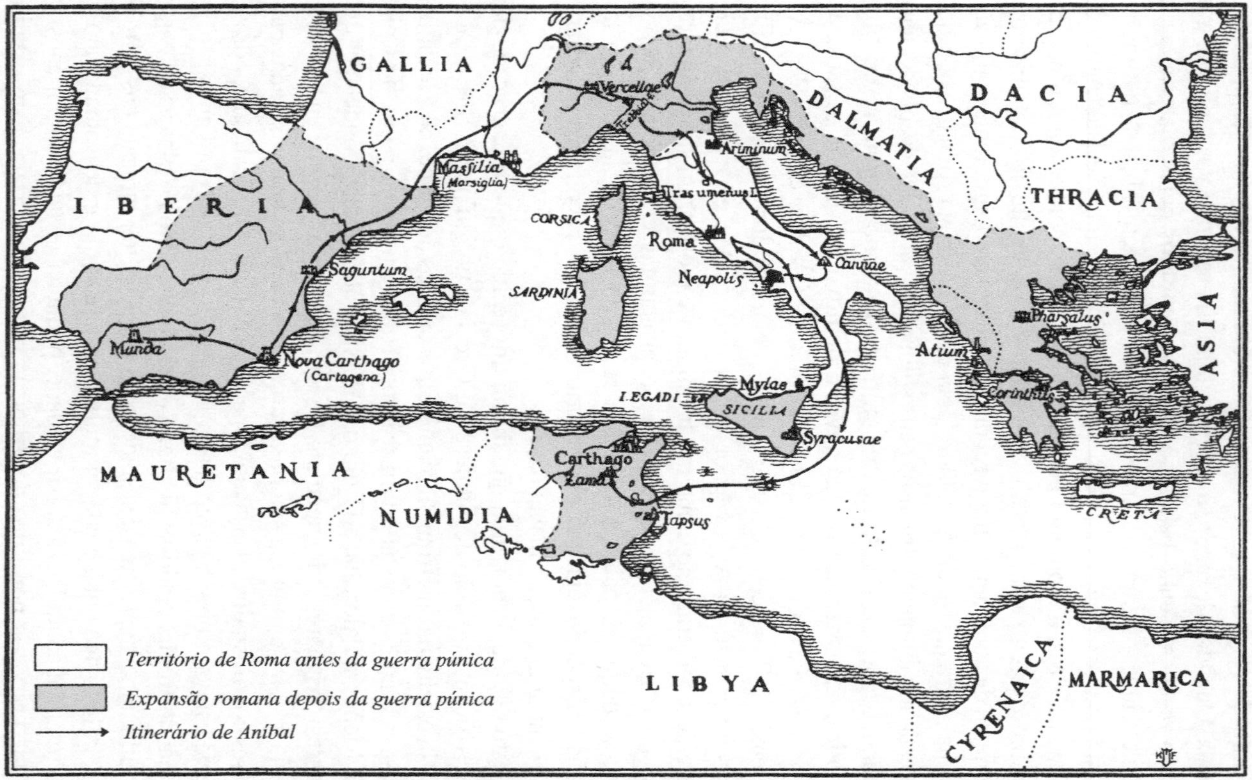


DA PRIMEIRA GUERRA PÚNICA ATÉ À CONQUISTA DA GRÉCIA (264-146 a.C.)

Em 216, Filipe, ouvindo dizer que Aníbal esmagara os Romanos em Canas, assinou um pacto de aliança com ele e pediu aos Gregos que o ajudassem a destruir Roma, que podia tornar-se perigosa para todos. Foi convocada uma conferência em Naupacto, onde o delegado dos Etólios, Agelao, falando em nome de todos os presentes, incitou Filipe a assumir o comando da totalidade dos Gregos naquela cruzada. Logo a seguir, porém, em Atenas e nas outras cidades, começou a correr o boato de que Aníbal teria dado mão livre sobre elas ao Macedónio, em troca da ajuda recebida dele. Imediatamente renasceram as desconfianças por momentos adormecidas, e a Liga Etólia mandou mensageiros a Roma, para pedir auxílio contra Filipe. O qual, para fazer frente à Grécia, teve de renunciar à Itália e estabelecer, também, um pacto com Roma, pondo assim fim à primeira guerra macedónia, antes de a ter começado.

Depois de Zama, também Pérgamo, o Egipto e Rodes pediram ajuda à Urbe contra Filipe, que os andava a importunar. A Urbe, que tinha a memória longa e se recordava da tentativa do rei macedónio quando da batalha de Canas, enviou um exército sob o comando de Tito Quinto Flaminino, que em Cinoscéfalas, no ano 197, o esmagou. Agora, o caminho para a Grécia estava livre.

Mas Flaminino era um tipo estranho. De família patrícia, estudara em Taranto, onde aprendera o grego, e era um apaixonado da civilização helénica. Ainda por cima, alimentava ideias «progressistas». Ele não matou Filipe, pelo contrário, voltou a pô-lo no trono, apesar dos protestos dos seus aliados gregos, que reclamavam ter sido eles quem vencera em Cinoscéfalas, como certos Franceses que hoje reclamam que foram eles que derrotaram a Alemanha. Depois, por ocasião dos grandes Jogos Ístmicos, que reuniam em Corinto os delegados de toda a Grécia, proclamou que todos os seus povos e cidades eram livres, deixavam de estar sujeitos a guarnições e a tributos, e podiam governar-se pelas suas próprias leis. Os ouvintes, que estavam à espera que o jugo romano viesse substituir o macedónio, ficaram atordoados. E conta Plutarco que em seguida soltaram um tal grito de entusiasmo, que um bando de corvos que acasalavam por cima das suas cabeças caiu cá em baixo, mortos. Se Plutarco nos contou todas as suas outras histórias com os mesmos escrúpulos de não fugir à verdade, é caso para nos alegrarmos.

Os cépticos de Atenas e das outras cidades não tiveram tempo de pôr em dúvida as honestas intenções de Flaminino, uma vez que ele as pôs de imediato em prática, retirando o seu exército da Grécia. Contudo, depois de o terem saudado como «salvador e libertador», encontraram motivo para censura no facto de ele se ter feito acompanhar de um considerável espólio de guerra sob a forma de obras de arte, e de ter emancipado algumas cidades da Liga Etólia, que nela estavam de má vontade. E chamaram Antíoco, o último herdeiro de Seleuco, rei de Babilónia, para os libertar de novo. Para os libertar de novo do quê, desconhece-se, visto que Flaminino os deixara libertadíssimos.

Pérgamo e Lâmpsaco que, estando mais próximas de Antíoco, o conheciam melhor, e por isso sabiam o que é que tinham a esperar dele, pediram ajuda a Roma. E o Senado, que nunca acreditara na experiência liberal e progressista levada a cabo por Flaminino, mandou outro exército, sob o comando do herói de Zama. Com poucos homens, este atacou Antíoco em Magnésia, pô-lo em debandada, apesar dos sábios conselhos estratégicos que lhe dera Aníbal, seu hóspede, e garantiu a Roma a posse de quase toda a costa mediterrânea da Ásia Menor. Em seguida voltou-se para o Norte, atacou os Gauleses que ainda acampavam por aquelas paragens, e reentrou em Itália sem tocar nas cidades gregas.

Durante alguns anos Roma insistiu, em relação a eles, nesta política de tolerância e respeito, muito semelhante à que os Estados Unidos têm praticado na Europa depois da Segunda Guerra Mundial. Só intervinha nos seus assuntos internos se fosse solicitada, e procurava apoiar a ordem constituída. Por isso, colhia as antipatias de todos os descontentes, que a acusavam de reaccionarismo.

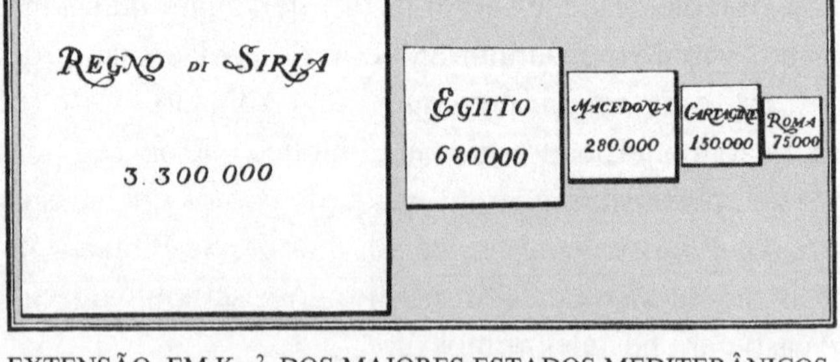


EXTENSÃO, EM Km², DOS MAIORES ESTADOS MEDITERÂNICOS, NO INÍCIO DAS GUERRAS PÚNICAS.

Perses da Macedónia, que sucedeu a Filipe em 179, pensando que podia tirar partido deste estado de ânimo das «massas», chamou-as a reunir para uma guerra santa contra a Urbe. Ele casara com a filha do herdeiro de Antíoco, Seleuco, que se lhe uniu, e levou atrás de si também a Ilíria e o Epiro. Estes últimos Estados foram praticamente os únicos que o ajudaram quando um terceiro exército romano, liderado por Emílio Paulo, filho do cônsul que tombou em Canas, surgiu inesperadamente e desbaratou as forças de Perses, em Pidna, no ano 168 a.C. Perses foi levado para Roma acorrentado, para enfeitar o carro do vencedor.

Entre outras coisas, caiu também nas mãos de Emílio o arquivo secreto do vencido. E nele foram encontrados os documentos relativos à conjura, com a prova das várias responsabilidades. Para castigo, setenta cidades macedónias foram arrasadas, e o Epiro e a Ilíria saqueados; Rodes, que conspirara sem tomar parte activa na guerra, foi privada das suas possessões na Ásia Menor; e mil simpatizantes gregos de Perses, entre os quais Políbio, foram levados para Roma como reféns.

Era já o sinal de que o Senado, abandonadas as ilusões de Flaminino e dos outros filelénicos da Urbe, entre os quais os próprios Cipiões, vencera o complexo de inferioridade em relação à Grécia e estava regressando aos seus sistemas tradicionais de tratamento do vencido. Mas nem mesmo desta vez os turbulentos Gregos quiseram perceber. Dali a alguns anos, nas diversas cidades, chegaram ao poder novas classes proletárias, que faziam do socialismo e do nacionalismo uma e a mesma coisa. A Liga Aqueia foi reconstituída e, quando soube que Roma estava ocupada com a terceira guerra contra Cartago, chamou toda a Grécia à libertação.

Porém, Roma agora podia tranquilamente combater uma guerra em duas frentes. Enquanto Cipião Emiliano embarcava para África, o cônsul Múmio caiu sobre Corinto, que era uma das cidades mais litigiosas. Assediou-a, conquistou-a, matou todos os homens, reduziu as mulheres à escravidão e, tendo embarcado tudo o que ali havia que era transportável para Roma, deitou-lhe fogo. A Grécia e a Macedónia foram reunidas numa única província, com um governador romano, exceptuando Atenas e Esparta, às quais foi reconhecida uma certa autonomia.

A Grécia encontrara finalmente a sua paz: a paz do cemitério.

A terceira e última guerra púnica foi desejada por Catão, o Censor, e provocada por Massinissa, que estavam destinados a não lhe ver o fim.

Massinissa foi um dos mais estranhos personagens da Antiguidade. Viveu até aos noventa anos, teve o último filho aos oitenta e seis, e aos oitenta e oito ainda galopava à frente das suas tropas. Depois de Zama, recuperara o trono da Numídia e, como Cartago se tinha comprometido com Roma de não fazer mais guerras, não se fartava de a importunar com incursões e roubos. Cartago protestava, e Roma mandava-a calar. Mas assim que efectuou o último dos cinquenta pagamentos da indemnização, que devia, anualmente, à Urbe, revoltou-se contra estas prepotências e atacou Massinissa.

Em Roma, naquela altura, prevalecia o partido de Catão, que terminava sempre os seus discursos, fosse qual fosse o tema de que falava, com o refrão habitual: «Quanto ao resto, acho que Cartago deve ser destruída». Naquele incidente o Senado, ajudado por ele, viu a ocasião propícia, e não só intimou os Cartagineses para que não tomassem iniciativas, como exigiu trezentas crianças de famílias nobres, para tê-las como reféns. As crianças foram entregues no meio dos lamentos das mães, algumas das quais se lançaram a nado atrás dos navios que as levavam, e morreram. Logo a seguir, uma vez que a provocação não fora suficiente, os Romanos pediram a entrega de todas as armas, de toda a frota e de grande parte do trigo. Quando estes pedidos foram igualmente recebidos, o Senado exigiu que toda a população se retirasse para dez milhas de distância da cidade, que tinha de ser arrasada. Os embaixadores cartagineses objectaram, em vão, que a história jamais tinha visto uma atrocidade semelhante, atiraram-se para o chão arrancando os cabelos, e ofereceram, em troca, a própria vida.

Nada feito. Roma queria a guerra, e guerra tinha de ser, custasse o que custasse.

Quando em Cartago tiveram conhecimento disto, a multidão enfurecida linchou os dirigentes que tinham entregue as crianças, os embaixadores, os ministros e todos os Italianos que apanhou a jeito. Depois, loucos de raiva e de ódio, chamaram todos às armas, incluindo os escravos, transformaram cada casa num fortim, e em dois meses de trabalho febril prepararam oito mil escudos, dezoito mil espadas, trinta mil lanças e cento e vinte barcos.

O assédio, por terra e por mar, durou três anos. Cipião Emiliano, o filho adoptivo do filho do vencedor de Zama, obteve uma glória duvidosa, saqueando por fim a cidade, onde ainda durante seis dias, rua a rua, casa a casa, se continuou a combater. Sujeito às ciladas dos franco-atiradores que combatiam dos telhados e das janelas, Cipião destruiu todos os edifícios.

Aqueles que no final se renderam eram só cinquenta e cinco mil, dos quinhentos mil habitantes de Cartago. Todos os outros estavam mortos.

O seu general, que, para variar, se chamava Asdrúbal, implorou para si a misericórdia de Cipião, que lha concedeu. A sua mulher, com vergonha, atirou-se com os filhos para as chamas de um incêndio.

Cipião pediu autorização ao Senado para renunciar àquela carnificina. Responderam-lhe que não só Cartago, como todas as suas dependências, deviam ser destruídas. A cidade continuou a arder durante dezassete dias. Os poucos sobreviventes foram vendidos como escravos. E o seu território foi, daí em diante, uma província designada pelo nome genérico de África.

Não houve tratado de paz, porque não se saberia com quem estipulá-lo. Os embaixadores cartagineses tinham razão: nunca na história se vira semelhante atrocidade.

Por sorte, Catão e Massinissa não tiveram tempo para sofrer remorsos. Estavam já debaixo da terra.

# 17

# Catão

No ano 195 a.C., logo a seguir à primeira guerra púnica, as mulheres de Roma formaram um cortejo, dirigiram-se para o Foro, e pediram ao Parlamento a revogação da Lei Oppia, promulgada durante o regime de austeridade imposto pela ameaça iminente de Aníbal, que proibia ao belo sexo os ornamentos de ouro, as vestes coloridas e o uso de carruagens.

Pela primeira vez na história de Roma as mulheres tornavam-se protagonistas de qualquer coisa, tomavam uma iniciativa política, enfim, afirmavam os seus direitos. Nunca sucedera, até então. Durante cinco séculos e meio, isto é, desde o dia em que fora fundada, a história de Roma fora uma história de homens, com os quais as mulheres tinham feito coro, em massa e anonimamente. As poucas de quem se sabia os nomes, Tarpeia, Lucrécia, Virgínia, se calhar nunca existiram, e não encarnam personagens credíveis, mas sim monumentos à Traição ou à Virtude. A vida pública romana era apenas masculina. As mulheres não contavam, a não ser na vida privada, no âmbito da casa e da família, onde a sua influência estava exclusivamente ligada às suas funções de mãe, esposa, filha ou irmã dos homens.

No Senado, Marco Pórcio Catão, na sua qualidade de censor encarregado da vigilância dos costumes, opôs-se ao pedido. E o seu discurso, que nos foi transmitido por Lívio, alarga-se a respeito das transformações ocorridas naqueles últimos anos na vida familiar e social da Urbe.

«Se cada um de nós, senhores, tivesse mantido a autoridade e os direitos do marido dentro da sua própria casa, não teríamos chegado a este ponto. Agora eis-nos aqui: a prepotência feminina, depois de ter anulado a nossa liberdade de acção em família, está a destruí-la também no Foro. Lembrai-vos de quanto penámos para ter pulso nas nossas mulheres e para refrear a sua excessiva liberdade, quando as leis nos permitiam fazê-lo. E imaginai aquilo que sucederá daqui em diante, se estas leis forem revogadas e se as mulheres forem postas, também legalmente, em pé de igualdade connosco. Vós conheceis bem as mulheres: concedei-lhe a igualdade, e imediatamente vos treparão para as costas, como vossas donas. No fim, o que havemos de ver é isto: os homens de todo o mundo, que em todo o mundo governam sobre as mulheres, governados pelos únicos homens que se deixam governar pelas mulheres: os Romanos.»

As manifestantes afogaram o orador numa gargalhada de escárnio, que aliás já estava habituado a isso, como todos aqueles que dizem a verdade; a Lei Ópia foi revogada, e Catão procurou inutilmente consolar-se decuplicando os impostos sobre os artigos de luxo. Certas rajadas de vento, quando começam a soprar, não há censor que as faça parar. E as sufragistas, tomada a iniciativa, não tencionavam deixar que lha arrancassem das mãos. Devagarinho, acabaram por conseguir obter o direito de administrar o seu próprio dote, o que as tornava economicamente independentes e livres, como hoje se diria, de «viver a sua vida»; depois, o direito de se divorciarem do marido e de vez em quando, se não o conseguiam, o de o envenenarem. E foram-se entregando cada vez mais a práticas malthusianas, para evitar a «maçada» dos filhos.

Ao contrário do que pensamos e da maneira como no-lo pintaram, o homem que tentava opor-se ao avanço destas novas modas, todas de origem grega, não era, de modo algum, um moralista insuportável, severo na palavra e com maus fígados. Muito pelo contrário, Marco Pórcio Catão era um camponês plebeu dos arredores de Rieti, cheio de saúde e de bom humor, que viveu até à idade de oitenta e cinco anos (uma idade, para aqueles tempos, quase lendária), e morreu depois de ter satisfeito todos os prazeres, incluindo um que era particularmente importante para ele: o de arranjar muitos inimigos.

Foi o acaso que fez dele um homem político notável e, talvez, o personagem mais interessante daquele período. Vivia com uma simplicidade estóica na sua quintarola, cultivando-a com as próprias mãos, quando a pouca distância veio morar um velho senador aposentado, Valério Flaco, que para ali se retirou devido à repugnância que lhe provocava a corrupção de Roma. Era um patrício à moda antiga, isto é, daqueles que tinham horror aos requintes, e simpatizou logo com aquele rapaz de mãos calosas, hábitos rudes, cabelos ruivos e dentes ralos, que lia os clássicos mas às escondidas, porque se envergonhava disso como se fosse um vício pouco menos que obsceno, e neles aprendera a escrever e a falar num estilo claro e conciso. Tornaram-se amigos com base em hábitos e ideias comuns. E Valério incitou Marco – que se chamava Pórcio porque a sua família sempre criara porcos, e Catão porque todos os seus antepassados tinham sido astutos – a ser advogado. Era a profissão com que se fazia a estreia na vida política. E talvez o senador o tenha lançado nela justamente com esse objectivo, na esperança de deixar um herdeiro na polémica antimodernista, que a idade não lhe permitia já sustentar.

Catão experimentou e venceu, uma a seguir à outra, doze causas perante o tribunal local. Depois, já com uma clientela certa, abriu um escritório, como hoje se diria, em Roma, apresentou-se às eleições e venceu, com garra anibalesca, o chamado «curso das hierarquias». Edil em 199, com trinta anos, pretor em 198, e três anos depois era cônsul. E prosseguiu: tribuno em 191, censor em 184, e praticamente continuou a exercer magistratura após magistratura até à mais avançada velhice, distinguindo-se sobretudo em tempo de guerra, quando trocava os seus galões civis pelos militares. O acampamento adequava-se mais a ele do que o Foro, porque nele podia, com mais pertinência, apelar à disciplina, que considerava a condição essencial dos valores morais. Parece que era um general pedante. Mas os soldados perdoavam-lhe, porque marchava a pé como eles, combatia com coragem tranquila e, no momento do saque, que fazia parte dos direitos do vencedor, concedia a cada um uma libra de prata pelo espólio, que depois entregava por inteiro ao Senado, sem guardar para si nem um bocadinho.

Esta era uma regra que os generais romanos haviam observado quase sempre, até às guerras púnicas; mas que, havia algum tempo, constituía uma excepção. O governo já fazia vista grossa à parte dos despojos que o vencedor metia ao bolso, quando eles eram fartos. Quinto Minúcio trouxera de Espanha trinta e cinco mil libras de prata e trinta e cinco mil dinheiros; Mânlio Vulsão trouxe da Ásia quatro mil e quinhentas libras de ouro; a Antíoco e a Perses foram extorquidos quatrocentos mil sestércios... Debaixo daquela chuva de ouro, a honestidade dos generais e dos magistrados romanos, intimamente ligada à pobreza, à poupança e à avareza, era natural que fosse ao fundo. E a luta em que Catão se empenhou para impedir isso estava destinada ao fracasso. No entanto, ele lutou à mesma.

Em 187, quando era tribuno, pediu a Cipião Emiliano e a seu irmão Lúcio, que regressavam da Ásia vencedores, que prestassem contas ao Senado das quantias pagas por Antíoco como indemnização de guerra. Era um pedido perfeitamente legítimo, mas que surpreendeu Roma, porque colocava em dúvida a correcção do triunfador de Zama que, na verdade, estava acima de qualquer suspeita. Não se compreende bem o que levou Catão a dar aquele passo, pois ele não podia de modo nenhum ignorar a integridade do Africano e a sua imensa popularidade. Talvez ele tenha simplesmente querido restabelecer o princípio, que estava caindo em desuso, segundo o qual os generais, fossem quais fossem os seus nomes e os seus méritos, deviam prestar essas contas; ou teria sido levado por uma violenta antipatia pelo *clã* dos Cipiões, estetizante, helenizante e modernizante?

Pode até ter sido pelos dois motivos. Seja como for, essa exigência uniu, contra quem a fazia, aquela oligarquia de famílias dominantes que, no âmbito da aristocracia senatorial, detinha, praticamente, o monopólio do poder. Até Sila, a história romana resume-se à de algumas dinastias e, de facto, apresenta continuamente os mesmos nomes. Dos últimos duzentos cônsules da República, metade pertenceu a apenas dez famílias, e a outra metade a dezasseis. Entre elas, a dos Cipiões era talvez a mais ilustre, desde aquele que tombara em Trébula, a este que triunfara em Zama, e que era o pai adoptivo do outro que mais tarde destruiu Cartago.

O Africano, embora ferido no seu orgulho, preparava-se para responder. Mas o seu irmão Lúcio impediu-o de o fazer. E, tirando da pasta os documentos que comprovavam as cobranças efectuadas e os respectivos depósitos, fê-los em pedaços diante do Senado. Por causa deste gesto foi levado à presença da Assembleia e condenado por fraude. Mas o castigo foi-lhe poupado pelo veto de um tribuno, um tal Tibério Semprónio Graco, de quem vamos ouvir falar dentro em pouco, o qual, aliás, para confirmar a regra da política por dinastias de que acima se falava, era parente do imputado, pois casara com a filha do Africano, Cornélia. O herói de Zama foi convocado pela Assembleia para ser submetido a julgamento. Ele interrompeu o debate, convidando os deputados para irem ao templo de Júpiter celebrar o aniversário da sua grande vitória, que era precisamente naquele dia. Os deputados seguiram-no e assistiram aos ofícios que foram celebrados. Porém, regressados ao Parlamento, convocaram novamente o general. Desta vez ele recusou-se a apresentar-se e, amargurado por aquela insistência, retirou-se para a sua *villa* de Literno, onde permaneceu até à morte. Mas Catão lamentou, justamente, que pela primeira vez na história de

Roma os méritos de combatente de um imputado constituíssem um obstáculo à justiça, e denunciou, com este episódio, o primeiro transpirar de um individualismo que em breve haveria de corromper a sociedade com o culto do herói e de destruir a democracia. Os factos encarregar-se-iam de lhe dar plenamente razão.

Alguns perguntar-se-ão como é que, tendo contra si adversários poderosos como as mulheres e a «máfia» das famílias aristocráticas, esta implacável «carraça» conseguiu manter-se no poleiro e vencer as eleições cada vez que se apresentava como candidato a qualquer magistratura. Na verdade, poucos o estimavam. A sua honestidade naquele tempo de corrupção e o seu ascetismo naquela época de opulência eram sentidos por todos como um remorso. Ele representava aquilo que cada um deveria e provavelmente quereria ser, mas infelizmente não era. E precisamente por isso, embora o detestassem, respeitavam-no e davam-lhe o voto. Além disso, era um grande orador. O que era uma coisa muito estranha, uma vez que se estreara nas letras publicando um tratado contra os mestres de retórica e antecipando a famosa frase de Verlaine: «Quando vires a oratória, torce-lhe o pescoço.» Mas justamente à força de ensinar aos outros como é que «não» se devia falar, ele próprio aprendera a falar muitíssimo bem. O pouco que nos resta dos seus discursos basta para nos permitir considerá-lo maior do que Cícero, o qual era, sem dúvida, mais empolado, mais solene e literalmente mais perfeito do que ele, mas menos directo, eficaz e sincero. O que nos prova que não existe eloquência, assim como não existe literatura, nem música nem pintura, como não existe nada, afinal, sem uma força moral e uma convicção genuína que as sustentem.

Catão temperava com o humorismo até mesmo as suas mais severas repreensões. E quando, por exemplo, como censor, mandou expulsar Manílio do Senado por ter beijado a mulher em público, e alguém lhe perguntou se ele nunca o fizera, respondeu: «Sim, mas só quando troveja. Por isso é que o mau tempo me põe sempre bem disposto». Mesmo quando lhe moviam processos, e tentaram-no, ao que parece, quarenta e quatro vezes, sob as acusações mais variadas, conservava a alegria e ria na mesma proporção em que mordia. Com aquele sarcasmo sempre pronto, aqueles chistes populares, aquela cara bexigosa, aqueles cabelos ruivos e aqueles dentes ralos, não era agradável ter de enfrentá-lo como opositor. E ninguém teria conseguido tirá-lo do poder, se ele próprio a certo ponto não se tivesse cansado daquela batalha inútil, retirando-se espontaneamente para se pôr a escrever livros, ocupação que no seu íntimo desprezava.

Fê-lo porque queria opor alguns textos escritos em latim àqueles que, então, todos os literatos estavam a escrever em grego, a língua que se corria o risco de ver conquistar o monopólio da cultura romana. O *De agricultura*, o único que nos resta dele, é, de facto, o primeiro livro que como tal se pode considerar, nascido em Roma. É um curioso manual prático em que, juntamente com ideias vagamente filosóficas, se misturam conselhos sobre as maneiras de curar o reumatismo e a diarreia. Quanto aos critérios a respeito do modo de explorar as terras, ei-los: «O melhor», diz ele, «é uma rendível criação de gado. E depois? E depois... e depois, lavrar e semear.» Catão já nem queria voltar à agricultura, mas sim à pastorícia.

Ninguém teve, tão fortemente como ele, o pressentimento da decadência de Roma, e ninguém melhor do que ele diagnosticou o foco da infecção: a Grécia. Estudara a língua grega; e, culto e perspicaz como era por baixo das suas roupas grosseiras, compreendera que a cultura helénica era a tal ponto mais elevada e refinada do que a romana, que não poderia deixar de a corromper. Chamava a Sócrates «uma solteirona mexeriqueira», e apoiava os juízes que o tinham condenado à morte como sabotador das leis e do carácter de Atenas. Mas odiava-o na mesma medida em que o admirava e em que se apercebia que as suas ideias teriam conquistado também a Urbe. «Acredita na minha palavra», escrevia ao filho, «se este povo conseguir corromper-nos com a sua cultura, estamos perdidos. Por enquanto, começou pelos médicos que, com a desculpa de nos tratarem, vieram para aqui destruir os "bárbaros". Proíbo-te que tenhas alguma coisa a ver com eles.» Preferia vê-lo morto do que curado pelos comprimidos e pelas vitaminas gregas.

Muito provavelmente foi este terror que lhe sugeriu a insistência, pela qual ficou célebre, na *delenda Carthago*. Mais do que impedir o renascer da cidade fenícia, ele pretendia desviar Roma das tentações de uma conquista da Grécia. Queria que a sua pátria olhasse para Ocidente, e não para Oriente, de onde, na opinião dele, não lhe viriam senão vícios e desgraças. E é provável que tenha ficado muito desiludido com a rapidez com que Cipião aceitou levar a cabo o feito. Teria preferido uma guerra defensiva contra dez Aníbais, a uma ofensiva contra a Hélade. E quando viu os cônsules Marcelo, Fúlvio e Emílio Paulo regressarem de lá com carros carregados de estátuas, pinturas, taças de metal, espelhos, móveis de valor e tecidos bordados, e o povo apinhar-se diante daquelas maravilhas e falar de moda, de estilo, de chapéus femininos, de sandálias, de jóias e cosméticos, não pôde deixar de levar as mãos à cabeça.

Morreu em 149 a.C., quando o Senado já decidira mandar o último Cipião *ad delendam Carthaginem*. Talvez esse gesto lhe tenha insuflado um sopro de esperança; ou, pelo menos, agrada-nos pensar que sim. Se tivesse vivido mais um pouco, ter-se-ia apercebido de que a destruição de Cartago não servira para nada. Pelo contrário, uma vez desaparecida aquela cidade da face da África e do Mediterrâneo, os Romanos não tiveram mais olhos nem ouvidos nem pensamentos senão para Fídias, Praxíteles, Aristóteles, Platão, a cozinha, os adornos e as «heteras» de Atenas.

# 18

# «...Ferum Victorem Cepit»

Horácio, muito mais tarde, confirmou *a posteriori* os receios que Catão expressara *a priori*, com um verso famoso: *«Grecia capta ferum victorem cepit»* (a Grécia conquistada conquistou o bárbaro vencedor). E, para o fazer, usou várias armas: a religião e o teatro para a plebe, e a filosofia e as artes para as classes superiores, que ainda não eram cultas mas, infelizmente, passaram a sê-lo.

A religião de Roma pareceu a Políbio, quando para lá o levaram prisioneiro, ser ainda sólida. «A característica», escreve ele, «que, em minha opinião, torna o Império Romano superior a todos os outros, é a religião que nele se pratica. Aquilo que noutras nações seria considerado superstição condenável, aqui em Roma constitui o alicerce do Estado. Tudo o que a ela diz respeito reveste-se de uma pompa tal e condiciona a vida pública e privada a tal ponto, que nada poderá fazer-lhe, nunca, concorrência. Creio que o governo o tenha feito propositadamente, para as massas. Não seria necessário, se um povo se compusesse apenas de gente iluminada; mas para as multidões, que são sempre obtusas e dadas às paixões cegas, é bom que haja pelo menos o medo a refreá-las.»

Compreende-se que para um homem como ele, chegado de fresco da Grécia, onde o cepticismo e o ateísmo já não conheciam limites, os Romanos, que conservavam ainda um vislumbre de fé, produzissem o efeito de monges. Mas era mesmo só um vislumbre, embora certos aspectos litúrgicos (a «pompa», dizia Políbio) fossem ainda respeitados, por força do hábito. Catão, que procurava preservar todos os velhos costumes e crenças, perguntava-se, num discurso público, como é que os áugures, conhecendo os truques uns dos outros, conseguiam não desatar a rir quando se cruzavam na rua. E no palco, Plauto podia ridicularizar impunemente Júpiter como sedutor de Alcmena e apresentar Mercúrio como palhaço.

O povo que batia palmas a estas comédias ímpias era o mesmo que poucos anos antes, ao saber do desastre de Canas, se precipitara para a praça, gritando: «A que deus devemos rezar pela salvação de Roma?». É claro que só nos momentos de perigo é que os Romanos se lembravam que havia um deus, mas não sabiam qual deles era o indicado, entre tantos que povoavam o paraíso deles. E foi muito curiosa a resposta do governo, que decidiu confiar a salvação da Urbe não a um deus romano, como até então sempre sucedera, mas a uma deusa grega, Cibele, e ordenou que a sua estátua fosse transportada de Pessinunte, na Ásia Menor, onde se encontrava, para Roma. Átalo, o rei de Pérgamo, concordou com a deslocação. E foi assim que a *Magna Mater*, como a deusa foi rebaptizada, um belo dia chegou a Óstia, onde estava à sua espera Cipião, o Africano, à frente de um comité de nobres matronas. Em Roma correu o boato que o navio, tendo encalhado na foz do Tibre, fora libertado e conduzido ao longo do rio até ao coração da cidade pela vestal Virgínia Cláudia, em virtude da sua castidade. E todos, quer acreditassem quer não, queimaram incenso à passagem da deusa, que as matronas levaram em procissão até ao templo da Vitória. O Senado ficou um pouco escandalizado e perplexo quando soube que a Grande Mãe devia ser assistida por sacerdotes auto-castrados. Em Roma, nos colégios sacerdotais, não os havia. Por fim encontraram alguns, entre os prisioneiros de guerra, e fizeram deles sacerdotes para aquela circunstância.

A partir daquele momento, a liturgia grega difundiu-se, e foi aplicada não apenas aos deuses que vinham de lá, como também aos Romanos. E o resultado foi que, de austera e um tanto lúgubre como fora até então, passou a ser alegre e carnavalesca. Em 186, o Senado tomou conhecimento, com inquieto espanto, que o zé-povinho se afeiçoara de modo especial a Dioniso, fizera dele o seu santo preferido, enchia o seu templo, e oferecia-lhe sacrifícios com um entusiasmo singular. Compreende-se facilmente a razão disso: os sacrifícios consistiam em comezainas pantagruélicas, valentes copadas, e a libertinagem nas relações entre homens e mulheres. Quer dizer, eram tudo menos «sacrifícios». A polícia fez uma rusga aos participantes daquelas festas, dos quais prendeu sete mil, condenando à morte algumas centenas deles e os outros à prisão, e suspendeu o culto. Mas quando se torna necessária a intervenção da polícia para preservar os costumes de um povo, significa que eles estão, mesmo, moribundos.

De resto, isso era visível no teatro, que estava a transformar-se no verdadeiro templo de Roma.

A primeira tentativa de espectáculo fora a de Lívio Andronico, o prisioneiro de guerra de Taranto, de origem grega, que, em 240, encenara, representara e cantara em toscos versos «saturninos» a *Odisseia*. Como já dissemos, o público e o governo ficaram tão agradados que permitiram que os actores se constituíssem numa «corporação» e organizassem, para as grandes festas anuais, os chamados *ludi scenici* (jogos cénicos).

Cinco anos depois daquela *estreia* histórica, um outro prisioneiro de guerra, desta vez napolitano, Gneu Névio, produziu outra comédia que, num tom aristofanesco, ridicularizava os abusos e hipocrisias da sociedade romana. O povo divertiu-se. Mas as famílias influentes, que se sentiam atingidas, protestaram. Eram demasiado toscas e parolas para aceitar a sátira, que só encontra direitos de cidadania junto dos povos muito civilizados. O pobre Névio foi preso e teve de se retractar. Escreveu outra comédia, certamente com a intenção de não voltar a ofender ninguém, mas como era um homem cheio de espírito, não conseguiu. Ainda desta vez lhe saíram da pena alguns ditos mordazes, que lhe custaram a deportação. E assim Roma perdeu, ao mesmo tempo, um comediógrafo que podia ter sido o iniciador de uma produção original, já não decalcada dos modelos estrangeiros, e um humorista que podia ensinar àquele povo tétrico e taciturno a arte de sorrir, de se aperceber dos seus próprios defeitos e de os corrigir. No exílio, Névio continuou a compor. Deixou um poema dramático, torpe, sobre a história romana, que revelava nele um patriotismo louco.

Daí em diante, o teatro romano continuou a copiar o grego, até que um terceiro forasteiro lhe veio dar um sopro de originalidade. Quinto Énio era um Ápulo de pai italiano e mãe grega. Tinha estudado em Taranto, onde se representavam os dramas de Eurípides, pelos quais se apaixonara. Fizera depois o serviço militar e na Sardenha, graças à sua coragem, chamara a atenção de Catão, que ali estava como questor e que o levou consigo para Roma. Os seus *Annali*, uma história épica de Roma desde Eneias até às guerras púnicas, foram, até Virgílio, o poema nacional da Urbe. Mas a sua paixão era o teatro, para o qual escreveu cerca de trinta tragédias, cujo tema era, sobretudo, o zelo religioso dos beatos. Eis as suas convicções religiosas, postas na boca de um seu protagonista: «Garanto-vos, amigos, que os deuses existem, mas que se estão nas tintas para aquilo que os mortais fazem. De outro modo, como é que explicais o facto de o bem não ser sempre recompensado com o bem e o mal com o mal?». Cícero, que refere esta frase em que transpiram já as teorias de Epicuro, e diz tê-la ouvido declamar com os seus próprios ouvidos, garante que ela foi longa e sonoramente aplaudida pela plateia.

Énio aconselhou os seus seguidores a fazer, nas comédias, um pouco de filosofia, mas não muita. Infelizmente, foi ele o primeiro a não ter em conta esta regra sábia, pretendendo escrever dramas «de pensamento», como hoje se diz; e o público, aborrecido, voltou-lhe as costas para acorrer às farsas de Plauto, que foi o primeiro verdadeiro comediante de Roma.

Viera da Úmbria, onde nascera em 254 a.C., e só o seu nome chegava para provocar o riso. Tito Mácio Plauto queria dizer: «Tito, o palhaço dos pés chatos». Começou como figurante, economizou algum dinheiro, investiu-o num negócio disparatado e perdeu-o. Então, para comer, começou a escrever. Inicialmente, adaptou comédias gregas, nas quais intercalava piadas sobre acontecimentos romanos da actualidade. Mas quando viu que o público se ria principalmente dessas piadas, abandonou os modelos estrangeiros e dedicou-se a compor originais, tomando por empréstimo o enredo dos episódios da vida da cidade e inaugurando um verdadeiro teatro «de costumes». Em breve se tornou o ídolo do público, que gostava do seu cordial bom-humor e da sua gargalhada forte, rabelaisiana. O seu *O soldado fanfarrão* levou a plateia ao delírio. Todos o adoraram, e dele aceitaram, até, o *Anfitrião*, que continha aquela sátira irreverente a Júpiter, apresentado como um vulgar Don Juan que, para seduzir Alcmena, se fazia passar por seu marido e se invocava a si próprio, oferecendo-se sacrifícios.

No ano em que Plauto morreu, em 184, chegou a Roma como escravo Terêncio, um Cartaginês, que teve a sorte de ir parar à casa de Terêncio Lucano, um senador culto e delicado que descobriu o talento do seu servo e o libertou. Terêncio, que na origem se chamava Públio Afro, por gratidão tomou o seu nome. Quando acabou de escrever a primeira comédia, *Ândria*, foi lê-la a Cecílio Estácio, autor já afirmado e que naquele momento fazia furor, mas do qual nada nos ficou. Suetónio conta que Estácio ficou tão impressionado que convidou o seu visitante para o almoço, apesar de ele estar vestido como um mendigo. Terêncio frequentou os salões e esteve na moda entre as classes altas, mas nunca atingiu a popularidade de Plauto. A sua segunda comédia, *Hécia*, afundou-se, porque o público abandonou em massa a plateia quando soube que no Circo começara o combate de um gladiador contra um urso. A sorte sorriu-lhe com *O Eunuco*, que em dois espectáculos dados no mesmo dia lhe rendeu oito mil sestércios, uma verdadeira fortuna. Em Roma murmurava-se que o verdadeiro autor destes trabalhos era Lélio, o irmão de Cipião, grande amigo e protector de Terêncio. O qual, com muito tacto, nunca desmentiu nem confirmou estes mexericos. E talvez tenha sido precisamente para se esquivar a eles que decidiu partir para a Grécia. Nunca mais voltou. No caminho de regresso, morreu de doença na Arcádia.

Os ambientes intelectuais e sofisticados de então tiveram por Terêncio a mesma paixão que os Franceses de hoje tiveram por Gide. Cícero definiu-o como «o mais perfeito poeta da república». César, que era entendido em literatura e era mais sincero, considerava-o um estilista perfeito, mas, em cena, um *dimidiatus Menander*, um Menandro dividido ao meio. Com efeito, as suas comédias nunca caem nas grosserias de Plauto. Os seus personagens são mais complexos e esbatidos, e os diálogos mais contidos e ricos em subentendidos. Infelizmente, desenrolam-se numa língua que já não é a do povo, o qual se apercebeu do artifício. E assobiou-o.

O povo agora ia ao teatro cada vez em maior número, até porque não se pagava bilhete de entrada. As instalações eram rudimentares, e preparavam-se só na altura das festas, sendo a seguir removidas. Consistiam num vigamento de madeira que sustentava o palco, em frente ao qual havia uma «orquestra» circular para os bailados que acompanhavam o espectáculo. Os espectadores estavam uns em pé, outros estendidos no chão e outros sentados em bancos que traziam de casa. Só em 145 foi construído um teatro permanente, também de madeira e sem telhado, mas com assentos fixos dispostos em círculo, a toda a volta do palco, ao estilo grego. Todos podiam entrar: os escravos também, mas sem que se pudessem sentar, e as mulheres, que, no entanto, eram obrigadas a permanecer ao fundo.

Dos prólogos que o actor declamava antes que o pano subisse, constam recomendações às mães para assoarem os filhos antes do início do espectáculo, e para levarem para casa os que choramingassem. Devia tratar-se de plateias numerosas e indisciplinadas, que interrompiam com frequência a representação com piadas mordazes e chistes grosseiros e que muitas vezes nem se apercebiam de quando terminava o espectáculo, o qual encerrava, de facto, com um *nunc plaudite omnes*, isto é, com um convite ao aplauso.

Os actores eram, geralmente, escravos gregos, excepto o protagonista, que podia ser um cidadão romano. O qual, porém, ao dedicar-se àquela carreira, perdia os seus direitos políticos, como acontecia em França até ao século XVII. Os homens interpretavam também os papéis femininos. Os que o faziam, enquanto o público foi reduzido, limitavam-se a uma caracterização sumária. Mas quando, no último século antes de Cristo, as plateias passaram a estar transbordantes de espectadores, foi introduzido, para distinguir os personagens, o uso das máscaras, que se chamavam *personae*, do etrusco *phersu*. De modo que *dramatis personae* significa, literalmente, «máscaras do drama». Os actores que lhes davam corpo, quando se tratava de uma tragédia, usavam os *coturni*, que eram botins; quando representavam uma comédia, usavam o *soccus*, ou seja, o sapato raso.

Também naquela altura, tal como hoje, ocorreram conflitos contínuos entre o gosto do público e a censura, que vigiava atentamente a produção. Fora com base numa Lei das Doze Tábuas, a qual proibia a sátira política e previa, até, a pena de morte, que o pobre Névio foi desterrado e, para não sofrerem igual sorte, os seus sucessores tinham copiado tudo da Grécia: cenas, personagens, situações, trajes e, até, o nome das moedas. Os critérios em que esta censura policial se inspirava eram, como sempre, burocráticos e obtusos. Permitiam todas as obscenidades, desde que elas não contivessem críticas ao governo e aos cidadãos proeminentes.

Por sorte, os edis, que preparavam estes espectáculos para agradar às massas e conquistarem os seus votos, estavam sempre do lado dos autores e protegiam-nos. Plauto deve ter tido do seu lado um muito poderoso, para se permitir tudo aquilo que se permitiu. Se não fosse ele, o teatro romano nem teria nascido. Teria continuado a ser uma imitação do grego e nós hoje não encontraríamos nele aquele espelho de uma sociedade que, bem ou mal, nos transmitiu.

Mas todo este afrouxamento de travões se deu, sobretudo, porque soprava no ar um vento de «pensamento livre». Haviam-no trazido os «gréculos», como lhes chamavam, por escárnio, os Romanos; um escárnio que não os impedia de os tomar como mestres. Prisioneiros de guerra importados de lá na condição de reféns e de escravos foram, de facto, os primeiros *gramáticos, retores e filósofos* que abriram escolas em Roma. O Senado, em 172, descobriu entre eles dois seguidores de Epicuro e desterrou-os. Poucos anos antes, Crates de Malo, director da Biblioteca do Estado de Pérgamo e director da escola estóica, veio a Roma como embaixador, partiu uma perna e, enquanto aguardava a recuperação, dedicou-se a fazer conferências. Em 155, Atenas enviou três filósofos (os únicos que então lhe restavam) em missão diplomática: Carnéades, o platónico, Critolau, o aristotélico e Diógenes, o estóico. Também eles fizeram conferências, e Catão, quando ouviu Carnéades afirmar que os deuses não existiam, e que justiça e injustiça não passavam de convenções, correu ao Senado e pediu a repatriação dos três atenienses.

Obteve-a, mas isso de pouco servia, uma vez que o pensamento e a cultura gregos eram patrocinados, havia muito tempo, pelos próprios Romanos, entre os mais influentes, que os tinham já absorvido. Flaminino tinha em sua casa uma galeria cheia de estátuas de Policleto, Fídias, Escopas e Praxíteles. Emílio Paulo, no espólio obtido à custa de Perses, tomara posse da biblioteca do rei, e por ela educava os filhos. O mais novo, quando ele morreu, foi adoptado por Cornélio Cipião, filho do Africano. Recebeu o seu nome e, como Públio Cornélio Cipião Emiliano, emulou o avô destruindo Cartago, e tornou-se o chefe daquela poderosa família, convertendo-a toda ao helenismo. Belo e rico, de modos corteses, inteligência pronta e honestidade incorruptível (quando morreu, deixou apenas trinta e três libras de prata e duas de ouro), era particularmente indicado para se tornar o ídolo dos salões, que naquele momento começavam a pulular. Políbio viveu durante anos como hóspede em sua casa, onde aparecia também todos os dias Panécio, outro Grego de Rodes, de sangue aristocrático e de escola estóica. O seu livro *Dei doveri*, que Cipião provavelmente sugeriu e inspirou, foi o texto que esteve na base da formação da «juventude dourada» de Roma. Ao contrário dos antigos, os novos estóicos não pregavam a virtude absoluta e não invocavam uma indiferença completa à sorte e ao azar. Queriam apenas propor um sucedâneo, cheio de compromissos mas decente, de uma fé que já não sustinha os costumes de Roma. Era a tolerância que substituía o puritanismo severo de outros tempos.

O salão de Cipião teve uma influência enorme. Nele se distinguiram, além de Flaminino, Gaio Lucílio e Gaio Lélio, cuja fraternidade com o dono da casa inspirou a Cícero o livro *De amicitia*. No seu salão, debatiam-se ideias elevadas. Partilhava-se o entusiasmo pelo Belo. Era de obrigação ter modos requintados, ideias originais e preciosas e, sobretudo, uma linguagem limpa, brilhante, sem sotaque: uma linguagem que depois, nas mãos de Catulo, que frequentou aqueles ambientes, se tornou a língua literária e culta de Roma, mas que, na boca dos personagens de Terêncio, o público assobiou, porque sentia que ela era artificial e distante da sua.

# 19

# Os Gracos

Foi num desses salões que se preparou a revolução. A qual, ao contrário do que se julga, nunca nasce nas classes proletárias, que lhe emprestam depois a mão-de-obra; nasce, sim, nas altas, aristocráticas e burguesas, que depois pagam as favas. É sempre, mais ou menos, uma forma de suicídio. Uma classe não se elimina senão quando já se eliminou a si própria.

Cornélia, filha de Cipião, o Africano, casara com Tibério Semprónio Graco, o tribuno que vetara a condenação de Lúcio, o irmão do herói de Zama. Fora uma manifestação de nepotismo às avessas, porque ao fazê-lo ele salvara, ao fim e ao cabo, o tio de sua mulher. Porém, apesar desta fraqueza compreensível, Semprónio continuara a gozar da mesma fama de integridade, e merecia-a. Tendo sido eleito censor, e depois, por duas vezes, cônsul, administrara a Espanha dentro de critérios liberais e métodos iluminados. Tivera doze filhos de Cornélia, nove dos quais morreram jovens. Quando ele, por sua vez, morreu, restavam apenas três a Cornélia: dois filhos, Tibério e Caio, e uma filha, Cornélia, que não se sabe se nascera deformada ou se o fora pela paralisia infantil.

A mamã Cornélia foi uma viúva exemplar e uma grande educadora. Devia ser também bonitota porque, pelo que diz Plutarco, um rei egípcio pediu-a em casamento. Ela respondeu, orgulhosamente, que preferia continuar a ser a filha de um Cipião, a sogra de outro e a mãe dos Gracos. De facto, naquela altura a segunda Cornélia já se casara com o destruidor de Cartago. Segundo parece, não fora um casamento de amor, mas apenas de conveniência, como era costume fazer-se naquela sociedade de famílias e de dinastias, para reforçar as alianças.

Mas Cornélia era também qualquer coisa que até então nunca se vira em Roma: uma grande «intelectual» e uma perfeita dona de casa. O seu salão, onde se reuniam as mais ilustres personalidades da política, das artes e da filosofia, parecia-se com os de certas senhoras francesas do século XVIII, e assumiu, mais ou menos, as mesmas funções. Nele dominava, até por motivos de parentesco, o chamado «círculo dos Cipiões», com Lélio, Flaminino, Políbio, Gaio Lucílio, Múcio Cévola e Metelo, o Macedónio. Era o que de melhor havia em Roma naquele tempo, pelo sangue, pela inteligência e pela experiência. Como estes novos *leaders* eram diferentes dos seus pais e avós! Entretanto, aceitavam como inspiradora uma mulher. E depois, tomavam banho todos os dias, preocupavam-se muito com as roupas, e não estavam absolutamente nada convencidos que Roma devesse dar lições ao mundo. Aliás, estavam persuadidos do contrário, isto é, que Roma devia ir à escola. À escola da Grécia.

Os discursos que se faziam neste salão não eram revolucionários, mas sim «progressistas». E como todos eram pessoas que estavam dentro do assunto, sabiam o que diziam, e aquilo que diziam fazia depois eco também no Senado e no governo. A situação de Roma, realmente, não era satisfatória, e permitia as críticas mais vastas e as mais negras previsões. A Urbe digeria mal o imenso império que com tanta rapidez devorara. O trigo da Sicília, da Sardenha, de Espanha e de África, despejado nos seus mercados a baixo preço porque era produzido com custos baixos, com o trabalho gratuito dos escravos, estava a levar à ruína económica aquela Itália rústica de agricultores independentes, pequenos e médios proprietários, que constituíra o melhor baluarte contra Aníbal e fornecera os melhores soldados para o combater. Incapazes de aguentar a concorrência, vendiam as suas modestas quintas, que eram absorvidas pelos latifúndios. Uma lei de 220, que proibia o comércio aos senadores, obrigava-os a investir na agricultura os capitais acumulados com o espólio de guerra. E grande parte das terras exigidas ao inimigo eram concedidas a especuladores, como restituição do dinheiro que tinham emprestado ao Estado. Mas tanto esses especuladores como os senadores já não eram gentis-homens do campo. Habituados a viver na cidade, entre as suas comodidades e bem-estar, entre a política e os negócios, não tencionavam abandoná-la para regressar à vida simples e frugal dos seus estóicos antepassados. De modo que faziam aquilo que ainda hoje fazem certos barões da Itália meridional: adquirido um latifúndio, davam-no de empreitada a um administrador que, com o trabalho gratuito dos escravos, tentava fazê-lo render o mais possível, para o patrão e para ele, explorando ao máximo o esforço dos homens e os recursos do solo, sem pensar no dia de amanhã.

Nesta crise económica enxertava-se outra, social e moral: a de uma sociedade que, habituada a apoiar-se nos seus pequenos agricultores livres, confiava agora cada vez mais no saque no exterior e na escravatura no interior. No que tocava a escravos, despejava-se em Roma uma torrente contínua deles. Quarenta mil Sardos foram importados de uma só vez, em 177, e, dez anos depois, cento e cinquenta mil Epirotas. Os «grossistas» desta mercadoria humana andavam a açambarcá-la atrás das legiões que a obtinham, e que já tinham chegado, passando por cima da catástrofe dos impérios gregos e macedónios, à Ásia, ao Danúbio e até às fronteiras da Rússia. Havia uma tal abundância, que as transacções de dez mil cabeças de cada vez eram normais no mercado intercontinental de Delos; e o preço descia até ser verdadeiras pechinchas.

Na cidade, agora eram os escravos que forneciam a mão-de-obra às oficinas dos artesãos, aos escritórios, aos bancos, às fábricas, condenando à desocupação e à indigência os cidadãos que antes aí tinham encontrado emprego. As relações com os empresários variavam conforme o temperamento destes. Havia quem, embora não tivesse qualquer obrigação para com o escravo, procurasse tratá-lo humanamente. Mas a lei económica dos preços e da concorrência punha um limite a estas inclinações humanas. A lei queria que se exigisse cada vez mais e se concedesse cada vez menos.

No campo, a miséria do escravo ainda se encontrava mais marcada pelo tempo em que ele era uma mercadoria rara e, recebido em casa, acabava por fazer parte dela, como um parente pobre. A modéstia das propriedades e a escassez de braços para trabalhar tornavam directas e humanas as relações com o patrão. Mas nos latifúndios, onde os escravos eram engajados aos grupos, o patrão não se deixava ver, e no seu lugar havia um carcereiro, escolhido entre os piores canalhas, que tentava economizar até ao impossível, na comida e nos andrajos, que eram o único salário devido àqueles desgraçados. Os quais, se desobedeciam ou se lamentavam, eram carregados de correntes e atirados para um *ergástulo* subterrâneo.

Em 196 houvera uma rebelião de escravos na Etrúria. Foram todos mortos pelas legiões, e muitos crucificados. Dez anos depois, rebentou outra revolta na Apúlia: os poucos que sobreviveram à acção de repressão foram metidos nas minas. Em 139, rebentou uma verdadeira guerra de servos, chefiada por Euno, que massacrou a população de Ena, ocupou Agrigento e em pouco tempo, com um exército de setenta mil homens, todos escravos amotinados, se apoderou de quase toda a Sicília, tendo até derrotado um exército romano. Foi preciso lutar durante seis anos para lhe pôr termo. Mas o castigo, como sempre, foi proporcional ao esforço.

Foi precisamente nesse ano, em 133 a.C., que Tibério Graco, o filho de Semprónio e de Cornélia, foi eleito tribuno.

No salão de sua mãe, ele crescera com ideias radicais, que lhe foram metidas na cabeça pelo seu preceptor Blóssio, um filósofo grego de Cuma. E na idade em que se pensa nas raparigas, ele já não pensava senão na política. Era aquilo a que se costuma chamar um «idealista». Mas até que ponto as suas ideias, que eram excelentes, estavam ao serviço da sua ambição, que era enorme, ou vice-versa, ele próprio o ignorava, como de resto acontece a todos os idealistas. Sabia qual era a situação do país, não só porque no salão sempre se falara nisso, e com grande competência, mas também porque, por aquilo que nos disse o seu irmão, fora estudá-la pessoalmente na Etrúria e ficara horrorizado. Compreendeu que a Itália caminhava para a ruína se a agricultura caísse definitivamente nas mãos dos especuladores e dos escravos, e que em Roma nenhuma democracia sã podia triunfar, com um proletariado que diariamente se corrompia no ócio e com os subsídios.

O único remédio a opor à escravatura, ao urbanismo e à decadência militar pareceu-lhe ser uma reforma agrária audaciosa que, assim que foi eleito, propôs à Assembleia. Consistia ela de três propostas: 1) nenhum cidadão devia possuir mais de cento e vinte e cinco hectares do *Agro* público, que podiam subir para duzentos e cinquenta somente se tivesse dois filhos ou mais; 2) todas as terras distribuídas ou alugadas pelo Estado deviam ser-lhe restituídas pelo mesmo preço, mais um reembolso pelos eventuais melhoramentos comprovados; 3) as terras deviam ser divididas e redistribuídas pelos cidadãos pobres, em lotes de cinco ou seis hectares cada um, com o compromisso de não as venderem e de pagarem um modesto imposto sobre elas.

Eram propostas razoáveis e plenamente coerentes com as Leis Licínias, aprovadas havia mais de dois séculos. Mas Tibério fez a asneira de condimentá-las com uma oratória demagógica e revolucionária que, além do mais, destoava da sua condição social. Porque estes «progressistas» de elevada condição, quer fosse nobre ou burguesa, não eram capazes de fugir, então como agora, a uma contradição entre hábitos de vida requintados e sofisticados e comportamentos políticos populistas e arruaceiros. «Os nossos generais», disse ele, falando da tribuna dos oradores, «incitam-vos a combater pelos templos e pelos túmulos dos vossos antepassados. Apelo inútil e falso. Vós não tendes altares paternos. Vós não tendes túmulos ancestrais. Vós não tendes nada. Vós combateis e morreis apenas para obter luxo e riqueza para os outros.»

O discurso estava bem feito, pois, desgraçadamente, Tibério era também um excelente orador. Mas havia nele elementos de sabotagem. O Senado proclamou as propostas como ilegais, acusou o autor de ter ambições ditatoriais e persuadiu Octávio, o outro tribuno, a opor-lhe o veto. Tibério respondeu com um projecto de lei segundo o qual um tribuno, quando agia contra a vontade do Parlamento, devia ser imediatamente deposto. A Assembleia aprovou a proposta, e os lictores de Tibério expulsaram Octávio da sua bancada à força. A seguir, o projecto de lei foi votado, e a Assembleia, temendo pela vida de Graco, escoltou-o até casa.

Temos a impressão que ele naquele dia não foi acolhido com o entusiasmo unânime que provavelmente esperava. Talvez Cornélia tenha sido a única a continuar a considerá-lo como uma das suas «jóias», como um dia chamara a ele e a Caio. Os outros deviam estar um pouco abalados, não tanto pela lei que ele impusera, a qual correspondia em cheio às ideias políticas e sociais do «salão», como pelos meios inconstitucionais que usara contra Octávio. Mas ficaram, sem dúvida, escandalizados e retiraram-lhe a sua solidariedade quando, contrariando uma determinada norma que o proibia, Tibério entrou novamente na liça para o tribunado.

Foi obrigado a fazê-lo porque o tribunal ameaçava processá-lo assim que as suas funções terminassem. Todavia, era um gesto de rebelião. Abandonado, assim, pelos próprios amigos que frequentavam a sua casa, Tibério acentuou ainda mais a viragem à esquerda, para conquistar os favores da plebe. Prometeu que, se fosse reeleito, abreviava o serviço militar, abolia o monopólio dos senadores nos júris dos tribunais e, como naquela altura Átalo III de Pérgamo morrera e deixara o seu reino a Roma, propôs vender a propriedade mobiliária de Pérgamo para ajudar, com o seu produto, os camponeses a apetrecharem as suas quintas. E aqui resvalou para a demagogia pura, proporcionando ao adversário argumentos válidos.

No dia das eleições, Tibério apareceu no Foro com uma guarda armada e vestido de luto, para dar a entender que a derrota significava para ele a condenação à morte. Mas enquanto se estava a votar, irrompeu um grupo de senadores, com os bastões na mão, conduzidos por Cipião Nasica.

O prestígio de que o Senado ainda gozava e que Graco, estupidamente, negligenciara, é demonstrado pelo facto de, perante aquelas togas patrícias, os amigos de Tibério terem cedido respeitosamente a passagem, deixando-o sozinho. Foi morto com uma bastonada na nuca. E o seu corpo, juntamente com os de algumas centenas de apoiantes, foi lançado ao Tibre.

O seu irmão Caio pediu autorização para o recuperar e lhe dar sepultura. Foi-lhe negado.

Isto passou-se no ano 132. Nove anos depois, em 123, a segunda «jóia» de Cornélia tomara o lugar do irmão, como tribuno. Conhecemo-lo melhor e estimamo-lo mais, porque nos parece ter uma inteligência mais realista do que o irmão, e ser, além disso, mais sincero. Também ele fora um orador magnífico: Cícero considerava-o o maior (depois dele, é claro); militara corajosamente sob o comando de seu cunhado Cipião Emiliano, em Numância, e possuía um grande autocontrolo. De facto, subiu gradualmente, sem pretender obter tudo desde o primeiro momento.

Naqueles nove anos, as Leis Agrárias de Tibério, que o Senado, depois de ter matado o seu autor, não ousou abolir, tinham dado os seus bons frutos, apesar da sua aplicação ter colidido com muitas dificuldades práticas. O registo civil dava conta de oitenta mil novos cidadãos, que passaram a sê-lo justamente porque puderam ter um lote de terra. Mas levantaram-se muitos protestos por parte dos velhos proprietários, que não queriam nem a desanexação nem a confiscação e que confiaram a sua causa a Cipião, o Emiliano. Não se sabe porque é que ele aceitou a defesa daqueles interesses, que eram contrários às suas ideias. Talvez se tenha assumido como seu patrono precisamente por razões de família, as quais deviam ter feito, pelo contrário, com que se abstivesse de tomar essa posição. As suas relações com a mulher, Cornélia, pioravam continuamente. E uma manhã, no ano 129, foi encontrado assassinado na cama. Nunca se soube quem o matou; mas, como se compreende, os mexericos das casas aristocráticas, onde ambas eram odiadas, incriminavam a esposa e a sogra.

Crescido no meio de tantos infortúnios e numa casa agora abandonada até pelos amigos mais íntimos, Caio levou por diante, com cautela, a aplicação das leis de Tibério; criou novas colónias agrícolas no Sul de Itália e em África; conquistou os soldados, estabelecendo que daí em diante seriam equipados à custa do Estado; fixou um «preço político» para o trigo, que era metade do preço de mercado. E com esta última medida, que foi, depois, a arma mais forte nas mãos de Mário e de César, teve do seu lado todo o zé-povinho da Urbe.

Munido destes êxitos, pôde candidatar-se de novo ao tribunado do ano seguinte, sem perder a vida por isso, como acontecera a seu irmão, e sair vencedor. Então, julgou que podia jogar grandes cartadas, e nisso errou. Propôs juntar aos trezentos senadores de direito outros trezentos eleitos pela Assembleia, e alargar a cidadania a todos os não escravos do Lácio e a boa parte dos habitantes do resto da península.

Mas fizera mal as contas quanto ao egoísmo do proletariado romano, que se estava nas tintas para os seus co-irmãos do Lácio e da península. O Senado agiu prontamente, para explorar este erro táctico do seu adversário. Incitou o outro tribuno, Lívio Druso, a apresentar propostas ainda mais radicais: que se abolissem os impostos determinados pela lei de Tibério aos novos proprietários, e que quarenta e dois mil habitantes de Roma que nada tinham fossem contemplados com novas terras em doze novas colónias. A Assembleia aprovou imediatamente o projecto. E quando Caio lá voltou, verificou que quem monopolizava agora todas as simpatias era Druso.

Apresentou-se a uma terceira eleição e foi preterido. Os seus apoiantes disseram que tinha havido fraude; mas ele pediu conselho à moderação e retirou-se para a vida privada.

Quando chegou a hora de enfrentar os compromissos contraídos para liquidar Caio, o Senado viu-se embaraçado e tentou tergiversar. A Assembleia compreendeu que era um primeiro passo para sabotar a legislação dos Gracos, cujos simpatizantes se apresentaram na sessão seguinte, armados. Um deles desancou um conservador que pronunciara palavras ameaçadoras contra Caio.

No dia seguinte, os senadores apresentaram-se em traje de batalha, cada um seguido por dois escravos. Os graquistas entrincheiraram-se no Aventino, e Caio tentou interpor-se, para restabelecer a paz. Não o tendo conseguido, lançou-se ao Tibre, a nado. Na outra margem, quando estava quase a ser alcançado pelos seus perseguidores, ordenou a um seu servo que o matasse. O servo obedeceu. E a seguir, retirando o punhal encharcado de sangue do peito do patrão, cravou-o no seu. Um partidário de Caio cortou a cabeça ao cadáver, encheu-a de chumbo e levou-a ao Senado, que oferecera, como recompensa, o seu peso em ouro. Meteu a recompensa ao bolso e regressou a uma «virgindade política». O zé-povinho, que tanto o aplaudira, ficou impassível perante o assassínio do seu herói: estava demasiado ocupado a saquear-lhe a casa.

Cornélia, mãe de dois filhos assassinados e de uma viúva suspeita de assassínio, pôs luto. O Senado ordenou-lhe que o tirasse.

# 20

# Mário

Com Caio foram mortos duzentos e cinquenta apoiantes seus e outros três mil foram presos. Inicialmente, pareceu que os conservadores tinham ganho a partida, e ficou-se à espera de uma repressão radical. Mas ela não se deu. O Senado pôs a reforma agrária de lado, mas não tocou no preço oficial do trigo nem tentou restabelecer o monopólio da aristocracia nos júris dos tribunais. Compreendia que, apesar daquela vitória momentânea, a situação não permitia reformas radicais.

Durante alguns anos viveu-se o dia-a-dia, sem arranjar qualquer remédio para substituir aquele que os Gracos haviam tentado, embora prematuramente e cometendo muitos erros tácticos. Com a desculpa de favorecer ainda mais os novos pequenos proprietários criados pelas leis agrárias, permitiu-se-lhes que vendessem as terras que haviam recebido por atribuição. Eles, sem poderem contar com nenhuma ajuda, venderam-nas. E os latifúndios formaram-se de novo, sobre a base habitual do trabalho servil. Apiano, que era um democrata dos mais moderados, admitia que, naqueles anos, deve ter havido, em Roma inteira, sensivelmente dois mil proprietários. Todos os restantes nada tinham, e a sua situação piorava de dia para dia.

O que fez pender a balança e proporcionou o pretexto para a grande revolta foi o chamado «escândalo de África», que começou em 112. Micipsa, sucessor de Massinissa no trono da Numídia, que morrera havia seis anos, deixara Jugurta, seu filho natural, como regente e tutor dos seus herdeiros legítimos, ainda menores. Jugurta matou um deles e entrou em guerra com o outro, que pediu ajuda à Urbe, protectora daquele reino. A Urbe enviou uma comissão de inquérito, que Jugurta comprou com uma choruda gorjeta. Chamado a Roma, corrompeu os senadores que deviam julgá-lo. E foi preciso esperar que fosse eleito cônsul Quinto Metelo, que era um cavalheiro medíocre, para se ver um general disposto a fazer a guerra ao usurpador e a recusar as «luvas».

Embora naquele tempo não houvesse jornais, as pessoas estavam informadas da mesma maneira e conheciam perfeitamente os factos e os seus bastidores. O ódio latente alimentado contra a aristocracia desde a morte dos Gracos rebentou violentamente quando se soube que Metelo, apesar de se contar entre os melhores, se opunha à eleição ao consulado de Caio Mário, seu lugar-tenente, apenas por ele não ser aristocrata. E, sem saber sequer exactamente quem ele era, a Assembleia votou nele em bloco e confiou-lhe o comando das legiões. Porque em Roma, naquela altura, dizia-se aquilo que em qualquer parte e em todos os tempos se diz, quando a democracia começa a agonizar: «É preciso um homem...».

E por acaso, ao fazer aquela escolha, encontrou-o.

Mário era uma personagem à antiga, como já só era possível encontrar na província. Nascera em Arpino, tal como Cícero, filho de um pobre trabalhador rural, e por universidade tivera o quartel, onde se alistara muito jovem. Obtivera os graus, as medalhas e as cicatrizes que lhe tatuavam o corpo no assédio a Numância. Quando regressou, fez um bom casamento. Desposara uma certa Júlia, irmã de um tal Caio Júlio César, que, como família, não era nada de excepcional porque pertencia apenas à pequena aristocracia terrenha, mas que tinha já um filho, outro Caio César, que estava destinado a dar que falar de si durante milénios. Em virtude das suas gestas militares, Mário fora eleito tribuno. Facto que ele aproveitara, não para fazer política e mostrar todas as suas incapacidades, mas para regressar, com poderes acrescidos, à liderança dos seus soldados, sob o comando de Metelo. Este arrastava-se na guerra jugurtina. E quando soube que o seu subordinado queria ir a Roma para concorrer ao consulado, escandalizou-se, como se se tratasse de uma pretensão sem cabimento para um pobre camponês como ele: é certo que o consulado estava aberto também aos plebeus, mas apenas em teoria...

Mário, que era susceptível e rancoroso, ofendeu-se. E, uma vez eleito, reclamou o lugar de Metelo, que teve de lho ceder. A guerra tomou imediatamente outro ritmo. No espaço de poucos meses, Jugurta foi forçado a render-se e serviu de ornamento ao carro do vencedor, que em Roma foi gratificado com um soberbo triunfo, pelo povo que via nele o seu defensor. Este povo não sabia que quem dera o golpe decisivo ao usurpador da Numídia não fora Mário, mas sim um seu questor de nome Sila, o qual, em relação a Mário, era precisamente aquilo que Mário fora em relação a Metelo.

Mas, de momento, era Mário o herói da cidade, que, passando por cima de uma Constituição que estava a dar as últimas, e reconhecendo nele «o homem que fazia falta», lhe reconfirmou o consulado por seis anos seguidos. Na verdade, o perigo externo não terminara com Jugurta; pelo contrário, ameaçava com mais gravidade do que antes, por causa de os Gauleses terem regressado, em massa, à ofensiva. Os Cimbros e os Teutões voltavam a dar sinal de vida, mais numerosos e agressivos do que nunca, rolando, como uma avalanche, desde a Alemanha até à França. Um exército romano que os defrontou em Caríntia foi destruído. Depois, destruíram um segundo junto ao Reno, e um terceiro, e um quarto, até que o Senado enviou um quinto exército, às ordens de dois aristocratas, Servílio Cipião e Mânlio Máximo, os quais não fizeram mais do que litigar entre si, por ciúmes, e cada um desfazer o que o outro fazia. Em Orange, oitenta mil legionários, o prestígio da aristocracia de onde provinham aqueles inaptos generais, e quarenta mil auxiliares ficaram no campo de batalha. E Roma susteve a respiração, com o terror de ver aquelas hordas caírem-lhe em cima. Graças a Deus, em vez dos Alpes, eles atravessaram os Pirenéus e foram saquear a Espanha. E quando voltaram para trás, para assaltar a Itália, Mário, cônsul havia quatro anos, estava pronto para os receber.

Preparara um novo exército, que constituiu a sua verdadeira grande revolução, aquela que depois forneceu as armas a seu sobrinho César. Compreendera que não se podia continuar a confiar em cidadãos a que se chamava «aptos para as armas» apenas porque, inscritos numa das cinco classes, eram mantidos no serviço militar, mas não era seu desejo prestá-lo. E então voltou-se para os outros, para aqueles que nada tinham, para os desesperados, atraindo-os com um bom soldo e com a promessa de espólio e de uma farta atribuição de terras após a vitória. Era a substituição do exército nacional por um exército mercenário: operação arriscada e, a longo prazo, catastrófica, mas tornada necessária pela decadência da sociedade romana.

Conduziu os seus recrutas proletários, enquadrados por suboficiais veteranos, para lá dos Alpes. Endureceu-os com as marchas. Treinou-os para a batalha com escaramuças contra objectivos menores. E, por fim, fê-los construir um campo entrincheirado, nos arredores de Aix-en-Provence, ponto de passagem obrigatório para os Teutões.

Estes desfilaram ao lado do campo durante seis dias seguidos, tão numerosos eram e, com escarninho, perguntaram aos soldados romanos que estavam de sentinela se tinham recados para as suas mulheres, na pátria. Continuavam os mesmos de três séculos antes: altos, louros, fortíssimos, cheios de coragem, mas sem a mínima noção de estratégia, senão não teriam deixado para trás aquele número considerável de inimigos. E, de facto, pagaram-no bem caro. Poucas horas depois, Mário caiu-lhes em cima, pelas costas, e exterminou cem mil. Plutarco diz que os habitantes de Marselha ergueram paliçadas com os esqueletos e que, adubadas com tantos cadáveres, as terras naquele ano produziram uma colheita como nunca se vira.

Depois daquela vitória, Mário reentrou em Itália e esperou os Cimbros perto de Vercelas, onde Aníbal tivera a sua primeira vitória. Tal como os seus colegas teutões, também estes mostraram ter mais coragem do que cérebro. Avançaram intrepidamente, nus, na neve, e serviram-se dos escudos como trenós para deslizarem sobre os Romanos ao longo dos pendios gelados, gritando alegremente, como se se tratasse de exercícios desportivos. Também ali, como já sucedera em Aix-en-Provence, mais do que uma batalha, foi uma matança monstruosa.

Em Roma, Mário foi recebido como um «segundo Camilo». E, em sinal de gratidão, ofereceram-lhe todo o espólio capturado ao inimigo. Assim ficou riquíssimo, proprietário de terras «grandes como um reino». E, pela sexta vez consecutiva, elegeram-no cônsul.

No jogo da política, que agora pela primeira vez lhe tocava enfrentar, o herói, como muitas vezes acontece aos heróis, mostrou-se menos esclarecido do que no manejo das legiões. Fizera aos seus soldados promessas que agora era preciso cumprir. E, para cumpri-las, teve de fazer uma aliança com os chefes do partido popular: Saturnino, tribuno da plebe, e Gláucia, pretor. Eram dois canalhas, experimentadíssimos em todas as intrujices parlamentares, que, à sombra do popularíssimo Mário, queriam simplesmente fazer os seus negócios. As terras foram efectivamente distribuídas, com a aplicação das leis dos Gracos; mas ao mesmo tempo, para conquistarem votos para o seu partido, o preço oficial do trigo, já baixíssimo, foi reduzido ainda em nove décimos. Era uma medida absurda, que punha em perigo o equilíbrio do Estado. Os mais moderados entre os próprios populares hesitaram; o Senado persuadiu um tribuno a dar-lhe o veto, mas Saturnino, contra a Constituição, apresentou igualmente a lei. Houve incidentes. Para o consulado do ano 99 a.C., os candidatos que trouxeram para colegas de Mário foram Gláucia, pelos populares, e Caio Mémio, um dos poucos aristocratas ainda respeitados, pelos conservadores. Este foi assassinado pelos acólitos de Saturnino. Então, o Senado, recorrendo à medida de emergência do *senatusconsultum* para a defesa do Estado, ordenou a Mário que fizesse justiça e restabelecesse a ordem. Mário hesitou. De resto, hesitava sempre, desde que se metera na política. Envelhecera, engordara, e bebia muito. Agora, tinha de escolher entre uma rebelião aberta e a liquidação dos seus amigos. Escolheu a segunda via, e deixou que Saturnino, Gláucia e os seus acólitos fossem lapidados até à morte pelos conservadores que ele, naquela ocasião, chefiou. Depois, sabendo que agora era malquisto por todos, pela aristocracia, que via nele um aliado traiçoeiro, e pela plebe, que via nele um traidor certo, retirou-se, cheio de rancor, e partiu para uma viagem ao Oriente.

Não tinham ainda passado dois anos desde que Roma o acolhera triunfalmente como um «segundo Camilo». E se ele tivesse aceitado esta ingratidão com um pouco mais de filosofia, teria passado à história com um nome imaculado. Mas era rude, passional, cheio de ambições insatisfeitas e, mais do que nunca, convencido de ser «o homem que fazia falta». Pelo que, quando os acontecimentos de novo o chamaram à cena, ele voltou a apresentar-se sem qualquer hesitação, para vir representar um papel bastante ambíguo.

Em 91, Marco Lívio Druso foi eleito tribuno. Era um aristocrata, filho daquele que se opusera a Tibério Graco, e pai de uma jovem que mais tarde desposará um certo César Augusto. Propôs à Assembleia três reformas fundamentais: distribuir novas terras pelos pobres; restituir o monopólio dos júris ao Senado, mas depois de lhe ter acrescentado outros trezentos membros; e conceder a cidadania romana a todos os Italianos livres. A Assembleia aprovou os dois primeiros projectos. O terceiro não foi discutido, porque a mão de um assassino desconhecido eliminou o seu autor.

Imediatamente a seguir, toda a península estava em armas. Continuava a ser tratada, após séculos de união a Roma, como uma província conquistada. Espremiam-na com os impostos e com as incorporações militares. Sujeitavam-na a leis aprovadas por um Parlamento no qual não tinha qualquer representação. E o grande esforço dos prefeitos romanos nas várias capitais fora no sentido de fomentar o contraste entre ricos e pobres, de maneira a mantê-los perpetuamente desunidos. Apenas alguns milionários haviam obtido, à custa de intrigas e de «luvas», a cidadania romana. Em 126 a Assembleia proibira que os Italianos da província emigrassem para a Urbe, e em 95 expulsou aqueles que já lá estavam.

A rebelião alargou-se num relâmpago, excepto na Etrúria e na Úmbria, que permaneceram fiéis. O exército, mais armado com o desespero do que com lanças e escudos, foi recrutado principalmente entre os escravos, que uniram imediatamente os seus destinos aos dos rebeldes. Estes proclamaram uma república federal com a capital em Corfínio, que juntou numa só a «guerra social» e esta segunda «guerra servil». No pânico que alastrou em Roma, onde ninguém tinha ilusões acerca do desejo de vingança que aqueles deserdados deviam alimentar contra quem os oprimira durante tantos séculos, ressurgiu o mito de Mário, «o homem que fazia falta». Com o seu sistema habitual, ele improvisou um exército, e conduziu-o de vitória em vitória, mas sem olhar a despesas, devastando e massacrando toda a península. Quando já tinham tombado mais de trezentos mil homens de ambos os lados, o Senado decidiu-se a conceder a cidadania aos Etruscos e aos Úmbrios, como recompensa pela sua fidelidade, e a todos os que estavam dispostos a jurá-la, para levá-los a deporem as armas.

A paz que se seguiu foi a de um cemitério, e pouco contribui para a glória daquele que a impusera. Além disso, Roma manteve a sua palavra, englobando os novos cidadãos em dez novas tribos, que só podiam votar *depois* das trinta e cinco tribos romanas que formavam os comícios das tribos: ou seja, sem qualquer possibilidade de contradizer os seus veredictos. Para obter os plenos direitos democráticos, tiveram de esperar por César, ao qual, de facto, abriram as portas com tanto entusiasmo, sem se aperceberem de que ele era o fim da democracia.

E eis que a guerra ressurge no ano seguinte: já não «servil», já não «social», mas sim *civil*. E desta vez, Mário não se limitou a tirar proveito dela; foi ele que a provocou, convencido de ser ainda «o homem que fazia falta».

De facto, infelizmente continuava a fazer falta um homem. Mas já não era ele. Era aquele que, também eles por acaso, como acontecera com os populares, os conservadores tinham encontrado: o antigo subalterno e questor de Mário na Numídia: Sila.

# 21

# Sila

Sila foi eleito cônsul no ano 88 a.C., isto é, pouco depois do fim da revolução social e servil que Mário reprimira tão sangrentamente. E a sua escolha, querida pelos conservadores, afastava-se um pouco da Constituição e do hábito, na medida em que se tratava de um homem que não seguira um *cursus honorum* regular.

Lúcio Cornélio Sila vinha da aristocracia pequena e pobre, e mostrara-se sempre refractário às duas grandes paixões dos seus contemporâneos: o uniforme militar e a toga de magistrado. Tivera uma juventude dissoluta. Fora sustentado por uma prostituta grega mais velha do que ele, que traíra e maltratara. Nunca se ocupara de política e de coisas sérias, talvez nem tivesse feito estudos regulares. Porém, lera muito, conhecia muitíssimo bem a língua e a cultura gregas, e tinha um gosto requintado em coisas de arte.

As suas qualidades de fundo, que eram enormes, talvez nunca tivessem vindo à superfície se, eleito questor não se sabe como e nomeado com o grau quase de capitão para o exército de Mário na Numídia, não tivesse estado directamente implicado na liquidação de Jugurta. De facto, foi ele que persuadiu Boco, o rei dos mouros, a entregar-lhe o usurpador. Era uma operação brilhante que vinha coroar as que já realizara de espada em punho. Sila revelara-se um comandante magnífico, frio, astuto, corajosíssimo, e com grande ascendente sobre os soldados. Interessara-se pela guerra e nela se divertia, porque implicava o jogo e o risco: duas coisas que sempre lhe tinham agradado. Por isso seguiu Mário também nas campanhas contra os Teutões e os Cimbros, contribuindo fortemente para as suas vitórias.

Regressado a Roma em 99 com estes méritos no seu activo, podia muito bem ter concorrido a magistraturas mais elevadas. Afinal, não: estava farto. E, durante quatro anos, voltou a mergulhar na mesma vida de antes, entre prostitutas, gladiadores do Circo, poetas malditos e actores na penúria. Depois, inesperadamente, apresentou-se como candidato à pretura, e foi derrotado. Então, roído pelo orgulho, que nele ocupava o lugar da ambição, concorreu para edil, foi eleito, e encantou os Romanos proporcionando-lhes, no anfiteatro, o primeiro combate de leões. No ano seguinte, naturalmente, era pretor; e, como tal, foi-lhe dado o comando de uma divisão na Capadócia para voltar a pôr no trono Ariobárzanes, destronado por Mitridates. Trouxe para Roma, com a vitória, um volumoso espólio. Mas ainda maior parece que foi aquele que meteu ao bolso. Estava cansado de dívidas, e preferia financiar sozinho as campanhas eleitorais, do que depender de um partido. Na verdade, não estava inscrito em nenhum. Tendo nascido aristocrata, mas pobre, alimentava a mesma indiferença e o mesmo desprezo pela aristocracia que o minimizara, e pela plebe, que não o considerava um dos seus. Vivera sempre por si só, em companhia de gente marginal. E o seu litígio com Mário não aconteceu por questões políticas, mas apenas porque conseguira que Boco lhe oferecesse um baixo-relevo em ouro, no qual estava representado o rei dos mouros entregando-lhe Jugurta a ele, Sila, e não a Mário. Desgraças, como se vê.

No consulado de 88, Sila apresentou-se, não para fazer política, mas para ter o comando do exército que estava a ser preparado contra Mitridates, na habitual província turbulenta da Ásia Menor, onde ele já combatera contra Ariobárzanes, da Capadócia. E venceu, sobretudo, por causa de mulheres. De facto, divorciou-se da sua terceira mulher, Clélia, cobrindo-a de presentes, para desposar uma quarta: Cecília Metelo, viúva de Escauro e filha de Metelo, o Dalmático, pontífice máximo e príncipe, ou seja, presidente, do Senado. Foi por causa deste parentesco com uma das famílias mais poderosas que a aristocracia começou a ver em Sila o seu próprio campeão. E favoreceu a sua eleição, entregando-lhe logo a seguir o cobiçado comando.

O tribuno Sulpício Rufo tentou invalidar esta nomeação e propôs a sua transferência para Mário que, apesar de ter quase setenta anos, ainda procurava postos, cargos e honras. Mas Sila não era homem propenso a renúncias. Correu a Nola, onde o exército se estava a organizar e, em vez de o embarcar para a Ásia Menor, marchou com ele sobre Roma, onde Mário improvisara outro para lhe resistir. Sila venceu fácil e rapidamente, Mário fugiu para África e Sulpício foi morto por um escravo. Sila expôs nos *Rostros* a sua cabeça decapitada e compensou o assassino, primeiro libertando-o em recompensa do serviço que prestara, e a seguir matando-o, em recompensa da traição que cometera.

Após esta primeira restauração, não houve outras represálias ou poucas houve. Com os seus trinta e cinco mil homens acampados no Foro, Sila proclamou que dali em diante nenhum projecto de lei podia ser apresentado à Assembleia sem o consenso prévio do Senado, e que o voto, nos comícios, devia ser dado por centúrias, segundo a velha Constituição serviana. Depois, tendo obtido a confirmação do comando militar com o título de procônsul, permitiu a eleição de dois cônsules para despacharem os assuntos na pátria: o aristocrata Gneu Octávio e o plebeu Cornélio Cina. E partiu para a campanha em que estava empenhado.

Ainda ele não avistara as costas gregas e já Octávio e Cina se pegavam. E, em consequência, os conservadores, ou *optimates*, por um lado, e os democratas, ou *populares*, pelo outro travavam lutas nas ruas. A guerra social e servil de dois anos antes redundava em guerra civil. Octávio venceu e Cina fugiu, mas num único dia amontoaram-se nas calçadas da Urbe mais de dez mil cadáveres.

Mário apressou-se a regressar de África e a juntar-se a Cina, que andava pela província para suscitar, aí, a revolta. Numa atitude de melodrama, apresentou-se com uma toga esfarrapada, as sandálias gastas, a barba comprida e as cicatrizes das feridas bem à vista. E num abrir e fechar de olhos juntou um exército de seis mil homens, quase todos escravos, com o qual marchou sobre a capital, que se encontrava sem defesa. Foi um massacre. Octávio aguardou a morte com calma, sentado na sua cadeira de cônsul. As cabeças dos senadores, erguidas na ponta dos piques, foram passeadas pelas ruas. Um tribunal revolucionário condenou milhares de patrícios à pena capital. Foi proclamada a destituição de Sila do comando, todas as suas propriedades foram confiscadas e todos os seus amigos mortos. Apenas Cecília se salvou, porque conseguiu fugir e juntar-se ao marido, na Grécia.

Sob o novo consulado de Mário e Cina, o terror continuou, implacável, durante um ano. Abutres e cães comiam, pelas ruas, os cadáveres, aos quais fora recusada sepultura. Os escravos libertados continuaram a saquear, incendiar e roubar, até que Cina, com um destacamento de soldados gauleses, os isolou, cercou e os massacrou a todos. Pela primeira vez na história de Roma, fez-se uso de uma tropa estrangeira para restabelecer a ordem na cidade.

Estas foram as últimas gestas de Mário, que morreu justamente no meio da carnificina, consumido pelo álcool, pelos rancores, pelos complexos de inferioridade e pelas ambições frustradas que lha tinham inspirado. É pena para um capitão tão grande que, antes de mergulhar a pátria na guerra civil, a salvara tantas vezes.

Restava Cina, agora praticamente um ditador, porque Valério Flaco, eleito para o lugar de Mário, foi enviado para o Oriente com doze mil homens, para depor Sila.

Separado da mãe-pátria, ele estava a assediar Atenas, que se aliara a Mitridates, que vinha da Ásia com um exército cinco vezes superior. Era uma situação quase desesperada, que podia tornar-se sem saída se ele fosse surpreendido, diante das muralhas da cidade, por Mitridates e Flaco ao mesmo tempo. Mas em Sila, dizia quem o conhecia, dormitavam em conjunto uma raposa e um leão, e a raposa era muito mais perigosa do que o leão. Um certo número de «milagres», por ele provocados intencionalmente, haviam persuadido os seus soldados de que ele era um deus e, como tal, infalível. Era apenas, certamente, um general formidável que conhecia perfeitamente os homens e os meios, para neles explorar, com um cálculo frio e lúcido, a força e as fraquezas. Tendo ficado privado de ajudas em dinheiro, conseguira dar o soldo às suas tropas permitindo-lhes que saqueassem Olímpia, Epidauro e Delfos. Mas restabelecera sempre a disciplina imediatamente depois. A inexpugnável Atenas foi tomada com um assalto de surpresa. E Sila recompensou os soldados, deixando a cidade em poder deles. «Não se sabe quantas pessoas mataram», diz Plutarco. «Mas o sangue correu em rios pelas ruas e inundou os subúrbios.»

Após dias e dias de massacre, Sila, que com todo o seu amor pela Grécia, pela sua cultura e pela sua arte, assistira com total indiferença, disse que em nome dos mortos era preciso perdoar aos sobreviventes. Reorganizou as falanges e levou-as ao encontro do exército de Mitridates, que avançava sobre Queroneia e Orcómeno. Derrotou-o numa batalha magistral, e perseguiu os restantes através do Helesponto, até ao coração da Ásia. E preparava-se para aniquilar definitivamente as últimas forças inimigas, quando Flaco o alcançou, com ordens para substituí-lo no comando.

Os dois generais encontraram-se. E, no final daquela conversa, Flaco não só renunciara a executar as ordens, como se submetera espontaneamente às de Sila. O seu lugar-tenente Fímbria tentou rebelar-se. Então, Sila ofereceu uma paz vantajosa a Mitridates, garantindo-lhe o respeito pelo seu reino dentro das antigas fronteiras, e exigindo apenas, como indemnização, oitenta barcos e dois mil talentos, para poder pagar à tropa e reconduzi-la à pátria. Depois partiu em direcção à Lídia, ao encontro de Fímbria, mas não teve necessidade de o derrotar porque a tropa, assim que o viu, uniu-se à sua, tal era, agora, o prestígio do nome de Sila. E Fímbria, que ficou sozinho, matou-se.

Sila voltou pelo mesmo caminho, não se esquecendo de saquear tesouros e de sacar quatrins em todas as províncias em que passava. Atravessou a Grécia, embarcou o exército em Patras, e no ano 83 chegou a Brindisi. Cina, que se precipitara ao seu encontro para o mandar parar, foi morto pelos seus soldados. Em Roma, estalou a revolução.

Sila trazia um belo espólio ao governo: quinze mil libras de ouro e cem mil de prata. Mas o governo, agora nas mãos dos populares, chefiados pelo filho de Mário, Mário-o-Jovem, proclamou-o inimigo público e mandou-lhe ao encontro um exército para o combater. Muitos aristocratas fugiram da Urbe para se unir a Sila. Um deles, Gneu Pompeio, considerado o mais brilhante campeão da «juventude dourada», levou-lhe um pequeno exército pessoal, composto exclusivamente de amigos, acólitos e servos da sua família.

Mário-o-Jovem foi estrondosamente derrotado em batalha. Mas, antes de fugir para Preneste, enviou ordens aos seus sequazes de Roma para matarem todos os patrícios que ainda se encontravam na capital. O pretor convocou o Senado, como era seu direito. E os senadores assinalados na «lista negra» foram degolados nas suas cadeiras. Em seguida, os assassinos abandonaram a cidade para se juntar a Mário e às outras forças populares, que se preparavam para jogar a última cartada contra Sila. A batalha da Porta Colina foi uma das mais sangrentas da Antiguidade. Dos mais de cem mil homens de Mário, mais de metade ficaram no terreno. Oito mil prisioneiros foram massacrados indiscriminadamente. E as cabeças decapitadas dos generais, erguidas nos piques, foram levadas em procissão para junto das muralhas de Preneste, último bastião da resistência popular, que pouco depois se rendeu. Mário já se tinha suicidado. Também a sua cabeça foi cortada, enviada para Roma e içada no Foro.

O triunfo que a capital reservou a Sila em 27 e 28 de Janeiro de 81 a.C. foi grandioso. O general era seguido pelo cortejo dos proscritos de Mário, todos com coroas de flores em volta da cabeça, aclamando-o como pai e salvador da pátria. E os soldados, desta vez, não chasqueavam o seu capitão: também eles o aclamavam. Sila celebrou os sacrifícios rituais no Capitólio e a seguir, no Foro, discursou à multidão, relembrando, com falsa modéstia, a incrível série de êxitos que o trouxeram até ali e atribuindo-os unicamente à sorte, em honra da qual pediu, ou melhor, impôs, que lhe fosse reconhecido o título de *felix*, que literalmente queria dizer «feliz», mas que neste caso significava beijado pelo destino, ungido do senhor, numa palavra, «o homem da providência». O povo vergou-se, e decidiu erigir-lhe, por gratidão, a primeira estátua equestre, de bronze dourado, a ser vista em Roma, onde nunca se tolerara que alguém fosse representado a não ser a pé.

Não foi esta a única novidade que Sila introduziu para sublinhar o carácter absoluto dos seus poderes. Foi ele o verdadeiro inventor do «culto da personalidade». Mandou cunhar novas moedas, com o seu perfil, e introduziu no calendário, como obrigatórias, as «festas da vitória de Sila». Do alto do seu totalitarismo de ditador, tratou Roma como uma qualquer cidade conquistada, deixando-a à guarda do seu exército em armas e submetendo-a à mais feroz repressão. Quarenta senadores e dois mil e seiscentos cavaleiros, ex-partidários de Mário, foram condenados à morte e justiçados. Foram distribuídos prémios monetários a quem entregasse, vivo ou morto, um proscrito fugitivo. O Foro e as ruas foram, alegremente, ornamentados com cabeças decapitadas, como se faz hoje com os balões coloridos. «Maridos», diz Plutarco, «foram degolados nos braços das suas mulheres, e filhos nos das suas mães.» Até muitos entre aqueles que haviam tentado livrar-se de apuros, não tomando partido por ninguém, foram eliminados ou deportados, principalmente se eram ricos: Sila precisava do património deles, para engordar os seus soldados. Um dos indiciados era um jovenzinho de nome Caio Júlio César que, sobrinho de Mário por parte da mulher, se recusou a renegar o tio. Houve a intervenção de amigos comuns e o jovenzinho lá se salvou com uma condenação ao exílio. Ao assinar a sentença, Sila disse, de si para si: «Cometo uma asneira, porque naquele rapaz existem muitos Mários». Contudo, mesmo assim assinou-a.

Poucos dias depois de se ter instalado definitivamente no poder, Sila foi confrontado, numa cerimónia pública, com o gesto de insubordinação de um dos seus mais fiéis lugares-tenentes, Lucrécio Ofela, o conquistador de Preneste, um valente soldado, mas de carácter atrevido e indisciplinado.

Diante da tropa, que também o adorava, Sila mandou um guarda apunhalá-lo, como faria Hitler, dois mil anos mais tarde, com Röhm, e Estaline com dúzias de amigos seus. Era o sinal da «normalização».

Sila governou como autocrata durante dois anos. Para preencher os vazios deixados pela guerra civil entre os cidadãos, concedeu o direito de cidadania a estrangeiros, sobretudo espanhóis e gauleses. Distribuiu terras por mais de cem mil veteranos, principalmente na região de Cuma, onde ele próprio tinha uma quinta. Para desencorajar a concentração dos camponeses na cidade, aboliu as distribuições gratuitas de trigo. Reduziu o prestígio dos tribunos e restabeleceu a regra dos dez anos de intervalo para quem concorria ao consulado pela segunda vez. Revigorou o Senado, esvaziado pelos massacres, com trezentos novos membros da alta burguesia, que lhe eram fiéis; e restituiu-lhe todos os direitos e privilégios de que gozara antes dos Gracos. Era uma verdadeira «reforma aristocrática». Realizou-a por completo. Dispensou o exército, decretando que dali em diante nenhuma força armada podia acampar em Itália. Depois, considerando esgotada a sua missão, perante o espanto geral, colocou os seus poderes nas mãos do Senado e restabeleceu o governo consular. E, como um anónimo qualquer, retirou-se para a sua *villa* de Cuma.

Cecília Metelo, nessa altura, já tinha morrido. Adoecera pouco depois do triunfo de seu marido que, como ela tinha uma doença infecciosa, a mandara levar para outra casa e ali a deixara morrer, como uma cadela tinhosa.

Pouco antes da abdicação, Sila, agora perto dos sessenta anos, conhecera Valéria, uma bela jovem de vinte e cinco anos. Encontrara-a por acaso a seu lado, no Circo. Ela viu um cabelo sobre a toga do ditador e, com dois dedos, tirou-lho. Sila voltou-se para olhá-la, espantado, primeiro, pelo seu descarado atrevimento e, depois, pela sua sedutora beleza. «Não leves a mal, ditador» – disse-lhe ela – «também eu quero participar, ainda que apenas por um cabelo, da tua sorte.» Parece ter sido o único amor verdadeiro e desinteressado de Sila, demasiado egoísta para alimentar sentimentos desses. Dali a pouco tempo casou com ela, e ninguém pode saber quanto o desejo de desfrutar plenamente aquela mulher bela e jovem tenha influenciado a sua decisão de abdicar.

No dia em que, tendo deposto o poder e as insígnias do comando, foi para casa como um anónimo qualquer, por entre o silêncio espantado e temeroso dos transeuntes, um destes pôs-se a segui-lo, insultando-o. Sila não se voltou, nem sequer quando o grosseirão lhe fez uma careta de escárnio. Disse apenas, aos poucos amigos que o acompanhavam: «Que imbecil! Depois deste gesto, não haverá mais nenhum ditador no mundo disposto a abandonar o poder».

Passou os últimos dois anos da sua vida a fazer amor com Valéria, a caçar, a falar de filosofia com os amigos e a escrever as suas *Memórias*, que nos chegaram só em fragmentos. O «feliz» parece que foi de facto feliz, naquele crepúsculo da sua existência, que fora cheia e sem desilusões nem lástimas (de remorsos ele não era capaz), tal como ele a sonhara ao iniciá-la. Entre os seus veteranos de Cuma, manteve-se vigoroso e activo até ao último dia, resolvendo as controvérsias entre eles ao seu modo habitual, imperioso e expedito. Quando um tal Grânio lhe desobedeceu a propósito de não sei que ninharia, mandou-o vir ao seu quarto e ordenou aos servos que o estrangulassem, como nos tempos em que era ditador. O seu orgulho e a sua prepotência não diminuíram nem mesmo quando se encontrou cara a cara com a morte, que batia à sua porta sob a forma de uma úlcera maligna, que talvez fosse um cancro. Com os seus olhos azuis claros e frios sob a cabeleira dourada, e aquele rosto pálido que parecia «uma amora salpicada de farinha», como dizia Plutarco, escondeu sempre o seu sofrimento sob a capa de um sorriso alegre e palavras jocosas. Antes de expirar, ditou o seu epitáfio:

«Nenhum amigo me prestou um serviço e nenhum inimigo me fez uma ofensa que eu não tenha retribuído plenamente».

Era verdade.

# 22

# Um Jantar em Roma

A reforma de Sila tinha um defeito fundamental: era mesmo uma «reforma», isto é, uma coisa que negava as exigências ou, como hoje se diria, as «instâncias» que tinham provocado a revolução. Faltara ao seu autor, para realizar uma obra vital e duradoura, aquilo que mais falta faz à reforma: a confiança nos homens. Os quais não a merecem, mas a exigem naqueles que se propõem chefiá-los. Sila não acreditava em nada; e muito menos na possibilidade de melhorar os seus semelhantes. O amor que tinha por si próprio era tão grande, que não sobrava nenhum para os outros. Desprezava-os e estava convencido de que a única coisa a fazer era mantê-los em ordem. Por isso criara um aparato policial formidável e deixara-o, por adjudicação, à aristocracia: não porque a estimasse, mas porque estava convencido de que os outros, os populares, eram ainda mais desprezíveis e que cada reforma deles só serviria para piorar as coisas. A consequência foi que dez anos depois de ter morrido a sua obra estava desfeita.

Os patrícios que se tinham visto com todo aquele poder nas mãos, em vez de o usarem para impor a ordem no governo e na sociedade, aproveitaram-se dele para roubar, corromper e matar. Tudo, agora, era apenas uma questão de quatrins. Comprar a eleição para um cargo era uma operação normal, e havia uma indústria expressamente para arranjar votos, com técnicos especializados: os *intérpretes*, os *divisores* e os *sequestros*. Pompeio, para fazer com que o seu amigo Afrânio fosse eleito, convidou para o seu palácio os chefes das tribos, e negociou os sufrágios deles como se fossem sacos de maçãs. Nos tribunais, acontecia ainda pior. Lêntulo Sura, absolvido pelos jurados por dois votos de maioria, disse, batendo com a mão na testa: «C' os diabos, comprei um a mais. E a que preço me saíram!...».

Como tudo dependia do dinheiro, o dinheiro tornara-se a única preocupação para todos. Na burocracia ainda havia, é claro, funcionários capazes e honestos. Mas a maior parte eram gatunos incompetentes, que para obterem um lugar na administração de uma província não apenas renunciavam aos ordenados, como pagavam para ter o lugar, certos de que no período de um ano recuperariam abundantemente o que haviam pago. E, de facto, recuperavam: com os impostos, com o roubo e com a venda dos habitantes como escravos. César, quando lhe foi atribuída a Espanha, devia aos seus credores uma imensa fortuna. Num ano, liquidou tudo. Cícero obteve o título de «cavalheiro» porque, no seu ano de governo na Cilícia, amealhou bastante, e apreguou-o a toda a gente como um exemplo, nas suas cartas.

Os militares não se comportavam melhor. Lúculo voltou para casa, das suas campanhas no Oriente, multimilionário. Pompeio trouxe das mesmas regiões um espólio riquíssimo para o Tesouro do Estado, e um ainda maior para o seu tesouro particular. A facilidade de multiplicar o capital era tal, quando se tinha o suficiente para comprar um cargo, que os banqueiros faziam empréstimos a quem não o tinha, a uma taxa de juro de cinquenta por cento. O Senado proibiu os seus membros de praticarem esta usura infame. Mas a proibição foi contornada com os testas-de-ferro. Até homens de grande dignidade, como Bruto, estavam associados a agiotas que administravam o seu dinheiro, emprestando-o dentro daquelas sedutoras condições. Nas mãos de uma classe dirigente tão corrompida, Roma tornara-se uma bomba que sugava quatrins em todo o Império, para permitir a uma classe de sátrapas uma vida cada vez mais faustosa e um luxo cada vez mais insolente.

Uma noite, Cícero começou a gracejar com Lúculo acerca da fama que ele tinha de comilão. Cícero era um jovem advogado de Arpino, filho de um agricultor abastado, que lhe dera uma boa educação. Com apenas vinte e sete anos e ainda quase completamente desconhecido, enfrentara um processo célebre e muito perigoso para ele, porque se tratava de defender Róscio contra Crisógono, que era um grande favorito de Sila, na altura ainda ditador. Venceu, com uma defesa magistral. Depois, talvez receoso de qualquer represália da parte de Sila, partiu para a Grécia, onde ficou três anos a estudar a língua, a oratória de Demóstenes e a filosofia de Posidónio, medíocre epígono de Sócrates e da escola estóica.

Regressou três anos depois, quando Sila já tinha morrido, casou com Terência e com o dote dela, que era considerável, e com a sua profissão de advogado cultivou a política, que aliás lhe estava intimamente associada. Foi-lhe imediatamente parar às mãos um outro processo célebre, contra Verres, um senador que, tendo ido governar a Sicília, aí cometera toda a espécie de roubalheiras e patifarias, mas que era apoiado por toda a aristocracia. Teve como antagonista Hortênsio, o príncipe do Foro romano, o advogado de confiança da aristocracia e do Senado. Aquela causa foi, em certa medida, o caso Dreyfus daquele tempo, com os patrícios de um lado e o povo, mas em especial a grande burguesia *equestre*, do outro. E uma vez mais Cícero ganhou, arrancando assim o ceptro das mãos de Hortênsio e tornando-se o ídolo de uma classe social que era aquela em que ele próprio nascera.

Lúculo era um ex-lugar-tenente de Sila, que durante oito anos prosseguira a sua obra no Oriente, combatendo contra Mitridates. Pertencia a uma família aristocrata, pobre e mal-afamada. Diziam que o seu pai se deixara corromper pelos escravos que se revoltaram na Sicília, que o avô roubara estátuas e que a mãe tinha mais amantes do que cabelos na cabeça. Talvez fossem só calúnias. De qualquer modo, Lúculo, enquanto jovem, não dera mostras de qualquer destes vícios; tinha apenas uma grande ambição e todas as qualidades para satisfazê-la: inteligência, eloquência, cultura e coragem. Enquanto Sila, que tinha um fraco por ele, fora vivo, a carreira fora-lhe fácil. Morto o protector, não hesitara, para prossegui-la, em obter os favores de uma mulher, Précia, muito poderosa graças às suas intrigas amorosas; e, através dela, obteve o proconsulado da Cilícia, ou seja, a posibilidade de continuar a comandar, a guerrear, a vencer e a enriquecer com os despojos do inimigo. Para atingir, como capitão, a estatura dos Mários, dos Silas e dos Césares, faltou-lhe uma única qualidade: a intuição psicológica. Levou os seus soldados de vitória em vitória, mas cansou-os a tal ponto que originou a sua amotinação. E assim como obtivera, pela intriga, o comando, pela intriga o perdeu. Chamado a Roma, retirara-se da vida pública, e agora ocupava-se apenas a gastar a sua riqueza, que era imensa, e a ostentá-la de modo insolente. A *villa* de Miseno custara-lhe para cima de dez biliões de liras; a quinta de Túsculo tinha mais de vinte mil hectares; e o palácio que construíra no Píncio era célebre pelas galerias de estátuas, pelos preciosos manuscritos que saqueara no Oriente, pelos jardins onde ele cultivava, com um zelo de botânico apaixonado, plantas até então desconhecidas em Roma, como a cerejeira, e, sobretudo, pela sua cozinha, laboratório das iguarias mais requintadas.

De maneira que Cícero uma noite, num encontro de amigos, começou a grecjar com ele a respeito da sua gulodice, dizendo que era tudo pose e apostando que se fossem a casa dele sem avisar os cozinheiros, encontrariam um jantar frugal, de camponeses ou de soldados. Lúculo aceitou a aposta, convidou todos para testemunhas, e pediu apenas licença para enviar ordens aos seus serviçais para porem a mesa para todos na sala de Apolo. Foi o bastante para fazer compreender ao seu pessoal do que é que se tratava; na sala de Apolo, uma refeição não podia custar menos do que duzentos mil sestércios. Nela eram obrigatórios, como aperitivos: mariscos, passarinhos com espargos, empada de ostras, e lagostins. Depois vinha a refeição propriamente dita: peitos de leitão, peixe, pato, lebre, perú, pavões de Samos, perdizes da Frígia, moreias de Gaba e esturjões de Rodes. E queijos, doces e vinhos.

Plutarco, que nos conta o episódio, não diz quem é que tomou parte no banquete. Mas devia lá estar a fina flor da sociedade romana. Não faltava, decerto, Marco Licínio Crasso, um aristocrata filho de um famoso lugar-tenente de Sila, que preferira matar-se do que render-se a Mário. Sila recompensara o órfão deixando-o comprar, a preços de saldo, os bens dos marianistas proscritos e permitindo-lhe organizar a primeira corporação de bombeiros que Roma teve. Quando deflagrava um incêndio, Crasso corria para lá; mas, em vez de extinguir as chamas, negociava ali mesmo o edifício que ardia, com o proprietário, que ficava sempre muito contente por se ver livre dele. E só quando o edifício já lhe pertencia é que ele punha em acção as bombas. Se não fizesse negócio, deixava-o arder.

Outro que com certeza não podia faltar era Tito Pompónio Ático, que, embora de ascendência burguesa, representava um tipo de aristocrata mais fino. Não tendo necessidade de se sujar com negócios suspeitos, porque era já riquíssimo de família, cuidara apenas de aperfeiçoar a sua cultura em Atenas. Ali o conheceu Sila, e ficou tão encantado com ele que queria que fosse seu colaborador. Mas Ático recusara, para continuar a estudar. Depois investiu o seu património, que era muito grande, numa quinta no Epiro para criação de gado, na compra de apartamentos em Roma, numa escola para gladiadores, e numa casa editora para livros de elevada cultura. Cícero, Hortênsio, Catão, e muitas outras personagens graúdas daquele tempo serviam-se dele, não só como conselheiro financeiro, mas também como banco de depósitos. Gozava de tal apreço e prestígio que, embora vivesse frugalmente, como um verdadeiro epicuro, não havia salão da sociedade romana para o qual não tivesse convite permanente, nem festa em que não participasse.

E com certeza lá terá estado também Pompeio, favorito e genro de Sila que, com certa ironia, lhe chamava «o Grande». Também ele de linhagem equestre, isto é, burguesa, era o «príncipe encantado» da «juventude dourada» de Roma. Ganhara a vitória no campo de batalha e um triunfo, ainda antes de atingir a maioridade. E era tão belo que a cortesã Flora dizia que não podia separar-se dele sem lhe dar uma dentada. Passava por ser um jovem íntegro e, para aquele tempo, era-o: tentava obter o bem para todos com o mesmo empenho com que o obtinha para si. Atribuíam-lhe muitas ambições. Na realidade, tinha apenas uma: a de estar acima de todos, em tudo. Mais do que uma ambição, era uma vaidade.

Eram personagens que, na Roma estóica de três séculos antes, não se teriam encontrado. E não apenas por causa da ostentação requintada das suas roupas, pelos pratos que comiam e pelas conversas que mantinham num belo latim polido e limpo, adornado de referências literárias, mas também porque participavam nestas festas em companhia das mulheres, agora já libertadas do seu estado de sujeição. Clódia, a mulher de Quinto Cecílio Metelo era, naqueles tempos, a «primeira dama» da cidade, e fazia escola às outras. Era feminista, saía sozinha à noite e, quando encontrava um conhecido, em vez de baixar pudicamente os olhos como sempre fora costume, abraçava-o e beijava-o. Convidava os amigos para jantar quando o marido estava ausente, afirmava o direito à poligamia também para as mulheres, e praticou-a sem moderação, tendo amantes às dúzias e abandonando-os com muita graça, mas sem remorsos. Um deles foi o poeta Catulo, que nunca mais conseguiu esquecê-la; mortificou-se de ciúmes que desabafou nos seus versos, onde ela aparece com o nome de Lesbia. Célio, outro abandonado, para se vingar acusou-a em tribunal de o ter querido envenenar, e chamou-lhe, em público, *quadrantaria*, que é o equivalente à tarifa das prostitutas pobres. Clódia foi condenada a uma multa. Não porque fosse culpada, mas porque era irmã de Públio Clódio, um dos chefes do partido radical odiado pelos aristocratas, então omnipotentes, e inimigo declarado de Cícero, que representou Célio, dizendo que lhe custava acusar uma mulher, e particularmente aquela, que se mostrara tão boa amiga de tantos homens.

Com estes exemplos diante dos olhos, era difícil que as jovens se transformassem em boas mães de família. Ditados unicamente por cálculos políticos e de interesse, os casamentos faziam-se e desfaziam-se com desenvoltura. Pompeio, para fazer carreira, divorciou-se da primeira mulher para se casar com Emília, a enteada de Sila. Quando ficou viúvo, casou com Júlia, filha de César, o qual mudou quatro vezes de mulher e a todas traiu com regularidade. «Esta cidade», dizia Catão, «não passa de uma agência de casamentos políticos corrigidos pelos cornos.» E Metelo, o Macedónio, num amargurado discurso aos seus compatriotas, convidou-os a porem a vida familiar em ordem, dizendo: «Também eu compreendo que uma mulher não é mais do que um aborrecimento...». O casamento com pulso, aquele que não admitia o divórcio, praticamente desaparecera, precisamente para permitir que os cônjuges o renegassem quando queriam. E para o fazer bastava uma simples carta. Filhos não se desejavam, porque seriam um empecilho. Tinham-se tornado um luxo, que só os pobres podiam permitir-se. Deixando de se preocupar com as gestações, com as amamentações e as papinhas, as esposas procuravam, como hoje se diria, «evasões». E encontravam-nas sobretudo nas relações amorosas e na cultura, que começava a tornar-se um facto mundano e de salão.

Os gostos literários desta sociedade rica e frívola não se orientaram para o maior poeta e escritor do tempo, Lucrécio. O autor de *De rerum natura* foi provavelmente um aristocrata, mas viveu recolhidíssimo, também por motivos de saúde: parece que sofria de uma forma cíclica de mania depressiva, e a sua inspiração era demasiado elevada, trágica e profunda para estar na moda. Quem fazia furor era Catulo, poeta fácil e sentimental, qualquer coisa entre Gozzano e Géraldy. Era um burguês de Verona, abastado e avaro, que estava sempre a lamentar-se mas tinha casa em Roma, uma *villa* em Tivoli e outra no lago de Garda. Agradava às senhoras porque só falava de amor, e tornara suave e frívola uma língua que parecia feita só para códigos de leis e proclamações de vitória.

Tanto êxito como ele tinham Marco Célio, um aristocrata sem dinheiro, simpatizante das ideias comunistas, Licínio Calvo, um amador de poesia e de oratória não desprovido de engenho, e Élvio Cina que, após a morte de César, tendo sido confundido, por engano, com um dos assassinos, foi morto pela multidão. Eram todos intelectuais «de esquerda», que se opunham à ditadura sem nada fazer para defender a democracia. Tiveram uma influência talvez superior aos seus méritos, porque tinham agora à disposição, além dos salões e das mulheres, uma editora para divulgar as suas obras.

Ático divulgara o pergaminho, e com ele fazia «volumes» (quer dizer, «rolos») com páginas compostas por duas ou três «colunas» de manuscrito. Para escrevê-los à mão havia escravos especializados, aos quais se pagava apenas o sustento. Nem mesmo os autores recebiam qualquer retribuição, a não ser alguma dádiva ocasional; e portanto só os ricos, praticamente, é que se podiam dedicar à literatura. Uma edição andava quase sempre à volta das mil cópias, que eram distribuídas pelos livreiros, a quem os apreciadores os iam comprar. Foi um destes, Asínio Polião, que fundou a primeira biblioteca pública de Roma.

Este progresso técnico estimulou a produção. Terêncio Varrão publicou os seus ensaios sobre a língua latina e sobre a vida rural. Salústio, entre uma batalha política e a seguinte, deu à estampa as suas *Histórias*, magnificamente escritas mas bastante partidárias. E Cícero, que se tornara «o mestre» por excelência da arte oratória, verteu para livros os seus discursos, dos quais apenas cinquenta e sete chegaram até nós.

Resumindo: a cultura deixara de ser monopólio de alguns especialistas isolados, e começara a divulgar-se naquela sociedade que virava resolutamente as costas aos costumes rudes e à ignorância sadia do primeiro período republicano. Aproximávamo-nos daquela a que se costuma chamar «a idade do ouro» de Roma, e que, como todas as «idades do ouro», anunciou a agonia da sua civilização.

# 23

# Cícero

Pompeio e Crasso, que encontrámos no capítulo anterior, não eram apenas felizes homens de negócios, mas também homens políticos que pretendiam representar um papel em primeiro plano. E conseguiram, embora ambos o tenham pago com a vida.

Como favoritos de Sila, tiveram a carreira facilitada desde o início. Foi efectivamente a eles que, depois de o ditador se retirar, o Senado recorreu, pondo-os à frente de dois exércitos, para dominar as revoltas de Espanha e de Itália.

A Espanha já se revoltara várias vezes contra as apropriações ilícitas por parte dos governadores romanos. Mas agora, às apropriações ilícitas juntavam--se as crueldades inúteis. Em 98 a.C., o general Dídio, seguindo o exemplo do seu antecessor Sulpício Galba, atraiu ao seu campo uma tribo inteira de indígenas com a promessa de uma distribuição de terras, e exterminou-a. Um seu oficial, Quinto Sertório, indignado por estas inúteis barbáries, desertou, chamou as outras tribos às armas, e organizou entre elas um exército que durante oito anos conduziu, de vitória em vitória, contra os Romanos, tendo durante esses anos governado competentemente a província. Metelo, o general que o Senado enviara para o combater, não conseguindo alcançar os seus fins, prometeu uma grande recompensa em dinheiro e dez mil hectares de terra a quem conseguisse matá-lo. Perpena, outro refugiado romano no campo de Sertório, apunhalou-o. Mas, em vez de ir receber o prémio, preferiu tomar o lugar do morto e continuar ele próprio a guerra. O Senado enviou, então, Pompeio, que derrotou facilmente o renegado, o capturou e eliminou, restituindo a Espanha às apropriações ilícitas dos governadores.

Mais grave era a revolta que entretanto estava ensanguentando a Itália. Lêntulo Baziate tinha em Cápua uma escola de gladiadores, frequentada, naturalmente, por escravos, que aí se preparavam, pode dizer-se, para a morte no Circo, para divertimento dos espectadores. Um dia, duzentos tentaram fugir; setenta e oito conseguiram fazê-lo, saquearam os arredores e escolheram para seu chefe um trácio com o nome de Espártaco, que devia ser um homem de boa linhagem e de qualidades notáveis. Lançou um apelo a todos os escravos de Itália, que se contavam por milhões, com eles organizou um exército de setenta mil homens sedentos de liberdade e de vingança, ensinou-os a fabricar as armas, e derrotou os generais que o Senado enviou contra ele.

Estas vitórias não o embriagaram. Era um político sagaz e sabia muito bem que a sua luta era, a longo prazo, uma luta sem esperança. Por isso levou a sua horda em direcção aos Alpes, com o propósito de dissolvê-la depois de os atravessar, e enviar cada um de regresso à sua pátria. Pelo menos, é assim que nos conta Plutarco. Mas os seus sequazes quiseram voltar para trás, puseram-se a saquear as cidades e os campos, e Espártaco, que devia ser um homem de consciência e que tentava impedir estas pilhagens, não teve coragem de os abandonar. Perdeu uma batalha e venceu outra, contra Cássio. E por fim encontrou-se frente a frente com a Urbe, que susteve a respiração, no pânico de ver todos os escravos de Itália, e os da própria Roma, que aí constituíam uma perigosa quinta coluna, unirem-se aos revoltados e formarem com eles uma avalanche.

Então, foi dado o comando a Crasso, e sob as suas bandeiras alistou-se, voluntariamente, a flor da aristocracia. Espártaco apercebeu-se que tinha diante de si o Império, e retirou-se em direcção ao Sul, pensando atravessar as suas forças para a Sicília e dali para África. Crasso seguiu-o, alcançou e destruiu a sua retaguarda e foi no seu encalço. Entretanto, em marcha forçada, estava a chegar de Espanha Pompeio, com as suas legiões. Consciente de estar próximo do fim, Espártaco atacou, lançou-se pessoalmente para o meio da peleja, matou dois centuriões com as suas mãos e foi, por sua vez, de tal modo crivado de golpes que não foi possível, depois, identificar o seu cadáver.

A maior parte dos seus homens pereceram com ele. Cerca de seis mil, arrancados aos seus esconderijos nos bosques, foram crucificados ao longo da via Ápia.

Corria o ano 72 a.C., e os dois generais vitoriosos, de regresso a Roma, não licenciaram os seus exércitos, como mandava a lei e como era desejo do Senado. Não gostavam um do outro: eram ambos demasiado ricos, demasiado afortunados e demasiado ambiciosos. Mas quando o Senado recusou o triunfo a Pompeio e a distribuição de terras que ele prometera aos seus veteranos, aliaram-se e acamparam ameaçadoramente os seus homens nos arredores da cidade.

Imediatamente os populares, que desde a morte de Sila espreitavam o momento de se vingarem das prepotências da aristocracia, se lhes juntaram, fazendo deles os seus defensores e elegendo-os cônsules para o ano 70. Pompeio e Crasso eram tudo menos populares: pertenciam, por nascimento, à alta burguesia. Mas o egoísmo cego da aristocracia surtira precisamente este efeito: impelir a alta burguesia a tomar o partido do proletariado. De facto, as primeiras medidas que os dois cônsules tomaram foram: restaurar o poder dos tribunos, que Sila exautorara, e retirar aos patrícios o monopólio dos júris nos tribunais, readmitindo neles os cavaleiros. Após o que renovaram a sua aliança, para fazer a partilha dos interesses pessoais. Pompeio teria o comando supremo das operações no Oriente, substituindo Lúculo, e acrescentando aos seus poderes de general também os de almirante, a fim de se encarregar da repressão dos piratas no Mediterrâneo, que tornavam inseguras as rotas para a Ásia Menor; em compensação, comprometia-se a reabrir os mercados orientais aos investimentos dos banqueiros, aliados de Crasso, que assim se tornava o seu supremo patrono.

No Senado, que se opôs unanimemente a esta medida, uma única voz se elevou em sua defesa: a de um jovem, ainda quase desconhecido e pouco estimado pelos seus aristocráticos confrades: Júlio César. A Assembleia aprovou-a, unanimemente também, levada por um outro jovem: Cícero. A vitória da Assembleia e de Pompeio assinalou o fim da supremacia patrícia e da restauração silana, que nela se baseara, e teve consequências definitivas sobre os acontecimentos que se seguiram. Logo a seguir à partida de Pompeio, à frente de cento e vinte e cinco mil homens, quinhentos barcos e cento e cinquenta milhões de sestércios, foi retomado o comércio com o Oriente e, como consequência, desceu o preço do trigo, sustentáculo da aristocracia terrenha.

Um único acontecimento veio perturbar este regresso pacífico e progressivo à democracia, voltando a dar fôlego à reacção. Não conhecemos Lúcio Sérgio Catilina, a não ser pelas descrições dos seus inimigos e, em particular, de Salústio e de Cícero. Este último pinta-o como «um indivíduo perturbado, em perpétuo litígio com deus e com os homens, que não conseguia ter paz, nem a dormir nem acordado; essa a causa da sua cor térrea, dos seus olhos injectados de sangue, das suas atitudes de epiléptico: em resumo, do seu aspecto de louco». O problema é que Cícero era, pelo lado da mulher, cunhado de uma vestal, de cuja desfloração Catilina fora acusado. No processo, fora absolvido. Mas nos salões dizia-se que era verdade, que não causava admiração, visto que ele assassinara já o próprio filho, para contentar a amante.

Talvez tenha sido por causa desta hostilidade, que encontrava em toda a parte, que Catilina, embora de ascendência aristocrática, tomou o partido dos populares mais inflamados e se tingiu de jacobinismo. O seu programa era radical: reclamava a anulação de todos os débitos a todos os cidadãos. E começou a murmurar-se que ele já organizara um bando de quatrocentos desesperados, para matar os cônsules e apoderar-se do governo.

A verdade é que nunca ninguém viu esse famoso bando, e Catilina limitou-se a apresentar muito democraticamente a sua candidatura ao consulado, esperando, evidentemente, que o seu nome conquistasse a unanimidade anti-senatorial que tão bem funcionara com Crasso e Pompeio. Mas a alta burguesia, à qual pertenciam os credores e que tinha sob séria suspeita aquela espécie de comunista, desta vez não embarcou. Ela estava do lado da plebe quando se tratava de reprimir os monopólios da aristocracia; mas estava do lado da aristocracia e, portanto, do lado do Senado, quando estavam em jogo o Estado e o capitalismo.

Viu-se isso no comportamento de Cícero, que opôs a sua candidatura à de Catilina e venceu apregoando a «concórdia das classes», ou seja, a Santa Aliança da aristocracia com a grande burguesia, e dela foi, naquele ano, o grande intérprete.

Chumbado no exame, como hoje se diria, Catilina começou a organizar a famosa conjura, reunindo secretamente alguns milhares de acólitos em Fiésole, e constituindo uma quinta coluna mesmo no interior da cidade. Era composta de tudo um pouco: escravos, senadores e dois pretores, Cetego e Lêntulo. Apoiado por esta força, apresentou-se no ano seguinte às eleições e, para garantir o seu sucesso, arquitectou o assassínio do seu rival e de Cícero.

Foi esta, pelo menos, a versão que Cícero deu, quando se apresentou no Campo de Marte, seguido pelos seus armígeros, para a contagem dos votos. Catilina acabou, uma vez mais, vencido. A 7 de Novembro de 63,

Cícero disse que durante a noite os conspiradores tinham ido a sua casa para matá-lo, mas foram repelidos pelos seus guardas. E no dia seguinte, encontrando Catilina no Senado, pronunciou contra ele aquele célebre discurso («Até quando, Catilina, abusarás da nossa paciência?...»), que constitui ainda a expressão simultânea de suplício e prazer para os estudantes do ensino superior. Não lhe chegou um dia, para aquela reprimenda: foram precisos três. Foi a sua obra-prima, e nela prodigalizou, em igual medida, toda a riqueza da sua eloquência harmoniosa e cantante, da sua vaidade e do seu exibicionismo.

A 3 de Dezembro conseguiu que fosse passado um mandato de prisão contra Lêntulo, Cetego e mais cinco conspiradores de elevada categoria. Mas Catilina, de madrugada e em silêncio, já abandonara Roma e se juntara às suas tropas na Toscana. A 5, Cícero pediu que os prisioneiros fossem condenados à morte. Silano e Catão-o-Jovem apoiaram-no. E em defesa dos imputados levantou-se uma única voz: a de César, advogado fiel dos populares, que pediu uma simples pena de detenção. A sua oratória, ao contrário da de Cícero, era sóbria e seca. Quando acabou de falar, alguns jovens aristocratas tentaram matá-lo. César conseguiu fugir, enquanto Cícero se dirigia à prisão para mandar executar a sentença e o outro cônsul, Marco António, pai de um rapaz destinado a tornar-se mais famoso do que ele, partia à frente do exército para aniquilar Catilina.

A batalha deu-se perto de Pistoia, e nenhum dos revoltosos se rendeu. Esmagados pelo número dos adversários, combateram até ao último homem em redor da sua bandeira (as águias de Mário) e de Catilina, que teve a mesma sorte que eles.

O primeiro a mostrar-se surpreendido e entusiasmado pela energia que revelara, foi Cícero, que nem suspeitava que tinha tanta. Num discurso ao Senado, disse modestamente que a façanha que realizara era tão grande, que superava os limites daquilo que era permitido aos homens. E, apresentada assim a candidatura à divinização, acrescentou que se compararia a Rómulo, se a salvação de Roma não tivesse sido um acontecimento muito mais glorioso do que a sua fundação.

Os senadores sorriram àquela linguagem, mas atribuíram-lhe com muito gosto o título de «Pai da Pátria». E quando, no final de 63, ele deixou o cargo, homenagearam-no, escoltando-o até casa. Tudo isto contribuiu ainda mais para a vaidade subir à cabeça do grande orador, que a partir de agora se considerava senhor de Roma. Ele possuía *villas* em Arpino, Pozuoli e Pompeia, uma quinta de cinquenta mil sestércios em

Fórmias, outra de quinhentos mil em Túsculo, e um palácio de três milhões e meio no Palatino. Eram bens comprados com «empréstimos» dos clientes, porque a lei proíbia que os advogados cobrassem «honorários». E os empréstimos, que, evidentemente, não eram restituídos, substituíam-nos. Mas Cícero descobriu ainda outra maneira de enriquecer: os testamentos, em que se fazia designar como herdeiro. Em trinta anos, herdou da sua clientela vinte milhões de sestércios.

Era lógico que um homem assim pregasse a «concórdia das classes» procurando um ponto de equilíbrio, desde que este não fosse a reacção ameaçadora de uma casta aristocrática à qual não pertencia, ou, muito menos, o progressismo dos que estavam interessados num nivelamento geral.

Rico como era, príncipe do Foro e «Pai da Pátria», parecia que não lhe faltava nada. Afinal, faltava-lhe o mais importante: a paz em família. Terência era uma esposa virtuosa e insuportável que lhe envenenou a vida com os seus nervos, os seus achaques reumáticos, e uma eloquência não inferior à do marido. Dois oradores numa casa são de mais. O príncipe do Foro, na sua, cedia o ceptro à mulher, que o usava a propósito e a despropósito, para se lamentar sempre de qualquer coisa. Quando finalmente se decidiu a deixá-lo viúvo, Cícero substituiu-a por Publília, que lhe trouxe um dote não inferior ao da pobre defunta. Mas depois mandou-a embora, porque não caíra nas graças de sua filha Túlia, o seu único afecto verdadeiro e desinteressado.

Depois do caso Catilina, a sua estrela política começou a esmorecer, embora lhe estivesse ainda reservado algum brilho no governo de César, de quem foi alternadamente amigo e inimigo, como veremos, mas a quem não perdoou o facto de ser um orador pelo menos tão grande como ele próprio, ainda que noutro estilo. Os seus ócios literários tornaram-se cada vez mais intensos, e a eles devemos algumas das mais belas páginas da língua latina. A nós agradam-nos, sobretudo, pelo seu imediatismo, as cartas, cheias de anedotas autobiográficas. Escreveu-as em profusão e nelas se pintou tal como era: um trabalhador assíduo, um pai terno, um competente administrador das finanças públicas e das privadas, o bom amigo de amigos que lhe podiam ser úteis, e um vaidoso tão inconsciente da sua própria vaidade, a ponto de imortalizá-la numa prosa impecável, com uma espécie de ingenuidade que lhe redime o defeito, transformando--o quase em virtude.

# 24

# César

No momento em que Catilina caía, chegava a Roma Metelo Nepos, lugar-tenente e guarda-avançada de Pompeio, que desembarcara em Brindisi, regressando de uma série de brilhantes vitórias na Ásia Menor. Antecipara a viagem para concorrer ao lugar de pretor e, uma vez eleito, favorecer uma nova candidatura de Pompeio ao consulado.

Alcançou o primeiro objectivo com os votos dos populares, mas encontrou a seu lado Marco Catão, representante dos conservadores mais intransigentes, os quais, depois da vitória sobre Catilina, julgavam ter-se tornado de novo os donos da situação. Não viram qualquer motivo para apoiar as ambições de Pompeio, o qual não teria nada melhor para pedir do que tornar-se o seu defensor. Se o escolhessem como tal, talvez se tivessem salvado, ou pelo menos teriam retardado a derrota, dado o prestígio de que Pompeio gozava. A maior parte, porém, tinha inveja dele, da sua riqueza e dos seus êxitos, e pensaram que não precisavam dele.

Uma vez mais houve uma única voz no Senado que «desafinou» o coro, apoiando Pompeio: a de César, que também era pretor. A Assembleia, naquele dia, foi tumultuosa. César, destituído juntamente com Nepos, foi salvo pela multidão que veio protegê-lo e que queria revoltar-se. Ele acalmou-a e mandou-a para casa. Pela primeira vez, o Senado apercebeu-se de que aquele rapaz representava alguma coisa e voltou atrás na decisão de destituí-lo.

Caio Júlio César tinha então vinte e sete anos e provinha, como Sila, de uma família aristocrata pobre, que fazia remontar as suas origens a Anco Márcio e a Vénus, mas que, depois destes discutíveis antepassados, nunca mais dera à história de Roma personagens de renome. Tinha havido Júlios pretores, questores, e também cônsules. Mas tiveram administrações vulgares. A casa deles erguia-se na Suburra, o bairro popular e mal-afamado de Roma, e foi ali que ele nasceu, dizem uns que em 100 e outros que em 102 a.C.

Nada sabemos da sua infância, a não ser que teve por preceptor um Gaulês, António Grifone, o qual, além do latim e do grego, lhe ensinou algo muito útil sobre o carácter dos seus compatriotas. Consta que na puberdade sofria de dores de cabeça e ataques de epilepsia, e que a sua ambição, nessa altura, era tornar-se escritor. Ficou calvo muito cedo e, com vergonha disso, tentou remediar o mal com «deslocações», puxando os cabelos desde a nuca até à testa. Todas as manhãs perdia muito tempo com esta complicada operação.

Suetónio diz que ele era alto, um pouco gorducho, de pele clara e olhos negros e vivos. Plutarco diz que era magro e de altura mediana. Talvez tenham os dois razão. Um descreve-o em jovem e o outro como homem maduro, quando é costume ficar-se um pouco mais cheio. Os longos períodos de vida militar devem tê-lo fortalecido. Foi, desde rapaz, um excelente cavaleiro, e costumava galopar com as mãos atrás das costas. Mas caminhava muito, mesmo a pé, à frente dos seus soldados, dormia nos carros, comia sobriamente, o seu sangue mantinha-se sempre frio e o seu cérebro sempre lúcido. Não era belo de rosto. Por baixo daquele crânio pelado e um pouco compacto, havia um queixo quadrado e uma boca arqueada e amarga, emoldurada por duas rugas direitas e profundas, e em que o lábio inferior era mais saliente do que o superior. No entanto, teve sempre sorte com as mulheres. Casou com quatro e teve inúmeras outras como amantes. Os seus soldados chamavam-lhe *moechus calvus*, «o adúltero calvo», e, quando desfilavam pelas ruas de Roma, por ocasião de um triunfo, gritavam: «Eh, homens, fechai as vossas mulheres em casa: o sedutor abóbora-pelada está de volta!». E César era o primeiro a rir.

Ao contrário de uma certa lenda que o reveste de uma solenidade grave e altiva, César era um perfeito homem do mundo, galante, elegante, desinibido, cheio de sentido de humor, capaz de encaixar os chistes dos outros e de lhes responder com um sarcasmo mordaz. Era tolerante com os vícios dos outros, porque precisava que os outros também o fossem com os dele. Curião chamava-lhe «o marido de todas as mulheres e a mulher de todos os maridos». E uma das razões porque os aristocratas o odiaram tanto era porque ele seduzia, regularmente, as mulheres deles, as quais, para dizer a verdade, competiam umas com as outras para serem seduzidas. Entre elas estava também Servília, meia-irmã de Catão, que por este motivo lhe foi irremediavelmente hostil. Servília era-lhe tão dedicada, que até lhe sacrificou a filha Tércia, à qual passou o seu posto quando os anos a obrigaram a retirar-se. César recompensou a generosa mãe, mandando-lhe atribuir os bens de certos senadores proscritos, a um preço que era apenas um terço do seu valor. E Cícero teceu sobre esse facto um jogo de palavras, dizendo que aquela venda ao desbarato fora feita *Tertia deducta*. O próprio Pompeio, apesar de mais belo, mais rico e, naquele momento, mais famoso do que César, viu este tirar-lhe a mulher e repudiou-a. César fez-se perdoar dando-lhe por esposa a sua filha.

Esta extraordinária personagem em redor da qual, de agora em diante, toda a história de Roma e do mundo começa a girar, era, pois, no que respeita a moralidade, filho dos seus tempos. E a verdade é que se estreou de um modo que não pressagiava nada de bom. Terminados os estudos pelos dezasseis anos, partiu no séquito de Marco Termo, que ia para a Ásia para aí fazer uma tantas guerras. Mas, em vez de se tornar um bravo soldado, tornou-se o favorito de Nicomedes, rei da Bitínia, que tinha um fraco por rapazes belos. Regressado a Roma com dezoito anos, casou com Cossúcia, porque seu pai assim queria. Mas quando este morreu, repudiou-a e substituiu-a por Cornélia, filha daquele Cina que em tempos sucedera a seu tio Mário. E assim reforçou os vínculos que já o ligavam ao partido democrático.

Sila, quando instaurou a ditadura, ordenou-lhe que se divorciasse. César, embora habituado a mudar de mulher como quem muda de roupa, atrevidamente recusou-se. Foi condenado à morte e o dote de Cornélia foi confiscado. Depois, como já dissémos, amigos comuns intervieram, e Sila deixou-o ir para o exílio. César retribuiu aquele gesto de clemência definindo-o como «um disparate». Mas enganava-se. Sila comprendera muito bem o «disparate» que estava fazendo; mas talvez sentisse uma simpatia secreta por ele.

Quando o ditador se retirou, César regressou a Roma. Mas, encontrando-a ainda nas mãos dos reaccionários, que o detestavam por ser sobrinho de Mário e genro de Cina, voltou a partir para a Cilícia. Um barco de piratas capturou-o no mar e pediram vinte talentos pelo seu resgate, montante bastante significativo. César comentou insolentemente que aquele preço era demasiado baixo para o seu valor, e que preferia dar-lhes cinquenta. Mandou os seus servos buscá-los e enganou a espera escrevendo versos e lendo-os aos seus raptores, que não os apreciaram nem um pouco. César chamou-lhes «bárbaros» e «cretinos», e prometeu-lhes que na próxima oportunidade os enforcaria. Manteve a palavra, pois assim que o libertaram, correu a Mileto, alugou uma flotilha, perseguiu e capturou aqueles filibusteiros, recuperou o seu dinheiro, isto é, dos seus credores (a quem não o restituiu) e – manifestação de clemência – antes de os enforcar cortou-lhes a garganta.

Foi ele próprio que contou esta aventura em algumas cartas dirigidas aos seus amigos, e não juraríamos a sua autenticidade. César, naquele momento, não era ainda o sóbrio e desapaixonado escritor do *De bello gallico*, que, tendo vencido realmente muitas batalhas, já não tinha necessidade de as romancear. Era um rapazola linguareiro, arrogante e devasso que, regressado a Roma em 68 e tendo-se apresentado como candidato ao lugar de questor, já estava cravado de dívidas. Contraíra-as com Crasso depois de ter seduzido também a mulher dele, Tertula. Com aquele dinheiro comprou os votos, foi eleito, cumpriu um período de governo em Espanha, combateu os rebeldes, e regressou a Roma com a fama de valente soldado e administrador competente.

Em 65, voltou a apresentar-se às eleições, foi eleito edil, e agradeceu aos seus apoiantes financiando espectáculos nunca vistos. Mas também fez outra coisa: mandou retransferir para o Capitólio os troféus de vitória de Mário, que Sila tinha saneado. Três anos depois foi nomeado pro-pretor em Espanha. Os seus credores reuniram-se e pediram ao governo que não o deixasse partir antes de lhes ter pago. Ele próprio reconheceu que lhes devia vinte e cinco milhões de sestércios. E Crasso, como de costume, emprestou-lhos. César voltou para junto dos Ibéricos, submeteu-os quase por completo, e trouxe consigo para Roma um espólio de tal ordem, que o Senado lhe concedeu o triunfo. Ou então, fê-lo apenas para o impedir de concorrer ao consulado, uma vez que a candidatura não podia ser apresentada na ausência do candidato, e a lei impedia que o triunfador voltasse a Roma antes da cerimónia. Mas César, apesar disso, veio a Roma, deixando o exército fora das portas da cidade. E foi precisamente durante esta campanha eleitoral que começou a sua grande acção política.

AS ESTRADAS ROMANAS DURANTE O IMPÉRIO

Os conservadores detestavam César, que defendera Catilina, recolocara os troféus de Mário no Capitólio, e agora se apresentava como chefe dos populares. E podiam perfeitamente impedi-lo de ser bem sucedido, opondo-lhe um homem com o prestígio de Pompeio, que em vez disso, como já dissemos, desiludiram, porque tinham ciúmes das suas vitórias e das suas riquezas. Estas eram tão grandes que lhe permitiam ter um exército próprio: aquele com que desembarcou em Brindisi, de regresso do Oriente, e que podia elegê-lo ditador, pela força. Generosamente, Pompeio dispensou o seu exército, e foi apenas com um pequeno séquito de oficiais que entrou em Roma e aí celebrou o triunfo. Corajoso no campo de batalha, Pompeio era timidíssimo no que se referia a responsabilidades políticas e nunca queria fazer nada contra a legalidade e o «regulamento». O Senado sabia e aproveitou-se disso para o tratar com frieza, e recusou-se a distribuir pelos seus soldados as terras que ele lhes prometera. César viu aí uma boa oportunidade para o atrair para o partido, seu e de Crasso.

Esta obra-prima da diplomacia saldou-se num acordo tripartido: o primeiro triunvirato. Pompeio e Crasso punham a sua influência, que era grande, e as suas riquezas, que eram imensas, ao serviço de César, para fazer com que ele fosse eleito cônsul. Este, assim que assumisse o poder, distribuiria as terras pelos soldados de Pompeio e concederia a Crasso as empreitadas a que ele aspirava.

Assim se quebrou a famosa «concórdia das classes» desejada por Cícero, ou seja, a aliança entre a aristocracia e a alta burguesia. Esta última, que via em Crasso e Pompeio os seus legítimos representantes, constituiu, afinal, uma liga com os populares de César. E a aristocracia, estúpida e arrogantemente convencida de não precisar de ajudas e de não dever dividir os seus privilégios com ninguém, ficou sozinha. Apresentou como seu candidato uma personagem insignificante, Bíbulo, que foi eleito. Mas não pôde impedir que também fosse eleito César, figura com um destaque muito diferente.

César manteve os compromissos que assumira com os aliados. Propôs imediatamente a distribuição das terras, e a ratificação das medidas adoptadas por Pompeio no Oriente. O Senado opôs-se. E César, então, levou os projectos de lei à apreciação da Assembleia. Era a mesma coisa que haviam feito os Gracos, que lá deixaram a pele. Mas os tempos tinham mudado. Bíbulo opôs o veto, dizendo que os deuses, tendo sido consultados, se mostraram contrários. A Assembleia riu-se dele e um popular despejou-lhe um penico na cabeça. Os projectos foram aprovados por grande maioria. Pompeio tornou-se genro de César, casando com sua filha Júlia; os burgueses e os proletários uniram-se num grande abraço, e durante meses e meses divertiram-se à custa dos triúnviros, que lhes ofereceram espectáculos magníficos no Circo.

Nesta atmosfera de favor popular foi fácil a César realizar as suas reformas económicas e sociais, que eram afinal as dos Gracos. O Senado opôs-se a todas, mandando regularmente Bíbulo à Assembleia, para dizer que os deuses as desaprovavam. A Assembleia estava-se nas tintas para os deuses e fazia troça de Bíbulo, que acabou por se fechar em casa e nunca mais de lá sair. Como o costume era baptizar o ano com o nome dos dois cônsules, os Romanos chamaram ao ano 59 «o de Júlio e César».

Este concluiu-o, fazendo com que fossem eleitos como seus sucessores para 58 Gabínio e Pisão, tendo desposado a filha deste, Calpúrnia, após divórcio regular da sua terceira mulher, Pompeia, que ia ser processada por ultraje ao pudor e à religião: era acusada de ter introduzido o seu amante, Clódio, mascarado de mulher, no recinto consagrado à deusa Boa, da qual Pompeia era sacerdotisa. O facto era verídico. Clódio, um aristocrata jovem e belo, ambicioso e sem escrúpulos, frequentava a casa de César, admirava a sua política e ainda mais a sua mulher. No entanto, não se sabe se ela foi sua cúmplice, quando o apanharam naquela ímpia tentativa. César, chamado a depor, proclamou a inocência de Pompeia. Quando o juíz lhe perguntou porque é que, nesse caso, se divorciara dela, respondeu: «Porque a mulher de César não pode ser manchada nem por uma suspeita». E testemunhou também a favor de Clódio, dizendo que não o considerava capaz de um gesto semelhante, embora constasse que ele já praticara alguns ainda piores: por exemplo, o de seduzir a sua própria irmã, a famosa Clódia, mulher de Quinto Cecílio Metelo, aquela a quem Catulo chamava Lesbia, e que Cícero molestava com a sua má-língua. Rancoroso e importuno como era, o grande advogado chegou até a testemunhar contra o irmão dela. Mas César pôs em acção Crasso, que comprou os juízes. E Clódio foi absolvido.

A razão por que César fazia tanto empenho em salvar aquele valdevinos que, como hoje se diria, lhe desonrara a mulher, viu-se logo depois qual era, quando Clódio se apresentou como candidato ao tribunado da plebe e César o apoiou. Evidentemente, depois de ter instalado o sogro e um amigo íntimo no cargo de cônsules, pretendia um devedor à cabeça do proletariado. César estava-se nas tintas para a honra conjugal. Clódio, com toda aquela questão, dera-lhe o pretexto para se libertar de uma esposa que já não lhe servia para nada, e para substituí-la por outra que lhe era muito útil por causa da sua parentela. No momento de deixar o cargo, ele autonomeara-se procônsul, por cinco anos, da Gália Cisalpina e Narbonense. Como a lei proibia que se estacionassem tropas dos Apeninos para baixo, quem tivesse o comando das que estavam dos Apeninos para cima era, praticamente, dono da península. E César, agora, queria ser esse dono.

Sabia muito bem que o Senado faria todo o possível para lho impedir. Mas César demonstrara que se podia governar sem o Senado, fazendo aprovar as leis directamente pela Assembleia. Nos últimos tempos, fora ainda mais longe: impusera que todas as discussões que se realizassem naquele órgão solene e aristocrático fossem registadas e publicadas diariamente. Assim nasceu o primeiro jornal. Chamou-se *Acta diurna*, e era gratuito, porque, em vez de vendê-lo, afixavam-no nas paredes, de maneira que todos os cidadãos pudessem lê-lo e controlar aquilo que faziam e diziam os seus governantes. A invenção teve um enorme alcance, porque sancionou o mais democrático de todos os direitos. O Senado, que também tirava prestígio do seu secretismo, foi assim submetido à opinião pública, e nunca mais se recompôs deste golpe.

Com Gabínio e Pisão a guardar-lhe as costas como cônsules; com um aventureiro como Clódio, com o qual era fácil fazer chantagem, à cabeça da plebe; com a amizade de Pompeio e o apoio financeiro de Crasso; com o Senado preso às rédeas e obrigado a dar conta das suas decisões, César agora podia perfeitamente afastar-se de Roma para obter aquilo que, mesmo assim, ainda lhe faltava: a glória militar e um exército fiel.

# 25

# A Conquista da Gália

Quando César lá chegou, em 58, a França era, para os Romanos, apenas um nome: Gália. Conheciam somente as suas províncias meridionais, aquelas que tinham submetido à vassalagem para garantirem as comunicações terrestres com a Espanha. O que havia mais para norte, ignoravam.

Mais para norte não existia aquilo a que hoje se chama uma nação. Dispersas pelas várias regiões, viviam tribos de raça céltica, que passavam o tempo a guerrear-se umas às outras. César, que além do mais era também um grande jornalista e tinha o dom da observação, viu que cada uma destas tribos se dividia em três classes: os nobres ou cavaleiros, que tinham o monopólio do exército; os padres ou *druidas*, que tinham o monopólio da religião e da instrução; e o povo, que tinha o monopólio da fome e do medo. César pensou que para dominar estas tribos bastava mantê-las divididas, e que para mantê-las divididas bastava criar a discórdia entre os cavaleiros. Cada um, para combater o outro, levaria consigo uma parte do povo. Só havia um perigo: que os druidas se entendessem entre si e constituíssem o centro espiritual de uma unidade nacional. E por isso era preciso tê-los todos do lado de Roma.

César simpatizava com os Gauleses por duas razões: antes de mais, porque o seu primeiro preceptor fora um deles, e depois porque eram irmãos de sangue daqueles Celtas do Piemonte e da Lombardia, que Roma já subjugara e que constituíam a sua melhor infantaria. Se conseguisse estender esse jugo a toda a França, teria aí uma mina inesgotável para os seus exércitos.

César não tinha as forças necessárias para uma conquista. Tinham-lhe dado apenas, para aquele território considerável, quatro legiões, menos de trinta mil homens. E justamente no momento em que assumia o seu comando, quatrocentos mil Helvécios transbordavam da Suíça sobre a Gália Narbonense, ameaçando submergi-la, e cento e cinquenta mil Germanos atravessavam o Reno para trazer reforços, na Flandres, ao seu co-irmão Ariovisto, que já ali se estabelecera treze anos antes. Toda a Gália, aterrada, pediu protecção a César que, sem tão-pouco dar conhecimento disso ao Senado, recrutou à sua própria custa mais quatro legiões, e ordenou a Ariovisto que viesse discutir um acordo com ele. Ariovisto recusou e César, para afirmar o seu prestígio aos olhos dos seus novos súbditos, não teve outra alternativa senão a guerra contra ele e contra os Helvécios.

Foram duas campanhas temerárias e fulgurantes. Derrotados, apesar da sua enorme superioridade numérica, os Helvécios pediram que os deixasse retirar para a sua pátria, e César permitiu-o, na condição de aceitarem a vassalagem a Roma. Os Germanos foram completamente aniquilados perto de Ostheim. Ariovisto fugiu, mas morreu pouco depois. O mulherengo devasso e endividado revelava-se, no campo de batalha, um general formidável.

Aproveitando aquele êxito que deixara toda a Gália de boca aberta, César pediu-lhe que se unisse sob o seu comando, para evitar, daí em diante, outras invasões. Mas os Gauleses estavam dispostos a tudo menos a porem-se de acordo uns com os outros. Muitas tribos rebelaram-se e pediram ajuda aos Belgas, que acorreram. César derrotou-os, a seguir derrotou aqueles que os tinham chamado, e anunciou a Roma, um tanto prematuramente, que toda a Gália estava subjugada. O povo exultou, a Assembleia aclamou, o Senado torceu o nariz. César pressentiu que os conservadores lhe estavam a preparar alguma partida feia; regressou a Itália e convocou, para um encontro em Lucca, Pompeio e Crasso, a fim de com eles reforçar, em defesa comum, o triunvirato.

Roma, de facto, estava a passar por convulsões desde que César deixara o consulado. O defensor dos aristocratas, até àquele momento, fora Catão, um reaccionário um bocado obtuso, mas cavalheiro. Talvez tivesse tido ideias mais abertas, se não carregasse consigo o nome do seu avô, o grande Censor, que as tivera fechadíssimas. Aquele nome arruinou-o, obrigando-o a representar um papel no qual talvez não acreditasse. Para defender a austeridade dos costumes antigos, circulava pela cidade descalço

COMO CÉSAR VIA A GÁLIA E A BRITÂNIA

*Gallia est omnis divisa in partes tres, quarum unam incolunt Belgae, aliam Aquitani, tertiam, qui ipsorum lingua Celtae, nostra Galli appellantur (Caes, De bello Gallico, t.1).* [A Gália no seu conjunto está dividida em três partes: uma onde habitam os belgas; outra a Aquitânia; a terceira, cujos habitantes falam o celta e aos quais chamamos Gauleses (César, *De bello Gallico*, t.1).]

A LIBERNIA é a Irlanda
CANTIUM é a península inglesa de Kent
O rio SEQUANA é o Sena
O rio LIGER é o Loire (Líger em português)
O rio GARUMNA é o Garona
O rio RHENUS é o Reno

e sem túnica, sempre resmungando contra os novos costumes. Também o primeiro Catão o fizera, mas misturando aos seus resmungos gargalhadas francas e espontâneas, sarcasmos pungentes, barrigadas de feijões e copadas de *chianti*. O seu neto tinha um rosto carrancudo e intratável, uma cor ictérica de pastor protestante, e uma boca amarga, de solteirona obcecada pelos remorsos dos pecados não cometidos. Talvez ele chateasse tanto os outros porque se chateava a si próprio, a exercer sempre aquela profissão de moralista desmancha-prazeres. Mas era um moralista à sua maneira, que nada teve a objectar, por exemplo, ao facto de sua mulher, Márcia, também ela enfadada com um marido tão enfadonho (e quem poderia levar-lhe a mal, pobre mulher?), tomasse como amigo o advogado Hortênsio, o rival de Cícero, que era belo e eloquente. Pelo contrário, quando se apercebeu, disse ao adúltero: «Quere-la? Empresto-ta» (pelo menos, assim conta Plutarco). Não só. Quando, dali a pouco, Hortênsio morreu, Catão foi buscar Márcia para casa e continuou a viver com ela, como se nada tivesse acontecido.

Este curioso homem possuía, no entanto, as suas qualidades. Era, antes de mais, honesto. Isso explica como é que, numa época em que tudo estava à venda, mas principalmente os votos dos eleitores, não conseguiu fazer carreira para além da categoria de pretor. Os senadores, cujo monopólio político ele defendia e que não se preocupavam com a honestidade, teriam preferido que ele lutasse com armas mais adequadas à corrupção geral e ao inimigo que agora tinham pela frente: aquele Clódio que, depois da partida de César, se tornara o dono de Roma e, entre outras coisas, obtivera aprovação da Assembleia para que Catão fosse enviado como alto comissário a Chipre. Catão obedeceu, e os conservadores ficaram sem ninguém à testa (a cabeça já eles tinham perdido havia vários anos).

Para sorte deles, Clódio era, mais do que um grande político, um grande demagogo, e portanto não tinha a noção da medida. No seu ódio cego contra Cícero, pôs-se a persegui-lo, obrigando-o a fugir para a Grécia; confiscou-lhe o património e mandou arrasar o seu palácio no Palatino.

Acontece que Cícero, em Roma, não era aquilo que Cícero pensava que era. Mas continuava a representar uma espécie de instituição nacional, e Pompeio e César foram os primeiros a desaprovar aquelas medidas. Clódio, porém, não se deu por achado; revoltou-se contra os seus dois poderosos patrões, recrutou um bando de espancadores e dedicou-se a aterrorizar a cidade. Quinto, o irmão de Cícero, que pedira à Assembleia que mandasse regressar o proscrito, sofreu um atentado e safou-se por milagre.

Para que o seu pedido fosse acolhido, Pompeio teve de contratar, por sua vez, uma quadrilha de delinquentes sob o comando de Ânio Milão, um aristocrata com poucos quatrins e nenhuns escrúpulos, como Clódio, contra o qual moveu guerra. Roma, então, transformou-se naquilo que, há setenta anos, era Chicago.

Cícero, recebido, no seu regresso, com grandes festejos, passou a ser o advogado dos triúnviros que o haviam salvado, defendeu a sua causa diante do Senado, fez com que fossem concedidos novos fundos a César para as suas tropas na Gália, e a Pompeio um comissariado com plenos poderes, por seis anos, para resolver o problema alimentar da península. Mas em 57 Catão regressou de Chipre, onde desempenhara brilhantemente as suas missões e, sob a sua orientação, os conservadores retomaram a luta contra os triúnviros. Calvo e Catulo encheram Roma de epigramas contra eles. Tendo-se apresentado como candidato para o consulado de 56, o aristocrata Domício baseou a sua campanha eleitoral na revogação das Leis Agrárias de César. Cícero farejou, como de costume, o vento, achou que soprava a favor das esquerdas, tomou partido por Domício, e denunciou, por apropriações ilícitas, Pisão, o sogro de César.

Foi para arranjar remédio para tudo isto que os triúnviros se encontraram em Lucca, onde se decidiu que Crasso e Pompeio se candidatassem de novo ao consulado e, após a vitória, reconfirmassem César como governador da Gália por mais cinco anos. Chegados ao fim do mandato, Crasso ficaria com a Síria e Pompeio com a Espanha. Deste modo ficariam, entre os três, senhores de todo o exército.

O plano funcionou porque as fortunas de Crasso e de Pompeio, acrescidas dos contributos de César, que agora tinha na mão as carteiras de toda a Gália, chegaram para comprar uma maioria. E assim, o procônsul pôde regressar às suas províncias, onde entretanto se perfilava uma nova invasão germânica. César massacrou os intrusos, rechaçando-os para lá do Reno, e a seguir atravessou a Mancha com um pequeno destacamento e, pela primeira vez e com ele, os Romanos pisaram solo inglês. Não se sabe exactamente por que razão lá foi: provavelmente, foi só para ver o que lá havia. Permaneceu ali poucos dias, derrotou as poucas tribos que encontrou no seu caminho, tomou alguns apontamentos e voltou para trás. Mas no ano seguinte tentou de novo a aventura com forças mais numerosas, derrotou um exército indígena chefiado por Cassivelauno, avançou até ao Tamisa, e teria talvez ido mais além, se não lhe tivesse chegado da Gália a notícia que a revolta rebentara.

César, a princípio, considerou o problema como uma simples questão administrativa. Assim que desembarcou no continente, desbaratou os Eburões, de quem partira a iniciativa revolucionária, e deixou nas províncias setentrionais o grosso do seu exército a defendê-las, para voltar, com uma pequena escolta, à Lombardia. Tinha aí chegado havia pouco, quando soube que toda a Gália estava em tumulto, unida, pela primeira vez, sob as ordens de um chefe hábil, Vercingetorix. César conhecia-o: era um guerreiro de Auvergne, terra de soldadecos montanheses e robustos, filho de um tal Celtilo, que aspirara a tornar-se rei de toda a Gália, e que por esse motivo fora morto pelos seus homens. Talvez o jovem alimentasse as mesmas ambições que o pai, e tivesse esperado receber a investidura das mãos de César, de quem se mostrara amigo. Desiludido, revoltava-se. Mas, mais sensato do que os outros, apelava ao sentimento nacional e obtivera o apoio dos druidas, que lhe deram uma sanção religiosa.

Vercingetorix encontrava-se, com as suas forças numerosas, entre César, que estava a Sul, e o exército romano, que estava a Norte. A situação não podia ser pior. César enfrentou-a com a audácia habitual. Com os seus reduzidos destacamentos, voltou a atravessar os Alpes e começou a subir a França, país que agora era completamente inimigo. Caminhou a pé durante dias e noites, à cabeça dos seus soldados, através das neves das Cevenas, dirigindo-se para a capital adversária. Vercingetorix acorreu para defendê-la. César entregou o comando a Décimo Bruto e, com uma escolta de poucos cavaleiros, passou por entre as linhas inimigas, em direcção ao grosso das suas forças. Reuniu-as, derrotou separadamente os Ávaros e os Cenabos, saqueando as suas cidades, mas diante de Gergóvia teve de retirar, acossado pelos Éduos, que considerara os mais fiéis entre os seus aliados e que agora o abandonavam.

Deu-se conta de que estava sozinho, na proporção de um contra dez, num país hostil, e considerou-se perdido. Jogando tudo por tudo, marchou sobre Alésia, onde Vercingetorix exterminara o exército, e pôs-lhe assédio. Imediatamente, os Gauleses acorreram de todos os lados para libertar o seu capitão. Eram duzentos e cinquenta mil aqueles que se concentraram, contra as quatro legiões romanas. César ordenou aos seus que erguessem duas trincheiras: uma, perto da cidade assediada e outra, na frente das forças que acorriam em auxílio dela. E entre estes dois bastiões dispôs os seus homens, com as poucas munições e provisões que ainda tinham. Após uma semana de resistência desesperada nas duas frentes, os Romanos passavam fome, mas os Gauleses, por sua vez, passavam à anarquia, e começavam a retirar-se em desordem. César conta que, se tivessem insistido por mais um dia, teriam vencido.

Vercingetorix em pessoa saiu da cidade extenuada, para pedir clemência. César concedeu-a à cidade, mas os rebeldes tornaram-se propriedade dos legionários, que os venderam como escravos e assim embolsaram uns patacos. O infeliz capitão foi levado para Roma, onde, no ano seguinte, seguiu, acorrentado, o carro do triunfador, que o «sacrificou aos deuses», como se dizia naqueles tempos.

César permaneceu ainda na Gália durante aquele ano, a liquidar os restos da revolta. Fê-lo com uma severidade que não era habitual nele, que sempre se mostrara generoso com o adversário vencido. Mas, uma vez infligido o castigo com a eliminação dos chefes, regressou aos seus métodos de clemência e compreensão. E assim, doseando com sabedoria a mão dura e a carícia, fez dos Gauleses um povo atencioso e dedicado a Roma, como se viu durante a guerra civil contra Pompeio, quando eles não esboçaram sequer uma tentativa para sacudir o jugo pouco firme que os mantinha sujeitos.

Roma não se apercebeu da grandeza da oferta que o seu procônsul lhe fez. Viu na Gália apenas mais uma província para explorar, duas vezes maior do que a Itália e povoada por cinco milhões de habitantes. É verdade que não podia imaginar que César ali tinha fundado uma nação destinada a perpetuar e difundir a civilização e a língua de Roma em toda a Europa. E depois, naquela altura não podia ocupar-se de questões dessas, entregue como estava às suas discórdias.

Crasso, depois do consulado, partira para a Síria, como ficara estabelecido em Lucca; com a sua impaciência por alcançar a glória militar, movera guerra aos Partos, fora derrotado por eles em Carras e, enquanto negociava com o general vencedor, este matara-o e enviara a sua cabeça decapitada para ornamentar, no teatro, uma cena de Eurípides. Pompeio, por seu lado, tendo-lhe sido dado um exército para governar a Espanha, deixara-se ficar com ele em Itália, numa atitude que não pressagiava nada de bom. O vínculo mais forte que o unia a César desaparecera com a morte de Júlia. César propôs-lhe a sua neta Octávia para substituí-la. E, uma vez que o viúvo recusou, ofereceu-se ele próprio para esposo da filha de Pompeio, que iria ocupar o lugar de Calpúrnia, da qual se divorciaria. Em Roma passava-se com toda a desenvoltura da condição de sogro à de genro. Mas Pompeio rejeitou também esta proposta: não estava interessado em parentescos com César, porque finalmente entrara em acordo com os conservadores, dos quais se tornara o defensor. Sabendo que o proconsulado de César terminaria em 49, conseguiu prolongar o seu até 46. Desta maneira, passaria a ser o único, dos dois, a ter um exército.

A democracia agonizava sob as pauladas de Clódio e de Milão, que a tinham reduzido a uma questão de bastões. Por fim, Milão matou Clódio, que pouco antes lhe queimara a casa. A plebe dispensou ao defunto honras de mártir, levou o seu cadáver para o Senado e pôs fogo ao palácio. Pompeio chamou os seus soldados para reprimirem o tumulto, e assim tomou posse da cidade. Cícero aclamou-o como o «cônsul sem colega»; e a fórmula agradou aos conservadores, que a adoptaram porque permitia atribuir a Pompeio os poderes do ditador, evitando mencionar a desagradável palavra. Pompeio aquartelou em Roma todo o seu exército, à sombra do qual a Assembleia realizou as suas reuniões e os tribunais os seus processos. Entre estes, ficou famoso o de Milão, que foi condenado pelo assassínio de Clódio, apesar da defesa de Cícero, o qual publicou depois o seu discurso de defesa. Quando Milão, que fugiu para Marselha, o leu, exclamou: «Oh, Cícero, se tu tivesses de facto pronunciado as palavras que escreveste, eu não estaria aqui a comer peixe!». O que nos faz despertar muitas dúvidas acerca da correspondência entre os textos do grande advogado e os seus discursos reais.

Pompeio voltou a propor a lei que exigia a presença na cidade para concorrer ao consulado. A Assembleia, custodiada pelas suas tropas, aprovou. Isto significava a exclusão de César, que não podia regressar antes do dia fixado para o triunfo. Corria o ano 49 e o cargo de César expirava a 1 de Março, mas Marco Marcelo afirmou que era preciso antecipar aquele prazo. Os tribunos da plebe opuseram o veto, mas o veto pressupunha uma legalidade democrática que já não existia. E Catão reforçou a dose, proclamando que César devia ser processado e expulso de Itália.

Como agradecimento pela conquista da Gália, não estava nada mal.

# 26

# O Rubicão

As hesitações de César antes de desencadear a guerra civil fizeram a alegria de muitos escritores e a sorte de um riacho cujo nome, se isso não tivesse acontecido, ninguém conheceria: o Rubicão. Este definia, perto de Rimini, a fronteira entre a Gália Cisalpina, onde o procônsul tinha o direito de ter os seus soldados, e a Itália propriamente dita, para onde a lei o proibia de os levar; e foi nas suas margens que os historiadores descreveram César meditabundo e roído pelas dúvidas. Mas a verdade é que quando César ali chegou, já tomara a decisão, ou melhor, já lhe fora imposta.

A fim de evitar uma luta entre Romanos, ele aceitara todas as propostas avançadas por Pompeio e pelo Senado, os quais agora eram uma e a mesma coisa: enviar uma das suas escassíssimas legiões ao Oriente para vingar Crasso, e restituir outra a Pompeio, que lha emprestara para as operações na Gália. Mas quando o Senado lhe deu a resposta definitiva, impedindo-o de concorrer ao consulado e dando-lhe a escolher entre dispersar o exército ou ser declarado inimigo público, ele compreendeu que, escolhendo a primeira alternativa, se entregava, indefeso, nas mãos de um Estado que queria a sua pele. Avançou ainda uma última proposta, que os seus lugares-tenentes Curião e António vieram ler, na forma de carta, no Senado: entregaria oito das suas dez legiões, se lhe prolongassem o governo da Gália até 48. Pompeio e Cícero pronunciaram-se a favor; mas o cônsul Lêntulo correu com os dois mensageiros para fora da sala, e Catão e Marcelo pediram ao Senado, que cedeu de má vontade, que conferisse a Pompeio poderes para impedir que «fosse causado prejuízo ao Estado». Era a fórmula de aplicação da lei marcial. Esta colocava definitivamente César entre a espada e a parede.

César reuniu a sua legião favorita, a décima terceira, e falou aos soldados, tratando-os não por *soldados*, mas por *camaradas*. Podia fazê-lo. Além de seu general, ele fora, na verdade, também companheiro deles. Havia dez anos que os conduzia de missão em missão e de vitória em vitória, alternando sabiamente a tolerância e o rigor. Aqueles veteranos eram verdadeiros profissionais da guerra, entendiam do assunto, e sabiam avaliar os seus oficiais. Por César, que raramente tinha de recorrer à autoridade para afirmar o seu prestígio, nutriam um afecto respeitoso. E quando ele lhes explicou como estavam as coisas e perguntou se estavam na disposição de enfrentar Roma, a sua pátria, numa guerra que, se a perdessem, os qualificaria como traidores, responderam-lhe que sim com unanimidade. Eram quase todos Gauleses do Piemonte e da Lombardia: gente a quem César dera a cidadania que o Senado se obstinava em negar-lhes. A pátria deles era ele, o general. E quando ele os informou que não tinha sequer dinheiro para lhes pagar o soldo, a resposta deles foi despejar nos cofres da legião as suas economias. Um único desertou, para passar para o lado de Pompeio: Tito Labieno. César considerava-o o mais hábil e fiel dos seus lugares-tenentes. Despachou-lhe a bagagem e o ordenado, que o fugitivo não tivera o cuidado de levar consigo.

A 10 de Janeiro daquele ano 49 «lançou os dados», como ele próprio disse, isto é, atravessou o Rubicão com aquela legião de seis mil homens, contra os sessenta mil que Pompeio já reunira. Em Piceno foi alcançado pela décima segunda, e em Corfinio pela oitava. Formou outras três com voluntários daquele lugar, que não haviam esquecido Mário e viam em César, seu sobrinho, o seu continuador. «As cidades abrem-se diante dele e saúdam-no como um deus», escreveu Cícero, que começava a não ter a certeza de ter escolhido bem, ao tomar o partido dos conservadores. Na realidade, a Itália estava farta dos conservadores e não opunha resistência ao rebelde, que a recompensava com uma clemência clarividente: nada de saques, nada de prisioneiros, nada de saneamentos.

Durante este avanço sobre Roma sem derramamento de sangue, César continuou a procurar um compromisso, ou pelo menos a dar a impressão que o procurava. Escreveu a Lêntulo, fazendo-lhe uma previsão dos desastres que Roma poderia ter de enfrentar com aquela luta fratricida; escreveu a Cícero, dizendo-lhe que transmitisse a Pompeio que ele estava na disposição de se retirar para uma vida privada, se lhe garantissem a segurança. Mas, sem esperar pelas respostas, continuou a avançar contra Pompeio, o qual também avançava, mas para sul.

Embora rejeitando as propostas de César, os conservadores tinham abandonado Roma, depois de terem declarado que considerariam inimigos os senadores que aí permanecessem. Carregados de dinheiro, de pretensões e de insolência, todos eles acompanhados dos servos, das mulheres, dos amigos, dos efebos, levando tendas de luxo, roupas interiores em linho, uniformes e penachos, estes aristocratas constituíam o barulhento séquito de Pompeio, transtornando-lhe o cérebro com a sua tagarelice. Pompeio nunca tivera grande carácter, nem sequer quando era jovem e magro. Agora, envelhecido e atacado pela pulmoeira, perdera aquele pouco que tivera; e, para não enfrentar uma decisão, continuou a retirar-se até Brindisi, onde carregou todo o seu exército nos navios e o levou para Dürres. Táctica curiosa esta, para um general que tinha um exército que era o dobro do do adversário. Disse que queria treiná-lo e discipliná-lo, antes de enfrentar a batalha decisiva.

César entrou em Roma a 16 de Março, deixando o exército fora da cidade. Rebelara-se contra o Estado, mas respeitava os seus regulamentos. Pediu o título de ditador, e o Senado recusou. Pediu que fossem enviados mensageiros de paz a Pompeio, e o Senado recusou. Pediu para poder dispor do Tesouro, e o tribuno Lúcio Metelo opôs o seu veto. César disse: «É-me tão difícil pronunciar ameaças, quanto me é fácil executá-las». Imediatamente, o Tesouro foi posto à sua disposição. César, antes de esvaziá-lo para engordar os cofres dos seus regimentos, deitou lá para dentro todo o espólio acumulado nas últimas campanhas. O furto, sim; mas, primeiro, a legalidade.

Os conservadores preparavam a desforra juntando três exércitos: o de Pompeio que estava na Albânia, o de Catão, na Sicília, e um outro que estava em Espanha. Tencionavam obrigar César e a Itália a capitular pela fome, sem necessidade de uma batalha, que temiam. César mandou duas legiões à Sicília, sob o comando de Curião, o qual seguiu Catão, que embarcara para África, o atacou sem preparação adequada, foi derrotado e morreu em combate, pedindo perdão a César pelo mal que lhe fizera. Contra a Espanha foi César pessoalmente, para garantir os abastecimentos de trigo. Pensava que ali os pompeianos fossem menos fortes, e teve de enfrentar dificuldades imprevistas. Mas César dava o seu melhor nos momentos de perigo. Um dia, encontrando-se sitiado, desviou o curso de um rio e passou a ser o sitiador. O inimigo capitulou, e a Espanha ficou de novo sob o controlo de Roma. O povo, libertado do espectro da carestia, aclamou-o, e o Senado deu-lhe o título de ditador. Mas agora foi César que o recusou: bastava-lhe o de cônsul, que os eleitores lhe concederam.

Com a eficiência habitual, repôs a ordem nos assuntos internos do Estado, mas sem processos, nem expulsões, nem confiscações. Depois, reuniu o exército em Brindisi, embarcou vinte mil homens nos doze barcos que tinha à disposição, e desembarcou-os na Albânia, no encalço de Pompeio, que ficou de boca aberta, pois estava convencido de que no Inverno ninguém se atreveria a atravessar aquele braço de mar, patrulhado pela sua poderosa frota. Porque é que não atacou imediatamente aquele temerário inimigo, que assim surgia ao seu alcance com forças tão reduzidas, nunca se soube. No entanto, teve também a seu favor o temporal, que fez com que a esquadra de César fosse a pique, impedindo-o de atravessar o resto do exército. Na embarcação com que tentou ainda alcançar a costa italiana, César gritava aos remadores aterrorizados: «Não tenham medo: vocês estão transportando César e a sua estrela». Mas o tufão atirou com ele e com a estrela para os escolhos, e se naquele momento Pompeio tivesse tomado a iniciativa, nunca mais ninguém os veria.

Finalmente, o tempo melhorou, e, trazendo reforços às tropas desmoralizadas de César, chegou Marc'António, o melhor dos seus lugares-tenentes, com mais homens e meios de subsistência. Antes de atacar, César disse que tinha enviado a Pompeio uma nova proposta de paz, que não produziu efeito. E o ataque de César também não produziu efeito. Pompeio resistiu, fez alguns prisioneiros e matou-os. Também César fez prisioneiros, mas recrutou-os. Os seus veteranos reconheceram que a batalha correra mal porque não tinham posto nela todo o seu empenho, e pediram para ser castigados. César recusou, e eles suplicaram-lhe que os reconduzisse ao ataque. Em vez disso, ele levou-os para a Tessália, para repousarem e recuperarem as forças naquele celeiro.

No campo de Pompeio, Afrânio aconselhava o regresso à indefesa Roma, abandonando César ao seu destino. Mas a maioria foi de opinião que se lhe desse o golpe de misericórdia, porque o consideravam já vencido. Pompeio, que, não tendo ideias, seguia as dos outros, foi atrás do inimigo, e apanhou-o na planície de Farsalo. Tinha cinquenta mil soldados de infantaria e sete mil cavaleiros; César tinha vinte e dois mil soldados e mil cavaleiros. Na véspera da batalha, no campo de Pompeio houve grandes banquetes, discursos, copos e brindes à vitória certa. César comeu um rancho de trigo e couves com os seus soldados, na lama da trincheira. Em frente a ele, que dava instruções indiscutíveis aos seus oficiais, havia mil estrategas tagarelas com mil planos diferentes, e um general que aguardava que lhe sugerissem um.

Farsalo foi a obra-prima de César, que perdeu apenas duzentos homens, matou quinze mil, capturou vinte mil, ordenou que fossem poupados, e celebrou a vitória consumindo, sob a sumptuosa tenda de Pompeio, a refeição que os cozinheiros tinham preparado para ele celebrar o triunfo. O desventurado general, naquele momento, cavalgava em direcção a Larissa, sempre seguido por aquela turba de aristocratas ociosos, entre os quais se encontrava também um certo Bruto, cujo cadáver César procurara no campo de batalha, com pavor de o encontrar. Era filho da sua antiga amante Servília, a meia-irmã de Catão, e possivelmente era ele o seu pai. Respirou de alívio quando recebeu de Larissa uma carta dele, que lhe pedia perdão e o suplicava também para seu cunhado Cássio, que casara com a sua irmã Tércia (que sucedera a sua mãe nas graças de César) e que fora feito prisioneiro com os outros pompeianos.

César deu imediatamente a absolvição a ambos, porque Roma era, então, aquilo que Ennio Flaiano diz que é hoje a Itália: um país não só de poetas, de heróis, de navegadores, mas também de tios, de sobrinhos e de primos.

Mas voltemos a Pompeio que, logo que sua mulher chegou a Mitilene, embarcou com ela em direcção a África, provavelmente com o propósito de assumir o comando do último exército senatorial: aquele que Catão e Labieno tinham estado a organizar em Útica. O barco lançou âncora nas águas do Egipto, Estado vassalo de Roma, que o administrava través do seu jovem rei, Ptolomeu XII. Era um senhorzinho meio degenerado e meio néscio, que estava em poder de um *vizir*, isto é, um primeiro-ministro eunuco e velhaco: Potino. Este já tinha conhecimento de Farsalo, e achou que teria garantida a gratidão do vencedor se assassinasse o vencido. Pompeio foi apunhalado pelas costas, em frente da mulher, ao desembarcar de uma chalupa. E a sua cabeça foi apresentada a César, que virou a dele com horror, quando chegou lá e a viu. César não gostava de ver sangue, nem mesmo o dos seus inimigos. E não resta qualquer dúvida que teria indultado Pompeio se o tivesse capturado vivo.

Já que estava ali, César quis, antes de regressar a Roma, pôr em ordem os assuntos daquele país, que se estava a arruinar havia algum tempo. Ptolomeu devia, de acordo com o testamento de seu pai, partilhar o trono com sua irmã Cleópatra, depois de casar com ela (estes amores entre irmãos mantiveram-se frequentes no Egipto, até Faruk: fazem parte do «colorido local»). Mas Cleópatra, quando César chegou, não estava: Potino mantinha-a afastada e fechada, para poder agir à sua vontade. César mandou chamá-la, às escondidas. Para poder chegar à presença dele, ela escondeu-se entre as cobertas de um leito que o servo Apolodoro ia levar para os aposentos do ilustre hóspede, no palácio real. Ele encontrou-a no momento em que se ia deitar: um momento particularmente propício para uma mulher daquele género.

Não era belíssima, mas cheia de *sex-appeal*, loura, serpentina, mestra sapiente de pós-de-arroz e cosméticos, tinha uma voz melodiosa que não correspondia, de modo algum, como frequentemente acontece, ao seu carácter cobiçoso e calculista, intelectual quanto bastava para manter uma conversa animada, e absolutamente ignorante de tudo o que pudesse assemelhar-se ao pudor; era precisamente o que estava a fazer falta a um mulherengo desinibido como César, depois de todos aqueles meses de trincheira e de abstinência. Porque em questões de mulheres, César continuava a ser o mesmo de antes e de sempre: para ele, bocado deixado era bocado perdido.

No dia seguinte, ele reconciliou irmão e irmã, isto é, praticamente deu a ela todos os poderes, em prejuízo de Potino, que foi discretamente eliminado, com a desculpa, talvez verdadeira, de estar tramando uma conspiração. Infelizmente, a cidade insurgiu-se contra César, e a guarnição romana que a custodiava uniu-se aos rebeldes. César, com os seus poucos homens, transformou o palácio real num fortim, enviou um mensageiro à Ásia Menor a pedir reforços, deitou fogo à frota para que não caísse nas mãos do inimigo (e o incêndio, lamentavelmente, propagou-se também à grande biblioteca, honra e orgulho de Alexandria), e com um golpe estratégico que ele próprio conduziu lançando-se a nado, apoderou-se da ilhota de Faros, onde aguardou os reforços que chegavam por mar. Ptolomeu convenceu-se que ele estava perdido, uniu-se aos rebeldes, e nunca mais se soube nada dele. Cleópatra permaneceu corajosamente com César que, quando os seus homens chegaram, desbaratou os egípcios e a recolocou no trono.

Ficou nove meses com ela, tantos quantos os suficientes para pôr no mundo um menino que se chamou, para que não houvesse dúvidas quanto à paternidade, Cesarião. Deve ter sido um grande amor, para César se ter mantido surdo aos apelos de Roma, que na sua ausência caíra em poder das «quadrilhas» de Milão, regressado de Marselha. Finalmente, quando se soube que ele ia realizar com ela uma longa viagem pelo Nilo, os seus próprios soldados se revoltaram: entre eles, constara que o general queria casar com ela e ficar no Egipto, como rei do Mediterrâneo.

Então, César acordou, voltou a tomar o comando dos seus homens e correu para a Ásia Menor, onde «chegou, viu e venceu» em Zela, contra Fárnaces, o filho rebelde de Mitridates.

Depois, embarcou para Tarento, onde Cícero e outros ex-conservadores vieram ao seu encontro com a cabeça coberta de cinzas. Usando da sua habitual magnanimidade, César cortou-lhes as palavras de contrição e estendeu-lhes a mão. Todos ficaram de tal modo felizes que não tiveram tempo nem vontade de se escandalizar pelo facto de o chefe voltar para uma Roma onde abundavam as chacinas e os lutos, trazendo no séquito uma mulher vestida e maquilhada como uma cantora de cabaré, que empurrava diante de si um carrinho que continha um petiz choramingão.

Com esta «presa de guerra» viva, ele voltou à presença da Urbe e da sua mulher Calpúrnia, que nem sequer pestanejou porque já estava habituada. No entanto, foi ela provavelmente a única a aperceber-se de que Cleópatra tinha o nariz um pouco comprido. E temos a certeza de que isso lhe agradou muito.

# 27

# Os Idos de Março

A situação em Roma não era agradável. Já não vinha trigo de Espanha, onde o filho de Pompeio organizara outro exército, nem de África, onde Catão e Labieno eram agora os chefes do campo e tinham às suas ordens forças iguais àquelas que foram derrotadas em Farsalo. Dentro da cidade o caos alastrava. O genro de Cícero, Dolabela, aliara-se a Célio, o sucessor de Clódio e chefe dos extremistas. Juntos, haviam ordenado a anulação de todos os débitos, o que significava o marasmo económico, e mandado vir de Marselha Milão, o grande mestre da demagogia e do bastão. Marc'António que, em representação de César, devia manter a ordem e usava os processos expeditos da soldadesca, excitara a tropa, um milhar de Romanos foram degolados no Foro, e Célio e Milão fugiram, para organizar a revolta na província, onde várias legiões se tinham amotinado.

César, habituado a bater-se à direita, isto é, contra os reaccionários, detestava ter inimigos à esquerda e não queria terminar como Mário, que fora obrigado, para repor a ordem, a massacrar os seus. Começou a dobar a sua meada política com os soldados, «porque», disse, «eles dependem do dinheiro, que depende da força, que depende deles». Apresentou-se só e desarmado às legiões revoltadas, e disse, com a sua calma habitual, que achava que as suas reivindicações eram legítimas, e que as satisfaria quando regressasse de África, onde ia combater «com outros soldados». Perante aquelas palavras, diz Suetónio, os veteranos estremeceram de vergonha e de arrependimento, gritaram que isso não podia ser, que os soldados de

César eram eles, e que tencionavam continuar a sê-lo. César fingiu opor algumas dificuldades e depois rendeu-se, pela simples razão de não ter outros soldados. Aquele grande general era também, como se diria hoje, um grande filão. Carregou os navios com aquela tropa que fervia de ardores de redenção, desembarcou em África em Abril de 46, em Tapso, e encontrou à sua espera oitenta mil homens sob o comando de Catão, Metelo Cipião, o seu ex-lugar-tenente Labieno, e Juba, rei da Numídia.

Uma vez mais se encontrou a lutar na proporção de um contra três. Uma vez mais perdeu o primeiro recontro. Uma vez mais venceu a batalha decisiva, que foi terrível. Desta vez os seus soldados não respeitaram as ordens de clemência e massacraram os prisioneiros. Juba suicidou-se no campo de batalha. Cipião foi apanhado no mar e morto. Catão isolou-se em Útica com um pequeno destacamento, aconselhou seu filho a submeter-se a César, distribuiu o dinheiro que tinha em cofre a todos aqueles que lho pediram para fugir, ofereceu um almoço aos seus amigos mais íntimos, e entreteve-os com Sócrates e Platão. A seguir retirou-se para o seu quarto e enterrou o punhal na barriga. Os servos deram por isso e chamaram um médico que, conforme pôde, voltou a colocar no seu lugar os intestinos que transbordavam da ferida e lhe fez um penso. Catão fingiu que estava em coma, e assim que o deixaram sozinho tirou a ligadura e reabriu o golpe com as próprias mãos.

Encontraram-no morto, com a cabeça reclinada sobre as páginas do *Fédon* de Platão. César, pesaroso, disse que não podia perdoar-lhe ter-lhe negado a oportunidade de lhe perdoar. Mandou-lhe fazer funerais solenes e fez incidir a sua clemência sobre o filho dele. Talvez ele próprio sentisse que aquele homem desagradável e por muitos motivos antipático levava para o túmulo as virtudes da Roma republicana. Teria de boa vontade trocado a vida daquele inimigo pela de muitos amigos: Cícero, por exemplo.

Depois de uma breve paragem em Roma, foi dar o golpe de misericórdia ao último exército pompeiano, o de Espanha. Desbaratou-o em Munda, e pôde, finalmente, dedicar-se completamente à obra de reorganização do Estado. Tinha agora poderes para isso, porque o Senado concedera-lhe o título de ditador, primeiro durante dez anos, e depois a título vitalício. Mas a empresa era gigantesca, e exigia uma classe dirigente que César não tinha. Convidou os seus antigos adversários aristocratas, que eram os mais competentes, para colaborarem com ele. Responderam-lhe com sarcasmos e chantagens, chamando à liça a velha história do projectado casamento com Cleópatra e da transferência da capital para Alexandria. César pôde contar apenas com um grupo de poucos amigos de confiança, mas inexperientes em administração: Balbo, Marc'António, Dolabela, Ópio, etc. A Assembleia estava do seu lado. Reduziu o Senado a um corpo puramente consultivo, depois de lhe ter elevado o número de membros de seiscentos para novecentos, com a admisão de novos elementos, uma parte dos quais escolhidos entre a burguesia de Roma, outra parte entre a da província e outra entre os seus velhos oficiais celtas, muitos dos quais eram filhos de escravos.

Esta manobra fazia parte de um projecto mais vasto, que César delineara quando concedera a cidadania à Gália Cisalpina e à planície do Pó. O Senado nunca dera a validação àquela medida; mas agora teve de aceitar que ela fosse extensiva a toda a Itália. César compreendera que nada mais havia a esperar dos Romanos de Roma, que estavam enfraquecidos, degenerados, e que deles só se podia contar com intriguistas e desertores. Ele sabia que só se encontrava boa gente na província, onde a família se mantivera sólida, os costumes sãos e a educação severa. E com esses provincianos de origem camponesa ou pequeno-burguesa tencionava reformar os quadros da burocracia e do exército.

A sua verdadeira revolução era esta, e ele tentou realizá-la através da grande reforma agrária projectada pelos Gracos. Para conseguir, chamou para colaborar com ele a alta burguesia industrial e mercantil, que financiou a operação. Grandes capitalistas, como Balbo e Ático, tornaram-se os seus banqueiros e conselheiros. César, nesta tarefa, mostrou a mesma energia que mostrara como general, em batalha. Queria ver tudo, saber tudo e decidir tudo. Não admitia desperdícios nem incompetências. E para acabar com uns e com outras nunca lhe chegava o tempo. A política do emprego da mão-de-obra a tempo inteiro conciliava-se lindamente com o «mal da pedra», que o afligia. César era um construtor nato e vivia com alegria os seus dias azafamados. Os mexericos dos seus inimigos contra ele, em vez de o irritarem, divertiam-no.

Pedia que lhos contassem, para depois os contar ele a Calpúrnia, com a qual voltara a viver depois do parêntesis de Cleópatra. Era, a seu modo, um bom marido que compensava a mulher de todos os cornos que lhe pusera, com mil atenções, uma profunda estima e uma camaradagem afectuosa. Tinha sempre qualquer coisa para contar, quando regressava do escritório, onde tratava colaboradores e subordinados com a indiferença senhoril que lhe era habitual. Era cuidadoso no vestir, e das faculdades inerentes ao seu título de ditador aproveitava apenas aquela que lhe permitia usar a coroa de louros na cabeça, para esconder a calvície. Fazia tudo com elegância: até a oferta do perdão a quem lhe fizera alguma ofensa. Ou melhor, as ofensas preferia, se possível, ignorá-las. Por isso queimara, sem a ler, a correspondência que Pompeio deixara na sua tenda em Farsalo, e a de Cipião, em Tapso. Sabe-se lá quantas porcarias, traições e jogos duplos nelas teria descoberto. Quando soubera que Sexto se preparava para vingar o pai em Espanha, enviara-lhe os netos, que tinham ficado em Roma. E dos seus dois adversários Bruto e Cássio fizera dois governadores de província. Talvez que nesta magnanimidade houvesse também um certo desprezo pelos homens: uma característica que quase sempre acompanha a grandeza. E talvez que nesse desprezo estivesse também a razão da sua total indiferença pelos perigos que o ameaçavam. Ele não podia ignorar que à sua volta se conspirava e que a generosidade é um estímulo, não um sedativo, do ódio. Mas não achava que os seus inimigos fossem suficientemente corajosos para ousar. E sonhava com novas empresas: vingar Crasso contra os Partos, alargar o império até à Germânia e à Cítia, refundar definitivamente toda a sociedade italiana sobre a base de uma classe média provinciana e camponesa, mais vigorosa e mais ajustada aos antigos costumes.

Em Fevereiro daquele ano 44 estava já a redigir os planos para essas campanhas, quando Cássio se colocou à cabeça da conspiração e tentou atrair para ela Bruto, que César continuava a amar como seu filho, talvez por saber que o era. Os romancistas e os dramaturgos fizeram deste jovem, depois, um herói das liberdades republicanas. Duvidamos que o fosse. A conjura era disfarçada sob nobres ideais: dizia pretender a morte de um tirano que aspirava à coroa de rei para partilhá-la com Cleópatra, a meretriz estrangeira, e deixá-la ao bastardo Cesarião, depois de ter transferido a capital para o Egipto. Pois não mandara ele erguer uma estátua sua ao lado das dos velhos reis? E não mandara gravar o seu rosto nas novas moedas? O poder subira-lhe à cabeça, já perturbada pelo regresso dos ataques epilépticos. Melhor seria, até mesmo para ele e para a sua memória, eliminá-lo, antes que tivesse a oportunidade de destruir, de um só golpe, a liberdade e a supremacia de Roma.

Provavelmente foram estes os argumentos que o «pálido e magro» Cássio, como o descreve Plutarco, usou para convencer o seu cunhado. Mas aqueles que venceram foram provavelmente outros, mais pessoais e secretos. Bruto detestava César, não porque ignorasse que era seu filho, mas porque sabia que era. Talvez nunca tivesse perdoado a sua mãe por ter feito dele um bastardo. Mas isto são suposições, porque Bruto era taciturno e secreto. Uma fonte muito duvidosa referiu que ele escreveu, numa carta a um amigo: «Os nossos antepassados ensinaram-nos que não temos de nos sujeitar a um tirano, mesmo que ele seja nosso pai». Mas é muito fácil atribuir pensamentos semelhantes a um homem, depois de ele os ter posto em prática.

Era um homem culto, que sabia grego e filosofia. Governara com honestidade e competência a Gália Cisalpina, que César lhe dera em empreitada. Casara com sua prima Pórcia, a filha de seu tio Catão, que com certeza não devia contribuir para que ele tivesse uma disposição favorável em relação ao ditador. Mas o que nele era mais preocupante era o facto de escrever ensaios sobre a Virtude. A Virtude é uma daquelas senhoras sérias que se amam, quando se amam, sem falar delas.

Nos primeiros dias de Março, depois de o ter «trabalhado» bem, Cássio veio dizer-lhe que nos próximos idos, isto é, a 15, César daria o grande golpe. O seu lugar-tenente Lúcio Cota proporia à Assembleia, já decidida a aprovar, a proclamação do ditador como rei, porque a Sibila vaticinara que só um rei poderia derrotar os Partos, contra os quais se estava a preparar a expedição. Com a oposição do Senado não se podia contar: a sua recente reforma dera a maioria aos cesaristas. Não restava, pois, senão o punhal, antes que fosse demasiado tarde. Esta conversa passou-se na frente de Pórcia, que apoiou a tese de Cássio e, para mostrar que saberia guardar segredo mesmo sob tortura, espetou o punhal numa coxa. Bruto rendeu-se, até para não se mostrar inferior à mulher.

César, naquela noite, jantava em casa com alguns amigos. Segundo o costume dos anfitriões romanos, propôs um tema de conversa: «Que morte preferiríeis?». Cada um disse a sua. César pronunciou-se por um fim rápido e violento. Na manhã seguinte, Calpúrnia disse-lhe que sonhara com ele coberto de sangue, e pediu-lhe que não fosse ao Senado. Mas um amigo que fazia parte da conjura veio chamá-lo, e César seguiu-o, desencontrando-se, por pouco, de um outro que lhe era fiel e que vinha informá-lo da conspiração. Na rua, um quiromante gritou-lhe que tivesse cuidado com os idos de Março. «Já estamos neles», respondeu César. «Mas ainda não passaram», retorquiu o outro. No momento em que entrava na sala, alguém lhe meteu na mão um papiro enrolado. César pensou que se tratasse de uma das súplicas do costume e não o desenrolou. Ainda o tinha na mão quando morreu: era uma denúncia pormenorizada.

Assim que entrou na sala, os conjurados caíram-lhe todos em cima com os punhais. O único que podia defendê-lo, Marc'António, fora retido na antecâmara, por Trebónio. César a princípio tentou proteger-se com o braço, mas parou quando viu, entre os assassinos, também Bruto. É muito provável que tenha, efectivamente, dito: «Também tu, meu filho?», como contou Suetónio. É uma frase que qualquer pai teria pronunciado, naquelas circunstâncias.

Caíu, trespassado de golpes, aos pés da estátua de Pompeio, que ele próprio mandara instalar ali e perante a qual costumava inclinar-se, quando passava diante dela.

O golpe deixou apavorados e inseguros os seus próprios executantes. Agitando o punhal ensanguentado, Bruto lançou um retumbante viva a Cícero, chamando-lhe «Pai da Pátria», e convidando-o a fazer um discurso. Aterrorizado com a ideia de vir a ser associado àquela questão, e apercebendo-se da inoportunidade de qualquer retórica, o grande advogado ficou, pela primeira vez na sua vida, sem palavras. Marc'António reentrou na sala, viu o cadáver estendido no chão, e todos esperaram uma explosão de raiva vingadora da parte dele. Porém, o «fidelíssimo» ficou calado e saiu silenciosamente. Lá fora, a multidão aglomerava-se, inquieta com a notícia que já começara a circular. Receosamente, os conjurados surgiram à porta, e alguns deles tentaram explicar o sucedido, justificando-o como um triunfo da liberdade. Mas a palavra já não tinha qualquer encanto para os Romanos, que a acolheram com resmungos ameaçadores. Os conspiradores retiraram-se, barricando-se no Capitólio e pondo de guarda os seus servos armados, e enviaram uma mensagem a Marc'António para que acorresse a livrá-los de complicações.

O «fidelíssimo» veio no dia seguinte, quando Bruto e Cássio tinham já pronunciado um segundo discurso para acalmar a multidão, cada vez mais ameaçadora. Conseguiu-o ele na medida do possível, com um hábil discurso em que pediu a manutenção da ordem, prometendo, em troca, o castigo dos culpados. Depois foi a casa de Calpúrnia, aniquilada pela dor, e dela obteve, num envelope lacrado, o testamento de César. Entregou-o às Vestais, como era costume em Roma, sem o abrir, tão seguro estava de nele ser designado como herdeiro. Mandou secretamente chamar as tropas que estavam acampadas fora da cidade; e, de volta ao Senado, pronunciou uma alocução de um equilíbrio imperial que era já um programa de governo e tinha em vista o desanuviamento. Aprovou a proposta de amnistia geral avançada por Cícero, na condição de o Senado ratificar todos os projectos deixados em suspenso por César. Prometeu a Cássio e a Bruto uma comissão de governo que lhes permitisse afastarem-se de Roma, e convidou-os para jantar com ele naquela noite.

A 18, foi encarregado de pronunciar o elogio de César, no momento do seu funeral, que foi o que de mais solene já se vira em Roma. A comunidade israelita, grata a César pelo tratamento amigável que dele recebera, seguia o féretro, misturada com os veteranos, cantando os seus hinos antigos e solenes. Os soldados atiraram as armas para a pira, e os actores e os gladiadores atiraram os seus fatos. Toda a noite a cidade inteira permaneceu, recolhida, em redor do caixão.

No dia seguinte, António pediu às Vestais a entrega do testamento, abriu-o solenemente na presença das altas entidades do Estado, e fez a sua leitura pública. Da sua fortuna particular, que atingia cerca de cem milhões de sestércios, César deixava uma parte a cada cidadão romano; e ao município doava os seus maravilhosos jardins, como parque público. O resto devia ser dividido pelos seus três sobrinhos-bisnetos, um dos quais, Caio Octávio, era adoptado como filho e designado herdeiro.

O «fidelíssimo», que quarenta e oito horas após o assassínio do seu chefe convidara os assassinos para o jantar, recebia a recompensa da sua estranha fidelidade.

# 28

# António e Cleópatra

Salvo os mais íntimos amigos de casa, que aí o tinham visto em adolescente, ninguém em Roma conhecia este Caio Octávio, que estava destinado a mudar de nome duas vezes, e que com o último, Augusto, passaria à história como o maior homem de Estado de Roma. Sua avó fora Júlia, a irmã de César, que casara com um provinciano de Vélitras, saloio e ricaço. Seu pai fizera uma discreta carreira, que terminara como governador na Macedónia. Quanto ao rapaz, crescera sob uma disciplina quase espartana, estudara com aproveitamento, e o tio César, que não tivera filhos legítimos apesar de se ter casado com todas aquelas mulheres, levara-o para sua casa e tinha-se-lhe afeiçoado. Levara-o consigo a Espanha, quando lá foi em 45 para acabar com os últimos pompeianos. E nessa ocasião admirara a força de vontade com que aquele jovenzinho imberbe e frágil enfrentava tarefas desproporcionadas em relação à sua saúde. De facto, sofria de colite, de eczema e de ataques de bronquite: achaques que com o tempo se tornaram cada vez mais agudos e o obrigaram a viver como um pintainho na palha, a usar cintas, xailes, barretes de lã, e a levar no seu séquito um arsenal de pílulas, unguentos e xaropes, e um médico sempre à mão, mesmo quando em batalha. Não bebia, comia como um passarinho, tinha um sacrossanto terror das correntes de ar, mas enfrentava o inimigo com a mais fria coragem, e não executava um gesto, mesmo o mais banal, sem ter primeiro avaliado cuidadosamente os prós e os contras.

César, o brilhante improvisador temerário e tolerante, com aquela generosidade irreflectida, a palavra pronta e o gesto expressivo, deve ter simpatizado com ele pelo amor dos contrários. Acompanhou os estudos dele, encaminhou-o para as questões de estratégia e administração, e com apenas dezassete anos confiou-lhe um pequeno comando na Ilíria, para que adquirisse prática de milícia e de governo. Foi aqui que lhe chegou um mensageiro, em fins de Março, levando-lhe a notícia da morte do tio e do seu testamento. Correu para Roma e, contra o parecer de sua mãe, que desconfiava de Marco António, foi ter com ele, que o tratou com desprezo chamando-lhe «rapazinho».

O rapazinho não se ralou com isso. Mas perguntou-lhe, tranquilamente, se o dinheiro que César deixara aos cidadãos e aos soldados fora efectivamente distribuído. António respondeu-lhe que havia coisas mais urgentes em que pensar. E Caio Octávio, que agora, pela adopção, tomara o nome de Caio Júlio César Octaviano, pediu os valores emprestados aos amigos ricos do defunto e distribuiu-os, como fora por ele determinado. Os veteranos começaram a olhar com simpatia para o «rapazinho», que prometia saber o que fazia.

Irritado, António declarou, alguns dias depois, ter sido vítima de um atentado e de ter sabido, pelo autor do mesmo, que o golpe fora organizado por Octaviano. Este pediu-lhe provas. E, como elas não foram apresentadas, foi ao encontro das duas legiões que entretanto mandara vir da Ilíria, juntou-as às dos dois cônsules em exercício, Hírcio e Pansa, e juntamente com eles marchou contra Marco António.

Tinha apenas dezoito anos, naquela altura, e por isso o Senado tomou o seu partido. Os aristocratas estavam alarmados com as prepotências de António que, logo que se viu privado da herança de César, tentava enriquecer pela força. Naqueles poucos dias de poder saqueara o Tesouro, apropriando-se de duzentos mil milhões, ocupara arbitrariamente o palácio de Pompeio e autodenominou-se governador da Gália Cisalpina, para ter o pretexto de manter um exército em Itália e assim se tornar o seu senhor. O Senado apercebeu-se de que, se o deixassem à vontade, o César morto seria substituído por outro, e pior. E por isso decidiu apoiar Octaviano, um «rapazinho» que causaria menos aborrecimentos. Cícero emprestou a sua oratória a esta luta contra António numa série de *Filípicas* que incidiam, principalmente, sobre a sua vida privada. Assunto não faltava. António, que tinha então trinta e oito anos, preenchera-os com proezas militares, abusos, generosidade e indecência. O próprio César, embora tolerante como era e querendo-lhe bem, não pôde deixar de se escandalizar com o *harém* de ambos os sexos que o seu general levava consigo para todo o lado, até para a guerra. António era um aristocrata ignorante e imoral, robusto, sanguíneo e brigão. Cícero, vasculhando o seu comportamento, encontrou nele pretexto para todas as acusações.

O recontro entre os dois exércitos deu-se perto de Módena. E a sorte assistiu Octaviano de maneira tão descarada, que fez dele o único general sobrevivente: Hírcio e Pansa tombaram, e António, derrotado pela primeira vez na sua vida, fugira. E assim o «rapazinho» regressou a Roma à cabeça de todas as tropas aquarteladas em Itália, foi ao Senado, impôs a sua nomeação como cônsul, a anulação da amnistia aos conspiradores dos idos de Março e a sua condenação à morte. O Senado, que contara usá-lo como seu instrumento, indignou-se e resistiu. Octaviano convocou outro lugar-tenente de César, Lépido, mandou-o ir ter com António como embaixador de paz, e com eles os dois estabeleceu o segundo triunvirato, mostrando também assim ter tirado partido da lição do tio. O Senado inclinou a cabeça e teve oportunidade de reflectir que o sucessor de um ditador faz sempre ter saudades do anterior.

Patrulhas de soldados foram deslocadas para todas as portas da cidade, e teve início a grande vingança. Trezentos senadores e dois mil funcionários foram acusados do assassínio, processados e mortos, depois de todos os seus bens terem sido confiscados. Vinte e cinco mil dracmas era o prémio oferecido pela cabeça daqueles que fugiam. Mas a maioria preferiu matar-se, e nesse gesto reencontraram o estilo dos grandes romanos antigos. O tribuno Sálvio deu um banquete, bebeu o veneno, e a sua última vontade foi que a refeição continuasse na presença do seu cadáver. Fizeram-lhe a vontade. Fúlvia, a mulher de António, mandou enforcar à porta de casa o inocente Rufo, só porque ele não lha quisera vender. O marido não pôde impedir que ela o fizesse, porque nesse momento estava na cama com a mulher de Copónio, o qual desse modo teve a vida salva.

Mas a presa mais saborosa para António foi Cícero, não só porque ainda tinha atravessadas na garganta as *Filípicas* do grande advogado, mas também porque devia vingar Clódio, com cuja viúva casara, e Lêntulo, que Cícero mandara trucidar na cadeia no tempo de Catilina, e do qual António era enteado. O «Pai da Pátria» tentara fugir, embarcando em Âncio. Mas, coitado dele, sofria de enjoo, e de tal maneira que lhe pareceu pior do que a morte e o obrigou a desembarcar em

Fórmias. As patrulhas de António caíram-lhe em cima. Cícero proibiu os seus servidores de tentarem resistir, e ofereceu docilmente o pescoço. A sua cabeça decapitada foi levada, juntamente com a mão direita, aos triúnviros. António exultou de alegria. Octaviano indignou-se, ou fingiu indignar-se. Nunca simpatizara com Cícero, que se mostrara ambíguo em relação a seu tio, com cujos assassinos se aliara, depois de o ter exaltado em vida. Quanto a Octaviano, fora definido por ele como *laudandum adolescentem, ornandum, tollendum*. Pareciam elogios. Mas *tollendum* não só queria dizer «que deve ser glorificado», mas também «que deve ser morto». E, na boca de Cícero, sabia-se muito bem como é que estes duplos sentidos deviam ser interpretados.

Assim acabou, vítima da sua oratória, o maior orador de Roma.

Faltava agora castigar os dois principais culpados, Bruto e Cássio, que, tendo ido para governadores da Macedónia e da Síria, respectivamente, tinham unido as suas forças e formado com elas o último exército da Roma republicana, que não estava destinado a deixar grande recordação naquelas províncias. A Palestina, a Cilícia e a Trácia foram, literalmente, espoliadas. Populações inteiras, principalmente hebraicas, que não tinham com que pagar os impostos, foram reduzidas à escravidão e vendidas. A Virtude não impediu Bruto de sitiar, condenar à fome e levar ao suicídio em massa os habitantes de Xanto. Os exércitos de António e Octaviano, quando lá chegaram, foram acolhidos como «libertadores».

O recontro deu-se em Filipos, em Setembro de 42. Bruto rompeu as linhas de Octaviano, mas António penetrou nas de Cássio, que solicitou a um comandado que o matasse. Octaviano estava de cama, dentro da tenda, com uma das suas gripes habituais. António esperou que ele melhorasse, para se lançar com ele no encalço de Bruto. Este, vendo os seus homens debandarem, atirou-se contra a espada de um amigo, na qual ficou espetado. António procurou o cadáver e cobriu-o piedosamente com a sua túnica de púrpura. Recordava-se que Bruto pusera uma única condição à sua participação na conspiração contra César: que António fosse poupado.

Em Filipos caíram, com a república, os mais belos nomes que constituíam o seu sustentáculo. Aqueles que não encontraram a morte no campo de batalha procuraram-na pelo suicídio, como fizeram os filhos de Hortênsio e Catão. Eram aquilo que restava de melhor do antigo patriciado romano: pelo menos mostraram-se, até ao último, soldados corajosos. Em casa tinham ficado os refractários e os intriguistas, gente disposta, desde que não tivesse de se cansar nem de correr riscos, a aceitar tudo, até a divisão que os vencedores fizeram do grande Império. A Octaviano calhou a fatia europeia; a Lépido, a africana; António escolheu o Egipto, a Grécia e o Médio Oriente. Cada um destes três homens sabia que a ordem era provisória; cada um deles, menos Lépido, que se conformava, esperava, mais tarde ou mais cedo, acabar com os outros dois. O que estava mais certo de o conseguir era António, que acreditava apenas na força militar e sabia que era, como general, superior aos outros.

A primeira coisa que ele fez foi enviar uma mensagem a Cleópatra, ordenando-lhe que fosse ter com ele a Tarso, para responder às acusações, que alguns lhe faziam, de ter ajudado e financiado Cássio. Cleópatra obedeceu. No dia fixado para a sua chegada, António preparou-se para recebê-la, do alto de um trono majestoso no meio do Foro, diante da população excitada pelo processo iminente. Cleópatra chegou num barco de velas vermelhas, o esporão da proa dourado, e a quilha chapeada a prata. A tripulação era composta pelas suas camareiras vestidas de ninfas, que formavam um círculo em volta de um dossel de *lamé*, sob o qual ela estava deitada, num provocante traje de Vénus, atenta às árias que em torno lhe tocavam, com pífaros e flautas.

Quando a notícia desta extraordinária aparição sobre as águas do rio Cidno se espalhou na cidade, todos acorreram ao porto, para vê-la, deixando António sozinho e fora de si. Mandou chamá-la. Ela mandou-lhe responder que o esperava a bordo, para o almoço. Furioso, António foi, sempre considerando-se a si próprio o juiz e a ela a acusada. Mas, ao vê-la, ficou de boca aberta. Conhecera-a ainda garota, em Alexandria, não voltara a vê-la, e agora tinha-a diante de si, mulher feita, e feita de uma tal maneira que explicava muito bem o motivo por que até César ficara enredado. Os seus generais estavam já todos aos pés dela, aparvalhados. Com os aperitivos, ele começou a acusá-la com arrogância. Quando chegou a fruta, já lhe oferecera a Fenícia, Chipre e enormes pedaços da Arábia e da Palestina. Ela recompensou-o nessa mesma noite, e os generais tiveram de se contentar com as ninfas. Depois, rebocou-o para Alexandria, onde ele pareceu ter esquecido completamente a provisoriedade da sua condição. Cleópatra, pelo contrário, estava perfeitamente consciente disso. Ela sabia que o Império não permitia três senhores. Não amava António, possivelmente nunca amara ninguém. Mas pensou fazer dele o instrumento do golpe que não conseguira com César.

Enquanto isto se passava em Alexandria, Octaviano, em Roma, lançava as bases da reunificação. A tarefa não era fácil. Sexto Pompeio, em

Espanha, recomeçara a agitar-se e bloqueava os abastecimentos; o desemprego alastrava, a inflacção ameaçava, e o Senado criava dificuldades e, volta e meia, era preciso comprá-lo. Além disso, a mulher de António, Fúlvia, talvez para subtrair o marido aos feitiços de Cleópatra obrigando-o a vir a Roma, organizou uma conspiração com o irmão dele, Lúcio. Recrutaram um exército e lançaram um apelo de revolta aos Italianos. Foi necessária a intervenção de Marco Agripa, o lugar-tenente de maior confiança de Octaviano, para sufocar a tentativa. Lúcio rendeu-se em Perugia. Fúlvia morreu de raiva, de desilusão e de ciúmes.

Cleópatra viu neste acontecimento o pretexto para incitar António a jogar a grande cartada. Ele reuniu o exército e embarcou-o na sua frota. Ao desembarcar em Brindisi, sitiou a guarnição de Octaviano. Mas os soldados de ambas as partes recusaram-se a combater, obrigando os seus generais a fazerem as pazes, que foram reforçadas com um casamento: o de António com a irmã de Octaviano, Octávia, uma senhora séria, pela qual era uma loucura esperar que aquele desmiolado se deixasse dominar.

A história não registou as reacções de Cleópatra a este episódio, que transformava em fumo todos os seus planos. António, longe dela, pareceu ter encontrado um pouco de bom-senso. Levou a esposa para Atenas, onde ela, sendo uma mulher instruída, o levou a visitar os museus e a ouvir as lições dos filósofos, na esperança de o fazer tomar gosto pela cultura. António fingia que olhava e que escutava. No que ele pensava era em Cleópatra e na guerra, as duas únicas coisas no mundo que lhe agradavam realmente. Talvez tenha raciocinado que, das duas, a guerra era a menos perigosa. E, cansado de seriedades e de virtudes domésticas, mandou Octávia de volta para Roma e partiu com o seu exército contra a Pérsia, onde Labieno, filho do general traidor de César, estava a organizar um exército, ao serviço daquele rei rebelde. Cleópatra foi ter com António a Antióquia, desaprovou a empresa, recusou-se a financiá-la, mas foi com o amante. Este perseguiu inutilmente o inimigo ao longo de quinhentos quilómetros, perdeu uma boa parte dos seus cem mil homens, impôs uma vassalagem teórica à Arménia, proclamou-se vencedor e ofereceu a si próprio um triunfo solene em Alexandria, escandalizando Roma, que se considerava a única depositária daquelas cerimónias; enviou uma intimação de divórcio a Octávia, rompendo assim o único vínculo que ainda o ligava a Octaviano, casou-se com Cleópatra, oferecendo como dote todo o Médio Oriente aos dois filhos que tivera com ela, e nomeou Cesarião príncipe-herdeiro do Egipto e de Chipre.

Deste modo, ele próprio tornou inevitável o conflito com Octaviano, que andava a prepará-lo com a sua tenacidade habitual e prudente. Também ele tivera as suas complicações sentimentais. Apaixonara-se, imaginem, por uma mulher grávida de cinco meses, Lívia, a mulher de Tibério Cláudio Nero. Fora já casado duas vezes, embora ainda não tivesse atingido os trinta: primeiro com Cláudia e depois com Escribónia, que lhe dera uma filha: Júlia. Agora, divorciou-se também desta segunda esposa e persuadiu amigavelmente Tibério Cláudio Nero a fazer o mesmo com Lívia, para ele ficar com ela e com os seus dois filhos: Tibério, já crescidote, e Druso, que estava para nascer. Adoptou-os como se fossem seus.

Mas, resolvidas estas inclinações conjugais, dedicou-se com empenho ao trabalho de reconstrução. O bloqueio de Sexto foi eliminado com a destruição da sua frota, a ordem foi restabelecida, e uma confiança renascida descongelou os capitais que estavam escondidos. Marco Agripa, além de um bom general, revelou-se um ministro da Guerra incomparável. Foi ele o verdadeiro reorganizador do grande exército que traria de novo um comando unitário ao Império Romano.

# 29

# Augusto

Na Primavera do ano 32 a.C. chegou a Roma um mensageiro de António com uma carta para o Senado, na qual o triúnviro propunha aos seus dois colegas que depusessem, em conjunto, o poder e as armas, e se retirassem para a vida privada, depois de ter restaurado as instituições republicanas. Parece-nos impossível que um desmiolado daquela espécie possa ter concebido uma iniciativa tão acertada. Devia andar ali o dedinho de Cleópatra.

Octaviano viu-se em apuros. Para superá-los, apresentou o testamento de António, dizendo tê-lo obtido das Vestais, que o tinham sob custódia. O testamento designava seus únicos herdeiros os filhos que tivera de Cleópatra, e nomeava-a como regente. Temos muitas dúvidas sobre a autenticidade daquele documento. Mas ele serviu para confirmar as suspeitas que Roma inteira alimentava em relação àquele intriguista, e permitiu a Octaviano anunciar uma guerra de «independência», que ele, com muita perspicácia, não declarou a António mas sim a Cleópatra.

Foi uma guerra marítima. As duas frotas encontraram-se em Áccio. E a de Octaviano, comandada por Agripa, embora inferior em unidades, pôs em debandada a do adversário, que se retirou em desordem para Alexandria. Octaviano não a seguiu. Sabia que o tempo corria a seu favor e que quanto mais António se demorasse no Egipto, mais se desgastava em orgias e molezas. Desembarcou em Atenas para repor ordem nos assuntos da Grécia. A seguir, voltou a Itália para aí reprimir uma revolta. Depois dirigiu-se à Ásia, para destruir as alianças que António ali fizera, isolando-o. Por fim, tomou o rumo de Alexandria, e pelo caminho recebeu três cartas: uma de Cleópatra, unida a um ceptro e uma coroa, penhores de submissão; e duas de António, que lhe suplicava paz. A ele, não respondeu. A ela, retorquiu que lhe deixaria o trono, se matasse o amante. Tendo em conta o seu género, espanta-nos que ela não o tenha feito.

Com a coragem do desespero, António lançou um ataque e obteve uma vitória parcial, que não impediu que Octaviano fechasse a cidade a toda a volta. Mas no dia seguinte os mercenários de Cleópatra renderam-se e António recebeu a notícia que a rainha morrera. Tentou matar-se com uma punhalada. E quando, já agonizante, soube que, afinal, ainda estava viva, mandou que o transportassem para a torre onde ela se barricara com as suas servas, e expirou entre os seus braços. Cleópatra pediu autorização a Octaviano para sepultar o cadáver e para lhe conceder uma audiência. Octaviano concedeu-lha. Ela apresentou-se perante ele tal como se apresentara a António: perfumada, os olhos pintados com bistre, e coberta apenas de reais véus. Mas que pena, debaixo daqueles véus encontrava-se agora uma mulher de quarenta anos, já não aquela de vinte e nove, e os anos viam-se todos. O seu nariz deixara de encontrar compensação na frescura das carnes e na luminosidade do sorriso. Augusto não precisou de recorrer a uma grande força de carácter para tratá-la com frieza e lhe anunciar que ia levá-la para Roma para figurar como ornamento do seu carro de triunfador. Provavelmente, mais do que como rainha, Cleópatra sentiu-se perdida como mulher: e foi isto que a instigou ao suicídio. Introduziu uma áspide junto aos seios e deixou que ela a envenenasse, imitada pelas suas servas.

Octaviano resolveu definitivamente a herança, sua e de António, com um «tacto» a partir do qual se pode reconstituir todo o seu carácter. Permitiu que os dois cadáveres fossem sepultados ao lado um do outro. Matou o jovem Cesarião e mandou os filhos dos dois defuntos a Octávia, que os criou como se fossem seus; proclamou-se rei do Egipto, para não o humilhar proclamando-o província romana, meteu ao bolso o seu imenso tesouro, deixou lá ficar um prefeito e voltou para casa; discretamente, mandou eliminar também o filho mais velho de António e Fúlvia. E com a consciência tranquila de quem tinha, com aqueles infanticídios, cumprido o seu dever, regressou ao trabalho.

Naquela altura tinha apenas trinta e um anos, e encontrava-se senhor absoluto de toda a herança de César. O Senado já não tinha vontade nem força de lha contestar, e foi apenas por prudência que ele não lhe pediu a investidura no trono. Ter-lha-iam dado. Mas Octaviano conhecia o peso das palavras, e sabia que rei era uma palavra desagradável. Para quê acordar certos caprichos que por agora dormitavam nas consciências entorpecidas? Os Romanos tinham deixado de acreditar nas instituições democráticas e republicanas, porque conheciam a corrupção que nelas existia, mas mantinham as aparências. O que eles pediam era ordem, paz, segurança, uma boa administração, uma moeda forte e as poupanças garantidas. E Octaviano preparou-se para lhos dar.

Com o ouro trazido do Egipto resolveu a questão do exército, que contava meio milhão de homens e exigia demasiados custos, deixando em serviço duzentos mil, dos quais se proclamou *imperator*, título puramente militar, e alojando os outros, como camponeses, em terras compradas propositadamente; anulou os débitos dos particulares para com o Estado; e deu início a grandes obras públicas. Mas estes foram apenas os primeiros passos, e os mais fáceis. Tal como César, Octaviano não tinha como único objectivo administrar, queria também realizar uma reforma gigantesca, que transformasse toda a sociedade com base no modelo projectado pelo tio. Para o fazer, precisava de uma burocracia, da qual foi, verdadeiramente, o inventor. À sua volta criou uma espécie de gabinete ministerial, composto de técnicos, em cuja escolha foi feliz. Dele faziam parte um grande organizador como Agripa, um grande financeiro como Mecenas, e vários generais, entre os quais em breve se salientou o seu enteado, Tibério.

Como estes pertenciam quase todos à grande burguesia, e os aristocratas se lamentavam de terem sido excluídos, Octaviano escolheu vinte entre eles, todos senadores, com os quais formou uma espécie de Conselho da Coroa, que pouco a pouco se transformou no porta-voz do Senado e passou a vincular as suas decisões. A Assembleia, ou Parlamento, continuou a reunir-se e a discutir, mas cada vez com menor frequência e sem ter feito nunca uma tentativa para reprovar qualquer proposta de Octaviano. Este concorreu regularmente ao consulado treze vezes, e, naturalmente, venceu outras tantas vezes. No ano 27 a.C., inesperadamente, remeteu todos os seus poderes para o Senado, proclamou a restauração da república e anunciou que queria retirar-se para a vida privada. Naquele momento tinha apenas trinta e cinco anos, e o único título que aceitara era o novo, de *príncipe*. Como resposta, o Senado abdicou por sua vez e remeteu para ele todos os seus poderes, suplicando-lhe que os assumisse e conferindo-lhe aquele epíteto de *Augusto*, que queria dizer, literalmente, «o aumentador» e era um adjectivo, mas que com o uso veio a tornar-se um substantivo. E Octaviano aceitou, com um ar resignado. Foi uma cena perfeitamente representada por ambas as partes, e demonstrou que a corrente conservadora e republicana já tinha acabado: até os orgulhosos senadores preferiam um senhor ao caos.

Mas o senhor continuou a mostrar-se discreto no uso dos seus poderes. Habitava no palácio de Hortênsio, que era muito belo, mas não o transformou numa côrte, e para aposento pessoal reservou uma pequena sala no rés-do-chão, e um escritório, monacalmente decorados. Mesmo quando, muitos anos depois, o edifício ficou em ruínas devido a um incêndio e ele construiu outro igual, fez questão que aquelas duas divisões fossem reconstruídas de modo a ficarem idênticas às antigas. Porque era metódico, sóbrio e respeitador dos horários. Trabalhava duramente, considerando-se o primeiro servidor do Estado. E escrevia tudo: não apenas os discursos que devia pronunciar em público, mas também os que dizia em casa, com a mulher e os familiares. Será preciso esperar por Francisco José, da Áustria, ao qual em muitas coisas se assemelha, para encontrar na história um soberano tão devotado ao dever, respeitável, prosaico, pouco amável e infeliz nos afectos domésticos.

Estes eram representados por Júlia, a filha que tivera de Escribónia; por Lívia, a sua terceira mulher; e pelos dois enteados que esta lhe levara para casa: Druso e Tibério. Lívia foi, como mulher, irrepreensível, embora um bocado enfadonha, com o seu ostensivo virtuosismo. Educou bem os rapazes, praticou muita beneficência, e usou com desenvoltura os cornos que o marido lhe ia pondo. Tudo leva a crer que para ela, mais importante do que o amor era o poder de Augusto e a carreira dos filhos, que de facto a fizeram depressa. Generais aos vinte anos, foram enviados com a missão de subjugar a Ilíria e a Panónia. Augusto, que realizou a *pax romana*, cedo renunciou à guerra e a novas anexações. Mas queria assegurar as fronteiras do Império, continuamente ameaçadas. Druso, o seu preferido, deslocou-as do Reno para o Elba, para as tornar mais seguras, batendo brilhantemente os Germanos. Mas caiu do cavalo e feriu-se gravemente. Tibério, que o adorava e se encontrava na Gália, galopou quatrocentas milhas para chegar junto dele a tempo de lhe fechar os olhos. Augusto foi abalado pela morte daquele rapaz alegre, impetuoso e expansivo, do qual pensava fazer seu sucessor. Agora, ficou à espera que Júlia lhe desse outro herdeiro.

Era ela, aquela rapariga cheia de vida, sensual e intratável, que era a menina dos seus olhos. Aos catorze anos, casara-a com Marcelo, filho da sua irmã Octávia, a viúva de António. Mas Marcelo morrera pouco depois, e Júlia tornara-se a «viúva alegre» de Roma. Divertia-se não só a fazê-las como também a contá-las. E seu pai, que começara a publicar leis para o restabelecimento da moral, pensou em pô-la no bom caminho, arranjando-lhe outro marido: aquele Marco Agripa, ministro da Guerra, que, depois de lhe ter dado a vitória em Áccio, se tornara o seu mais fiel e hábil colaborador. Grande cavalheiro, grande soldado, grande engenheiro, pacificara a Espanha e a Gália, reorganizara os comércios, construíra estradas, e era a única pessoa influente de quem não se dizia mal e nem sequer se especulava a respeito dele. Augusto, que tinha estofo de «planificador» e se julgava no direito de orientar também a felicidade dos outros, não pensou no facto de ele ter quarenta e dois anos, enquanto Júlia tinha apenas dezoito, e de ser marido de uma mulher que o tornava feliz. Impôs-lhe o divórcio e as novas núpcias.

O casal não podia ser mais mal combinado, embora pusesse no mundo cinco filhos, que estranhamente se pareciam com Agripa. Quando perguntaram atrevidamente a Júlia a explicação para o facto, ela respondeu, com igual descaramento: «Eu não mando subir novos marinheiros para o barco senão depois de ele já estar carregado». Oito anos depois, Agripa morreu, e Júlia voltou a ser a «viúva alegre» de Roma. Novamente, Augusto quis remediar a situação e impôs-lhe um terceiro casamento: desta vez com Tibério, no qual via agora, ou no qual Lívia lhe fazia ver, um possível regente do Império enquanto os filhos de Júlia, Gaio e Lúcio, não atingissem a maioridade. Também Tibério já era casado, e precisamente com a filha de Agripa, Vipsânia, com quem era feliz. Mas essa felicidade não coincidia com aquela que Augusto planeara, e ele destruiu-a para criar, em seu lugar, uma infelicidade. Passando a ser o sucessor de Agripa, depois de ter sido seu genro, Tibério aturou a Júlia tudo aquilo que o mais desgraçado dos maridos pode aturar à mulher. Quando já não aguentou mais, retirou-se para a vida privada, em Rodes, e aí viveu sete anos, dedicado apenas aos estudos, enquanto Júlia, com os seus escândalos, ofuscava a lembrança de Clódia. Gaio e Lúcio tinham morrido, um de tifo e o outro na guerra. Augusto, agora já na casa dos sessenta, abatido por estes infortúnios, atormentado pelo eczema e pelo reumatismo, e cada vez mais dominado por Lívia, por fim baniu sua filha por imoralidade, mandando-a encerrar em Ventotene, chamou Tibério e adoptou-o como filho e herdeiro, gostando cada vez menos dele.

Talvez pensasse, naquela altura, que estava às portas da morte. A colite e as gripes não lhe davam trégua, e não dava um passo sem o seu médico pessoal, António Musa. Tornara-se teimoso, desconfiado e cruel. Por causa de uma mexeriquice, mandou partir as pernas ao seu secretário, Tálio. E, para se proteger de conspirações inexistentes, inventou a polícia, isto é, aqueles *pretorianos*, ou guarda-costas, que haviam de desempenhar um papel tão importante com os seus sucessores. Tornado ainda mais céptico e rancoroso pelo sofrimento, via claramente o malogro da sua obra de reconstrução. É certo que havia a *pax augusta*, e os marinheiros orientais vinham apresentar-lhe agradecimentos pela segurança com que agora navegavam. Mas junto ao Elba, Varo fora massacrado, com três legiões, por Armínio; a fronteira tivera de ser recuada para o Reno, e Augusto pressentia que na outra margem, no escuro das florestas, as tribos germânicas estavam em ebulição. É verdade, também, que os comércios reorganizados por Agripa floresciam, e a moeda, fortalecida por Mecenas, era segura. A burocracia funcionava. O exército era forte. Mas a grande reforma dos costumes falhara. Os divórcios e o malthusianismo destruíram a família, e a cepa romana estava quase extinta. O último recenseamento revelava que três quartos dos cidadãos eram escravos alforriados ou filhos de escravos alforriados estrangeiros. Tinham-se construído centenas de novos templos, mas dentro deles não havia deuses, porque ninguém acreditava que existiam. Uma moral não se restabelece sem uma base religiosa. Augusto tentara reavivar a fé antiga, sem a partilhar, e o povo respondeu-lhe fingindo que o adorava a ele como deus.

Júlia, que morreu no exílio, deixara a Augusto uma netinha, que se chamava Júlia como ela, e infelizmente mostrou desde cedo que não era só no nome que queria imitar a mãe. Também ela teve de ser desterrada pelo avô, por imoralidade. Destruído por esta nova dor, pensou em deixar-se morrer à fome. Mas depois os deveres oficiais, aos quais continuara muito ligado, e a certeza de não ter vida por muito tempo, levaram a melhor. Ao contrário do que esperava, como todos aqueles que aparentemente estão sempre às portas da morte, ele demorou muito tempo a transpor-lhe as portas, para aqueles tempos.

Tinha setenta e seis anos quando, encontrando-se a convalescer em Nola depois de uma crise de bronquite, a morte o surpreendeu. Naquela manhã, trabalhara como de costume, das oito ao meio-dia, assinando todos os decretos e respondendo a todas as cartas, como perfeito funcionário que era. Mandou chamar Lívia, com quem ia celebrar as bodas de ouro, e saudou-a afectuosamente. Depois, como um grande e verdadeiro Romano, dirigiu-se aos presentes, dizendo: «Representei bem o meu papel. Fazei-me, pois, as despedidas de cena, amigos, com os vossos aplausos».

Os senadores transportaram o caixão aos ombros por toda a cidade de Roma, antes de cremarem o cadáver no Campo de Marte. Talvez tivessem ficado contentes com a sua morte, se não soubessem que Tibério já fora designado seu sucessor.

# 30

# Horácio e Lívio

Anos antes, quando voltara vitorioso da campanha contra António, Augusto encontrara Mecenas à sua espera em Brindisi, acompanhado de um jovem poeta mantuano, Virgílio. Era filho de um funcionário do Estado, de sangue celta, a quem os legionários tinham apreendido a pequena quinta, na qual investira as suas economias. O rapaz viera a Roma, e aí publicara um livro de poesias, *As Éclogas*, que foram acolhidas com muito sucesso; Mecenas protegia-o e agora queria fazer dele um instrumento da propaganda de Augusto, a quem viera apresentá-lo.

Augusto pediu ao autor que lhe lesse o manuscrito das *Geórgicas*, ainda inéditas, e simpatizou com ele por duas razões que tinham pouco a ver com a arte, para a qual ele se estava nas tintas: primeiro que tudo, porque Virgílio era cheio de achaques e escaqueirado como ele, e portanto podiam conversar à vontade de bronquites, amigdalites e colites; e depois, porque aquelas poesias celebravam os prazeres da vida rural e frugal, à qual Augusto queria que todos os Romanos regressassem. Na realidade, como disse Séneca, Virgílio descrevia o campo com o tom e o gosto de quem vive na cidade, ou seja, numa nota falsa. Mas Augusto não tinha ouvido para se aperceber disso. O que lhe importava era que a poesia de Virgílio tinha qualidades didácticas. Recompensou por isso o autor mandando-lhe restituir a quinta que fora apreendida a seu pai. Virgílio não voltou para lá, porque preferia escrever sobre o campo estando em Roma, mas ficou grato a Augusto e em sua honra compôs a *Eneida*, destinada a celebrar as suas vitórias. Escrevia devagar, com muita diligência e escrúpulos estilísticos, dedicando à escrita a maior parte do dia, porque com os rendimentos da quinta e as generosidades de Mecenas não precisava de trabalhar para viver, e não conhecia outras distracções. Não se casara, por motivos de saúde, e os seus amigos em Nápoles, onde de vez em quando ia passar o Inverno, chamavam-lhe «a virgenzinha». Augusto estava ansioso por ver o trabalho terminado. Virgílio, de vez em quando, lia-lhe um pedaço, mas nunca mais chegava ao fim. No ano 19 interrompeu a escrita para ir ter com o imperador a Atenas, apanhou uma insolação, e na hora da morte, em Brindisi, para onde o tinham transportado, pediu que queimassem o manuscrito do poema. Talvez se tivesse apercebido que a épica não era instrumento que ele tocasse, e preferia que a sua recordação ficasse ligada a outros textos, fragmentários e elegíacos. Augusto proibiu que a vontade do morto fosse executada. Querendo conservar, para sua própria glória, aquele monumento incompleto, salvou para a poesia uma autêntica obra-prima de maestria.

Os desvelos de Augusto pela literatura não se ficaram por Virgílio; estenderam-se a muitos outros escritores, entre os quais Horácio e Propércio. Foram-lhe apresentados por Mecenas, que era o empresário deles e deu o nome à categoria dos protectores das artes, fazendo-se assim perdoar pelos maus versos que ele próprio teimava em fazer. Mas este comportamento espalhara-se agora entre todos os Romanos ricos, que se tornaram sensíveis à «cultura», mesmo quando a não tinham. Depois da primeira editora, a de Ático, muitas outras tinham nascido, abrindo caminho a um comércio florescente. Edições de cinco ou dez mil cópias, todas escritas à mão pelos escravos, esgotavam-se em poucos meses. O livro tornara-se ornamento obrigatório em qualquer casa que se prezasse, mesmo se não era lido, e da província choviam as encomendas.

Esta moda teve um grande efeito sobre a sociedade que, de guerreira e inculta, se foi tornando cada vez mais frívola e literária. E, precisamente por isso, Augusto viu nela um instrumento de reforma moral. Enquanto a velhice e as dores não o tornaram susceptível e melindroso, mostrou-se muito tolerante até em relação aos epigramas e às sátiras que o atingiam pessoalmente. Mandou construir bibliotecas públicas, recomendou sempre a Tibério que se abstivesse dos castigos e que evitasse a censura, e uma vez ele próprio compôs alguns versos para mandar a um Grego que todos os dias o esperava à saída do palácio para lhe ler os seus. O Grego recompensou-o com uma gorgeta de pouco valor e uma carta cortês em que se desculpava por não poder, dada a sua pobreza, pagar-lhe melhor. Augusto divertiu-se muito com aquela réplica espirituosa e mandou-lhe entregar cem mil sestércios.

Os escritores e os poetas, porém, desiludiram as esperanças do imperador, dando à propaganda do Estado o pior da sua produção, e favorecendo com a melhor as tendências deploráveis de uma sociedade que se tornava cada vez mais libertina e descontraída, e recusava os grandes temas da glória, da religião e da natureza, preferindo a esses os do amor e da galanteria. O bardo destes novos temas foi Ovídio, um advogado abruzês que amargurara o pai por se recusar a fazer uma carreira política, e que proclamou que fora designado pessoalmente por Vénus para falar de Eros. Casou-se com três mulheres, amou muitas outras, e escreveu acerca de todas com uma grande desinibição, declarando que se estava marimbando para todos os moralistas de algibeira que o criticavam. O sucesso que obteve com os seus versos doces e lascivos convenceu-o a tal ponto que era um grande poeta que as últimas palavras das suas *Metamorfoses* foram, modestamente: «Viverei nos séculos».

Tinha-as apenas delineado quando recebeu uma ordem de Augusto, intimando-o ao desterro em Constância, à beira do mar Negro. Nunca se soube com exactidão do que é que o imperador pretendia castigá-lo. Dizem que foi de uma relação com a sua neta Júlia, que de facto fora exilada naqueles mesmos dias. Ovídio, como todos os homens de sucesso fácil, não tinha estofo para suportar a desgraça. Os seus lamentos daquele lugar de desterro, *Ex Ponto* e *Tristia*, revertem mais em louvor da sua veia elegíaca do que do seu carácter. Regressou a Roma morto, depois de ter pedido inutilmente, em mil cartas, piedade ao imperador e ajuda aos amigos.

De um modo geral, embora se lhe tenha chamado Período Áureo, a época de Augusto não assistiu a um florescimento literário e artístico que se possa comparar com a da Grécia de Péricles ou da Itália do Renascimento. No tempo daquele imperador burguês, desenvolveu-se um gosto igualmente burguês, que dava preferência àquilo que é médio, e aquilo que é médio muitas vezes é medíocre. A moderação e a medida, temperadas com um certo cepticismo indulgente e caseiro, eram as qualidades mais apreciadas. E o verdadeiro escritor deste tempo é, de facto, aquele que melhor as representou: Horácio.

Era filho de um cobrador de impostos da Apúlia, que queria fazer daquele seu rebento um advogado e um homem político e, à custa de sabe-

-se lá que sacrifícios, mandou-o estudar, primeiro para Roma e depois para Atenas. Aqui, Horácio conheceu Bruto, que se preparava para a batalha de Filipos, e, tendo simpatizado com aquele jovem, nomeou-o do pé para a mão comandante de uma legião, o que nos ajuda a compreender porque é que o seu exército foi derrotado. Horácio, em plena batalha, deitou fora o elmo, o escudo e o gládio, e voltou para Atenas para escrever uma poesia sobre como é doce e nobre morrer pela pátria.

Repatriado e sem um quatrim, arranjou emprego junto de um questor e pôs-se a escrever versos sobre as cortesãs que frequentava, porque para os salões não era convidado, e senhoras sérias não conhecia. Um dia, Virgílio leu um livro seu e falou dele a Mecenas, que lhe pediu que trouxesse o autor à sua presença. Simpatizou imediatamente com aquele provinciano um bocado saloio, atarracado, orgulhoso e tímido e propô-lo como secretário a Augusto, que concordou. Mas Horácio recusou aquilo que a outro qualquer pareceria o maná dos céus: um pouco porque o temperamento o estimulava mais à contemplação do que à acção, outro pouco porque não era ambicioso nem cobiçoso e muito, cremos, porque não se fiava em unir a sua sorte à de um homem político que amanhã podia ser morto e arrastá-lo também a ele para idêntico fim. Mecenas, para lhe permitir dedicar-se mais à vontade à literatura, ofereceu-lhe uma *villa* em Sabínia, com boas terras, a qual foi posta a descoberto em 1932, dando-nos a medida da generosidade daquele ricaço. Tinha vinte e quatro divisões, um grande pórtico, três salas de banho, um belo jardim e cinco herdades.

Agora que era um proprietário abastado, Horácio pôde abandonar-se plenamente à sua veia verdadeira, que era a de moralista. As suas *Sátiras* são um precioso mostruário das personagens romanas mais comuns daquele tempo. Ele retirou-os da rua, não da história nem dos palácios, e representou-os com um distanciamento descontraído, fazendo de cada um deles um «carácter». De vez em quando, para se proteger do governo, escrevia alguns versos de louvor retórico e não sincero a Augusto, que se sentiu muito lisonjeado com isso e lhe ordenou que completasse as *Odes* com um *Carme secolare* em que fossem celebradas as suas façanhas, e também as de Druso e Tibério. Horácio preparou-se para o fazer, suspirando, e sem uma ponta de inspiração. Tinha de lidar com a Glória, o Fado e os Destinos Infalíveis: tudo coisas maiores do que ele e pelas quais não tinha simpatia. Terminou aquele poema horrível, esgotado e enfadado, depois de o ter interrompido mil vezes para escrever as *Epístolas* aos amigos, sobretudo a Mecenas, que são, com as *Sátiras*, a sua obra-prima.

Cada vez se tornava mais sedentário, também por motivos de saúde, que o obrigava a muitos cuidados e a uma dieta rigorosa. Em vão Mecenas o convidava para viagens turísticas. Horácio preferia ficar em Roma, e mais ainda na sua *villa*, comendo dois pauzinhos de esparguete feitos em casa, um fiozinho de carne cozida e uma maçã assada. Livre de se vingar, depois, celebrando nas suas poesias o convívio amigável, os banquetes suculentos, as belas bebidas e os amores com Glícera, Neéra, Pirra, Lídia, Lálage, e inúmeras outras mulheres que nunca existiram ou que apenas conhecia. Tinha pela virtude um respeito de estóico e pelo prazer uma simpatia de epicurista, mas não pôde praticar nem uma nem outro, por causa dos ardores de estômago, do reumatismo e da insuficiência hepática.

Não estava iludido acerca da decadência da sociedade, e atribuía-a, justamente, à da religião. Mas não tinha força para sustê-la, até porque ele próprio não acreditava em nada.

A angústia da morte toldou os seus últimos anos, durante os quais nunca mais quis, sequer, ir a Roma. As suas cartas estão cheias dessa angústia. «Fizeste, comeste e bebeste que chega, agora está na hora de partir», dizia a si próprio. Mas não era verdade. Gostaria de ter feito, comido e bebido um pouco mais, e sem dores de estômago.

Morreu aos cinquenta e sete anos, deixando a sua propriedade ao imperador e pedindo-lhe que o mandasse sepultar ao lado de Mecenas, que desaparecera poucos meses antes. E foi-lhe feita a vontade.

Aquilo que a época augustal não soube dar às artes e à filosofia, deu-o, contudo, à história, através de Tito Lívio, outro Celta como Virgílio, nascido em Pádua. Também ele, de acordo com as intenções da família, devia ter sido advogado, mas preferiu entregar-se ao estudo da Roma antiga, pelo desgosto que a contemporânea lhe provocava. Infelizmente, não deixou nada escrito sobre os factos da sua vida pessoal; estava demasiado ocupado a contar-nos os dos Horácios e dos Cipiões, que enchiam, *ab urbe condita*, isto é, desde a fundação da cidade, cento e quarenta e dois livros, dos quais chegaram até nós apenas quarenta. Era um trabalho imenso, da maneira como ele o fazia, ou seja, sem se poupar. E compreende-se porque é que, ao chegar às guerras púnicas, já não tinha mais fôlego e queria desistir. Foi Augusto que o empurrou para a frente.

É caso para nos admirarmos, uma vez que a obra de Lívio é toda ela de glorificação da grande aristocracia, republicana e conservadora, e, como tal, hostil a César e ao cesarismo. Mas é também um hino aos antigos costumes austeros, isto é, ao «carácter» romano, e era isto que agradava ao imperador. Sobre a exactidão daquilo que Lívio refere, pomos as nossas reservas, principalmente quando ele coloca na boca das suas personagens discursos completos que se parecem mais com Lívio do que com eles. A sua história é uma história de heróis, um imenso fresco em episódios, e presta-se mais para exaltar o leitor do que para informá-lo. A crer nele, Roma, tal como a Itália de Mussolini, teria sido povoada apenas por guerreiros e navegadores absolutamente desinteressados, que conquistaram o mundo para torná-lo melhor e para o moralizar. Os homens, na opinião dele, dividem-se em bons e maus. Em Roma estavam só os bons, e fora de Roma só os maus. Até um grande general, como Aníbal, é transformado, pela sua pena, num vulgar mariola.

Isso não impede que a história de Lívio, que custou cinquenta anos de trabalhos a um autor que se dedicou apenas a ela, continue a ser um grande monumento literário. Provavelmente é o maior de todos aqueles, na maioria medíocres, que foram erigidos sob o signo de Augusto.

# 31

# Tibério e Calígula

A única coisa certa que se pode dizer de Tibério é que ele nascera sob uma má estrela. Fazei o vosso próprio juízo a tal respeito.

Quando sua mãe o levou, em rapaz, para casa de Augusto, o imperador só tinha olhos para o seu irmão Druso, barulhento, simpático, prepotente e impulsivo, enquanto ele era tímido, reservado, reflectido e sensível. Isso podia ter feito nascer em Tibério sentimentos de rancor e de inveja. Mas não. Admirou afectuosamente Druso, arriscou a vida para tentar salvá-lo quando se encontrava ferido na Germânia, e a sua morte foi uma autêntica tragédia para ele. Escoltou o féretro a cavalo, desde o Elba até Roma, e foram necessários anos para se recompor daquele desgosto.

Estudara intensamente e com bom aproveitamento; assim que lhe deram um exército levou-o de vitória em vitória, contra inimigos aguerridos e traiçoeiros, como os Ilírios e os Panónios; quando lhe deram províncias para administrar, fê-las regressar à ordem com competência e integridade. Aos vinte anos já lhe chamavam «o velhote», por causa do seu ar sério. As poucas horas de ócio de que dispunha dedicava-as a rever o grego, que sabia muito bem, e a estudos de astrologia que lhe valeram a reputação de «herege». Não frequentava os salões nem o Circo. E provavelmente a primeira mulher que conheceu foi aquela com quem casou, Vipsânia, a filha de Agripa, que era senhora de grandes virtudes e de hábitos caseiros, como ele.

Se pudesse ter ficado com ela, talvez o seu carácter se tivesse mantido como era na juventude: o de um estóico sereno na sua simplicidade, generoso para os amigos, mais intransigente consigo mesmo do que com os outros. O facto de os soldados o adorarem, enquanto em Roma o detestavam, por ser o modelo de uma virtude que constituía uma censura para todos, demonstra-o. Mas Augusto obrigou-o a divorciar-se para lhe dar como esposa sua filha Júlia, uma desgraçadinha simpaticota, mas a pessoa menos adequada para fazer companhia a um homem como aquele. Porque é que Tibério aceitou? É certo que estava em jogo a herança. Mas ele nunca mostrara ter grandes aspirações a isso. Fora um zeloso colaborador do seu padrasto, mas nunca lhe fizera muito a corte e preferira que ele o estimasse a que o amasse. Com certeza que na sua condescendência houve o dedinho de Lívia, mulher exemplar de Augusto, mas uma mãe terrível para Tibério, cuja glória pretendeu, mesmo à custa da felicidade.

Tibério suportou as suas desventuras conjugais com um enorme decoro. E não é verdade que se recusasse a denunciar Júlia por adultério, como a lei lhe permitia, mas preferia impor-lhe o dever, para não perder os favores de Augusto. Tanto é verdade, que abandonou tudo para se retirar, como cidadão anónimo, para Rodes, onde viveu talvez o seu período mais tranquilo. O imperador, depois de mandar desterrar Júlia e tendo perdido os filhos dela, Gaio e Lúcio, chamou-o novamente. E também nisto reconhecemos o dedinho de Lívia. Tibério retomou o seu trabalho ao lado do padrasto, que se tornara ainda mais insuportável e melancólico, e teve de suportar a sua antipatia. Tinha já cinquenta e cinco anos quando chegou a hora de lhe suceder. Fê-lo apresentando-se ao Senado e pedindo-lhe que o exonerasse do cargo, para restaurar a república. O Senado considerou aquilo uma comédia, como talvez fosse, suplicou-lhe que ficasse, embora o detestasse, e pediu-lhe autorização para dar o seu nome a um mês do ano, como fizera com Augusto. «E o que fareis», respondeu Tibério, «a partir do décimo terceiro sucessor?».

Com esta atitude sarcástica perante todas as formas de adulação, o taciturno e casto Tibério pôs-se a governar, e fê-lo com muita rectidão e habilidade, deixando, quando morreu, um Estado mais próspero e rico do que aquele que tinha encontrado. Mas foi alvo da pena de Tácito e de Suetónio, dois historiadores republicanos, que fizeram dele o bode expiatório de todos os vícios do tempo.

A culpa mais grave que lhe é imputada é a de ter mandado eliminar o seu sobrinho Germânico, depois de o ter adoptado como filho e designado como herdeiro. Germânico era filho de Druso e neto de António: um belo rapaz inteligente, vivo e corajoso, que agradava a todos em Roma. Tibério mandou-o como governador para o Oriente para adquirir prática, e as pessoas murmuraram que ele o exilara, por ciúmes. Lá morreu, e todos disseram que fora assassinado por Pisão, por ordem do imperador. Pisão matou-se, para se esquivar ao processo, e a viúva de Germânico, Agripina, foi uma das mais impiedosas acusadoras de Tibério, enquanto a mãe, Antónia, se lhe manteve fidelíssima. E nós, entre uma mulher e uma mãe, acreditamos mais na mãe.

Outra acusação que lhe fazem é a de crueldade em relação a Lívia. A Lívia ele devia, sem dúvida, o trono. Mas não devia ser fácil viver com ela. Pretendia rubricar as resoluções imperiais, lembrando-lhe constantemente que, sem a sua ajuda, ele teria continuado a ser um cidadão anónimo emigrado em Rodes; e em casa, sobretudo, considerava-se a dona e recusava-se a dar-lhe as chaves quando ele saía. Por fim, Tibério foi viver sozinho, num apartamento modesto e melancólico, onde ninguém o chateava. Mas teve de suportar Agripina, a qual também se gabava de que ele tinha um débito para com ela: a vida de Germânico.

Além de sua sobrinha pelo casamento com o filho de seu irmão Druso, esta Agripina era também sua enteada, pois fora-lhe trazida em dote por Júlia, do casamento que a unira a Agripa: uma mulher lamurienta e cobiçosa, com todos os vícios da mãe e sem nenhuma das suas qualidades: a simpatia, o espírito, a generosidade. Tivera um filho de Germânico: um certo Nero que, no parecer dela, devia agora ser designado herdeiro, no lugar do defunto pai. Tibério aguentava os seus ataques com resignada paciência. «Sentes-te mesmo defraudada pelo facto de não seres imperatriz?» – dizia-lhe ele. Também ele tinha um filho, Druso, que lhe dera a virtuosa e querida Vipsânia. Mas não prestava para nada, estava cheio de vícios, e renegara-o. Procurava, de facto, um sucessor, mas mesmo Nero não o convencia.

Foram organizadas uma série de conspirações contra ele. Sejano, o comandante dos pretorianos do palácio, trouxe-lhe as provas. Sabe-se lá se eram verdadeiras. Mas a pouco e pouco Tibério começou a confiar apenas nele, e permitiu-lhe que aumentasse a guarda até nove coortes, sem se aperceber do terrível precedente que ia criar. E retirou-se para Capri.

Não se pode dizer que ele tivesse deixado de governar a partir de lá. Mas transmitia as ordens através de Sejano, que as alterava a seu bel-prazer e, graças a isso, tornou-se o verdadeiro senhor da cidade. Descobriu mais uma conspiração, fomentada por Popeu Sabino, Agripina e Nero, e obteve autorização para os punir. O primeiro foi eliminado, a segunda exilada em Pantelléria, e o terceiro matou-se. Também Druso morrera, assim como Lívia, a «Mãe da Pátria», como lhe chamavam por escárnio.

Um dia, sua cunhada Antónia, a mãe de Germânico, enviou-lhe secretamente, com risco da própria vida, um bilhete em que o advertia que Sejano estava, por sua vez, conspirando para assassinar o imperador e substituí-lo. Tibério, por carta, deu ordens para prenderem o traidor, e entregou-o, para correr o processo, ao Senado, que há anos vivia aterrorizado por aquele sátrapa. Não apenas ele, como todos os seus amigos e familiares, foram mortos. A filha mais jovem, como a lei proibia a eliminação das virgens, foi desflorada antes do processo. A mulher matou-se, mas não sem antes ter escrito uma carta a Tibério para denunciar Livila, filha de Antónia, como cúmplice de Sejano. Tibério mandou-a prender. Ela matou-se no cárcere, recusando-se a comer. Agripina também se matou. E o Tibério que emergiu desta hecatombe familiar, deste inferno de sangue e traição, é natural que já não fosse o mesmo homem de outros tempos. Sobreviveu seis anos, e parece que com a mente perturbada. No ano 37 d.C. decidiu deixar Capri, e enquanto atravessava a Campânia, foi colhido pela doença, talvez um enfarte cardíaco. Quando viram que ele estava a recuperar, os cortesãos meteram-no debaixo de um coxim e sufocaram-no.

Tibério mantivera a paz, melhorara a administração e enriquecera o Tesouro. O Império parecia intacto, mas a sua capital apodrecia cada vez mais. Para opor um obstáculo à dissolução, seria necessária a mão dura de um grande reformador. E Tibério talvez reconhecesse com estofo para isso o segundo filho de Agripina e Germânico, Gaio, a quem os soldados entre os quais crescera, na Germânia, chamavam Calígula, ou «Botinha», por causa do calçado que usava, de tipo militar.

E de facto, a princípio pareceu uma boa escolha. Calígula mostrou-se generoso com os pobres, restabeleceu uma semelhança de democracia restituindo à Assembleia os seus poderes, e era já conhecido como soldado valente e consciencioso. A sua transformação inesperada e rápida não é explicável a não ser pela hipótese de qualquer doença que lhe perturbou o cérebro: um caso típico de esquizofrenia ou desagregação da personalidade. Começou a ter crises nocturnas de terror, principalmente quando havia temporal, e a correr pelo palácio a gritar por socorro. Grande e forte como era, atlético, desportivo, passava horas diante do espelho a fazer caretas, que lhe resultavam lindamente, por causa dos olhos esbugalhados e duma

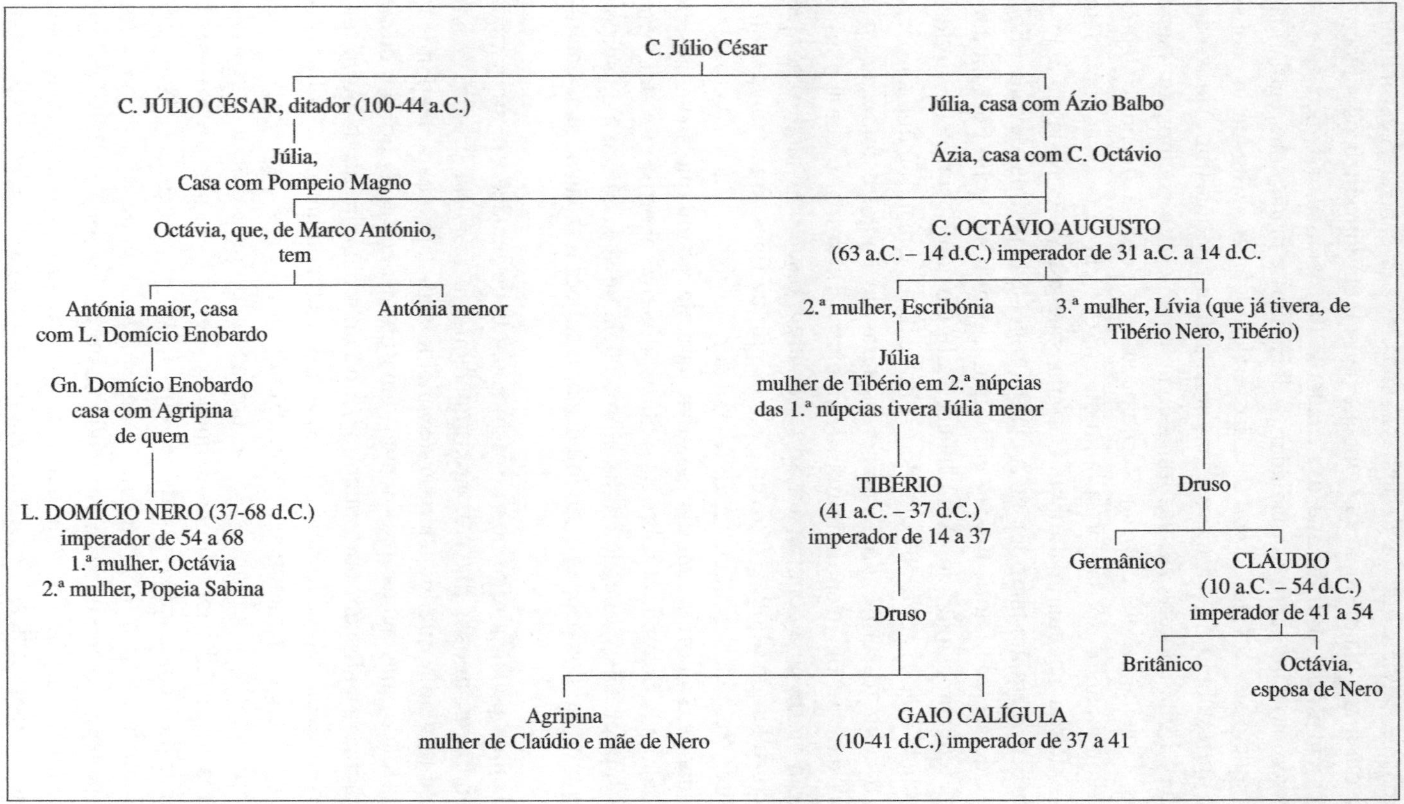


ÁRVORE GENEALÓGICA DA DINASTIA JÚLIO-CLAUDIANA

mancha de calvície que lhe desenhava uma coroa na cabeça. A certa altura, apaixonou-se pela civilização egípcia e pensou em introduzir os seus costumes em Roma. Exigiu que os senadores lhe beijassem os pés, que se batessem no Circo com os gladiadores, deixando-se matar com regularidade, e que o seu cavalo, *Esporeado*, fosse eleito cônsul. Mandou-lhe construir um estábulo de mármore e uma manjedoura de marfim. Ainda para imitar o Egipto, tomou as suas irmãs como amantes. Ou melhor, com uma delas, Drusila, casou-se mesmo e nomeou-a herdeira do trono, e depois repudiou-a para desposar Orestila no dia em que ela se ia casar com Gaio Pisão. Parou na quarta mulher, Cesónia, que estava grávida quando a conheceu, e era um tanto feiota. A ela foi, sabe-se lá porquê, devoto e fiel.

Pode ser que Dione Cássio e Suetónio, com o seu ódio pela monarquia, tenham exagerado. Mas louco, Calígula devia ser, sem dúvida. Uma bela manhã acordou com alergia aos calvos, e mandou que todos os que o eram fossem dados a comer às feras do Circo, esfomeadas por causa da carestia. Depois tomou de ponta os filósofos, e condenou-os todos à morte ou à deportação. Só se salvaram o seu tio Cláudio, porque era considerado idiota, e o jovem Séneca porque fingiu que estava muito doente. Sem saber quem mais perseguir, obrigou a avó Antónia a suicidar-se, só porque um dia, ao olhar para ela, achou que a sua cabeça era bela mas ficava mal sobre os ombros. Por fim, aborreceu-se também com Júpiter. Disse que ele era uma bola cheia de ar que estava a usurpar o lugar ao rei dos deuses, mandou cortar a cabeça a todas as suas estátuas e substituí-la pela sua.

É uma pena, porque nos raros momentos de lucidez era simpático, cordial, espirituoso, tinha o sarcasmo fácil e a resposta pronta. A um sapateiro gaulês que lhe chamou «exibicionista» cara a cara, respondeu: «É verdade, mas achas que os meus súbditos valem mais do que eu?». De facto, se valessem um pouco mais, de uma maneira ou de outra ter-se-iam desembaraçado dele. Em vez disso, aplaudiam-no e beijavam-lhe os pés, e os senadores eram os primeiros.

Foi preciso a determinação do comandante dos pretorianos, Cássio Cherea, para libertar Roma daquele flagelo. Calígula divertia-se a chamar-lhe, como palavras de ordem, insultos obscenos. Cássio era melindroso e uma noite, enquanto acompanhava o imperador no corredor de um teatro, apunhalou-o. A cidade custou a acreditar. Receava que fosse um truque de Calígula para ver quem é que rejubilava com a sua morte e depois aplicar o castigo. Para mostrar a todos que era verdade, os pretorianos mataram também a mulher, Cesónia, e rebentaram contra a parede a cabeça da filha, ainda criança.

Era uma conclusão adequada às personagens e ao tenebroso clima de terror e de demência em que tinham vivido. Roma, agora, era isto: a capital de um Império onde, para o desenfreado satrapismo, não havia alternativa a não ser o regicídio, e para o regicídio era preciso mercenários. Os Romanos já nem sequer sabiam matar os seus tiranos.

# 32

# Cláudio e Séneca

Os pretorianos que, tendo matado Calígula, eram senhores da situação e queriam continuar a sê-lo, olharam em volta, à procura de um sucessor do qual pudessem dispor a seu bel-prazer. E pareceu-lhes que o personagem mais indicado fosse o tio do defunto, aquele pobre Cláudio, já cinquentão, com as pernas encravadas pela paralisia infantil e a língua entaramelada, e com um ar estonteado, que na noite do assassínio foi encontrado escondido atrás de uma coluna, a tremer de medo.

Era filho de Antónia e de Druso, por sua vez filho de Druso Nero. E atravessara as tragédias da casa Cláudia protegido por uma fama generalizada de mentecapto. Se tudo aquilo era uma comédia, temos de reconhecer que ele a representara muito bem, desde pequenino, porque até a mãe lhe chamava um «aborto», e quando queria dizer mal de alguém dizia que era «mais cretino do que o meu pobre Cláudio!».

É difícil dizer até que ponto esta personagem, que depois se revelou um excelente imperador, era um idiota, ou se fingia ser para não pagar o imposto. O certo é que, desta maneira, foi o único da família que se salvou. Arrastando as perninhas aleijadas, cuspinhando na cara de toda a gente quando falava, alto, com a barriga volumosa e o nariz cor de vinho tinto, vivera até àquela idade sem dar problemas a ninguém, estudando e escrevendo histórias, entre as quais a sua autobiografia. Falava grego e tinha profundos conhecimentos de geometria e de medicina. E quando se apresentou ao Senado para ser proclamado imperador, disse: «Sei que me considerais um pobre idiota. Mas não sou. Fingi que era. E é por isso que hoje me encontro aqui». Mas logo a seguir estragou tudo, dando uma palestra sobre as maneiras de tratar as mordeduras das víboras.

Cláudio debutou dando uma boa gorjeta aos pretorianos que o elegeram, mas em troca ordenou que eles lhe entregassem os assassinos de Calígula, e eliminou-os, para, segundo disse, instaurar o princípio de que os imperadores não se matam. Depois anulou, com um traço da pena, todas as leis do seu antecessor e dedicou-se a reordenar a administração, dando mostras de um tino e de um equilíbrio que ninguém suspeitava que ele tivesse. Convencido de que entre os senadores não havia nada que prestasse, formou um ministério de técnicos, escolhendo-os na categoria dos escravos alforriados. E entregou-se com eles ao estudo e realização de obras públicas de grande envergadura, divertindo-se a fazer, pessoalmente, cálculos e projectos. Aquele que mais o ocupou foi a secagem do lago Fucino. Empregou trinta mil cavadores e levou onze anos a escavar um canal para escoar as águas. Quando estava já tudo pronto, ofereceu aos Romanos como último espectáculo, antes do escoamento, uma batalha naval entre duas frotas de vinte mil condenados à morte, que lhe dirigiram o famoso grito: «Avé, César! Os que vão morrer saúdam-te!», e, indo a pique uns contra os outros, afogaram-se. O público, que atapetava as colinas em redor, divertiu-se imenso.

Todos desataram a rir quando em 43 d.C. este imperador beberrão e com um ar pateta e alegre partiu à frente do seu exército para ir conquistar a Britânia. Nunca fora soldado, até porque teria sido rejeitado para a incorporação, e Roma estava convencida de que, ao primeiro recontro, ele fugiria. Mas quando se espalhou a notícia que ele morrera, o desgosto foi grande e geral: os Romanos tinham-se afeiçoado sinceramente àquele seu imperador que, com todas as suas extravagâncias, mostrara ser o melhor, ou pelo menos o mais humano, entre os que sucederam a Augusto.

Todavia, Cláudio não só não morrera, como conquistara realmente a Britânia, e agora estava de volta, trazendo consigo o rei, Caráctaco, que foi o primeiro, entre os reis vencidos por Roma, a ser agraciado. O mérito desta vitória, na realidade, terá sido mais dos seus generais do que do próprio Cláudio. Mas os generais eram nomeados por ele, e nessas escolhas não se enganava. Foi sob o seu comando que se formou também Vespasiano.

Infelizmente, este homem competente tinha um ponto fraco: as mulheres. Era um pinga-amor incorrigível. Tivera já, e traíra, três mulheres, quando, já quase quinquagenário, casou com a quarta, Messalina, que tinha dezasseis anos. Messalina passou à história como a mais infame de todas as rainhas, e talvez isso não seja verdade. Talvez tenha sido apenas a mais libertina. Como não era bonita, sempre que algum jovem lhe resistia fazia com que Cláudio lhe desse ordens para ele ceder, transformando assim o amor num acto de patriotismo. Cláudio prestava-se a isso, desde que Messalina lhe desse pulso livre em relação às criadas. No fundo, eram um casal que combinava bem, mas o problema era que Cláudio metera na cabeça reformar os costumes romanos na base da austeridade, e uma mulher daquela espécie não constituía o melhor exemplo. Um dia, na ausência dele, ela casou-se com o amante de serviço, Sílio. Os ministros deram conhecimento disso ao imperador, dizendo-lhe que Sílio queria substituí-lo no trono. Cláudio regressou, mandou-o matar, e depois mandou dois pretorianos chamar Messalina, que se escondera em casa da mãe. Receosos de uma vingança, os pretorianos apunhalaram-na nos braços da mãe. Cláudio deu-lhes ordens para o matarem também a ele, caso voltasse a mostrar vontade de se casar.

Casou-se novamente no ano seguinte, e a quinta mulher, virtuosa, fez ter saudades da segunda, desavergonhada. Agripina, filha de Agripina e de Germânico, era sua sobrinha, tivera já dois maridos, e o primeiro deixara-lhe um filhinho chamado Nero, cuja carreira foi a única paixão dela. Era a reencarnação de Lívia, mas piorada. Com os seus trinta anos, foi-lhe fácil meter debaixo da pantufa aquele marido quase sexagenário, debilitado pelas estafadelas com as criadas. Isolou-o dos seus colaboradores, pôs o seu amigo Burro como chefe dos pretorianos, e instaurou um novo reino de terror, do qual senadores e cavaleiros pagaram as favas. As condenações à pena capital levavam uma assinatura de Cláudio que, após a morte deste, se provou que era falsificada. O pobre homem, apesar de senil, pareceu que a certo ponto se apercebera daquilo que se passava e que queria remediar a situação. Agripina impediu-o de o fazer, dando-lhe a comer um prato de cogumelos venenosos. Nero, que dizia por vezes umas graçolas à sua maneira, disse mais tarde que os cogumelos deviam estar um manjar dos deuses, visto que tinham conseguido transformar em deus um pobre homenzinho como Cláudio.

*Nero*, em dialecto sabino, queria dizer «forte», e nos primeiros cinco anos de reinado o filho de Agripina foi fiel ao seu nome, mostrando-se um imperador magnânimo e sensato. Mas o mérito não foi seu; foi de Séneca, que governou em seu nome.

Séneca era um espanhol de Córdova, milionário de família e filósofo de profissão, que já dera que falar antes de Agripina o contratar como preceptor do filho. Calígula condenara-o à morte por «impertinência»; depois agraciou-o, por estar muito doente, com asma. Cláudio mandara-o desterrado para a Córsega, por causa de uma intriga amorosa com sua tia Júlia, a filha de Germânico. Séneca ficou lá oito longos anos, a escrever ensaios excelentes e algumas tragédias horríveis. Não sabemos quem é que o propôs a Agripina como o homem mais capacitado para educar Nero segundo os ditames do estoicismo, de que era considerado o mestre incontestável. Seja como for, o que aconteceu foi que no espaço de poucos dias ele passou da condição de recluso à de orientador do futuro dono do Império.

Era um homem estranho. Fez uso da sua posição para, sem demasiados escrúpulos, multiplicar o património, mas não usou o património para levar uma vida de senhor. Comia pouquíssimo, bebia apenas água, dormia na tarimba, esbanjava apenas em livros e obras de arte, foi fiel a sua mulher desde o dia em que casou, e, a quem o censurava por amar demasiado o poder e os quatrins, respondia: «Mas eu não louvo a vida que faço. Louvo aquela que devia fazer, e cujo modelo imito à distância, coxeando». Quando se encontrava no auge da sua fortuna, um panfletista acusou-o publicamente de ter roubado ao Estado trezentos milhões de sestércios, de os ter multiplicado por meio da usura, e de se ter livrado de rivais e de inimigos pela denúncia. Séneca, que naquela altura podia mandar eliminar quem quisesse, respondeu, abstendo-se de denunciar o seu denunciador. No entanto, continuou a praticar a usura, como diz Dione Cássio.

Quando o seu pupilo subiu ao trono, Séneca deu-lhe um belo discurso para ler no Senado, no qual o novo imperador se comprometia a exercer apenas o poder como comandante supremo do exército. Provavelmente, ninguém acreditou nisso, mas a promessa foi cumprida durante cinco anos, ao longo dos quais os outros poderes foram exercidos por Agripina e por Séneca. E as coisas correram bastante bem, enquanto estes estiveram de acordo um com o outro. Nero, com aqueles dois conselheiros por trás, tomou algumas resoluções sensatas: rejeitou a proposta do Senado de erigir estátuas suas em ouro, recusou-se a assinar condenações à morte, e quando teve de abrir uma excepção para um caso, exclamou, brandindo a pena: «Quem me dera nunca ter aprendido a escrever!». Parecia deveras um excelente rapaz, que se interessava quase exclusivamente pela poesia e pela música, e ninguém pensava que estas boas inclinações pudessem revelar-se, um dia, perigosas.

Depois, Agripina quis fazer demasiado, isto é, fazer tudo sozinha. Séneca e Burro ficaram alarmados e, para neutralizá-la, instigaram Nero a fazer valer a sua autoridade. Encolerizada, Agripina ameaçou destruir a sua obra, pondo no trono Britânico, filho de Cláudio. E Nero respondeu mandando eliminar Britânico e isolando a mãe numa *villa*, onde ela prestou à história, em nossa opinião, um mau serviço, escrevendo um livro de *Memórias* sobre Tibério, Cláudio e Nero, o qual serviu de grande fonte de informação a Suetónio e a Tácito mas que, por ter sido inspirado pela vingança, receamos que não fosse muito fidedigno.

Perguntamo-nos qual o papel que Séneca terá tido no assassínio de Britânico. Como autor de um ensaio intitulado *Da Clemência*, fazemos votos para que não tenha tido nada a ver com isso. Mas, dados os precedentes, não nos atrevemos a jurá-lo.

Enquanto Nero continuou a agir como Séneca pregava, Roma e o Império viveram tranquilos, com as fronteiras seguras, os comércios prósperos e as indústrias em progresso. Mas a certa altura o pupilo, que tinha apenas vinte anos, começou a voltar-se para outro mestre, que satisfazia mais as suas inclinações de esteta: Caio Petrónio, o árbitro de todas as elegâncias romanas e o fundador de uma categoria humana bastante difundida: a dos *dândis*.

Sentimos uma certa dificuldade em identificar este rico aristocrata que Tácito descreve como sendo requintado nos seus apetites, delicadamente voluptuoso, com um modo de conversar irónico e elegantíssimo, com o Caio Petrónio autor de *Satyricon*, panfleto de rimas vulgares até à obscenidade, com personagens banais e situações muito repisadas. Se for verdade que se trata da mesma pessoa, quer dizer que entre o modo de viver e de ser e o de escrever e de parecer, há uma diferença não do tamanho de um mar, mas de um oceano. Seja como for, Nero, encantado pelo Petrónio que conheceu na vida social, requintado, culto, sedutor de homens e de mulheres, e conhecedor infalível do Belo, achou mais fácil imitar o mau poeta e praticar os seus ensinamentos literários. Tomou por companheiros os heróis do *Satyricon*, e com eles se entregou à orgia nos bairros mais mal-afamados de Roma

O casto Séneca, inicialmente, não teve objecções a fazer, pelo contrário, é provável que tenha estimulado o seu aluno a seguir esses caminhos, para o afastar cada vez mais dos problemas do governo, que preferia resolver sozinho ou com Burro. Desse modo, durante alguns anos, com um imperador que se degradava cada vez mais, o Império continuou a prosperar. Trajano, mais tarde, definiu o primeiro lustro de Nero como «o melhor período de Roma». Porém, a certa altura, o jovem soberano encontrou Popea, uma Agripina no pleno vigor da sua beleza, que queria ser imperatriz, e, para consegui-lo, empurrou Nero para o seu lugar de imperador. Quando a conheceu, Nero tinha vinte e um anos, uma mulher honesta, Octávia, que suportava com muita dignidade as suas desgraças conjugais, e uma amante, Acte, também ela honesta, e apaixonada por ele. Mas as mulheres honestas não agradavam a Nero, e traiu as duas com a libertina, sensual e calculista Popeia. É nesta altura que começam a sua história e as atribulações de Roma.

# 33

# Nero

Agripina fora, sem dúvida, uma mulher nefasta. Mas os últimos episódios da sua vida são idênticos aos de uma velha matrona da Roma antiga. Não hesitou em pôr-se resolutamente contra seu filho, quando este lhe veio pedir consentimento para se divorciar de Octávia. Tácito diz que ela chegou mesmo a oferecer-se-lhe.

Nero, embora a tivesse isolado numa *villa*, ainda tinha medo dela. Mas tinha idêntico medo de Popeia, que se lhe negava fazendo troça dele por causa deste seu temor filial. Por fim, conseguiu convencê-lo de que Agripina conspirava contra ele, pelo que, não se atrevendo a matá-la, tentou fazer com que ela morresse, uma vez envenenando-a, e outra vez mandando fazê-la cair ao rio. Agripina já estava à espera. Talvez estivesse informada, por algum seu criado de confiança que deixara no palácio, daquilo que lhe preparavam, e procurou salvar-se: da primeira vez, com um medicamento que transformou o envenenamento numa cólica, e da segunda, nadando. Os guardas de Nero tiveram de fazer o mesmo, para segui-la até à outra margem. E perguntamo--nos quais terão sido os sentimentos e os pensamentos desta mulher, ao ver-se acossada pelos sicários de um filho ao qual sacrificara toda a sua vida. Contudo, não os mostrou, quando eles a alcançaram. Disse, simplesmente: «Dai o golpe aqui», e indicou o ventre do qual Nero tinha nascido. Este, quando lhe trouxeram o corpo nu de sua mãe morta, apenas comentou: «Olha, nunca tinha reparado que tinha uma mãe tão bela». A única coisa que lamentou foi, talvez, não a ter possuído quando ela se lhe oferecera.

Tal como em Calígula, não encontramos outra explicação para tais reacções, a não ser a loucura. É possível que houvesse no sangue dos Cláudios um mal hereditário que atacava o cérebro.

A história garante que Séneca não teve nada a ver com este delito horrível. Mas obriga-nos também a verificar que ele o aceitou, permanecendo ao lado do imperador. Esperaria continuar a entretê-lo no caminho da perdição? Se alimentou essa esperança, em breve se desiludiu. Nero rejeitou os seus conselhos quando ele lhe tentou fazer compreender que não era próprio de um imperador competir, no Circo, como auriga, e exibir-se no teatro como tenor. Em vez disso, para mostrar como era já pouca a consideração que tinha pelo seu mestre, ordenou aos senadores que competissem com ele naquelas provas de ginástica e de música, dizendo que esta era a tradição grega e que a tradição grega era melhor do que a romana.

Os senadores, no seu conjunto, talvez não merecessem melhor tratamento; mas em alguns deles brilhava ainda um vislumbre de dignidade. Trásea Peto e Elvídio Prisco falaram abertamente contra o imperador, cujos espiões os acusaram de conspiração. Nero, que depois do matricídio mostrara uma certa clemência, entregou-se a uma orgia de sangue, e como o Tesouro, que Cláudio deixara bem fornecido, se esgotara devido aos seus desregramentos, impôs aos condenados que lhe deixassem os seus bens. Séneca criticou estas medidas. Mas o verdadeiro motivo por que perdeu o seu lugar foi por ter criticado também as poesias do seu senhor. Foi talvez com um suspiro de alívio que se retirou para a sua *villa* na Campânia, e que se dedicou activamente a procurar, como escritor, uma desforra para o seu malogro como preceptor. Burro morrera havia poucos meses, e fora substituído pelo malvado Tigilino.

Sem ninguém que o refreasse, Nero despenhava-se. O retrato físico que dele nos deixaram mostra-no-lo, aos vinte e cinco anos, com os cabelos amarelos presos em tranças, os olhos mortiços e uma barriga obesa sobre duas perninhas raquíticas. Popea, agora sua mulher, fazia dele aquilo que queria. Não satisfeita por lhe ter imposto o divórcio de Octávia, convenceu-o a mandá-la desterrar. E como os Romanos desaprovaram e cobriram de flores as estátuas dela, persuadiu-o a mandá-la assassinar. Octávia teve um mau morrer, aterrorizada e pedindo piedade: tinha apenas vinte anos e nascera para ser a boa mulher de um bom marido e não a heroína de uma tragédia.

Nem mesmo desta vez Nero teve remorsos, porque entretanto fizera-se consagrar como deus, e os deuses não são obrigados a fazer exames de consciência. Agora queria apenas construir para si um novo palácio de ouro, que se tornasse o seu próprio templo, e como o projectava com dimensões gigantescas, não encontrava, no apinhado centro de Roma, uma zona onde o pudesse construir. Já havia algum tempo que andava resmungando que a cidade estava mal construída, e que era preciso reconstruí-la toda de acordo com um plano urbanístico mais racional, quando, em Julho de 64 d.C., deflagrou o famoso incêndio.

Fora realmente ele que o mandara atear? Talvez não. Ele, naquele momento, estava em Âncio; acorreu imediatamente e mostrou uma energia que ninguém desconfiava que ele tinha, nas medidas de socorro. Mas o facto de a voz do povo o ter acusado imediatamente mostra que, ainda que o não tivesse feito, as pessoas o consideravam capaz disso. Muito estranhamente, ele desta vez não reagiu às acusações, nem tão pouco perseguiu os autores dos folhetos e panfletos que o apontavam à fúria popular. Como verdadeiro chefe de um regime totalitário, pensou que, tendo em conta as dimensões do desastre, antes de repará-lo era preciso pensar no modo de arranjar alguém a quem atribuí-lo. E foi assim, diz Tácito, que ele recorreu a uma seita religiosa que se formara por aquela altura em Roma, e que fora buscar o nome ao de um certo Cristo, um hebreu condenado à morte por Pôncio Pilatos na Palestina, no tempo de Tibério.

Nero não sabia mais nada deles, quando mandou prender todos os que foi possível apanhar, e condená-los, depois de um processo sumário, à tortura. Alguns foram atirados às feras, outros crucificados, outros barrados com resina e transformados em tochas. Roma quase não se apercebera deles. Mas depois deste martírio em massa começou a olhá-los com uma certa curiosidade. Agora, o imperador podia finalmente construir uma capital à medida do seu desejo. E nesta tarefa, que o absorveu completamente, mostrou uma certa competência. Mas enquanto a nova Roma crescia, mais bela do que a que fora destruída, Popea morreu de um aborto. As más-línguas disseram logo que fora o marido que lhe dera um pontapé na barriga, durante uma discussão. Pode ser. No entanto, o golpe foi terrível para ele, que assim perdeu de uma só vez uma mulher amada e o herdeiro que esperava. Errando pelas ruas, no seu sofrimento, encontrou um rapazito, um tal Esporo, cujo rosto se assemelhava estranhamente ao da defunta. Levou-o para o palácio, mandou-o castrar e casou com ele. Os Romanos comentaram: «Ah, se o pai dele lhe tivesse feito o mesmo!...».

Dirigia as obras para a construção do seu grande palácio, quando os seus espiões descobriram uma conspiração para colocar no trono Calpúrnio Pisão. Houve as detenções habituais, as torturas habituais, e as confissões habituais. Numa destas foram pronunciados os nomes de Séneca e Lucano.

Lucano era outro espanhol de Córdova, primo afastado de Séneca, que, tendo vindo para Roma para estudar leis, cometera o erro imperdoável de ganhar um prémio de poesia num concurso em que também tomara parte Nero, que perdeu. O imperador proibiu-o de continuar a escrever. Lucano desobedeceu, tendo composto um carme sobre a batalha de Farsalo, retórico e medíocre, mas de entoação nitidamente republicana. Não pôde publicá-lo, mas leu-o nos salões aristocratas, onde fez, naturalmente, grande sucesso, entre aqueles senhores que já não eram capazes de se opor à tirania, mas tinham saudades da liberdade. Teria ele participado realmente na conspiração, ou foi incluído por livre iniciativa dos esbirros que sabiam da antipatia que Nero sentia por aquele rival? Nos interrogatórios, admitiu a própria culpa e denunciou os outros cúmplices, entre os quais, segundo parece, sua mãe e seu primo Séneca. Tendo sido condenado, convidou os amigos para uma grande festa, comeu e bebeu com eles, cortou as veias, e morreu recitando alguns versos seus contra o despotismo. Tinha vinte e seis anos.

Séneca tomou conhecimento, talvez, de ter participado na conjura de Pisão, pelos mensageiros do imperador, que vieram à Campânia informá-lo da condenação. Estava escrevendo uma carta ao seu amigo Lucílio, que terminava assim: «Quanto a mim, já vivi muito tempo, e parece-me que tive tudo aquilo que me cabia. Agora, espero a morte». Mas quando a morte se apresentou na pessoa daquele embaixador, objectou que não havia razão para lhe infligirem a pena, uma vez que já havia muito tempo que não se dedicava à política e só se ocupava a tratar da saúde, da qual fez prever o colapso iminente. Era a desculpa que invocara também com Calígula e que lhe permitira viver até quase aos setenta anos. O embaixador regressou a Roma, mas Nero foi inabalável. Então Séneca, com muita calma, abraçou a mulher, Paulina, ditou uma carta de adeus aos Romanos, bebeu a cicuta, cortou as veias e morreu segundo os preceitos do estoicismo, melhor do que tinha sabido viver. Paulina tentou imitá-lo, mas o imperador mandou-lhe suturar as veias. Os séculos apagaram as contradições do homem Séneca e conservaram apenas as obras do escritor, que alcançou a sua grandeza. Ele ensinou como é que se escreve um «ensaio» e como se concilia a pregação da renúncia com a prática das comodidades pessoais. A um tal mestre não podiam faltar alunos.

Tendo-se feito um vazio à sua volta, Nero partiu para uma *tournée* pela Grécia, onde as pessoas, disse, percebiam mais de arte do que em Roma. Participou como jóquei nas corridas de Olímpia, caiu, chegou em último lugar, mas os Gregos proclamaram-no vencedor à mesma, e Nero compensou-os isentando-os do pagamento do tributo a Roma. Os Gregos perceberam o truque, fizeram com que ele vencesse todos os outros torneios, organizaram uma clamorosa *claque* nos teatros em que o imperador cantava (era absolutamente proibido sair durante o espectáculo, e houve mulheres que aí deram à luz), e obtiveram em troca a cidadania plena.

Regressado a Roma, Nero decretou um triunfo a si próprio, em que, não podendo exibir os restos mortais de nenhum inimigo, exibiu as taças que ganhara como tenor e como auriga. Agia de boa fé, ao pretender a admiração dos seus concidadãos. Estava convencido que o admiravam de verdade, e por isso ficou mais espantado do que preocupado quando soube que Júlio Vinício chamava a Gália às armas contra ele. O seu primeiro cuidado, ao organizar o exército que iria comandar contra o rebelde, foi encomendar um grande número de carros, expressamente construídos para o transporte dos cenários para montar um teatro. Porque, entre uma batalha e outra, tencionava continuar a representar, a tocar e a cantar, para ser aplaudido pelos soldados. Mas, durante estes preparativos, chegou a notícia que Galba, governador da Espanha, se unira a Vinício e que com ele marchava sobre Roma.

O Senado, que espreitava a ocasião há muito tempo, depois de ter garantida a neutralidade benévola dos pretorianos, proclamou imperador o procônsul rebelde, e Nero, de repente, deu-se conta de que estava só. Um oficial da Guarda, a quem pediu que o acompanhasse na fuga, respondeu-lhe com um verso de Virgílio: «É, pois, tão difícil morrer?».

Sim, para ele era muito difícil. Arranjou um bocado de veneno, mas não teve coragem para o ingerir. Pensou em atirar-se ao Tibre, mas não foi capaz. Escondeu-se na *villa* de um amigo, na via Salária, a dez quilómetros da cidade. Ali soube que o tinham condenado à morte «à maneira antiga», ou seja, por fustigação. Aterrorizado, agarrou num punhal para o cravar no peito, mas primeiro experimentou a ponta e achou que «magoava». Decidiu-se a cortar a garganta, quando ouviu ruído de cascos de cavalo fora da porta. Mas a mão tremeu-lhe, e foi o seu secretário, Epafrodito, que lha encaminhou para a carótida. «Ah, que artista morre comigo!», sussurrou num extertor. Os guardas de Galba respeitaram o cadáver, que foi piedosamente sepultado pela velha ama e pela primeira amante, Acte. Muito estranhamente, o seu túmulo continuou durante muito tempo coberto de flores sempre frescas, e muitos em Roma continuaram a acreditar que ele não tinha morrido e ia regressar. Geralmente, são ideias que germinam nos terriços fecundados pelas lembranças nostálgicas e pela esperança.

Será que, feitas as contas, Nero era melhor do que a história o descreveu?

# 34

# Pompeios

A catástrofe telúrica que, a 24 de Agosto de 79, fez a desgraça de Pompeios, constituiu a sua fortuna póstuma. Era uma das mais insignificantes cidades de Itália. Contava pouco mais de quinze mil habitantes, vivia sobretudo da agricultura, e não estava associado ao seu nome qualquer grande acontecimento histórico. Naquele dia, o Vesúvio encapuchou-se com uma nebulosidade negra, da qual choveu uma torrente de lava que em poucas horas submergiu Pompeios e Herculano. Plínio-o-Velho, que comandava a frota fundeada no porto de Pozzuoli e que tinha, entre outras, a paixão pela geologia, acorreu com os seus barcos, para ver do que se tratava, e depois para salvar os habitantes, que fugiam até mais não poder em direcção ao mar. Mas, cego pelo fumo e atropelado pela multidão, caiu, e foi atingido e sepultado pela lava. Cerca de duas mil pessoas perderam a vida naquele desastre. Mas sob o sudário da morte, a cidade conservou-se intacta. E quando, há cerca de dois séculos, os arqueólogos a desenterraram com as suas escavadoras, aquilo que pouco a pouco voltou à luz do dia foi o documento mais instrutivo, não só da arquitectura, mas também da vida de um pequeno centro de província italiano, no século de ouro do Império. Amedeu Maiuri, que lhe dedicou a vida, retirou de Pompeios lições preciosas.

O centro da povoação era o foro, isto é, a praça, que na origem fora, certamente, o mercado das couves, pelas quais aquela zona tinha fama, mas que com o tempo se tornara também um teatro ao ar livre, tanto para espectáculos dramáticos como para os jogos. Os edifícios que a rodeavam eram os de utilidade pública, a começar pelos templos de Júpiter, de Apolo e de Vénus, e terminando com a Câmara e as lojas.

É claro que a vida se desenrolava ali, e o labirinto de vielas que se entrelaçavam a toda a volta constituíam uma espécie de armazém cheio de pequenas lojas e oficinas de artesãos, onde ressoavam os martelos, os machados, as serras, as plainas, as limas, e o vozear confuso e ensurdecedor das crianças, das mulheres, dos gatos, dos cães, dos vendedores ambulantes, que constitui ainda uma característica do nosso belo, mas não silencioso, país, principalmente no Sul. E como aquilo que melhor se conserva, dos costumes de um povo, são os vícios, em Pompeios até é possível avaliar como é velho, em Itália, o costume de sujar as paredes e de as usar como meios de propaganda das nossas ideias, dos nossos amores e dos nossos ódios. Hoje, fazêmo-lo com os cartazes, com o giz e com o carvão. Naquela altura, fazia-se com os *«graffiti»*, ou seja, gravando a pedra. A diferença é apenas técnica: quanto ao conteúdo, é claro que os Italianos pensaram e disseram e gritaram sempre as mesmas coisas. Tício prometia a Cornélia um amor mais longo do que a sua própria vida; Caio convidava Semprónio para irem morrer afogados; Júlio garantia paz e prosperidade a todos, se o elegessem questor, e os «Viva Maio!» perdiam o seu tempo no endereço de um edil que contratara à sua custa o gladiador Párides, como hoje se contratam os «oriundos» nos clubes de futebol, para dar espectáculo no anfiteatro, onde havia vinte mil lugares disponíveis, mais cinco mil dos que os necessários para a população, que deviam estar reservados, evidentemente, para as pessoas do campo.

As casas eram confortáveis e bastante luxuosas. Quase não tinham janelas, e raramente termossifão. Mas os tectos são de cimento, por vezes de mosaicos, e os pavimentos são de pedra. Só os palácios têm sala de banho, e alguns têm mesmo piscina. Mas havia qualquer coisa como três termas públicas, com o respectivo ginásio. As cozinhas estavam apetrechadas com toda a espécie de utensílios: frigideiras, panelas, espetos para assados; e, numa biblioteca particular, foram encontrados dois mil volumes, em grego e em latim. Do mobiliário pouco se sabe porque, sendo quase tudo de madeira, desfez-se. Mas ficaram tinteiros, canetas, lâmpadas de bronze e estátuas, todas de origem grega, e de estilo elevado e execução esmerada.

Tudo isto sugere a ideia de uma vida cómoda e bem organizada, como devia ser, de facto, nas cidades da província, nos séculos felizes do Império. No entanto, nenhuma delas podia competir com Roma quanto a actividade, serviços públicos, salões e divertimentos. Em compensação, quem nelas habitava evitava os perigos das perseguições, ou pelo menos sofria-os em muito menor medida, e os maus costumes da decadência chegaram lá mais tarde e atenuados pela maior solidez das boas tradições. Não foi por acaso que César, e mais tarde Vespasiano, tentaram preencher as vagas da aristocracia e do Senado romanos fazendo ascender a eles as famílias desta burguesia provinciana. E uma das razões por que, depois da queda de Roma, a civilização romana resistiu e corrompeu os bárbaros, absorvendo-os, é que não apenas na Urbe, mas onde quer que fosse que eles metessem o pé, na península, aí encontravam cidades superiormente organizadas.

Não faremos o inventário delas. Limitar-nos-emos apenas a dizer que, ao contrário do que hoje sucede, as cidades meridionais tinham a primazia sobre as setentrionais, porque, ainda antes da civilização romana, tinham sentido o efeito da grega. Nápoles era a mais famosa, pelos seus templos, as suas estátuas, o seu céu, o seu mar, pela astúcia subtil dos seus habitantes e, como ainda hoje, pela sua preguiça. De Roma vinha-se para ali passar o Inverno, e os seus arredores, Sorrento, Pozzuoli, Cuma, fervilhavam de *villas*. Capri fora descoberta já havia algum tempo e Tibério «lançou-a», fazendo dela a sua residência habitual. Pozzuoli foi a estação termal de maior fama na Antiguidade, pelas suas águas sulfurosas.

Outra região que fervilhava de cidades já amadurecidas era a Toscana, onde foram construídas pelos Etruscos.

As mais importantes eram Chiusi, Arezzo, Volterra, Tarquínia e Perugia, que era considerada como pertencente àquela região. Florença, que, acabada de nascer, se chamava *Florentia*, era a menos notável e não previa o seu destino.

Mais para cima, para lá dos Apeninos, começavam as cidades-fortins, costruídas sobretudo por motivos militares, como praças-fortes dos exércitos empenhados na luta contra as briguentas populações gaulesas. Foram elas Mântova, Cremona, Ferrara e Piacenza. Ainda mais a Norte havia o grande burgo mercantil de Como, que considerava *Mediolanum*, isto é, Milão, o seu bairro pobre. Turim fora fundada pelos Gauleses taurinos, mas só se começou a tornar uma verdadeira cidade quando Augusto a transformou numa colónia romana. Veneza ainda não era nascida, mas os Vénetos já tinham chegado da Ilíria e fundado Verona. Heródoto conta que os chefes das tribos requisitavam as raparigas, punham em leilão as mais belas, com o ganho obtido faziam o dote das mais desengraçadas, e assim conseguiam acasalá-las todas. Eis algo em que os socialistas dos nossos dias ainda não pensaram.

Isto não é um catálogo; é apenas uma exemplificação. Por grosso, pode dizer-se que a Itália já desde então estava cheia de cidades, porque quase todas as que hoje existem nasceram naqueles tempos. E as liberdades democráticas resistiram nelas mais tempo do que em Roma, embora o poder fosse exercido por um governo de tipo bastante paternalista, que constituía o monopólio de uma Cúria, que era um Senado em miniatura, o qual, como em Roma, exercia o controlo sobre os magistrados livremente eleitos pelos cidadãos. O grupo dos candidatos, porém, era limitado aos ricos, porque não só não recebiam ordenado, como ainda deviam preencher as falhas do orçamento municipal.

A eleição, no entanto, era celebrada com um banquete gigantesco, para o qual eram todos convidados, e que se repetia no dia do aniversário, no do casamento da filha, etc. O sucesso no cargo e a possibilidade de voltar a apresentar-se como candidato ou de concorrer a outro mais elevado eram avaliados pelas obras públicas e pelos espectáculos que o paxá tivesse financiado do seu bolso. Lápides com inscrições, encontradas um pouco por toda a parte, documentam a prodigalidade (e vaidade) destes dirigentes, que muitas vezes chegavam a arruinar a própria família para conquistar o apreço e os votos dos concidadãos. Em Tarquínia, Desúmio Tulo, para bater o seu rival, prometeu construir umas termas e despendeu cinco milhões de sestércios, surdo aos protestos dos filhos, que lhe gritavam: «Pai, levas-nos à ruína!...». Em Cassino, uma viúva rica ofereceu um templo e um anfiteatro. Em Óstia, Lucílio Gemala pavimentou as ruas. E todos eles, quando havia carestia, compravam trigo e distribuíam-no de graça aos pobres. Nem sempre estes lhes ficavam agradecidos. Em Pompeios há *graffiti* em que se acusam os candidatos de terem oferecido à população apenas metade daquilo que roubaram através de apropriações ilícitas, quando ocupavam o cargo.

As interferências do governo romano central na vida municipal das cidades de província até Marco Aurélio foram escassas e quase sempre mais tendentes a favorecer o seu desenvolvimento do que a impedi-lo. Os imperadores, quase todos predadores no que dizia respeito à administração das províncias estrangeiras, tinham um fraco pela Itália, embora por interesse. Era aqui que recrutavam os seus soldados e apoiantes. A república tratara a península com dureza porque tivera de combatê-la e de subjugá-la, e muitas vezes sofrera traições. Mas, para o Principado, a província era agora o *Hinterland* de Roma. Os imperadores vinham com frequência visitar as cidades, e em cada visita havia ofertas, subsídios e isenções, em resposta aos entusiásticos acolhimentos que aí recebiam regularmente, e cada soberano tentava superar em generosidade o seu antecessor.

Para a província italiana o Império foi, em suma, um maná dos deuses. Os únicos efeitos que dele sentiu foram benefícios: a ordem, as estradas sempre arranjadas, o comércio activo, a moeda estável, as permutas fáceis e frequentes, a segurança em relação às invasões. As lutas de palácio, as perseguições policiais, os processos e as carnificinas não a atingiram.

# 35

# Jesus

Entre os cristãos que Nero mandou massacrar no ano 64, como responsáveis pelo incêndio de Roma, encontrava-se também o seu chefe: um certo Pedro, que, condenado à crucificação depois de ter visto sua mulher ser levada para a tortura, pediu para ser suspenso com a cabeça para baixo, porque não se sentia digno de morrer na mesma posição em que morrera o seu Senhor, Jesus Cristo. O suplício ocorreu naquele lugar onde hoje se ergue o grande templo que tem o nome do supliciado. E os carrascos não suspeitaram sequer que o túmulo da sua vítima serviria de alicerce a um outro Império, espiritual, destinado a enterrar aquele, secular e pagão, que pronunciara o veredicto.

Pedro era hebreu e originário da Judeia, uma das províncias mais maltratadas pelo mau governo imperial. Dois séculos e meio antes conseguira, com milagres de coragem e diplomacia, libertar-se do domínio persa e reencontrara, por um período de setenta anos, a sua independência, sob a chefia dos seus reis-sacerdotes, a começar por Simão Macabeu. A sua corte era o Templo de Jerusalém. E foi ali que os Judeus se barricaram, para resistir à invasão de Pompeio, que queria alargar o domínio de Roma também a esta terra. Combateram com a força do desespero, mas não quiseram renunciar à pausa do sábado, que a religião impunha. Pompeio apercebeu-se disso, e atacou-os precisamente ao sábado. Doze mil pessoas foram massacradas. O Templo não foi saqueado. Mas a Judeia tornou-se uma província romana. Revoltou-se poucos anos depois, pagou a tentativa com a perda de liberdade de trinta mil cidadãos vendidos como escravos, e reencontrou um lampejo de independência sob o domínio de um rei estrangeiro, Herodes, que tentou introduzir no país a civilização grega e a sua arquitectura pagã. Foi, à sua maneira, um grande rei, inteligente, cruel e pitoresco, que soube tornar-se protegido de Roma sem se transformar em seu servo, e ofereceu aos seus súbditos um templo ainda mais belo, mas decorado com aquelas imagens que a austera fé hebraica rejeita severamente como pecaminosas e contrárias à Lei.

No tempo do seu sucessor, Arquelau, os Judeus rebelaram-se novamente; os Romanos puseram Jerusalém a saque e venderam como escravos outros trinta mil cidadãos; e Augusto, para pôr fim às rebeliões, fez da Judeia uma província de segunda categoria, governada pela Síria. Mas pouco antes desta disposição ser tomada, dera-se no país um pequeno facto do qual ninguém, a princípio, se apercebeu, mas que com o tempo viria a revelar-se de alguma importância para os destinos de toda a humanidade: em Belém, próximo de Nazaré, nascera Jesus Cristo.

Durante dois séculos, a autenticidade deste episódio foi posta em dúvida por uma «escola crítica» que queria negar a existência de Jesus. Hoje, as dúvidas extinguiram-se. Resta-nos, quando muito, uma única, de importância secundária: a da data exacta deste nascimento. Mateus e Lucas, por exemplo, dizem que aconteceu no reinado de Herodes, que, de acordo com a nossa maneira de contar, teria morrido três anos antes de Cristo. Outros dizem que foi num dia de Abril, e outros num dia de Maio. A data de 25 de Dezembro de 753 *ab urbe condita* foi fixada com autoridade trezentos e cinquenta e quatro anos depois do acontecimento, e tornou-se definitiva.

A história de pouco nos serve para pesquisar a juventude de Jesus. Dá-nos testemunhos contraditórios, datas incertas, episódios discutíveis, e tem muito pouco para opor à versão que nos dão, poeticamente, os Evangelhos: a Anunciação a Maria, a virgem esposa de José, o carpinteiro, o nascimento no estábulo, a adoração das ovelhas e dos reis Magos, a matança dos Inocentes, a fuga para o Egipto. A história ajuda-nos apenas a fazer uma ideia das condições daquele país quando Jesus nasceu, e das inspirações que aí encontrou. São os únicos elementos em que podemos confiar.

A Judeia ou Palestina era, toda ela, um frémito de patriotismo e religião. Viviam nela cerca de dois milhões e meio de pessoas, cem mil das quais estavam concentradas em Jerusalém. Não havia unidade racial e confessional. Aliás, em algumas cidades a maioria pertencia aos *gentios*, isto é, não Judeus, principalmente Gregos e Sírios. O campo, pelo contrário, era totalmente hebraico, composto de camponeses e pequenos artesãos pobres, parcimoniosos, habilidosos, austeros e pios. Passavam a vida a trabalhar, a rezar, a jejuar e a aguardar o regresso de Jeová, o seu Deus que, segundo as sagradas escrituras, que constituíam também a Lei, devia voltar para salvar o seu povo e estabelecer na terra o Reino dos Céus. Faziam pouco comércio. Ou melhor, parece que eram completamente desprovidos daquele génio especulativo que os veio depois a tornar tão célebres (e temidos).

A limitada autonomia que Roma concedia era exercida pelo Sinédrio, ou Concelho dos Anciãos, composto de setenta e um membros sob a presidência de um alto sacerdote, e dividido em duas facções: a conservadora e nacionalista, dos saduceus, que puxavam mais para as coisas deste mundo do que para as do céu; e a beata, dos fariseus e dos teólogos, que passavam o tempo a interpretar os textos sagrados. Havia ainda uma terceira seita, extremista, a dos essénios, que viviam num regime comunista, juntavam num fundo comum os lucros do seu trabalho, serviam-se de objectos feitos com as próprias mãos, comiam à mesma mesa, calados, e em tão pequena quantidade, que viviam em geral para além dos cem anos, e ao sábado nem sequer evacuavam, porque o consideravam contrário à Lei. Os escribas, por sua vez, aos quais Jesus alude com tanta frequência, não eram uma seita; eram uma profissão e pertenciam, maioritariamente, aos fariseus. Representavam, em certa medida, os notários, os escrivães e os intérpretes das Sagradas Escrituras, das quais retiravam os preceitos para regulamentar a vida da sociedade.

Não apenas toda a política, mas também toda a literatura e toda a filosofia hebraicas eram de tom profundamente religioso (e assim permaneceram). O seu motivo dominante é a espera do Redentor, que um dia viria para resgatar o povo do Mal, representado, neste caso, por Roma. E a maioria, seguindo Isaías, estava convencida que o Messias desta redenção seria um Filho do Homem, descendente da família de David, o mítico rei dos Judeus, que viria acabar com o Mal e instaurar o Bem: o amor, a paz e a riqueza.

Esta esperança começava agora a ser partilhada pelos povos pagãos sujeitos a Roma que, tendo perdido toda a fé no seu destino nacional, a vinham transferindo para o plano espiritual. Mas em nenhum país a espera era tão vibrante e espasmódica como na Palestina, onde os presságios e os oráculos davam como iminente a grande aparição. Havia gente que passava o dia no espaço em frente ao Templo, rezando e jejuando. Todos sentiam que o Messias, agora, já não podia tardar.

No entanto, Jesus encontrou algumas dificuldades para ser reconhecido como o esperado Filho do Homem. E parece que Ele próprio só teve consciência de o ser depois de ter escutado as pregações de João, o Baptista, que era seu parente afastado, porque era filho de uma prima de Maria. Nós, geralmente, representamos João, devido à sua condição de percursor, como sendo muito mais velho do que Jesus. Mas parece que era, pelo contrário, quase seu coetâneo. Vivia nas margens do Jordão, vestido apenas com os seus longos cabelos, alimentava-se de ervas, mel e gafanhotos, chamava as pessoas para se purificarem com o rito do Baptismo, de onde lhe veio a alcunha, e prometia o advento do Messias como compensação de um arrependimento sincero.

Jesus veio ter com ele «no décimo quinto ano de Tibério», ou seja, quando ele próprio devia ter vinte e oito ou vinte e nove anos. E aceitou substancialmente a sua doutrina e, por sua vez, adoptou-a, mas absteve-se de baptizar pessoalmente os outros, preferindo levar a pregação ao seio da sociedade. Pouco depois, João foi preso pelos guardas do tetrarca de Jerusalém, Herodes Antipas. Lucas e Mateus contam que a prisão foi devida às críticas de João ao casamento de Herodes com Herodíade, mulher do seu irmão Filipe. Sua filha Salomé dançou de tal modo bem diante do tetrarca que este se propôs satisfazer qualquer desejo dela. Por sugestão de sua mãe, Salomé pediu a cabeça decapitada de João, e foi satisfeita.

Foi depois deste acontecimento que a missão de Jesus começou a realizar-se plenamente. Passou a pregar nas sinagogas, e pelos testemunhos unânimes que nos restam dir-se-ia que algo de sobrenatural atraía imediatamente as multidões para Ele. De vez em quando, acompanhava as pregações de milagres; mas fazia-os com relutância, proibia os seus seguidores de tirarem partido deles para fins publicitários, e recusava-se a considerá-los provas da sua omnipotência.

À sua volta formara-se um círculo de colaboradores chegados – os doze Apóstolos. O primeiro foi André, um pescador que fora seguidor de João. Trouxe consigo Pedro, também pescador, impulsivo, generoso, por vezes tímido até à cobardia. Também Tiago e João, filhos de Zebedeu, eram pescadores. Mateus, ao contrário dos outros, era «publicano» (hoje, dir-se-ia «estatal»), ou seja, um colaborador do odiado governo romano. Judas Escariotes era o administrador dos fundos que os Apóstolos guardavam em comum.

Abaixo deles havia setenta e dois Discípulos, que, descalços, precediam Jesus nas cidades que Ele pretendia visitar, para prepararem as pessoas para as suas pregações. E depois havia uma comitiva de fiéis, homens e mulheres, que o seguiam, vivendo fraternamente entre si, de acordo com as regras dos Essénios.

A princípio, o Sinédrio não se preocupou muito com Jesus. Por duas razões: primeiro, porque os seus seguidores eram ainda poucos; e depois, porque as ideias que pregava não eram, no seu conjunto, incompatíveis com a Lei e com os seus dogmas. O advento do Redentor e do Reino dos Céus fazia parte da doutrina hebraica e do seu messianismo, tal como os preceitos morais que Jesus propagava. «Ama o teu próximo como a ti mesmo», «Oferece a outra face a quem te deu uma bofetada», etc., já faziam parte das regras daquele povo. Jesus dizia: «Eu não vim para destruir a Lei de Moisés, mas para aplicá-la».

A ruptura com as autoridades deu-se quando Jesus anunciou ser Ele o Filho do Homem, o Messias que todos esperavam, e a multidão de Jerusalém, onde regressara depois da pregação na província e no campo, o saudou como tal. O Sinédrio ficou preocupado, principalmente por motivos políticos: receava que Jesus aproveitasse o seu crédito como Messias para provocar uma sublevação contra Roma, a qual terminaria com um novo massacre.

Na noite de 3 de Abril do ano 30, ele foi informado que o Sinédrio decidira prendê-lo, por denúncia de um dos Apóstolos. Jantou com eles, da mesma maneira, em casa de um amigo, e naquela última ceia anunciou que um deles estava a traí-lo, e avisou-os de que agora lhe restava pouco tempo para passar com eles. Os gendarmes capturaram-no naquela mesma noite, no jardim de Getsemani. E quando respondeu: «Sim, sou eu», ao Sinédrio, que lhe perguntava se era ele o Messias, foi enviado ao procurador romano, Pôncio Pilatos, por impiedade.

Pôncio Pilatos era um funcionário, que mais tarde terminou a sua carreira bastante ingloriamente: demitiram-no por apropriações ilícitas e crueldade. No entanto, no caso de Jesus não se portou muito mal, do ponto de vista burocrático. Perguntou-lhe se mantinha a sua pretensão de ser o rei dos Hebreus, mas em tom de brincadeira e decerto esperando que o acusado lhe respondesse que não. Mas Jesus respondeu-lhe que sim, e explicou-lhe qual era o Reino que pretendia restaurar. Pedro disse que ele decidira morrer para expiar as culpas de todos os homens.

Pilatos ordenou com relutância a condenação à morte que aquela confissão impunha: através da crucificação. Foi pregado às nove da manhã, entre dois ladrões, e, sujeito à tortura, por um instante vacilou e murmurou: «Meu Deus, meu Deus, porque me abandonaste?». Às três da tarde, expirou.

Dois membros influentes do Sinédrio pediram e obtiveram de Pilatos autorização para sepultar o cadáver. Dois dias depois, Maria Madalena, uma das mais ardentes seguidoras de Jesus, tendo ido visitar o túmulo, encontrou-o vazio. A notícia voou de boca em boca e foi confirmada pelas aparições que Cristo fez ainda na terra, apresentando-se em carne e osso aos Discípulos.

Quarenta dias depois da sua morte oficial, subiu ao Céu, como de resto acontecia na tradição hebraica, desde Moisés a Elias e Isaías. E os seus seguidores espalharam-se pelo mundo, anunciando a grande nova da sua ressurreição e do próximo regresso.

# 36

# Os Apóstolos

Essa obra missionária inicialmente desenrolou-se apenas na Palestina e nas regiões vizinhas, onde viviam colónias de Hebreus. Porque, num primeiro momento, foi convencionado tacitamente entre os Apóstolos que Jesus era o Redentor, não de todos os homens, mas apenas do povo hebraico. Foi depois da missão de Paulo em Antióquia e do sucesso que ele obteve entre os gentios desta cidade, que se colocou e foi resolvido o problema da universalidade do Cristianismo.

Paulo foi para a «ideologia» – como se diria hoje – da nova fé, aquilo que Pedro foi para a sua organização. Era um hebreu de Tarso, filho de um fariseu abastado e, por conseguinte, de origem burguesa, que lhe transmitiu o mais precioso de todos bens, naquele tempo: a cidadania romana. Estudara o grego e recebera lições de Gamaliel, o presidente do Sinédrio. Possuía uma inteligência aguda, tipicamente hebraica na maneira subtil de fazer uma análise, e um carácter difícil: imperioso, impaciente e frequentemente injusto. A sua primeira reacção em relação a Cristo, que não conheceu pessoalmente, e aos cristãos, foi de violenta antipatia. Considerava-os hereges, e quando lhe foi ter um às mãos, Estêvão, condenado por infracção à Lei, colaborou com entusiasmo na sua lapidação. Um dia ouviu dizer que os cristãos conquistavam adeptos em Damasco. Pediu ao Sinédrio que o deixasse lá ir para prendê-los, e durante a viagem foi iluminado por uma faixa de luz e ouviu uma voz que dizia: «Paulo, Paulo, porque me persegues?». «Quem és?», perguntou, apavorado. «Sou Jesus.» Ficou cego durante três dias, depois foi baptizar-se, e tornou-se o mais hábil propagandista da nova Fé.

Durante três anos pregou na Arábia, depois regressou a Jerusalém, pediu a Pedro que lhe perdoasse o seu passado de perseguidor e, na companhia de Barnabé, foi dirigir a obra de angariação de adeptos entre os Gregos de Antióquia. Quando souberam que os dois missionários não exigiam a circuncisão para aceitar conversos, como prescrevia Moisés, ou seja, recrutavam-nos também entre os gentios, os Apóstolos mandaram-nos chamar para que se justificassem. Com o apoio de Pedro, a batalha foi vencida por Paulo, que imediatamente retomou a sua segunda digressão pela Grécia. A maioria dos Apóstolos ainda era fiel à Lei, frequentava o Templo, e não queria romper com o seu povo e com a sua tradição. Paulo sentiu que, se ninguém os impedisse, acabariam por fazer do Cristianismo apenas uma heresia hebraica; sustentou as suas teses em pregações públicas e correu o risco de ser linchado pela multidão. Queriam processá-lo por impiedade. Mas foi salvo pela cidadania romana, que lhe dava o direito de apelo ao imperador. Assim sendo, embarcaram-no para Roma, onde chegou depois de uma viagem cheia de aventuras.

Na Urbe, ouviram-no com paciência, não perceberam patavina da questão que ele expunha, compreenderam apenas que não tinha nada a ver com política e, à espera que chegassem os acusadores, trataram-no bem, limitando-se a pôr-lhe um soldado de guarda à porta da casa que o tinham deixado escolher. Paulo convidou para sua casa os expoentes da colónia hebraica, mas não conseguiu convencê-los. Até mesmo os poucos entre eles que já eram cristãos rejeitaram com horror a ideia de que o baptismo fosse mais importante do que a circuncisão, e gostaram mais de Pedro, que chegou pouco depois e teve um acolhimento muito mais caloroso.

Paulo conseguiu converter alguns gentios; mas de um modo geral ficou sozinho e, inflamado como estava de zelo missionário, desabafou-o nas famosas *Epístolas* que escreveu a todos os seus amigos de Corinto, de Salónica, de Éfeso, e que ainda hoje constituem a base da teologia cristã. Segundo alguns historiadores, ele foi absolvido, voltou a pregar na Ásia e em Espanha, e foi de novo preso e conduzido a Roma. Mas parece que não é verdade. Paulo nunca mais foi libertado, e na amargura daquele exílio solitário perdeu pouco a pouco a fé no iminente regresso de Cristo à terra ou, melhor dizendo, transferiu-a para a vida no Além, selando assim a verdadeira essência da nova religião.

Não sabemos como, nem quando, nem porquê o processaram de novo. Apenas sabemos que a acusação foi: «Desobediência às ordens do imperador e pretensão de que o verdadeiro rei é um sujeito chamado Jesus». Pode ser que, de facto, não fosse acusado de mais nada. Os polícias não fazem cerimónias e, ouvindo Paulo chamar rei a Jesus, quando quem estava no trono era Nero, prenderam-no e condenaram-no. Uma lenda diz que ele foi eliminado no mesmo dia do ano 64 em que Pedro foi crucificado e que os dois grandes rivais, tendo-se encontrado a caminho do suplício, se abraçaram em sinal de paz. Isto é pouco credível. Pedro estava misturado com os outros cristãos, mortos em massa como responsáveis pelo incêndio de Roma. Paulo era um «citadino» e, como tal, tinha direito a uma certa atenção. Na verdade, limitaram-se a decapitá-lo. E no lugar onde se crê que ele esteja sepultado, a Igreja, dois séculos mais tarde, fundou a basílica que tem o seu nome: S. Paulo fora das Muralhas.

Quantos adeptos fizera o Cristianismo em Roma, no momento em que os dois grandes Apóstolos desapareceram?

É impossível precisar os números, mas não cremos que fossem além de algumas centenas, no máximo alguns milhares. O próprio facto de as autoridades prestarem pouca atenção ao assunto, demonstra-o. A acusação do incêndio não fazia parte de uma política de perseguição; foi um estratagema improvisado para afastar as suspeitas contra Nero. O massacre, no momento em que ocorreu, pareceu ter destruído a seita para sempre. Depois, como todos os massacres, revelou-se um fertilizante. Mas isto deveu-se à organização que Pedro lhe dera.

Os cristãos reuniam-se em *ecclesiae*, isto é, em igrejas ou congregações, que naqueles primeiros tempos nada tiveram de secreto nem de conspiratório. As comparações que hoje se fazem com a organização celular comunista são absolutamente ridículas e desprovidas de fundamento. Não só porque nas *ecclesiae* se pregava o amor em vez do ódio; não só porque não ocorria ali nenhum proselitismo político. Mas sobretudo porque não havia sombra de secretismo, e quem quer que ali se apresentasse era acolhido sem suspeitas nem desconfianças. Outra crença falsa de hoje é que os adeptos eram apenas proletários, «a ralé», como mais tarde Celso lhe chamaria. Nada mais falso. Havia ali de tudo. E de um modo geral tratava-se de gente capaz e pacífica, de pequenos e médios economizadores, que financiavam as comunidades cristãs mais pobres. Luciano, o descrente, definia-os: «Uns imbecis, que partilham entre si tudo aquilo que possuem». Tertuliano, o convertido, precisava: «Que partilham entre si tudo aquilo que os outros têm em separado, e têm em separado a única coisa que os outros partilham entre si: a mulher».

Houve uma única discriminação, imposta pelas circunstâncias, que foi entre a população da cidade e a do campo. Os primeiros adeptos quem os deu foi a primeira, por razões óbvias: porque só na cidade há maneira de as pessoas se reunirem assiduamente, porque os descontentamentos, nela, são mais acentuados, e as mentes mais abertas à crítica; porque no campo as tradições e os costumes se conservam mais e são sustentados por uma maior força moral. E aí reside o motivo por que os cristãos começaram a chamar aos descrentes *pagãos*, que quer dizer camponeses, de *pagus*, que quer dizer «aldeia».

A primeira coisa que estes precursores tiveram em vista foi a instauração de um modelo de vida são e decente, e compreendemos bem o prestígio e o fascínio que esse modelo estava destinado a exercer numa capital que se tornava cada vez mais malsã e desavergonhada. A origem hebraica da nova fé e daqueles que foram os primeiros a converter-se a ela era comprovada pela austeridade que impunha. As mulheres participavam nas funções do culto, que então se limitavam à oração, mas veladas, porque os cabelos podiam distrair os anjos, como diz São Jerónimo, que queria que todas os cortassem. A regra fundamental era um regime de vida ordenado e caseiro. Observava-se o descanso ao sábado, também ele de origem hebraica, e era celebrado com um jantar colectivo, que começava e terminava com as orações e com a leitura das Sagradas Escrituras. O padre benzia o pão e o vinho, que simbolizavam, respectivamente, o corpo e o sangue de Jesus, e a cerimónia terminava com o beijo de amor que todos trocavam, mas que veio a dar origem a alguns desvios contrastantes com a teologia, pois dali a pouco tempo começou-se a praticá-lo só de homem para homem e de mulher para mulher, e com a recomendação de manter a boca fechada e de não o repetir se desse prazer.

O aborto e o infanticídio foram abolidos e execrados pelos cristãos, no seio de uma sociedade que cada vez mais os praticava e deles morria. Aliás, tornou-se obrigatório para os fiéis recolher os enjeitados, adoptá-los e educá-los na nova religião. A homossexualidade era banida; o divórcio só era admitido a pedido da mulher, se esta fosse pagã. A proibição de frequentar o teatro não foi tão bem sucedida. Mas, feitas as contas, a regra manteve-se severa, principalmente enquanto foi praticada quase exclusivamente pelos Hebreus. Depois, pouco a pouco, com o crescimento do número e da importância dos gentios, tornou-se mais tolerante. E o descanso austero do sábado transformou-se, lentamente, no outro mais alegre, do domingo.

Neste «dia do Senhor» reuniam-se à volta do padre, que lia um texto das Escrituras, dava início às orações, e em seguida fazia um sermão. Esta foi a Missa inicial e rudimentar, que depois se desenvolveu de acordo com um ritual mais preciso e complicado. Naqueles primeiros anos, os seus ouvintes eram também os seus protagonistas, porque era-lhes permitido «profetizar», isto é, exprimir, em estado de êxtase, conceitos que depois o sacerdote devia interpretar. Este costume foi eliminado, porque ameaçava provocar o caos, precisamente naquilo em que a Igreja se estava esforçando por introduzir a ordem: nas questões teológicas.

Apenas dois dos sete Sacramentos eram, então, praticados: o Baptismo não se distinguia do Crisma, porque era imposto a pessoas já adultas, como eram os primeiros conversos. Depois, lentamente, começou-se até a nascer cristão, e então os dois Sacramentos foram separados, passando o segundo a constituir a confirmação do primeiro. O casamento era apenas civil; o padre limitava-se a benzê-lo. Com o funeral, pelo contrário, havia grandes preocupações, porque a partir do momento em que um homem morria, passava a ser da competência exclusiva da Igreja, e tudo tinha de ser preparado para a sua ressurreição. O cadáver tinha de ter o seu próprio túmulo, e o padre oficiava durante o enterro. Os túmulos eram construídos de acordo com o costume sírio e etrusco: em criptas escavadas nas paredes de longas galerias subterrâneas: as catacumbas.

Este costume durou até ao século IX e depois foi abandonado. As catacumbas tornaram-se um lugar de peregrinação, depois a terra cobriu-as e foram esquecidas. Foram redescobertas em 1578, por um mero acaso. O facto de as suas ramificações serem complicadas e retorcidas, levou a pensar que tivessem sido construídas como esconderijos para a «conspiração». Esta hipótese esteve na base de muitos romances.

Equipada deste modo, nasceu a verdadeira religião; já não limitada a um povo e a uma raça, como o judaísmo, ou a uma classe social, como o paganismo da Grécia e de Roma, que a consideravam monopólio dos respectivos «citadinos». O seu nível moral, a grande Esperança que alimentava no coração dos homens e o ímpeto missionário de quem os suscitava faziam com que Tertuliano dissesse orgulhosamente: «Somos apenas de ontem. E já enchemos o mundo».

# 37

# Os Flávios

Quem deu involuntariamente uma ajuda aos cristãos foi um imperador que embirrava com os Hebreus, e cometeu o erro imperdoável de os perseguir, ajudando, com a sua dispersão pelo mundo, a nova fé a difundir-se.

Vespasiano subiu ao trono no ano 70, depois do horrível interregno que se seguiu à morte de Nero, com o qual terminou a dinastia Júlio-Claudiana. Quem lhe sucedera fora o general rebelde Galba, um aristocrata em nada pior do que tantos outros, calvo, gordo, com as articulações bloqueadas pela artrite e a mania da poupança. O seu primeiro gesto, assim que foi proclamado imperador, foi ordenar a todos os que tivessem recebido ofertas de Nero que as restituíssem ao Estado. E isso custou-lhe o trono e a vida, porque entre os beneficiários estavam também os pretorianos, os quais, encontrando-o no Foro, três meses depois da sua proclamação, onde se fazia transportar numa liteira, cortaram-lhe a cabeça, os braços e os lábios, e proclamaram seu sucessor Otão, um banqueiro que fizera bancarrota fraudulenta, e prometia administrar as finanças públicas com a mesma despreocupação com que administrara as suas.

Perante aquela notícia, o exército deslocado na Germânia sob o comando de Aulo Vitélio e o outro deslocado no Egipto sob as ordens de Vespasiano rebelaram-se, e marcharam sobre Roma. Primeiro chegou Vitélio, que enterrou Otão, que já se suicidara, se proclamou imperador, e se entregou à sua paixão favorita, a das opíparas refeições, e por ter continuado a empanturrar-se de borrego descuidou-se e não foi ao encontro das forças de Vespasiano, que entretanto desembarcaram. A sangrenta batalha de Cremona decidiu os destinos daquela guerra de sucessão. Vitélio foi batido, e os Romanos divertiram-se à farta com o massacre que se seguiu na sua cidade. Tácito conta que as pessoas enchiam as janelas e os telhados para assistir àquela matança, torcendo pelos litigantes como se se tratasse de um jogo de futebol. Entre uma morte e outra, os combatentes entravam nas lojas, saqueavam-nas e pegavam-lhes fogo; ou então desapareciam para dentro das portas, engodados por alguma prostituta, e enquanto estavam na cama com ela eram apunhalados por um novo cliente da facção contrária. Vitélio, quando foi capturado no seu esconderijo, onde, para variar, se estava banqueteando, foi arrastado nu pela cidade com um laço ao pescoço, alvejado com excrementos, torturado com estudada lentidão, e por fim lançado ao Tibre.

Esta cidade que se divertia com o fratricídio, estes exércitos que se rebelavam, estes imperadores que eram cobertos de esterco poucos dias depois de terem sido cobertos de hossanas: eis no que se transformara a capital do Império.

Tito Flávio Vespasiano pouco tempo lá vivera. Nascera na província, em Rieti, e depois abraçara a carreira militar que o levara um pouco a todo o lado. Não era nobre. Provinha da média burguesia camponesa, obtivera os galões e o ordenado com mil sacrifícios, e honrava principalmente duas virtudes: a disciplina e a poupança. Tinha sessenta anos quando subiu ao trono, mas estava bem conservado. O seu crânio era completamente calvo, o rosto aberto, rude e franco, emoldurado por duas orelhas enormes e peludas. Detestava os aristocratas, considerava-os mandriões, nunca teve a tentação *snob* de se fazer passar por aristocrata, e quando um heráldico, propositadamente para o enobrecer, lhe veio anunciar que pesquisara as suas origens e descobrira que elas remontavam a Hércules, explodiu numa gargalhada capaz de deitar as paredes abaixo e de nos fazer suspeitar que naquela bajulação havia alguma verdade. Quando recebia algum dignitário apalpava-lhe a túnica, para ver se era de tecido demasiado fino e farejava-o para ver se cheirava a água de colónia. Não suportava esses pedantismos.

O seu primeiro cuidado foi reordenar o exército e as finanças. Quanto ao primeiro, cedeu-o em empreitada a oficiais de carreira, quase todos provincianos como ele. Para as segundas, escolheu a via mais barata: vender, a preços elevadíssimos, os altos cargos públicos. «De qualquer maneira», dizia, «são todos uns ladrões, e a verdade é que os promovemos. Mais vale que subam na vida restituindo ao Estado um pouco do que roubaram.» Para reorganizar o fisco seguiu o mesmo método. Confiou-o a funcionários escolhidos entre os mais predadores e exploradores, e soltou-os, com plenos poderes, em todas as províncias do Império. Imaginem que sorte calhou às pobres populações. Nunca o sistema tributário de Roma funcionara com uma pontualidade tão desumana. Mas quando a rapina se consumou, Vespasiano voltou a chamar a Roma os seus executores, elogiou-os, e confiscou todos os seus ganhos pessoais, com os quais, depois de equilibrado o saldo, indemnizou as vítimas. Seu filho Tito, que era um puritano cheio de escrúpulos, veio protestar contra estes sistemas que repugnavam à sua virtude beata e cândida. «Eu faço de sacerdote no templo», respondeu o pai. «Com os gatunos, faço de gatuno.» E para aumentar as receitas, inventou aqueles pequenos monumentos [mictórios públicos] que hoje se chamam, precisamente, vespasianos, estabelecendo uma taxa para quem os utilizava e uma multa para quem não os utilizava. Ninguém escapava. Quem fazia fora pagava mais do que quem fazia dentro. Tito veio protestar também por causa desta medida. O pai pôs-lhe um sestércio por baixo do nariz e perguntou-lhe: «Cheira-te a alguma coisa?».

Este filho delicado e honesto, que amava ternamente, era a maior das preocupações daquele soberano céptico, que não pretendia reformar a humanidade e abolir os seus vícios, mas apenas mantê-los no devido lugar. Para ele adquirir prática de lidar com homens, mandou-o pôr ordem na Palestina, onde rebentara a última e mais terrível revolução. Os Hebreus defenderam Jerusalém com um heroísmo sem precedentes. Segundo um seu historiador, morreram dois milhões deles; segundo Tácito, seiscentos mil. Para pôr fim à resistência, Tito pegou fogo à cidade, e as chamas destruíram também o Templo. Dos sobreviventes, alguns mataram-se, outros foram vendidos como escravos, e outros fugiram. A sua dispersão, iniciada seis séculos antes, tornou-se a verdadeira «diáspora». E assim como na mochila dos soldados de Napoleão se encontravam os *Direitos do homem*, no saco de muitos destes pobres emigrantes estava o Verbo de Cristo.

Vespasiano, orgulhoso, proporcionou a Tito um triunfo um pouco desproporcionado em relação ao valor militar daquela empresa, e mandou construir, em sua honra, o famoso arco que tem o seu nome. Mas, para seu grande espanto, viu o filho passar por baixo dele, levando atrás de si, como presa bélica, uma graciosa princesa hebreia, Berenice. Não tinha nada a opor contra o facto de ela ser sua amante; mas o sarilho é que Tito queria casar-se com ela, dizendo que a tinha «comprometido». Vespasiano não compreendia porque é que aquele rapaz queria confundir o amor, capricho passageiro e volúvel, com a família, instituição séria e permanente. Desde que ficara viúvo, também ele arranjara uma concubina, mas não casara com ela. Por que é que Tito não fazia o mesmo, tomando Berenice como concubina? Parece que estamos a ouvir falar o nosso pai, quando lhe íamos pedir autorização para casar com a cantora de cabaré. E, tal como nós, por fim também Tito renunciou à cantora de cabaré.

Dali a pouco tempo, calhou-lhe a ele ser imperador. Depois de dez anos de sábio reino, o mais sábio que Roma teve depois de Augusto, Vespasiano um dia voltou a Rieti, de férias. Ia lá muitas vezes, para se encontrar com os amigos da juventude, fazer com eles uma batida à lebre, dar dois dedos de conversa, comer uma barrigada de feijões com entrecosto e jogar uma partida de cartas, que eram os seus passatempos favoritos. Teve a má ideia de limpar os rins bebendo água da Fonte Cottorella. Ou o tratamento não era adequado, ou enganou-se nas doses, o que se sabe é que lhe deu uma cólica, e viu imediatamente que não havia nada a fazer. *«Vae!»*, disse, piscando o olho, sem renunciar, nem mesmo naquele momento, ao seu habitual e rude bom-humor, *«puto deus fio.»* (Ai, ai, sinto que me estou a transformar num deus.) Porque naquela Roma de bajuladores, agora era costume divinizar todos os imperadores, quando morriam. Após três dias e três noites de disenteria, ainda arranjou forças para se levantar, amarelo como um limão e com a fronte coberta de gotas de suor, olhou para os presentes, que por sua vez o olhavam espantados e, rindo à sucapa, para dar a ver que tinha consciência da cena que ia representar, balbuciou: «Hum, bem sei, bem sei… Mas o que é que se há-de fazer? Um imperador tem de morrer em pé!».

E em pé morreu, no ano 79, este burguês nascido para morrer, como todos os burgueses, aos pés de uma cama: como um actor consciencioso, obrigado a representar um papel que não era o seu.

Tito, que lhe sucedeu, foi o mais afortunado dos soberanos, porque não teve tempo de cometer erros, como decerto lhe teria acontecido, não por causa dos seus defeitos, mas das suas virtudes: o cavalheirismo, a candura e a generosidade. Não assinou uma única condenação à morte. Quando teve conhecimento de uma conspiração, mandou uma mensagem de repreensão aos conjurados e outra de tranquilização às suas mães. Nos seus dois anos de reinado, Roma sofreu um incêndio terrível, Pompeia foi soterrada pelo Vesúvio e a Itália devastada por uma terrível epidemia. Para reparar os danos, Tito esgotou o Tesouro. Por dar pessoalmente assistência aos doentes, foi contagiado e perdeu ele próprio a vida, aos quarenta e dois anos, deixando saudades a todos, excepto a seu irmão Domiciano, que lhe sucedeu no trono.

Não sabemos que juízo global dar deste último representante da dinastia dos Flávios. Entre os escritores que viveram sob o seu governo, Tácito e Plínio foram os que deixaram dele o retrato mais negro; Estácio e Marcial, o mais cor-de-rosa. Nem sobre o seu aspecto físico estão de acordo: os dois primeiros descrevem-no calvo e pançudo em cima de umas pernas de raquítico; os segundos, belo como um arcanjo, tímido e doce. Devia ter sofrido muito por causa da preferência que Vespasiano sempre tivera por Tito, isso sim. E quando o pai desapareceu, avançou com a sua pretensão a metade do poder. Tito ofereceu-lha. Domiciano recusou e pôs-se a conspirar. Dione Cássio afirma que quando seu irmão adoeceu, ele lhe apressou a morte, cobrindo-o de neve.

O seu reinado é um pouco como o de Tibério, com o qual temos a impressão de que ele se parecia, como homem. O início foi idêntico: sábio e prudente, com alguns vestígios de austeridade puritana. Domiciano era, sobretudo, um moralista e um engenheiro. O cargo que mais lhe agradou foi o de censor, que lhe permitia controlar os costumes, e os ministros de que se rodeou eram técnicos particularmente qualificados para reconstruir a cidade devastada pelo incêndio. Não quis guerras. E quando Agrícola, governador na Britânia, tentou levar as fronteiras do Império até à Escócia, demitiu-o. Talvez tenha sido este o seu erro mais grave, porque Agrícola era sogro de Tácito, que o adorava e que atribuiu a si próprio a incumbência de julgar os homens do seu tempo. É natural que tenha batido tanto neste pobre soberano.

Infelizmente, para obter a paz é preciso que sejam dois a querê-la. E os Dácios, que não a queriam, deram que fazer a Domiciano. Atravessaram o Danúbio, bateram os generais romanos, e obrigaram o imperador a tomar nas mãos as rédeas do exército. Estava a conduzi-lo muito bem quando António Saturnino, governador da Germânia, se rebelou com algumas legiões, obrigando-o a uma paz prematura e desfavorável com os Dácios e metendo-lhe no corpo a obsessão das conjuras. Aquele que até ali governara mais ou menos como um Cromwell, tornou-se um Estaline, e para salvar a sua «personalidade» instaurou o seu «culto», da maneira mais exagerada. Instalou-se num trono de verdade, quis que lhe chamassem «senhor e deus nosso», e exigiu que os visitantes lhe beijassem os pés.

Também ele expulsou de Itália os filósofos, porque contestavam o seu absolutismo, cortou a cabeça aos cristãos porque rejeitavam a sua divindade, e deu a prioridade aos delatores, porque acreditava que o protegiam dos inimigos. Os senadores odiavam-no, adulavam-no, e avalizavam as suas sentenças de morte. E entre estes senadores estava também Tácito, o seu futuro cruel juiz.

Num acesso de mania da perseguição, lembrou-se que o seu secretário, Epafrodito, era aquele mesmo que um quarto de século antes ajudara Nero a cortar a carótida. E, receando que ele tivesse apanhado esse vício, condenou-o à morte. Então, todos os outros funcionários do palácio se sentiram ameaçados. Organizaram uma conjura e chamaram para participar também nela a imperatriz Domícia. Apunhalaram-no de noite. Domiciano defendeu-se até ao fim, brutalmente. Tinha cinquenta e cinco anos, e reinara durante quinze, primeiro como o mais sábio, e depois como o mais nefasto dos soberanos.

Assim terminou também, na escuridão de que saíra, a segunda dinastia dos sucessores de Augusto. De dez imperadores sucedidos uns aos outros no espaço de cento e vinte e seis anos (de 30 a.C. a 96 d.C.), sete tinham sido assassinados. Havia qualquer coisa no sistema que não estava bem, que transformava em tiranos sanguinários até homens propensos para o bem; algo mais determinante do que aquela doença hereditária que provavelmente putrefazia o sangue dos Júlio-Cláudios.

E essa qualquer coisa tem de ser procurada na sociedade romana, no modo como se fora transformando ao longo dos últimos três séculos.

# 38

# Roma Epicurista

A Roma deste período, a que se costuma chamar epicurista, tinha uma população que alguns calculavam em um milhão, outros em um milhão e meio. Encontrava-se dividida nas habituais categorias e classes, e a aristocracia era ainda numerosa; mas, com excepção dos Cornélios, os memorialistas desse tempo já não mencionam os grandes nomes de outrora: os Fábios, os Emílios, os Valérios, etc. Dizimadas primeiro pelas guerras, para as quais contribuíam com grande número de cadáveres, depois pelas perseguições e, por fim, pelas práticas malthusianas, essas famílias ilustres tinham-se extinguido e sido substituídas por outras, com menos antepassados e mais quatrins, que tinham origem na burguesia industrial e mercantil provinciana.

«Hoje, na alta sociedade», dizia Juvenal, «o único bom negócio é uma mulher estéril. Todos serão teus amigos, com esperanças no testamento. Aquela que te dá um filho, quem te diz que não dará à luz um negro?»

Juvenal exagerava um pouco, mas o mal que denunciava era autêntico. O matrimónio, que na época estóica fora um sacramento e voltará a sê-lo na cristã, era agora uma aventura passageira; e a criação dos filhos, considerada em tempos um dever para com o Estado e para com os deuses, que prometiam uma vida ultraterrestre apenas a quem deixava alguém a olhar pelo seu túmulo, agora era considerada um aborrecimento, um empecilho a evitar. O infanticídio já não era permitido, mas o aborto era prática comum, e, se não resultava, recorria-se ao abandono do recém-nascido aos pés de uma *coluna lactária*, assim chamada porque estavam ali de guarda amas-de-leite, pagas propositadamente pelo Estado para aleitar os enjeitados.

Sob a influência destes costumes, a própria estrutura biológica e racial de Roma sofrera uma mudança. Qual o cidadão que não tinha nas suas veias algumas gotas de sangue estrangeiro? As minorias gregas, sírias e israelitas constituíam, em conjunto, a maioria. Os Judeus, sobretudo devido à sua união, tinham tanta força já no tempo de César, que constituíram um dos principais pilares do seu regime. Poucos, entre eles, eram ricos. Mas no conjunto constituíam uma comunidade disciplinada, muito trabalhadora e de costumes sãos. Já não se podia dizer o mesmo dos Egípcios, dos Sírios e de outros orientais, grandes mestres, principalmente, do mercado negro.

A mãe romana que decidia pôr um filho no mundo, só se fosse mesmo muito pobre é que não se desembaraçava dele imediatamente, confiando-o primeiro a uma ama para o aleitamento, e depois a uma preceptora grega, a quem cabia o papel desempenhado hoje pelas alemãs ou inglesas, e, por fim, a um *pedagogo*, em geral também grego, para a sua instrução. Ou então mandava-o para qualquer escola das muitas que tinham surgido um pouco por toda a parte, mas eram privadas, não estatais, mistas, e dirigidas por mestres. Os alunos frequentavam as classes *elementares* até cerca dos doze ou treze anos. Depois, eram separados por sexos. As meninas completavam a sua instrução em colégios próprios, onde se ensinava, principalmente, música e dança. Os rapazes iniciavam o *secundário*, leccionado por *gramáticos*, que, sendo também gregos na maioria, insistiam principalmente na língua, na literatura e na filosofia gregas, que acabaram, de facto, por suplantar a cultura romana. A universidade era representada pelos cursos dos retores, que não tinham qualquer estrutura orgânica. Não havia exames, nem teses de licenciatura, nem doutoramentos. Havia apenas conferências, seguidas de discussões. Os cursos custavam até dois mil sestércios por ano. E Petrónio lamentava que neles não se ensinasse mais do que abstracções, sem qualquer utilidade para a vida prática. No entanto, faziam apelo ao gosto, tipicamente romano, pela controvérsia, pela subtileza e pelo sofisma: um vício que depois transmigrou para o corpo dos Italianos.

As famílias mais abastadas mandavam os seus filhos aperfeiçoar-se no estrangeiro: a Atenas para a filosofia, a Alexandria para a medicina, a Rodes para a eloquência. E gastavam tantos quatrins para os manterem ali, que Vespasiano, o parcimonioso, para impedir esta hemorragia de dinheiro, preferiu recrutar os docentes mais ilustres daquelas cidades e transplantá-los para Roma, para institutos estatais, que lhes pagavam ordenados de cem mil sestércios por ano.

A moralidade destes jovens, no que respeita aos rapazes, nunca fora grande coisa, nem mesmo na época estóica. A partir dos dezasseis anos, subentendia-se que o rapaz frequentava os prostíbulos e não se dava muita importância nem sequer à possibilidade de ter as suas aventuras não só com mulheres, mas também com homens. Mas, na altura, tudo isto se encontrava em estado bruto; os bordéis eram ignóbeis, e a época das libertinagens terminava com a chamada às armas e a seguir com o casamento, os quais inauguravam a época da austeridade. Agora, os rapazes obtinham a isenção do serviço militar, os bordéis tornaram-se luxuosos, as meretrizes sentiam-se na obrigação de entreter os clientes, não apenas com as suas graças, mas também com a conversa, a música, a dança, mais ou menos como faziam as *gueixas* no Japão, e os clientes continuavam a frequentá-las mesmo depois do casamento.

Com as jovens era-se mais severo enquanto eram meninas. Mas elas em geral casavam-se antes dos vinte anos, porque depois deste limite eram consideradas solteironas, e o casamento proporcionava-lhes liberdades iguais às dos homens, ou pouco menos. Séneca considerava feliz o marido cuja mulher se contentava só com dois amantes. Um epitáfio inscrito num túmulo diz assim: «Permaneceu fiel à mesma mulher durante quarenta e um anos». Juvenal, Marcial e Estácio falam-nos de mulheres da burguesia que competem no Circo, andam pelas ruas de Roma conduzindo elas mesmas as suas pequenas caleches, e param a conversar sob os pórticos, «oferecendo a quem passa», diz Ovídio, «o espectáculo delicioso dos seus ombros nús».

As «intelectuais» floresciam. Teófila, a amiga de Marcial, teria ganho, sem dúvida, os tantos milhões do concurso «Larga ou duplica?» em matéria de filosofia estóica; Sulpícia escrevia versos, de amor, naturalmente. E havia também as organizadoras de *clubs* femininos, designados por colégios das mulheres, onde se faziam conferências sobre os deveres para com a sociedade, como sucede em todas as sociedades onde os deveres deixaram de ser cumpridos.

Engordava-se. A estatuária deste período, se comparada com a da Roma estóica, toda ela de figuras secas e angulosas, mostra-nos uma humanidade relaxada e arredondada pelo ócio e pelas indulgências dietéticas. A barba desapareceu, os barbeiros multiplicaram-se, a primeira vez que um homem se barbeia constitui uma festa inaugural na sua vida. Quanto aos cabelos, a maioria corta-os à escovinha; mas há alguns janotas que preferem deixá-los crescer para depois os entrelaçar em trancinhas. A toga purpúrea tornou-se monopólio exclusivo do imperador. Todos os outros, agora, usam uma túnica ou blusa branca, e sandálias de couro «à *caprese*», isto é, com o laço enfiado entre os dedos.

A moda feminina, por sua vez, complicou-se. Qualquer senhora que tenha alguma importância não dispensa, de manhã, menos de três horas e meia dúzia de escravas para se arranjar. Boa parte da literatura é dedicada a ilustrar esta arte, e as casas de banho estão atulhadas de lâminas de barbear, tesouras, escovas, escovinhas, cremes, pós-de-arroz, cosméticos, óleos, sabões. Popeia inventara uma máscara de noite, embebida em leite, para rejuvenescer a pele do rosto, cujo uso se generalizara. E o banho de leite era normal, de maneira que as ricalhaças, quando viajavam, eram seguidas por manadas de vacas para terem sempre leite fresco à disposição. Especialistas apregoavam dietas, ginástica, banhos de sol, massagens contra a celulite. E houve alguns cabeleireiros que fizeram fortuna inventando penteados originais, diferentes dos habituais: cabelos puxados para trás, entrelaçados sobre a nuca, ou graciosamente sustidos por uma rede ou por uma fita.

A roupa interior era de seda ou de linho. E começava a aparecer o sutiã. Meias não se usavam. Mas os sapatos eram complicados, de couro macio e leve, com o salto alto, para remediar o defeito das mulheres romanas, que é, também, o das italianas: o traseiro baixo; e eram decorados com bordados a filigrana de ouro.

No Inverno usavam peles, que eram prendas dos maridos ou dos amantes que se deslocavam às províncias setentrionais, principalmente à Gália e à Germânia. E em todas as estações se usavam muitas jóias, que eram a grande paixão destas senhoras. Lólia Paulina deslocava-se para todo o lado com quarenta milhões de sestércios espalhados por cima dela na forma de pedras preciosas, das quais Plínio enumera mais de cem espécies. Havia também imitações, que, segundo parece, eram obras-primas. Um senador foi proscrito por Vespasiano porque usava no dedo um anel com uma opala caríssima. O severo Tibério tentou pôr freio a estes exibicionismos, mas teve de se render: se se eliminassem as indústrias do luxo, corria-se o risco de Roma mergulhar numa crise económica.

A decoração da casa condizia com estes faustos e talvez até os superasse. Um palácio digno de tal nome devia ter um jardim, uma alpendrada de mármore, não menos de quarenta divisões, entre as quais alguns salões com colunas de ónix ou alabastro, pavimento e tecto em mosaico, paredes embutidas de pedras caras, mesas de cedro sobre pés de marfim, brocados orientais (Nero comprara uma grande quantidade deles), vasos de Corinto, camas de ferro forjado com mosquiteiro, e algumas centenas de criados: dois atrás da cadeira de cada hóspede para lhe servir a refeição, dois para lhe tirarem, em simultâneo, os sapatos quando se deitava, etc..

O grande senhor romano deste tempo levantava-se por volta das sete da manhã e, em primeiro lugar, recebia, durante algumas horas, os seus protegidos, oferecendo a face ao beijo de cada um deles. Depois tomava o pequeno almoço, muito sóbrio. E por fim recebia as visitas dos amigos e retribuía-as. Esta era uma das obrigações mais rigorosamente observadas da *social life* romana. Recusar-se a ajudar um amigo enquanto redigia o testamento, ou a participar nas bodas do seu filho, ou a ler as suas poesias, ou a apoiar a sua candidatura, ou a avalizar-lhe as letras era uma ofensa e originava o descrédito. Só depois de cumpridas estas obrigações é que se podia pensar nos assuntos pessoais.

Esta regra era igualmente válida para as pessoas de condição mais modesta, da média burguesia. Estes trabalhavam até ao meio-dia, tomavam uma refeição ligeira, à americana, e regressavam ao trabalho. Mas todos, uns antes, outros depois, dependendo da profissão e do horário, acabavam por se encontrar depois nas termas, para o banho. Nenhum povo foi alguma vez tão asseado como o povo romano. Cada palácio tinha a sua piscina particular. Mas havia mais de mil públicas, à disposição das pessoas comuns, com uma capacidade média de mil utentes de cada vez. Estavam abertas desde o alvorecer até à uma, para as mulheres, e das duas até ao crepúsculo, para os homens, até que se tornaram mistas, e a entrada custava uma ninharia, serviço incluído. Despiam-se nas cabinas, ia-se ao ginásio fazer exercícios de pugilato, lançamento do dardo, basquetebol, salto, lançamento do disco; depois passava-se à sala de massagens. E no final, começava o banho propriamente dito, que seguia uma rigorosa regra litúrgica. Primeiro, mergulhava-se no *tepidarium,* de ar morno, depois no *calidarium,* de ar quente, e depois no *laconicum*, de vapor fervente, onde se fazia uso de uma novidade importada havia pouco da Gália, o sabão. E finalmente, para provocar uma reacção saudável do sangue, nadava-se na água gelada da piscina.

Depois disto tudo, enxugavam-se, untavam-se com óleo, voltavam a vestir-se e passavam à sala de jogos, para uma partida de xadrez ou de dados, ou à sala de conversação, para uma boa cavaqueira com os amigos, que se tinha a certeza de aí encontrar, ou ao restaurante, para uma boa jantarada, que, mesmo quando era sóbria, consistia pelo menos em seis pratos, dos quais dois eram de carne de porco. Tomavam a refeição deitados nos *triclini*, uma espécie de sofás de três lugares, com o corpo estendido, para repousá-lo dos exercícios feitos pouco antes, o braço esquerdo apoiado na almofada para suster a cabeça, e o direito estendido para retirar a comida da mesa. A culinária era pesada, com muitos molhos de gordura animal. Mas os Romanos tinham um estômago sólido, e demonstravam-no por ocasião dos verdadeiros banquetes que celebravam com muita frequência.

Tinham início às quatro da tarde, e duravam até noite dentro, quando não até ao dia seguinte. Nas mesas estavam espalhadas flores, e no ar perfumes. Os criados, vestidos com ricas fardas, deviam ser pelo menos, em número, o dobro dos convidados. Só eram permitidos pratos raros e exóticos. «Quanto aos peixes», dizia Juvenal, «têm de ser aqueles que custam mais do que os pescadores.» A lagosta vermelha era a mais cotada, chegavam a pagá-las a preços exorbitantes, e Védio Polião foi o primeiro a tentar criá-las. As ostras e os peitos de tordo não podiam faltar. E Apício ganhou posição social por ter inventado um novo prato: o *paté de foie gras*, engordando os gansos a poder de figos. Este Apício era um homem curioso: deu cabo de um património colossal em refeições, e quando o viu reduzido a apenas uma dezena de biliões matou-se, achando que estava na miséria.

Nestas ocasiões, o banquete transformava-se em orgia, o anfitrião dava de presente aos hóspedes objectos preciosos, e os criados passavam entre as mesas distribuindo eméticos, que provocavam o vómito e permitiam recomeçar a comer.

O arroto era permitido. Aliás, era um sinal de apreço pela qualidade dos alimentos.

# 39

# O Seu Capitalismo

Roma não era uma cidade industrial. Em matéria de fábricas de grandes dimensões tinha apenas uma de papel e uma de corantes. Já desde os tempos antigos que a sua verdadeira indústria era a política, que proporciona vias muito mais rápidas para obter lucros do que o verdadeiro trabalho. E esta situação não mudou, nem sequer nos nossos dias.

A fonte principal de riqueza dos senhores romanos eram a intriga nos corredores dos Ministérios e o saque das províncias. Gastavam muito dinheiro para fazer carreira. Mas, uma vez atingido qualquer cargo administrativo elevado, recuperavam tudo com grandes lucros, e investiam os ganhos na agricultura. Júnio Columela e Plínio deixaram-nos o retrato desta sociedade latifundiária e dos critérios que seguia para a exploração das fazendas agrícolas.

A pequena propriedade, que os Gracos, César e Augusto tinham pretendido restaurar com as suas Leis Agrárias, não aguentara a concorrência com o latifúndio: uma guerra ou um ano de seca bastavam para destruí-la, em proveito dos grandes feudos, que tinham possibilidades de resistir. Havia alguns grandes como reinos, diz Séneca, trabalhados por escravos que nada custavam, mas que tratavam a terra sem critério nenhum, e especializados na criação de gado, que rendia mais do que lavrar os campos. Pastagens de dez ou vinte mil hectares, com dez ou vinte mil cabeças, não eram raridade.

Mas, entre Cláudio e Domiciano começou uma lenta transformação. O longo período de paz e a extensão da plena cidadania aos provincianos interromperam o abastecimento de escravos, que começaram a rarear e, consequentemente, a ser mais caros: e a melhoria dos cruzamentos levou a uma crise de superprodução do gado, que dificilmente arranjava alimento, e sofreu uma queda de preço. Muitos criadores acharam mais conveniente regressar à agricultura, dividiram as herdades em terrenos, e deram-nos a explorar a arrendatários ou a colonos, que foram os antepassados dos camponeses de hoje e que, se for verdade o que Plínio deles conta, muito se lhe assemelham: tenazes, fortes, avarentos, desconfiados e conservadores.

De terra percebiam eles, e estavam interessados em fazê-la render. Começou imediatamente o uso de adubos, a rotação das culturas e a selecção das sementes. Os fruticultores importaram e transplantaram, depois de experiências racionais, a uva, o pêssego, o alperce, a cereja. Plínio enumera vinte e nove variedades de figos. E o vinho foi produzido em tal quantidade, que Domiciano, para impedir uma crise, proibiu a plantação de novos vinhedos.

As indústrias nasceram, numa base artesanal e familiar, em redor destes microcosmos agrícolas, para completar a sua autonomia. Uma quinta era considerada tanto mais rica quanto mais satifazia as suas próprias necessidades. Lá estava o matadouro, onde eram mortos os animais e as suas carnes ensacadas. Lá estava o forno para cozer os tijolos. Lá se curtiam as peles e se fabricavam os sapatos. Lá se tecia a lã e se confeccionavam as roupas. Não havia sombra daquela «especialização» que hoje torna o trabalho insuportável e transforma num autómato quem o executa. O habilidoso camponês daqueles tempos, quando soltava os animais do arado, transformava-se em carpinteiro ou punha-se a bater o ferro para obter ganchos ou panelas. A vida destes agricultores artesãos era muito mais cheia e variada do que é no nosso tempo.

As únicas indústrias orientadas segundo critérios modernos eram as extractivas. O proprietário do subsolo, teoricamente, era o Estado, que no entanto entregava a sua exploração, seguindo cânones modestos de aluguer, aos particulares. O interesse levou estes a descobrirem o enxofre na Sicília, o carvão na Lombardia, o ferro no Elba, o mármore na Lunigiana, e os seus respectivos usos. Os custos de produção eram mínimos, porque o trabalho nos poços era confiado exclusivamente a escravos e a forçados, aos quais não se devia pagar nenhum salário e que não era preciso segurar contra qualquer acidente. Dadas as condições das minas, em Marcinelle devia havê-los todas as semanas, com milhares de mortos. Os historiadores romanos não se preocuparam em no-lo dizer, porque para eles estes episódios não «faziam notícia», como se diz em gíria jornalística. Outra grande indústria era a da construção civil, com os seus especialistas, desde os lenhadores aos picheleiros e aos vidraceiros. Mas não houve possibilidade de se desenvolver um capitalismo industrial propriamente dito, principalmente devido à concorrência que o trabalho servil fazia à maquinaria. Cem escravos custavam menos do que custaria uma turbina, e a mecanização teria dado origem a um problema insolúvel de desemprego.

E no entanto, muitos serviços públicos foram mais bem organizados nessa altura do que na Europa, digamos, do século XVIII. O Império tinha cem mil quilómetros de auto-estradas, e só a Itália possuía cerca de quatrocentas grandes artérias, percorridas por um trânsito intenso e ordenado. A sua pavimentação permitira a César percorrer mil e quinhentos quilómetros em oito dias, e o mensageiro que o Senado enviou a Galba, para lhe anunciar a morte de Nero, levou trinta e seis horas a bater quinhentos quilómetros. O correio não era público, embora se chamasse *cursus publicus*. Estruturado por Augusto, segundo o sistema persa, devia servir apenas de mala diplomática, isto é, para a correspondência de Estado, e os particulares só podiam usá-lo com uma autorização especial. O telégrafo era substituído por sinalizações luminosas por meio de faróis colocados nas alturas, e permaneceu substancialmente idêntico até ao tempo de Napoleão. O correio particular era administrado por companhias particulares, ou então confiado a amigos e a pessoas de passagem. Mas os grandes senhores, como Lépido, Apício e Polião tinham um serviço por conta própria e estavam muito orgulhosos dele.

Ligações e estações de posta estavam magnificamente montadas. De quilómetro em quilómetro havia um capitel que indicava a distância à cidade mais próxima. De dez em dez quilómetros havia uma *estação* com restaurante, quartos, estábulo, e cavalos frescos para alugar. De trinta em trinta, havia uma *mansão*, que a tudo o que acima referimos, mas mais espaçoso e mais bem organizado, juntava também um bordel. Os itinerários eram vigiados por patrulhas da polícia, que, no entanto, nunca conseguiram torná-los completamente seguros. Os grandes senhores percorriam-nos, seguidos de grande número de carros, dentro dos quais dormiam, protegidos pela vigilância dos seus servos armados.

O turismo florescia, quase como nos nossos tempos. Plutarco ironiza acerca dos *globe-trotters* que infestavam a cidade. Tal como a dos jovens ingleses do século passado, a educação do jovem romano não se encontrava completa antes do *grand tour*. Faziam-no principalmente à Grécia, por mar, embarcando em Óstia ou em Pozzuoli, que eram os dois grandes portos da época. Os mais pobres apanhavam um dos muitos cargueiros que andavam a traficar no Oriente; para os mais ricos, havia verdadeiros transatlânticos, que navegavam à vela, deslocavam até mil toneladas, cento e cinquenta metros de comprimento, e possuíam cabines de luxo. A pirataria desaparecera quase por completo no tempo de Augusto, que, para acabar com ela, instituíra duas grandes *home fleets* permanentes no Mediterrâneo. De maneira que os barcos agora viajavam também de noite, mas quase sempre ao longo da costa, por recearem as tempestades. Horários não havia, porque tudo dependia dos ventos. Normalmente viajava-se a cinco ou seis nós à hora, e de Óstia a Alexandria levava-se cerca de dez dias. Mas o bilhete até era barato. Num cargueiro, em especial, o custo da passagem até Atenas era uma pechincha. As tripulações eram treinadas e eram semelhantes às de hoje: gente desinibida e brigona, com inclinações evidentes para a taberna e para o bordel. Os comandantes eram especialistas, que pouco a pouco transformaram a profissão de navegador numa verdadeira ciência. Íppalo descobriu a periodicidade das monções; e as viagens do Egipto à Índia, que primeiro exigiam seis meses, agora começaram a fazer-se em um. Surgiram os primeiros mapas, e foram instalados os primeiros faróis.

Tudo isto aconteceu rapidamente, porque os Romanos tinham latente em si, além da paixão das armas e das leis, a da engenharia. Nunca levaram os estudos matemáticos às alturas especulativas dos Gregos, mas aplicaram-nos de maneira muito mais prática. A secagem do rio Fucino foi uma autêntica obra-prima, e as estradas que construíram ainda hoje continuam a ser modelos. Foram os Egípcios que descobriram os princípios da hidráulica, mas foram os Romanos que os concretizaram em aquedutos e esgotos de proporções colossais. A eles se deve o esguichar contínuo das fontes da Roma de hoje. Frontino, que organizou o seu sistema, descreveu-o também num manual de elevado valor científico. Oportunamente, confronta estas obras de utilidade pública com a inutilidade total das Pirâmides e de tantas construções gregas. E nas suas palavras brilha o génio romano, prático, positivo, ao serviço da sociedade, e não a reboque de caprichos estéticos individuais.

É difícil dizer até que ponto o desenvolvimento económico de Roma e do seu Império foi devido à iniciativa privada e, até que ponto, ao Estado. Este era proprietário do subsolo, de um vasto património e, provavelmente, também de algumas indústrias de guerra. Garantia o preço do trigo com o sistema das acumulações e empreendia directamente as grandes obras públicas para remediar o desemprego. Usava também o Tesouro como banco, fazendo empréstimos aos particulares, com garantias sólidas e a juro elevado. Mas não era muito rico. As suas receitas, sob Vespasiano, que as aumentou e administrou com rigor, não ultrapassavam os trezentos milhões de sestércios, obtidos principalmente com os impostos.

Numa apreciação global, pode dizer-se que era um Estado mais liberal do que socialista, que até deixava à iniciativa dos seus generais o direito de cunhar moeda, nas províncias governadas por eles. O complexo sistema monetário que daí derivou foi a sorte dos banqueiros, que nele fundamentaram todas as suas diabruras: as cadernetas de poupança, as letras de câmbio, os cheques, as ordens de pagamento. Fundaram bancos propositadamente, com sucursais e correspondentes em todo o mundo, e este complexo sistema tornou inevitável os *booms* e as crises, como também hoje sucede.

A depressão de Wall Stret, em 1929, teve o seu precedente em Roma, quando Augusto, tendo regressado do Egipto com o imenso tesouro daquele país no bolso, o pôs em circulação, para reactivar os negócios, que definhavam. Esta política inflacionista estimulou-os, mas estimulou também os preços, que subiram às estrelas, até que Tibério interrompeu bruscamente esta espiral, sorvendo novamente o capital que estava em circulação. Quem se endividara contando com o prosseguimento da inflação, viu-se com pouco dinheiro e correu a retirá-lo das caixas económicas. A de Balbo e de Ólio teve, num único dia, de fazer frente a uma corrida aos levantamentos, e foi obrigada a encerrar os guichés. As indústrias e as lojas, que nelas tinham os seus fundos, não puderam pagar aos fornecedores e tiveram também elas de fechar as portas. O pânico alastrou. Toda a gente correu a levantar dos bancos os seus depósitos. Até o de Máximo e o de Vibão, que era o mais forte, não pôde satisfazer todos os pedidos e pediu ajuda ao de Pétio. A notícia espalhou-se num relâmpago, e então os clientes de Pétio, por sua vez, correram ao seu banco, com as cadernetas, impedindo-o de salvar os seus dois colegas. A interdependência das várias economias provinciais e nacionais no seio do vasto Império foi comprovada pela corrida aos bancos de Lião, de Alexandria, de Cartago e de Bizâncio. Estava claro que uma onda de desconfiança em Roma se repercutia imediatamente na sua periferia. Também nessa altura houve falências em cadeia e suicídios. Muitas pequenas propriedades, esmagadas pelos débitos, não puderam esperar pela nova colheita para os pagar, e tiveram de ser vendidas, ou melhor, vendidas ao desbarato, em proveito dos latifundiários, que estavam em condições de resistir. Refloresceram os usurários, que a difusão dos bancos tornara raros. Os preços caíram assustadoramente. E Tibério, por fim, teve de se render à ideia que a deflação não é mais saudável do que a inflação. Com muitos suspiros, redistribuiu grandes quantias pelos bancos, para que os voltassem a pôr em circulação, com ordens para os emprestarem durante três anos, sem juros.

O facto de esta medida ter sido o suficiente para reanimar a economia, para descongelar o crédito e para devolver a confiança, mostra-nos quanta importância tinham os bancos, ou seja, como era substancialmente capitalista o regime imperial romano.

# 40

# Os Seus Divertimentos

Quando Augusto assumiu o poder, o calendário romano tinha setenta e seis dias de descanso, quase tantos como hoje; quando o seu último sucessor desapareceu, tinha cento e setenta e cinco, ou seja, dia sim, dia não, era dia de descanso. Nesses dias, celebravam-se os *ludos cénicos* e os *jogos atléticos*.

Os *ludos cénicos* já não eram o drama clássico, pomposo e solene, que se extinguira, após uma época breve, com muito mais rapidez do que levara a nascer. Há qualquer coisa no ar, não só de Roma, mas de toda a Itália, que o torna alérgico ao teatro. Os dramas continuaram a ser escritos, também neste primeiro século de Império, mas como experiências poéticas que encontravam alguns ouvintes nos salões em que o autor os lia, mas não espectadores nos teatros e actores para interpretá-los. Um público grosseiro, composto em grande parte de estrangeiros que conheciam apenas o latim elementar, preferia a pantomima, em que o enredo se torna evidente, não através da palavra, mas do gesto e da dança. Formou-se nessa altura aquela tradição do «exibicionista» grosseiro, vulgar, que aguça os olhos, que faz caretas e gesticula, no qual os nossos actores ainda hoje se inspiram. Roma teve os seus Totó e Macário em Esopo e Róscio – as *vedetas* daquele tempo –, que cometiam extravagâncias para fazerem publicidade a si mesmos, levavam as plateias ao delírio com os seus *sketches* ordinários e cheios de duplos sentidos; tornaram-se nos «janotas» dos salões aristocratas, tornavam-se amantes das damas que davam mais nas vistas, ganhavam rios de dinheiro e deixavam biliões em herança. Agora, nas suas companhias, tinham também mulheres, as *girls* da época, que, por causa desta profissão, eram oficialmente equiparadas às prostitutas, e por isso nada tinham a perder em questões de pudor, contribuindo sem qualquer reserva para a obscenidade dos espectáculos.

O desejo do aplauso levava por vezes estes intérpretes a representar cenas cheias de alusões políticas, nas barbas da censura, como sempre acontece nos regimes de tirania, quando ninguém se atreve a dizer nada, mas todos ficam extasiados com quem o faz. Na noite do funeral de Vespasiano, um actor parodiou o seu cadáver, estendendo-se no caixão e perguntando aos coveiros: «Quanto custa este transporte?». «Dez milhões de sestércios.» «Ora, dêem-me cem mil», respondeu o cadáver, «e atirem-me ao Tibre.» Que era, temos de o reconhecer, uma piada que condizia com o carácter do defunto. Para aquele sacrílego correu bem, porque o sucessor era Tito. Mas poucos anos antes Calígula mandara queimar vivo o autor de uma alusão muito mais comedida.

Enquanto o teatro descambava assim na revista de variedades, a sorte do Circo cada vez crescia mais. Cartazes de parede, como os que hoje anunciam os filmes, anunciavam os espectáculos atléticos. Estes constituíam o assunto do dia, discutia-se apaixonadamente a respeito disso em família, na escola, no Foro, nas Termas, no Senado, e até o jornal, *Acta diurna*, fazia a sua apresentação e recensão. No dia das competições, multidões de cento e cinquenta ou duzentas mil pessoas dirigiam-se para o Circo Máximo, como hoje vão para o estádio, exibindo lenços com as cores do clube do seu coração, e os homens fazendo uma paragem, antes de entrar, nos bordéis que estavam alinhados aos lados das entradas. Os dignitários tinham camarotes à parte, com assentos de mármore ornado de bronze. Os outros acomodavam-se em bancadas de madeira, depois de terem ido vasculhar nos excrementos dos cavalos, para se certificarem de que tinham sido alimentados como deve ser, de se terem empenhado até à camisa nas apostas, e de terem arranjado uma sandes e uma almofada, pois o espectáculo durava o dia inteiro. O imperador tinha mesmo, para si e para a família, um apartamento com quartos de cama, para dormir uma soneca entre duas competições, e a imprescindível casa de banho, para as abluções e outras comodidades.

Tal como hoje, os cavalos e os jóqueis pertenciam a escuderias particulares, cada uma com a sua própria casaca, as mais famosas das quais eram as vermelhas e as verdes. As corridas a galope alternavam com as corridas a trote, com dois, três, ou quatro cavalos. Quase todos escravos, os condutores usavam capacetes de metal, segurando numa mão as rédeas e na outra o chicote, e a tiracolo uma faca, para cortar os arreios em caso de queda. Era frequente isso acontecer, porque a corrida era temerária, como é hoje a do Pálio de Siena. Tinha de se percorrer sete circuitos, que correspondiam a outros tantos quilómetros, em volta da arena elíptica, evitando as *metae* e dando as curvas o mais apertadas possível. As pequenas caleches colidiam com facilidade, e bípedes e quadrúpedes rolavam juntamente com varais e rodas, sendo esmagados pelos participantes que os seguiam. Tudo isto no meio dos gritos dos espectadores, que aterrorizavam os cavalos.

Mas os números mais esperados eram as lutas gladiatórias: entre animal e animal, entre animal e homem, e entre homem e homem. No dia em que Tito inaugurou o Coliseu, Roma arregalou os olhos de espanto.

A arena podia ser abaixada e inundada como um lago, ou reemergir ataviada de maneira diferente, como um pedaço de deserto ou um tufo de selva. Uma galeria de mármore destinava-se aos altos dignitários, e ao meio erguia-se o *suggestum*, ou galeria imperial, com todos os seus acessórios, onde o imperador e a imperatriz se sentavam em tronos de marfim. Qualquer um se podia aproximar do soberano e suplicar uma pensão, uma transferência, o perdão para uma condenação. Em todos os cantos havia fontes que lançavam para o ar repuxos de água perfumada; e nos redutos preparavam-se as mesas para comer qualquer coisa entre um número e o outro. Tudo era grátis: entrada, assento, almofada, assado, vinho.

O primeiro número foi a apresentação de animais exóticos, muitos dos quais os Romanos nunca tinham visto. Entre elefantes, tigres, leões, leopardos, panteras, ursos, lobos, crocodilos, hipopótamos, girafas, linces, etc., desfilaram dez mil, e muitos estavam ataviados caricaturalmente, para parodiar personagens da história ou da lenda. Depois, a arena foi rebaixada e reemergiu adaptada ao combate: leões contra tigres, tigres contra ursos, leopardos contra lobos. Resumindo, no final do espectáculo, só metade daqueles pobres animais estava viva. A outra metade desaparecera na barriga deles. Novamente a arena foi rebaixada e reapareceu adaptada a *plaza de toros*. A *corrida*, já praticada pelos Etruscos, fora depois importada para Roma por César, que a vira em Creta. Ele tinha um fraco por estas festas, e fora o primeiro a oferecer aos seus concidadãos um combate de leões. O do touro agradou imenso aos Romanos, que imediatamente se apaixonaram por ele e a partir dali o exigiram sempre. Os toureiros não conheciam o ofício e, portanto, estavam destinados a morrer. De facto, eram escolhidos entre os escravos e os condenados, como, de resto, todos os outros gladiadores. Muitos deles nem chegavam a combater. Tinham que representar qualquer personagem da mitologia e sofrer de verdade o seu trágico fim. Para reavivar a propaganda patriótica, um era apresentado como Múcio Cévola e era obrigado a queimar a mão nos carvões, outro como Hércules queimado vivo na pira, outro como Orfeu, despedaçado enquanto tocava a lira. Enfim, pretendiam ser espectáculos «edificantes» para a juventude, e como tal não eram, de facto, proibidos aos menores de dezasseis anos; muito pelo contrário.

Seguiam-se os combates entre gladiadores, todos condenados a penas capitais por homicídio, roubo, sacrilégio ou amotinação, que eram os delitos a que era aplicada a pena de morte. Mas quando havia carestia, tribunais condescendentes condenavam à morte também por outros motivos muito menos graves: Roma e os seus imperadores não podiam passar sem esta carne humana de açougue. No entanto, havia também voluntários, e nem todos de baixa condição, que se inscreviam nas escolas apropriadas para depois combater no Circo. Eram talvez as escolas mais sérias e rigorosas de Roma. Entrava-se para elas quase como para o seminário, depois de jurar que se estava pronto a deixar-se «chicotear, queimar e apunhalar». Os gladiadores tinham, em cada combate, uma probabilidade em duas de se tornarem heróis populares, aos quais os poetas dedicavam os seus carmes, os escultores as suas estátuas, os edis as suas ruas, e as senhoras os seus favores. Antes da competição era-lhes oferecido um banquete pantagruélico. E, se não venciam, tinham a obrigação de morrer com uma indiferença trocista. Tinham vários nomes, de acordo com as armas que usavam, e cada espectáculo contava centenas destes duelos, que podiam até terminar sem o morto, desde que o perdedor, tendo-se conduzido com coragem e bravura, fosse agraciado pela multidão com o gesto do polegar erguido. Num espectáculo oferecido por Augusto e que durou oito dias, tomaram parte dez mil gladiadores. Guardas vestidos de Caronte e de Mercúrio picavam os que estavam caídos, com forquilhas aguçadas, para ver se estavam mortos, e os simuladores eram decapitados; escravos negros empilhavam os cadáveres e traziam areia nova para os combates seguintes.

Este modo de se divertirem com o sangue e com as torturas não levantava objecções, nem sequer da parte dos moralistas mais severos. Juvenal, que criticava tudo, era um adepto do Circo e achava-o perfeitamente legítimo. Tácito teve algumas dúvidas; mas depois reflectiu que o sangue que se derramava na arena era «sangue vil», e com este adjectivo o justificou. Até Plínio, o mais civilizado e moderno cavalheiro de então, achou que aqueles massacres tinham um valor educativo, porque habituavam os espectadores ao desprezo estóico pela vida (dos outros). Nem falamos de Estácio e de Marcial, os dois poetas que louvaram Domiciano, os quais passavam a vida no Circo e aí foram buscar as suas inspirações poéticas. Estácio era um napolitano que criara um belo nome com um poema feio, *A Tebaida*, representara nos teatros, foi convidado pelo imperador para almoçar, e para que todos, em Nápoles, soubessem, escreveu um livro sobre isso, representando Domiciano como um deus e dedicando-lhe as suas *Silvae*, que são as únicas poesias legíveis deste autor. Morreu pelos cinquenta anos, quando a sua estrela já fora ofuscada por Marcial, que procurava a sua inspiração principalmente no Circo e no bordel.

Marcial era um espanhol de Bilbau, que veio para Roma aos vinte e quatro anos e aí gozou da protecção dos seus compatriotas Séneca e Lucano. Porque os Espanhóis, nessa época, ajudavam-se como hoje fazem os Sicilianos. Não foi um grande poeta. Mas antecipou Longanesi no «compasso», que deixava marca, como uma dentada. «As minhas páginas cheiram a homens», dizia; e é verdade. As suas personagens são de baixo nível, porque as escolhia naqueles ambientes mal afamados das prostitutas e dos gladiadores; mas precisamente por isso são vivas, na sua vulgaridade e na sua abjecção. Ele próprio era um tipo bastante ignóbil. Bajulou Domiciano, caluniou os seus benfeitores, viveu no submundo, gastando o dinheiro em vinho, dados e apostas nas corridas. Mas não soube o que queria dizer retórica, os seus *Epigramas* continuam a ser o mais perfeito monumento do género, e o testemunho que nos deixou de Roma talvez seja o mais autêntico. Acabou por voltar para Bilbau, que era então uma aldeola, onde viveu, para variar, à custa de um amigo que lhe ofereceu uma *villa* e onde, de Roma, só sentiu saudades de uma coisa: o Circo, pois já não tinha idade para ter saudades da outra: os bordéis.

Apenas Séneca nos deixou uma condenação dos jogos gladiadores, que diz nunca ter frequentado. Foi visitar o Coliseu uma única vez, e ficou horrorizado. «O homem, a coisa mais sagrada para o homem, aqui é morto por desporto e divertimento», escreveu quando regressou a casa.

Mas o facto é que este desporto e divertimento agora estava de harmonia com o nível moral de uma Roma ainda não cristã, mas também já não pagã. O imperador que a dirigia era também o Sumo Sacerdote, isto é, o papa, de uma religião de Estado que nada tinha a objectar a tais ignomínias, pelo simples motivo de ela própria já não crer em nada. Celebrava as festas com uma liturgia cada vez mais complicada, erguia templos cada vez mais faustosos, e criava novos ídolos, como Anona e Fortuna. Mas a apoiá-los havia apenas capitéis de mármore. Não a fé. Esta era monopólio daquelas escassas centenas, ou milhares, de cristãos, principalmente Hebreus, os quais, em vez de irem ao circo exultar com a morte dos homens, se reuniam nas suas pequenas *ecclesiae* a rezar pela alma deles.

# 41

# Nerva e Trajano

Os assassinos de Domiciano não tinham dado tempo à sua vítima para nomear um herdeiro. E o Senado, que nunca reconhecera oficialmente aos imperadores o direito de os nomearem, mas na prática sempre aceitara as suas escolhas, aproveitou para fazer uma escolha ao seu gosto, na pessoa de um seu membro.

Marco Cocceio Nerva era um jurista que se deleitava, nos tempos livres, com poesia, mas não possuía nem a litigiosidade dos advogados nem a vaidade dos poetas. Era um homenzarrão alto e forte, que nunca fizera mal a uma mosca, não mostrara ambições e, no final do seu reinado, pôde dizer, com plena razão, que não fizera nada que o impedisse de regressar à vida privada sem correr riscos.

É provável que essa escolha fosse devida não tanto às suas virtudes, como ao facto de já ter setenta anos e ser fraco do estômago, o que permitia prever um reinado de breve duração. De facto, durou apenas dois anos, mas para Nerva foram suficientes para corrigir as asneiras do seu antecessor. Fez regressar os proscritos, distribuiu muitas terras pelos pobres, libertou os Hebreus dos tributos que Vespasiano lhes impusera e repôs a ordem nas finanças. Isso não impediu que os pretorianos, descontentes com aquele novo senhor que se opunha às suas prepotências, o assediassem no palácio, degolassem alguns dos seus conselheiros e exigissem a entrega dos assassinos de Domiciano. Nerva, para salvar os seus colaboradores, ofereceu em troca a sua cabeça. E, como lha pouparam, apresentou a sua demissão ao Senado, que a recusou. Nerva nunca tomara nenhuma decisão sem consultar o Senado, ou em oposição a ele. Também desta vez se rendeu. Sentia que o seu fim estava próximo, e usou o pouco tempo que lhe restava de vida para procurar um sucessor que agradasse ao Senado e a adoptá-lo como filho (seus, não os tinha), de modo a impedir que os pretorianos coroassem alguém por sua própria iniciativa. A escolha de Trajano foi talvez o melhor serviço que Nerva prestou ao Estado.

Trajano era um general que naquele momento comandava um exército na Germânia, e, quando soube que tinha sido proclamado imperador, não se perturbou muito. Mandou dizer ao Senado que agradecia a confiança e que iria assumir o poder assim que tivesse um minuto livre. Mas não o teve durante dois anos, porque tinha algumas desavenças a resolver com os Teutões. Nascera havia apenas quarenta anos, em Espanha, mas de uma família romana de funcionários, e ele próprio fora sempre funcionário, ou seja, meio soldado e meio administrador. Era alto e robusto, de hábitos espartanos e de uma coragem a toda a prova, mas sem exibicionismos. Sua mulher, Plotina, gabava-se de ser a mais feliz das esposas porque ele não a enganava, a não ser, de vez em quando, com algum rapazinho; com outras mulheres, nunca. Passava por um homem culto, porque costumava trazer consigo, no seu carro de general, Dione Crisóstomo, um retor célebre daquele tempo, que lhe falava continuamente de filosofia. Mas um dia confessou que não percebera uma única palavra das muitas que Dione pronunciara, ou melhor, nem sequer as ouvia; deixava-se embalar pelo seu som de prata, pensando em outras coisas: nas contas das compras, no plano de uma batalha, no projecto de uma ponte.

Quando por fim encontrou o famoso minuto para ser coroado, Plínio-o-Jovem foi encarregado de lhe dirigir um *panegírico* em que lhe era lembrado, de modo cortês, que devia a sua eleição aos senadores, e por isso devia consultá-los para todas as decisões a tomar. Trajano sublinhou a passagem com um sinal afirmativo da cabeça, ao qual ninguém deu muito crédito. Mas enganaram-se, porque ele observou aquela regra rigorosamente. O poder nunca lhe subiu à cabeça, assim como a ameaça de conspirações não serviu para o transformar num déspota desconfiado e sanguinário. Quando descobriu a conspiração de Licínio Sura, foi almoçar a casa dele, e não só comeu tudo aquilo que lhe serviram no prato, como depois ofereceu a garganta ao barbeiro do conjurado, para que ele o barbeasse.

Era um trabalhador formidável e pretendia que todos os que o rodeavam o fossem também. Mandou muitos senadores mandriões fazer inspecções e repor a ordem nas províncias, e das cartas que com eles trocou, algumas das quais nos chegaram, podem deduzir-se a sua competência e diligência. As suas ideias políticas eram as de um conservador iluminado, que acreditava mais numa boa administração do que nas grandes reformas, e excluía a violência mas sabia recorrer à força. Por isso não hesitou em mover guerra à Dácia (que corresponde hoje à Roménia), quando o seu rei, Decébalo, começou a armar ciladas contra as suas conquistas feitas na Germânia. Foi uma campanha que conduziu como um brilhante general. Derrotado, Decébalo rendeu-se, mas Trajano poupou-lhe a vida e o trono, limitando-se a impor-lhe vassalagem. Tanta clemência, nova nos anais da história romana, foi mal recompensada, pois dali a dois anos Decébalo rebelou-se novamente. Trajano retomou o caminho da guerra, derrotou outra vez o desleal, delapidou as minas de ouro transilvanas, e com este espólio financiou quatro meses de jogos ininterruptos no circo, com dez mil gladiadores, para celebrar a sua vitória, e um programa de obras públicas destinado a fazer do seu reinado um dos mais memoráveis na história da urbanística, da engenharia e da arquitectura.

Um aqueduto gigantesco, um novo porto em Óstia, quatro grandes estradas, o anfiteatro de Verona, contaram-se entre as suas obras mais notáveis. Mas a mais conhecida foi o Foro Trajano, devido ao génio de Apolodoro, um Grego de Damasco que já construíra para ele, em poucos dias, aquela maravilhosa ponte sobre o Danúbio, que lhe permitira apanhar Decébalo pelas costas. Para erguer a coluna que ainda hoje se eleva em frente da basílica Úlpia, foram transportados de Paros dezoito cubos de um mármore especial, de cinquenta toneladas cada um: um milagre, para aqueles tempos. Nela foram gravadas, em baixo relevo, duas mil figuras, segundo um estilo vagamente neo-realista, isto é, com grande propensão para o rigor das cenas representadas. É uma incisão demasiado cheia para que seja bela, mas é interessante do ponto de vista documental, e foi decerto isso que agradou a Trajano.

Após seis anos de paz, ocupados nesta obra de reconstrução, Trajano voltou a sentir saudades do acampamento e, embora estivesse agora à beira dos sessenta, meteu-se-lhe na cabeça completar a obra de César e de António no Oriente, estendendo as fronteiras do Império até ao Oceano Índico. Conseguiu-o depois de uma marcha triunfal através da Mesopotâmia, da Pérsia, da Síria e da Arménia, todas transformadas em províncias romanas. Construiu uma frota para o mar Vermelho. E lamentou ser já demasiado velho para embarcar e ir à conquista da Índia e do Extremo Oriente. Mas

LIMITES FRONTEIRIÇOS DO IMPÉRIO NO TEMPO DE TRAJANO (117 d.C.)

eram países em que, para neles estabelecer uma ordem duradoura, não era suficiente deixar lá guarnições. Trajano encontrava-se ainda no caminho de regresso, quando, nas suas costas, rebentaram rebeliões um pouco por todo o lado. O guerreiro cansado queria voltar para trás para acalmá-las, mas a hidropisia impediu-o. Mandou em seu lugar Lúcio Quieto e Márcio Turba, e retomou a viagem para Roma, esperando chegar a tempo de ali morrer. Uma paralisia fulminou-o em Selino, no ano 117 d.C., o sexagésimo quarto da sua vida. E a Roma regressaram apenas as suas cinzas, que foram enterradas por baixo da sua coluna.

Nerva e Trajano foram, sem dúvida, dois grandes imperadores. Mas entre os muitos méritos reais que os recomendam à nossa recordação, tiveram também uma sorte: a de terem merecido a gratidão de um historiador como Tácito, e de um memorialista como Plínio, cujos testemunhos viriam a ser decisivos para o tribunal da posteridade.

Tácito, que contou a vida de tanta gente, esqueceu-se de nos dizer alguma coisa da sua. Não sabemos com precisão onde nasceu, e nem temos a certeza de ele ser filho daquele Cornélio Tácito que administrava as finanças da Bélgica. A sua família devia pertencer àquela burguesia ricaça que depois passou a fazer parte da aristocracia. Mas, mais do que da sua, ele sentia-se orgulhoso da família da sua mulher, filha daquele Agrícola, procônsul e governador da Britânia, que Domiciano fizera o disparate de despedir. Esse Agrícola, conhecemo-lo através da biografia que dele nos deixou o seu genro, o qual devia ser um mestre insuperável de biografias. Mas, como em Tácito se reúnem todas as qualidades do grande escritor menos a objectividade, não sabemos se aquele retrato será perfeitamente verídico. Apenas sabemos que a admiração que o inspirava devia ser sincera.

Tácito era um grande advogado. Plínio considera-o maior do que o próprio Cícero. Mas nós receamos que ele tenha composto as suas histórias um pouco com os mesmos critérios com que defendia os seus clientes: isto é, mais para fazer triunfar uma tese do que para estabelecer a verdade. Debutou com um livro dedicado ao período compreendido entre Galba e Domiciano, do qual fora, ele próprio, espectador. E a sua poderosa repreensão contra a tirania teve tal sucesso nos círculos aristocráticos, que tinham sido as maiores vítimas dela, que o induziu a remontar ao tempo dos reinados de Nero, Cláudio, Calígula e Tibério. Reconhece honestamente ter sido ele próprio obrigado, no tempo de Domiciano, a vergar-se aos caprichos satrápicos daquele soberano, e a avalizar, como senador, as suas prepotências. Não é difícil inferir daí que o amor pela liberdade deve ter-lhe entrado no corpo precisamente naquele tempo. Escreveu catorze livros de *Histórias*, dos quais apenas quatro chegaram até nós, e dezasseis de *Anais*, dos quais sobreviveram doze, além de vários trabalhos como o *Agrícola*, e um opúsculo sobre os Germânicos, em que, com uma habilidade polémica extraordinária, se exaltam as virtudes daquele povo, para denunciar, no fundo, os defeitos do povo romano.

Tácito tem de ser lido com critério. Não se lhe podem exigir análises, quer sociológicas quer económicas. Temos de nos contentar com grandes *reportagens*, perfeitas como mecânica de narração, com o *thrill* e o *suspense*, como se diz em linguagem cinematográfica, e animadas por personagens provavelmente falsas, mas caracterizadas de modo extraordinário, que se gravam na memória com um vigor de estilo que nenhum escritor jamais teve, depois dele. As suas fontes são duvidosas; talvez nunca se tenha, sequer, incomodado a procurá-las. Vai atrás do que ouviu dizer, retirando daí aquilo que lhe dá jeito, mesmo que seja falso, e recusando aquilo que não lhe convém, mesmo que seja verdadeiro, com o único objectivo de propagandear as suas teses favoritas: que o bem maior de todos é a liberdade e que a liberdade só é garantida pelas oligarquias aristocráticas; que o carácter vale mais do que a inteligência; e que as reformas não são mais do que passos em direcção ao pior. Em suma, foi uma grande pena que Tácito se tivesse dedicado à história. Se tivesse tido ambições de romancista, teria sido melhor para ele e para nós.

Menos genial e colorido, mas mais circunstanciado e fidedigno, é o retrato da sociedade daquele tempo que nos deixou Plínio-o-Jovem, um grande senhor que foi bafejado por todas as sortes, incluindo a de ter um tio rico que lhe deixou o nome e o património, a de uma educação excelente, a de uma mulher virtuosa (que para aqueles tempos devia ser uma raridade) e a de um bom carácter, que lhe permitia ver o lado bom de tudo e de todos. Fazia parte da tradição de Ático: a dos *gentlemen*. Nascera em Como e, evidentemente, estreou-se como advogado. Tácito propôs-lhe que partilhasse com ele o ónus e a honra da acusação contra Mário Prisco, funcionário incriminado por apropriações ilícitas e crueldade. Plínio aceitou. Mas em vez de pronunciar um discurso contra o imputado, pronunciou um elogio exclamativo, com a duração de duas horas, do seu colega, que, quando chegou a sua vez, o retribuiu (e Prisco, na jaula, devia estar entretanto a esfregar as mãos, sentindo-se completamente esquecido).

Deram-lhe algumas incumbências. Executou-as todas com diligência e honestidade. Mas brilhou particularmente nas de natureza diplomática, para as quais foi designado por Trajano, grande conhecedor de homens. A sua qualidade fundamental era, de facto, o «tacto». Basta ler a carta que escreveu ao seu velho preceptor Quintiliano, o grande jurista, pedindo-lhe desculpa por não lhe poder dar mais de cinquenta mil sestércios para o dote da sua filha: parece que está a pedir um favor, em vez de oferecer uma esmola. Quando o mandavam em qualquer embaixada ou inspecção, recusava ordenado, despesas de deslocação e diária, enchia as malas de presentes para as mulheres dos governadores, dos generais e dos prefeitos que encontraria pelo caminho, e levava no séquito, pago do seu próprio bolso, alguém com quem falar de literatura: geralmente Suetónio, porque tinha um fraco por ele. Como, com aquela mania que tinha de escrever cartas a toda a gente, mantinha os «contactos» (o que foi sempre uma grande esperteza, em todos os tempos), onde quer que chegasse choviam-lhe convites em cima da cabeça. Respondia sempre por escrito: «Aceito o teu convite para o almoço, amigo, na condição de me deixares partir cedo e me tratares frugalmente. Que à volta da mesa se travem conversas filosóficas, mas que também destas desfrutemos com moderação».

«Com moderação»: eis a sua ética, a sua estética e a sua dietética. Plínio fez tudo com moderação: até o amor. E de tudo falou com moderação nas suas cartas descritivas ao imperador, aos colegas, aos parentes, aos clientes, que são o que melhor nos resta dele e que constituem o testemunho talvez mais precioso daquela sociedade e dos seus costumes.

# 42

# Adriano

Sentimos, confessamo-lo, alguma relutância em admitir que um episódio tão feliz como a subida ao trono do maior imperador da Antiguidade se tenha devido a uma coincidência banal e um tanto suja como o adultério. No entanto, Dione Cássio dá-nos como certo que Adriano se qualificou para tomar o posto de Trajano, morto sem deixar herdeiros, devido a um único título: o de amante da mulher dele, Plotina.

Nos «dizem que» deve-se acreditar só até certo ponto, principalmente em assuntos de cornos. Mas não há dúvida que Plotina, pelo menos, deu uma ajuda para que Adriano fosse coroado. Eram tia e sobrinho, mas não de sangue, e além disso os parentescos, em Roma, nunca tinham impedido nenhum amor. Trajano e Adriano eram conterrâneos, porque nasceram ambos na cidade espanhola de Itálica. E o segundo, que tinha aquele nome porque a sua família era oriunda de Hádria, e era vinte e quatro anos mais novo, veio para Roma chamado pelo primo, que era amigo de casa e seu tutor. Era um rapaz cheio de vida, de curiosidade e de interesses, que estudava tudo com entusiasmo: matemática, música, medicina, filosofia, literatura, escultura e geometria, e aprendia depressa. Trajano deu-lhe como mulher sua sobrinha Vívia Sabina. Foi um casamento respeitável e gelado, do qual não nasceram nem amor nem filhos. Sabina, esculturalmente bela mas desprovida de *sex appeal*, lamentava-se a meia voz do facto de o seu marido ter mais tempo para os cães e para os cavalos do que para ela. Adriano levava-a consigo nas suas viagens, enchia-a de gentilezas, despediu o seu secretário Suetónio porque um dia falou dela pouco respeitosamente, mas de noite dormia sozinho.

Tinha só quarenta anos quando subiu ao trono, e o seu primeiro gesto foi encerrar rapidamente as questões militares deixadas em suspenso por Trajano. Sempre fora contrário às empresas bélicas do seu tutor. E, assim que ocupou o lugar dele, apressou-se a retirar os exércitos da Pérsia e da Arménia, com grande desagrado dos seus comandantes, os quais pensavam que uma estratégia puramente defensiva seria o princípio da morte para o Império, ou o fim da carreira, das medalhas e da diária, para eles. Nunca se soube exactamente como é que aconteceu que quatro desses comandantes, os mais valorosos e respeitáveis, fossem daí a pouco tempo eliminados sem processo. Adriano encontrava-se naquela altura no Danúbio, a tentar encontrar uma solução definitiva com os Dácios, que excluísse a possibilidade de conflitos futuros. Correu imediatamente a Roma, e o Senado assumiu todas as responsabilidades da sua eliminação, dizendo que os generais eram culpados de conspiração contra o Estado. Mas ninguém acreditou na inocência de Adriano, que a comprou distribuindo pelos cidadãos um bilião de sestércios, libertando-os das dívidas para com o fisco, e divertindo-os, durante semanas inteiras, com espectáculos magníficos no Circo.

Estes inícios fizeram com que muitos Romanos temessem um regresso aos métodos de Nero. E as suspeitas foram reforçadas pelo facto de Adriano cantar, pintar e escrever, precisamente como Nero. Mas depois viu-se que nestas suas ambições artísticas não havia nada de patológico. Adriano entregava-se a elas só nos momentos livres, para descansar das suas canseiras de administrador escrupuloso e habilíssimo. Era um homem belo, alto, elegante, com os cabelos encaracolados e uma barba loura que todos os Romanos quiseram imitar, ignorando, talvez, que ele a deixara crescer para esconder umas desagradáveis manchas azuladas que tinha nas faces. Mas não era fácil compreender o seu carácter complexo e contraditório. Habitualmente, era amável e bem-humorado, mas algumas vezes foi duro até à crueldade. Na intimidade mostrava-se céptico e trocista em relação aos deuses e aos oráculos. Mas quando desempenhava as funções de Máximo Pontífice, ai de quem mostrasse sinais de irreverência. Pessoalmente, não se sabe no que é que acreditava.

Talvez nos astros, porque de vez em quando estudava astrologia e tinha muitas superstições em relação aos eclipses e às marés. Mas, considerando a religião um pilar da sociedade, não admitia que lhe fossem feitas ofensas públicas, e desenhou pessoalmente o projecto do templo de Vénus e de Roma, depois de ter mandado matar Apolodoro, que respondera ao seu convite com uma recusa desdenhosa.

Intelectualmente, inclinava-se para o estoicismo, e era um admirador de Epicteto, que estudara atentamente. Mas na prática nunca se esforçou por aplicar os seus preceitos. Colheu o prazer onde o encontrou, de harmonia com um gosto requintado, mas sem vergonha nem remorsos. Apaixonava-se indiferentemente por belos rapazes e por belas raparigas, mas nenhum deles lhe fez perder a cabeça. Gostava de comer bem, mas detestava banquetes; e às orgias preferia jantarzinhos com poucas pessoas, seleccionadas, que, mais do que beber, soubessem conversar. Para as arranjar, instituiu até uma universidade, para onde chamou, como professores, os maiores mestres do tempo, principalmente gregos. Estes e os respectivos alunos eram os seus hóspedes habituais. Nas discussões, era bom jogador: aceitava contestações e críticas. Aliás, uma vez censurou Favorino, um intelectual gaulês, por lhe dar razão demasiadas vezes. «Mas um homem que tem como base dos seus argumentos trinta divisões armadas tem sempre razão», respondeu espirituosamente o jovem filósofo. E o imperador contou esta historieta no Senado, divertindo-o e divertindo-se.

O seu traço mais extraordinário foi o de não se sentir «necessário», fazendo, antes, todo o possível para não se tornar tal, e não ser confundido com o habitual «homem da providência», como se julgam e aspiram a ser considerados todos os monarcas absolutos. O seu esforço constante foi no sentido de criar uma organização burocrática, à qual bastasse a supervisão do Senado para funcionar. Era vocacionado para a ordem, e tentou instaurá-la simplificando as leis, que se tinham acumulado num caos inextricável. Nesta obra, que confiou a Juliano, antecipou Justiniano.

Esta divisão racional do trabalho, que permitia ao aparelho do Estado um funcionamento até certo ponto mecânico, era uma tendência sua, até por razões egoístas: porque tinha a paixão das viagens, e queria empreendê-las sem a preocupação de que, na sua ausência, tudo fosse à ruína. De facto, fez algumas longuíssimas, que chegaram a durar cinco anos, para conhecer o Império de perto, em todos os seus aspectos. Escrúpulos do dever? Curiosidade? Um pouco de cada. Quatro anos depois da coroação, partiu para uma inspecção cuidadosa da Gália. Viajava como um anónimo qualquer, com um séquito que se compunha quase exclusivamnte de técnicos. Governadores e generais viam-no cair-

-lhes em cima inesperadamente, e tinham que lhe apresentar os erros da sua administração, até ao último. Adriano encomendava uma nova ponte ou uma nova estrada, concedia uma promoção ou aplicava um despedimento; e, se calhava, pegava numa legião, ele, o homem da paz, para definir, com uma batalha, uma fronteira duvidosa. Como um soldado de infantaria, batia até quarenta quilómetros por dia à cabeça dos soldados e não perdia uma escaramuça.

Da Gália passou à Germânia, reorganizou as guarnições, estudou a fundo os costumes dos indígenas, dos quais admirou, com preocupação, a força virgem, desceu o Reno de barco, zarpou para a Britânia e ordenou aí a construção daquela espécie de «Linha Maginot», que foi a famosa «Muralha». Depois regressou à Gália e passou à Espanha. Em Tarragona foi agredido por um escravo. Forte como era, desarmou-o e entregou-o aos médicos, que declararam que ele era louco. Adriano, tendo aceitado este álibi, indultou-o. Desceu à África, à frente de um par de legiões sufocou uma revolta de mouros, e continuou para a Ásia Menor.

Em Roma estavam um pouco inquietos com as manias peripatéticas daquele imperador, que nunca mais regressava. E as conversas começaram a tornar-se maldosas, quando se soube que ele embarcara num navio que estava a subir o Nilo, com um novo hóspede, de nome Antínoo, de olhos aveludados e cabelos encaracolados.

Parecia ser destino, desde César: mal chegavam ao Egipto, os jerarcas romanos tropeçavam em qualquer desgraça sentimental. De que natureza era, para Adriano, aquela desgraça encarnada por Antínoo, não se sabe. Sabina, que acompanhava o imperador, não consta que tenha protestado contra a presença daquele rapaz. Seja como for, nunca se chegou a esclarecer como é que ele morreu, afogado no rio, segundo parece. Para Adriano, foi um golpe terrível. «Chorou», diz Sparziano, «como uma mulherzinha», mandou erigir um templo em honra do pobre defunto, e em volta do templo mandou construir uma cidade, Antinópolis, que se tornou importante no tempo de Bizâncio. Segundo uma lenda, talvez posterior aos acontecimentos, Antínoo matara-se porque os oráculos lhe disseram que os planos do seu protector só se realizariam se ele morresse. Não há dúvida que, tendo desaparecido, aquele rapaz prestou um serviço: deixar a sucessão do trono disponível para um monarca do estofo de Antonino. Se tivesse vivido, talvez Roma não se livrasse de o ter tido como imperador.

O homem que regressou a Roma depois daquele infortúnio, já não era o soberano brilhante, alegre e jovial que de lá partira. Adriano tornara-se um pouco misantropo e enquanto antigamente abandonava a mesa de trabalho com alívio, feliz por poder ter um pouco de repouso e sabendo muito bem como utilizá-lo, agora parecia ter medo daquelas horas vazias, e preenchia-as escrevendo. Uma gramática, algumas poesias e uma autobiografia foram o fruto desta sua solidão. Mas aquilo que mais o mantinha ocupado eram os planos de reconstrução. Adriano tinha a «doença da pedra», acompanhada do estro e do gosto. Reconstruiu o Panteão, que Agripa erigira e o fogo destruíra, segundo o estilo grego, que ele preferia ao romano. E não há dúvida de que se trata do monumento mais bem preservado da antiguidade. Quando o papa Urbano VIII desmantelou o tecto do pórtico, dele extraiu bronze, com o qual construiu mais de cem canhões e o baldaquim que se encontra ainda sobre o altar-mor de São Pedro.

Outra obra-prima da sua arquitectura foi a *villa* em redor da qual nasceu, depois, Tivoli. Havia ali de tudo: templos, hipódromo, bibliotecas e museus, que por um período de dois mil anos os exércitos de todo o mundo vieram saquear, encontrando sempre qualquer coisa. Mas, mal acabara de se instalar nela, começou a ser consumido pela doença. O corpo inchava e hemorragias abundantes jorravam-lhe do nariz. Sentindo-se perto do fim, Adriano chamou e adoptou como filho, para prepará-lo para a sucessão, o seu amigo Lúcio Vero, que a morte levou dali a pouco.

A escolha de Adriano recaiu então em Antonino, que, conservando para si o título de «Augusto», conferiu o de «César», que a partir daí foi adoptado para designar todos os presumíveis herdeiros ao trono.

Os seus sofrimentos eram tão grandes que ele já só aspirava ao túmulo. Mandou-o construir do outro lado do Tibre, com uma ponte feita a propósito para lá se chegar, a ponte Hélio: é aquele grande mausoléu, que hoje se chama Castel Sant'Angelo. Um dia, quando o edifício já estava terminado, o filósofo estóico Eufrates veio pedir-lhe autorização para se matar. O imperador concedeu-lha e discutiu com ele sobre a inutilidade da vida; e depois de Eufrates ter tomado a cicuta, pediu-a também para si, para lhe seguir o exemplo, mas ninguém lha quis dar. Encomendou-a ao seu médico; e ele, para não lhe desobedecer, matou-se. Pediu a um criado que lhe arranjasse uma espada ou um punhal; mas o criado fugiu.

«Eis aqui um homem», exclamou, desesperado, «que tem o poder de dar a morte a quem quer, excepto a si mesmo.»

Finalmente, aos sessenta e dois anos, depois de vinte e um de reinado, fechou os olhos. Poucos dias antes, compusera um pequeno poema sobre as memórias do tempo que já passou, o qual constitui talvez a obra-prima mais delicada da lírica latina: *Animula vagula, blandula, hospes comesque corporis...*

Com ele não morreu apenas um grande imperador, mas também uma das personagens mais complexas, inquietantes e cativantes da história de todos os tempos, e talvez a mais moderna entre todas as do mundo antigo. Tal como acontecera com Nerva, despediu-se de Roma prestando-lhe o mais insigne dos serviços: o de designar o sucessor mais qualificado para não deixar que se tivesse saudades dele.

# 43

# Marco Aurélio

O título de «Pio» foi dado a Antonino *a posteriori* pelo Senado, que lhe chamou também *Optimus princeps*, o melhor dos príncipes. O seu sucessor, Marco Aurélio, definiu-o como «um monstro de virtudes» e, quando não sabia para onde se havia de virar, recomendava a si próprio: «Faz como faria Antonino, neste caso». Preceito, para ser sincero, mais fácil de enunciar do que de seguir, porque o problema era precisamente saber como faria Antonino.

Já não era muito jovem quando, em 138 d.C., subiu ao trono, pois já passara dos cinquenta. No entanto, se tivesse perguntado a um dos tantos Romanos que saudavam com alegria a sua elevação ao trono quais os motivos por que todos estavam tão felizes com isso, tê-lo-ia embaraçado. Antonino, até àquele momento, não fizera nada de notável. Era um excelente advogado, mas, por embirrar um bocado com a retórica, exercia pouco, e, esse pouco, gratuitamente, porque era riquíssimo. Pertencia a uma família de banqueiros vinda de França duas gerações antes, e recebera uma educação de grande burguês. Estudara filosofia, mas sem aprofundá-la muito e preferindo sempre, como sustentáculo, a religião. Não era beato, mas respeitador: talvez fosse um dos últimos Romanos a acreditar sinceramente nos deuses, ou, pelo menos, a comportar-se como se acreditasse. Sabia de literatura e protegeu muitos escritores, mas tratando-os com uma certa altivez, com uma indiferença indulgente e aristocrática, como se fossem elementos decorativos da sociedade que não devem ser tomados muito a sério.

Mas todos lhe queriam bem e simpatizavam com ele, pela sua cara bonacheirona e serena, que se erguia sobre dois ombros largos, pela sua amabilidade, pela sua participação sincera nos casos dos outros, pela discrição com que sempre soube esconder os seus, sem aborrecer ninguém. Este homem sem inimigos, teve um em casa: sua mulher. Faustina era bela e, no mínimo, vivaça. Mesmo se dermos um desconto àquilo que se dizia dela, sobra sempre que chegue para pôr fora de si qualquer marido. Antonino quis ignorar tudo. Tivera duas filhas dela: uma morreu-lhe, e a outra saíra à mãe, e de modo idêntico ao dela tratou seu marido, Marco Aurélio. Antonino suportou as suas desilusões em silêncio. Quando Faustina morreu, instituiu em sua honra um templo e um fundo para a educação das raparigas pobres, depois de a ter repreendido uma única vez na vida: quando ela, ao saber-se imperatriz, fizera algumas exigências de luxos. «Não percebes», disse-lhe, «que agora perdemos aquilo que tínhamos?»

Não se tratava de retórica, porque o primeiro gesto de Antonino como imperador foi depositar a sua imensa fortuna nos cofres do Estado. Quando morreu, o seu património pessoal estava reduzido a zero, e o do Império elevava-se a dois biliões e setecentos milhões de sestércios, quantia jamais atingida. Obteve este resultado com uma administração prudente, mas sem sovinices. Reviu e reduziu o programa reconstrutivo de Adriano, mas não o revogou. E para cada compra, mesmo para a mais insignificante, pedia a autorização do Senado, ao qual apresentava contas até ao centésimo. Sempre com o seu consentimento, levou por diante o reordenamento e a liberalização das leis iniciados pelo seu antecessor. Pela primeira vez, os direitos e os deveres dos cônjuges foram igualados, a tortura banida quase por completo e a morte de um escravo considerada delito.

Ao contrário do inquieto e curioso Adriano, o grande vadio, Antonino tinha um temperamento sedentário, de burocrata respeitador do horário. E de facto não consta que se tenha afastado, nem por um dia, para mais longe do que Lanúvio, onde tinha uma *villa* e ia passar o *week-end*, pescando ou caçando na companhia de amigos. Desde que enviuvara, arranjara uma concubina, que lhe foi mais fiel do que fora sua mulher. Mas mantinha-a de parte, sem a misturar com os assuntos de Estado. Quis a paz. Talvez a tenha querido um pouco em demasia, quer dizer, à custa, até, do prestígio do Império, como por exemplo na Germânia, onde se mostrou excessivamente conciliador, encorajando o atrevimento dos rebeldes. Mas não há nenhum escritor estrangeiro daquele tempo que não tenha exaltado a tranquilidade e a ordem de que o mundo desfrutou no seu reinado.

Segundo Apiano, Antonino era mesmo importunado pelos embaixadores de todos os países, que pediam a sua anexação ao Império. Como todos os reinos felizes, o seu, apesar de ter durado vinte e três anos, foi um reino sem história, isto é, sem acontecimentos. «O ideal», diz Renan, «parecia ter sido alcançado: o mundo era governado por um pai.»

Aos setenta e quatro anos, talvez pela primeira vez na vida, Antonino adoeceu. E, como não estava acostumado a isso, embora se tratasse simplesmente de uma dor de barriga, compreendeu que era o fim. Já tinha o César para o substituir: tinha-lo indicado Adriano, ao morrer, na pessoa de um jovem de dezassete anos, Marco Aurélio, que era também sobrinho de Antonino. Mandou-o chamar e disse-lhe simplesmente: «Agora, meu filho, é a tua vez». Depois ordenou aos criados que levassem para os aposentos de Marco a estátua de ouro da deusa Fortuna, deu ao oficial de guarda o santo-e-senha para aquele dia, «equanimidade», disse para o deixarem só porque queria dormir, e virou-se para o outro lado da cama. E adormeceu realmente. Para sempre.

Marco tinha naquele momento, em 161 d.C., exactamente quarenta anos. E era um daqueles raros homens que, tendo nascido afortunados, o reconhecem lealmente. «Tenho uma grande dívida», deixou escrito, «para com os deuses. Deram-me bons avós, bons pais, uma boa irmã, bons mestres e bons amigos.» Entre estes últimos contara-se também Adriano, que frequentava a sua casa e simpatizara muito com ele desde pequeno. A razão desta amizade era a origem comum espanhola. Também os Aurélios eram oriundos de lá, onde lhes tinham dado a alcunha de «Verdadeiros», devido à sua honestidade. Fora o avô, na altura cônsul, que tomara conta do rapaz, que ficara órfão com poucos meses; e a confiança que ele punha naquele netinho era demonstrada pelo número de preceptores que lhe deu: quatro para gramática, seis para filosofia, um para matemática. Ao todo, eram dezassete. Como é que aquele rapaz conseguiu aprender alguma coisa sem ficar doido, só Deus sabe. Entre todos os pedagogos, ele preferiu Cornélio Frontão, o mestre de retórica, mas desprezou a sua disciplina. O curialismo e a oratória eram aquilo que ele menos apreciava nos seus concidadãos. Na medida inversa, apaixonou-se pela filosofia, preferiu a estóica, e não só quis estudá-la a fundo, como também praticá-la. Aos doze anos, mandou retirar do seu quarto a cama, passou a dormir sobre o pavimento nú e ateve-se a uma dieta e abstinência tais que a saúde, por fim, se ressentiu. Mas não se queixou. Pelo contrário, agradeceu também isso aos deuses: terem-no mantido casto até aos dezoito anos, e capaz de reprimir os impulsos sexuais.

É provável que se tivesse tornado mesmo um sacerdote do estoicismo, e dos mais puritanos, como era sua prática então, se Antonino não tivesse feito dele César quando ainda era adolescente e não o tivesse associado ao governo, depois de o ter adoptado, juntamente com Lúcio Vero, o filho daquele que Adriano nomeara seu sucessor e que, afinal, o antecipara na morte. Mas Lúcio tinha outro estofo muito diferente: um homem do mundo, mulherengo e estroina, que não levou a mal quando Antonino, mais tarde, o excluiu, para designar como César apenas Marco. Este, porém, recordando os desejos de Adriano, chamou Lúcio para partilhar com ele o poder, e deu-lhe para mulher sua filha Lucília. Infelizmente, a lealdade, em política, nem sempre é boa conselheira.

Todos os filósofos do Império, quando Marco foi coroado, exultaram, revendo-se no triunfo dele, e vendo nele o realizador da Utopia. Mas enganaram-se. Marco não foi um grande homem de Estado: não percebia nada de economia, por exemplo, enganava-se nos orçamentos, e de vez em quando era preciso conferir-lhe as contas. Mas, da prática adquirida com Antonino, o iluminado conservador realista e um pouco céptico, aprendera a sua lição sobre os homens. Sabia que as leis não chegam para os tornar melhores, e por isso levou por diante a reforma dos códigos empreendida pelos seus dois antecessores, mas com pouco empenho e sem acreditar muito nos seus benefícios. Como bom moralista, acreditava mais no exemplo, e fez o possível para o dar com a sua vida ascética, que os súbditos admiraram mas sem se sentirem tentados a imitá-lo.

Os acontecimentos não lhe foram favoráveis. Tinha acabado de subir ao trono, quando os Bretões, os Germânicos e os Persas, encorajados pela brandura de Antonino, começaram a ameaçar as fronteiras do Império. Marco enviou Lúcio ao Oriente com um exército, e ele encontrou, em Antióquia, Panteia, e aí ficou. Era a Cleópatra lá do sítio, e Lúcio era um Marco António sem a coragem e o génio militar deste. Quando viu aquele bocado de mulher, perdeu completamente a cabeça. Dizem que ela usou filtros para o ajudar a esquecer tudo o mais. Mas se era de facto tão bela como no-la descreveram, não devia ter nenhuma necessidade de filtros.

Marco não protestou contra o comportamento de Lúcio, que continuava a fazer de Ganimedes com Panteia, enquanto os Persas corriam à vontade pela Síria. Limitou-se a enviar, discretamente, um plano de operações a Avídio Cássio, chefe do estado maior do seu sócio, com ordens para o executar com rigor. Era, dizem, um plano que revelava um grande talento militar. Lúcio continuou a divertir-se em Antióquia, enquanto o seu exército derrotava brilhantemente os Persas, e não retomou o seu comando a não ser quando se deixou coroar de louro, no dia do triunfo que Marco lhe mandou decretar. Infelizmente, com os despojos do inimigo vencido, ele trazia aos seus concidadãos um presente muito feio: os micróbios da peste. Foi um flagelo terrível, que matou, só na cidade de Roma, mais de duzentas mil pessoas. Galeno, o médico mais célebre da época, conta que os corpos dos doentes eram sacudidos por uma tosse raivosa, enchiam-se de pústulas e o seu hálito fedia. Toda a Itália foi contagiada, cidades e aldeias ficaram desabitadas, as pessoas enchiam os santuários para invocar a protecção dos deuses, já ninguém trabalhava, e atrás da epidemia perfilava-se a carestia.

Marco já não era um imperador, era um enfermeiro que não abandonava, nem por uma hora, os corredores dos hospitais, mas a ciência naqueles tempos não dispunha de remédios. A estas calamidades públicas acrescentaram-se, para ele, algumas pessoais. Faustina, a filha que Antonino lhe dera em casamento, parecia-se em tudo e por tudo à sua homónima mãe: na beleza, na alegria e na infidelidade. Os seus adultérios não estão comprovados, mas Roma inteira falava deles. Talvez tivesse atenuantes: aquele marido ascético e melancólico, absorvido pelo seu sacerdócio de «primeiro servidor do Estado», não era adequado a uma senhorinha com o diabo no corpo e cheia de vida, como ela. Grande cavalheiro, como o seu predecessor e sogro, Marco limitou-se a enchê-la de atenções e de ternura, não pronunciou uma palavra de censura nem de lamento, e, nas suas *Meditações*, agradeceu até aos deuses por lhe terem dado uma mulher tão devota e afectuosa. Dos quatro filhos nascidos daquele casamento, uma morrera, outra era a infeliz mulher de Lúcio, que só se portou bem no dia em que decidiu deixá-la viúva; e quanto aos dois gémeos, dos quais todos em Roma diziam que o verdadeiro pai era um gladiador, um morreu à nascença, e o outro, que se chamava Cómodo, tinha agora sete anos, era uma maravilha de beleza atlética, e já fazia desesperar os seus preceptores devido à sua renitência ao estudo e a uma paixão desenfreada pelo Circo e pela luta com as feras. Quando se diz: o sangue… Mas Marco amava-o desesperadamente.

As dizimações provocadas pela peste e a carestia tinham feito de Roma uma cidade sombria e desconfiada. Já envelhecido antes de ter cinquenta anos, no meio de tantas tribulações, o cavalheiro Marco, consumido pela insónia e pela úlcera de estômago, ainda não tivera tempo de reparar uma desgraça, já outra se lhe apresentava. Agora eram as tribos germânicas que alastravam em direcção à Hungria e à Roménia. Quando Marco tomou pessoalmente o comando das legiões, muitos sorriram:

aquele homenzinho frágil e macilento, obrigado a uma dieta vegetariana, não inspirava confiança como condutor de homens. Mas, pelo contrário, poucas vezes os legionários haviam combatido com tanto ímpeto, como fizeram sob o seu comando directo. Este homem de paz fez a guerra durante seis anos, derrotando, um após outro, os inimigos mais agressivos: os Quados, os Lombardos, os Marcomanos, os Sármatas. Mas quando, após um dia de batalha, se encontrava sozinho consigo próprio, sob uma tenda de simples soldado, abria o caderno das *Meditações* e escrevia: «Uma aranha, quando capturou uma mosca, pensa que fez uma grande coisa. E o mesmo pensa quem capturou um Sármata. Nem uma nem o outro se apercebem que são apenas dois pequenos ladrões». Mas no dia seguinte recomeçava a combater contra os Sármatas.

Na Boémia estava a coleccionar um brilhante cortejo de vitórias, quando Avídio Cássio, general no Egipto, se rebelou, proclamando-se imperador. Era o ex-chefe do estado maior de Lúcio, que, com o plano de Marco, derrotara os Persas. Marco concluiu uma paz rápida e generosa com os seus adversários, reuniu os soldados, disse-lhes que, se Roma assim o queria, de boa vontade se retiraria para deixar o seu lugar ao concorrente, e voltou para trás. Mas o Senado recusou por unanimidade, e, enquanto Marco marchava ao encontro de Cássio, este foi morto por um seu oficial. Marco lamentou não ter podido perdoá-lo, parou em Atenas para uma troca de opiniões com os mestres das várias escolas filosóficas locais, e, regressado a Roma, suportou de má vontade o triunfo que lhe tributaram e a ele associou Cómodo, que já era célebre pelas suas proezas de gladiador, pela sua crueldade, e pelo seu vocabulário de ralé.

Talvez tenha sido também para distrair aquele rapaz das suas paixões nocivas, que retomou logo a seguir a guerra contra os Germanos, levando-o consigo. E de novo se encontrou às portas da vitória definitiva, quando, em Viena, ficou doente, isto é, mais doente do que o habitual. Durante cinco dias, recusou-se a comer e a beber. Ao sexto dia levantou-se, apresentou Cómodo, como novo imperador, à tropa perfilada, recomendou-lhes que levassem as fronteiras de Roma até ao Elba, voltou para a cama, cobriu o rosto com o lençol, e esperou a morte.

As *Meditações*, que ele escreveu em grego na sua tenda, chegaram até nós. Não representam um grande documento literário, mas contêm o mais elevado código moral que o mundo clássico nos deixou. Precisamente no momento em que a consciência de Roma se apagava, encontrava neste imperador o seu mais luminoso resplendor.

# 44

# Os Severos

Ao apresentá-lo aos soldados como seu sucessor, Marco chamara a Cómodo «o sol nascente». É possível que os seus olhos de pai (se o era) assim o vissem. Mas aquele rapaz brigão, com poucos escrúpulos, de apetite voraz e com o palavrão sempre pronto, agradou também aos legionários. Achavam que a sua natureza era mais militar do que a do pai.

Grandes foram, pois, o seu espanto e o seu mau humor quando o jovem, em vez de liquidar o inimigo já apanhado numa «bolsa», lhe ofereceu a mais desconsiderada e apressada das pazes. Já por duas vezes, acontecia um milagre que vinha salvar aqueles turbulentos Germanos: um milagre pelo qual Roma havia, mais tarde, de pagar as favas.

Cómodo não era um cobarde, mas a única guerra de que gostava era a guerra contra os gladiadores e as feras do Circo. Quando se levantava, recusava o pequeno-almoço enquanto não tivesse degolado o seu tigre quotidiano. E como na Germânia não havia tigres, tinha muita pressa de regressar a Roma, para onde os governadores estavam encarregados de os enviar do Oriente, aos bandos. Por isso, marimbando-se para o Império e para os seus destinos, estipulou aquela paz desastrosa, que deixava todos os problemas por resolver. O Senado renunciou ao seu direito electivo, através da disposição que, a partir de Nerva, dera bons resultados, e aceitou o restabelecimento, que aquele imperador encarnava, do princípio hereditário.

Tal como Nero e Calígula, mesmo se descontarmos alguma coisa naquilo que os contemporâneos escreveram sobre ele, há razões de sobra para catalogar Cómodo na lista das desgraças públicas. Jogador e bebedor, possuindo um harém, dizem, de centenas de raparigas e rapazes para os seus prazeres, parece que teve um único afecto: por uma tal Márcia, que, sendo cristã, não se compreende como conciliava a sua fé austera com aquele amante debochado, mas que no entanto foi útil aos seus irmãos de fé, livrando-os de uma provável perseguição.

O pior começou quando alguns delatores denunciaram a Cómodo uma conjura chefiada por sua tia Lucília, a irmã de seu pai. Sem se preocupar com provas, matou-a, e aqui teve início um novo período de terror, que foi dado como empreitada a Cleandro, o chefe dos pretorianos. Pela primeira vez depois de Domiciano, Roma começou a tremer, sujeita às prepotências desses guardas. Um dia a população, mais por medo do que por coragem, assediou-os no palácio e pediu a cabeça de Cleandro. Cómodo deu-lha sem hesitar, substituindo a vítima por Leto, um homem astuto, que imediatamente se deu conta de que, uma vez assumido aquele lugar, ou se deixava matar pelo povo para agradar ao imperador, ou se deixava matar pelo imperador, para agradar ao povo. Para fugir a este dilema, só havia outra saída: matar ele o imperador. E decidiu-se por ela com a cumplicidade de Márcia, cujo cristianismo também desta vez nos é difícil entender, a qual serviu a Cómodo uma bebida envenenada. Acabaram com ele estrangulando-o no banho, porque o jovem, com apenas trinta anos, era difícil de morrer.

Era o dia 31 de Dezembro de 192 d.C.. Começava a grande anarquia.

Os Senadores, felizes com a morte de Cómodo, agiram como se tivessem sido eles os autores, elegendo para sucessor um colega, Pertinaz, que não queria saber disso e tinha razão. Para pôr as finanças em ordem, teve de fazer economias; e para fazer economias, teve de despedir muitos exploradores, entre os quais os pretorianos. Depois de dois meses de governo com esta orientação, encontraram-no morto, assassinado pelos seus guardas, os quais anunciaram que o trono estava em leilão: a ele subiria quem lhes fizesse a oferta mais alta.

Um banqueiro milionário, chamado Dídio Juliano, estava no seu palácio a comer tranquilamente, quando a mulher e a filha, que eram cheias de ambições, lhe atiraram para cima a toga, ordenando-lhe que se apressasse a ir concorrer. Relutante, mas temendo mais as suas mulheres do que as incógnitas do poder, Dídio ofereceu aos pretorianos quarenta milhões por cabeça (não devia ter pouco, hem!), e venceu.

O Senado estava muito por baixo, mas não a ponto de engolir um mercado semelhante. Expediu secretamente pedidos desesperados de ajuda aos generais deslocados na província, e um deles, Séptimo Severo, veio, viu, prometeu o dobro daquilo que Juliano dera, e venceu. O banqueiro chorava, fechado numa sala de banho, onde o decapitaram. Sua mulher ficou viúva, mas consolou-se com o título de ex-imperatriz.

Pela primeira vez, com Séptimo, subia ao trono um africano de origem hebraica. Roma não o escolhera: aliás, o Senado pronunciara-se por outro general, Albino. Mas não levou a mal quando Séptimo ganhou o desafio, mandou matar os seus opositores e transformou definitivamente o Principado numa monarquia hereditária de modelo militar. Era triste que se tivesse chegado a este ponto. Mas, já que se tinha chegado, e de certeza não por culpa de Séptimo, ele não podia agir de modo diferente. Era preciso uma mão de ferro para opor uma barreira à catástrofe, e Séptimo teve-a. Era um belo homem na casa dos cinquenta, robusto, um excelente estratega, conversador espirituoso, mas um comandante de poucas palavras. Provinha de uma família abastada, estudara filosofia em Atenas e direito em Roma, mas falava latim com um forte sotaque fenício. É verdade que não tinha o estofo moral de um Antonino ou de um Marco Aurélio, nem a complexidade intelectual de um Adriano. Era, antes, um cínico, mas recto e honesto, com o sentido claro da realidade. A sua única extravagância era a astrologia, à qual devia um casamento que não trouxe sorte a Roma. Encontrava-se na Síria quando lhe morreu a primeira mulher, que era honesta e simples. O viúvo, que interrogou imediatamente os astros, soube que um deles, provavelmente um meteorito, caíra nos arredores de Emessa. Foi lá, e sobre aquele fragmento de céu encontrou erigido um templo, em que se venerava essa relíquia, assistida por um padre e por sua filha, Júlia Dona, que além do mais era também uma bela rapariga. Ao vê-la, foi fácil para Séptimo convencer-se que aquela era a esposa que os astros lhe destinavam. Até aqui, nada de mal. Quando se tornou imperatriz, Júlia fez várias desconsiderações a seu marido, que estava demasiado ocupado para se dar conta disso. E também isto foi uma desgraça, é verdade, mas apenas de carácter particular. Era uma mulher inteligente e culta, que formou um salão literário e nele introduziu os modos e as modas do Oriente. Infelizmente, porém, pôs no mundo Caracala e Geta.

Séptimo governou dezassete anos, dirigindo-se ao Senado apenas para lhe dar ordens, e quase sempre fazendo a guerra. Introduziu uma novidade grande e perigosa: o serviço militar obrigatório para todos, com excepção dos Italianos, aos quais, pelo contrário, era proibido. Isto representava o reconhecimento da decadência guerreira do país e do seu carácter irremediável. De agora em diante, estava nas mãos de legiões estrangeiras. Com elas, Séptimo combateu uma série de guerras afortunadas, não apenas para reforçar as fronteiras, mas também para manter as legiões treinadas. E estava ocupado com mais uma, quando a morte o surpreendeu na Britânia, em 211 d.C. Aquele que criticara Marco Aurélio por ter designado Cómodo como seu sucessor, designou Caracala e Geta. Porque também ele era pai, ou porque não conhecia os seus filhos, dos quais sempre estivera afastado? Talvez porque isso não lhe importava nada. A um seu lugar-tenente disse: «Alcancei tudo aquilo que quis. E vejo que não valia a pena». Aos seus dois herdeiros recomendou: «Não poupem em quatrins para os soldados, e estejam-se sempre nas tintas para tudo o mais».

Recomendação supérflua: Caracala e Geta estavam-se de tal maneira nas tintas para tudo o mais, que nisso incluíram também o próprio pai, e deram ordens aos médicos para apressar a sua morte.

O primeiro dos dois foi um Cómodo em acção, e não demorou a mostrá-lo. Aborrecido por ter de partilhar o poder com o irmão, mandou-o assassinar, condenou à morte vinte mil cidadãos suspeitos de serem partidários dele e, lembrado das instruções que seu pai lhe dera, acalmou o mau humor dos soldados enchendo-lhes os bolsos de sestércios. Não era um rapaz ingénuo; era, simplesmente, um amoral. Todas as manhãs, ao levantar-se, queria um urso vivo, para se medir com ele e manter os músculos exercitados; à mesa sentava-se com um tigre por comensal, e deitava-se com um leão, dormindo entre as suas patas. Não recebia os senadores, que enchiam a sua antecâmara, mas era cordial com os soldados e enchia-os de favores. Alargou a cidadania a todos os homens do Império, mas só para aumentar as receitas do imposto sucessório, ao qual só os cidadãos eram obrigados.

De política, pouco se ocupava. Preferia deixá-la para a sua mãe, que percebia disso mas que, naturalmente, o fazia à maneira das mulheres, isto é, baseando-se em simpatias e antipatias. Era ela que despachava a correspondência e recebia em audiência ministros e embaixadores. Em Roma diziam que obtivera esta posição favorável cedendo aos desejos incestuosos de seu filho. Provavelmente, não era verdade. Caracala, quanto a esse assunto, era bastante sério, e a sua única verdadeira paixão eram as guerras e os duelos. Um dia, alguém lhe falou em Alexandre Magno. Ficou entusiasmado, e quis imitá-lo. Recrutou uma falange armada como as do herói, e dirigiu-se para a Pérsia, mas nas batalhas esquecia-se de ser o general, porque se divertia mais como soldado, provocando o inimigo para simples lutas corpo-a-corpo. Até que um dia os legionários, cansados daquelas marchas e daquelas guerras sem pés nem cabeça, sem programas e, sobretudo, sem espólio, o apunhalaram.

Júlia Dona, deportada para Antióquia depois de ter perdido tudo, marido, trono e filhos, recusou-se a comer, até que morreu. Mas deixou uma irmã, Júlia Mesa, que era equivalente a ela em cérebro e ambições. Tinha dois netos, filhos de duas filhas suas: um chamava-se Vário Avito e era, com o pseudónimo de *Elio-gabalo*, que quer dizer «deus-sol», o sacerdote de Emessa, de onde a família da imperatriz era originária; o outro chamava-se Alexião, e era ainda criança.

Mesa espalhou a notícia de que Eliogabalo era filho natural de Caracala, e os legionários, que enquanto estiveram na Síria se converteram à religião local, e respeitavam naquele clérigozito de catorze anos o representante do Senhor, proclamaram-no imperador e levaram-no triunfalmente para Roma, com a avó e a mãe.

Num dia de primavera do ano 219 d.C., a Urbe viu chegar o mais estranho dos Augustos: um rapaz todo vestido de seda vermelha, os lábios pintados com baton, as pestanas realçadas com *henné*, um fio de pérolas ao pescoço, pulseiras de esmeraldas nos pulsos e nos tornozelos, e uma coroa de diamantes na cabeça. Mas aclamou-o à mesma. Já não havia nenhuma mascarada que a escandalizasse.

Uma vez mais, o verdadeiro imperador foi uma mulher: a avó Mesa, irmã da anterior. Para Eliogabalo o trono era um brinquedo, e como tal o usou. Na sua inocência infantil, aquele rapazote até era simpático, como um cachorrão. O seu prazer preferido era fazer partidas a todos, mas inocentes: tômbolas e lotarias com surpresas, brincadeiras, jogos de cartas. Mas também era um sibarita, queria tudo do melhor, e gastava quatrins às carradas. Não viajava com menos de quinhentos carros no séquito, e por um frasco de perfume estava disposto a pagar milhões. Quando um adivinho lhe disse que morreria de morte violenta, esvaziou os cofres do Estado para se precaver com os mais requintados instrumentos de suicídio: uma espada de ouro, um arsenal de cordas de seda, caixas cravejadas de brilhantes para a cicuta. De vez em quando, recordando o seu passado sacerdotal, tinha crises místicas. Um dia circuncisou-se, noutro tentou castrar-se, noutro disse para lhe enviarem de Emessa o famoso meteorito do seu bisavô materno, mandou construir um templo sobre ele, e propôs aos judeus e aos cristãos reconhecer a religião deles como a religião do Estado, se uns aceitassem substituir Jeová e os outros Jesus por aquele seu pedregulho.

A avó Mesa compreendeu que aquele seu netinho punha a dinastia em perigo. Convenceu-o a adoptar o priminho Alexião e a nomeá-lo César, com o imponente nome de Marco Aurélio Severo Alexandre. E, com a desenvoltura característica da família, mandou-o matar juntamente com a mãe, que era, portanto, sua filha.

É curioso ver como nasce, de um massacre tão horrendo, o reinado de um santo. Alexandre Severo, que tinha catorze anos, fazia honra ao seu nome: estudara com aplicação, dormia num catre duro, comia sobriamente, tomava duche frio até no Inverno, vestia-se como qualquer pessoa, e do seu antecessor herdara uma única coisa: a imparcialidade em relação a todas as religiões, com uma simpatia acentuada pelas regras morais dos judeus e dos cristãos. O preceito deles – «Não faças aos outros o que não desejas que te façam a ti» – foi gravado por ordem dele em muitos edifícios públicos. Discutia imparcialmente com os teólogos, e, também por influência de sua mãe, Mammea, que tomara o lugar de Mesa, entretanto falecida, e propendia para o cristianismo, teve um fraco por Orígenes, um asceta que associava à nova fé uma vocação de estóico.

Enquanto Alexandre se ocupava principalmente do céu, Mammea governava bem a terra, ajudada pelos conselhos de Ulpiano, que fora tutor de Alexandre. Ela dirigiu uma hábil política económica, reduziu as influências dos militares e restituiu ao Senado parte dos seus poderes. Injustiças, só as cometeu em relação à nora, porque, depois de a ter dado ao filho como esposa, teve ciúmes dela e mandou-a desterrar. As imperatrizes também são mulheres e mães. Mas quando os Persas recomeçaram a ameaçar, ela partiu com o filho, à frente do exército, para os repelir. Alexandre, antes de começar a batalha, enviou uma carta ao rei inimigo em que tentava convencê-lo a não a fazer. O outro tomou isso como um sinal de fraqueza, atacou e foi derrotado. O imperador, que não gostava da guerra, tentou evitá-la, pelo menos com os Germanos. Tendo encontrado na Gália os seus emissários, ofereceu-lhes um tributo anual, caso aceitassem retirar-se.

Talvez tenha sido o seu único erro, e pagou-o caro. Os legionários já não estavam ansiosos por batalhas, mas também ainda não estavam preparados para aceitar que as pazes fossem compradas. Indignados, rebelaram-se, mataram Alexandre na sua tenda, com a mãe e todo o séquito, e aclamaram imperador o general do exército da Panónia, Júlio Maximino.

Corria o ano 235 d.C.

# 45

# Diocleciano

A anarquia que se seguiu à morte de Alexandre Severo durou cinquenta anos, ou seja, até ao advento de Diocleciano, e já não faz parte da história de Roma, mas sim da decomposição do seu cadáver. Torna-se mesmo difícil seguir a sucessão ao trono, e não há esperança de o leitor, por mais boa vontade que tenha, conseguir recordar os nomes de todos os que se foram substituindo, cada um deles degolando com regularidade o seu antecessor. Limitemo-nos a um «memorial».

Maximino devia chamar-se antes Maximão, porque tinha mais de dois metros de altura, um tórax em proporção, e dedos tão grossos que usava como anéis as punheiras da mulher. Era filho de um camponês da Trácia, tinha o complexo de inferioridade da sua ignorância, e nos seus três anos de reinado não quis pôr os pés em Roma, que de facto nunca o viu. Preferiu ficar na companhia dos soldados, entre os quais crescera, e para financiar as guerras, que constituíam o seu único divertimento e nas quais se saía muito bem, impôs impostos tão elevados aos ricos, que estes instigaram contra ele a rivalidade de Gordião, procônsul em África, senhor culto e refinado, mas já octogenário. Maximino matou-lhe o filho em batalha, e Gordião suicidou-se.

Os capitalistas voltaram-se então para Máximo e Balbino, proclamando-os imperadores em conjunto. Maximino estava prestes a derrotá-los a ambos, quando foi assassinado pelos seus soldados. Os seus adversários não puderam desfrutar aquele triunfo gratuito, porque tiveram imediatamente a mesma sorte que ele, por obra dos pretorianos, que instalaram no trono o homem deles, outro Gordião. Os legionários mataram-no, enquanto ele os estava a conduzir contra os Persas, e aclamaram Filipe, o Árabe, que por sua vez foi morto por Décio, em Verona.

Décio conseguiu permanecer como imperador durante dois anos, o que para aquele tempo era quase um recorde, e meteu mãos a algumas reformas sérias, entre elas a reposição da antiga religião em prejuízo do Cristianismo, que ele queria destruir. Mas foi derrotado e morto pelos Godos, e substituído por Galo, que foi assassinado pelos seus soldados, os quais aclamaram Emiliano, e, poucos meses depois, lhe deram idêntico fim.

Subiu ao trono Valeriano, já sexagenário, que se viu com cinco guerras às costas ao mesmo tempo, contra os Godos, os Alamanos, os Franceses, os Citas e os Persas. Foi combater os inimigos do Oriente, deixando os do Ocidente aos cuidados de seu filho Galieno; mas foi feito prisioneiro, e Galieno tornou-se o único imperador. Tinha menos de quarenta anos, coragem, decisão e inteligência. Noutros tempos, teria sido um soberano magnífico. Mas agora já não havia nenhuma força humana que pudesse conter a catástrofe. Os Persas estavam na Síria, os Citas na Ásia Menor, os Godos na Dalmácia. A Roma de César, já para não dizer a de Cipião, teria sido capaz de fazer frente a estas catástrofes simultâneas. A de Galieno era um destroço à deriva, esperando apenas algum milagre para se salvar.

Deu-se um no Oriente, quando Odenato, que governava Palmira por conta de Roma, derrotou os Persas, se proclamou rei da Cilícia, da Arménia e da Capadócia, morreu, e deixou o poder a Zenóbia, a maior rainha do Oriente. Era uma criatura que nascera com o sexo errado. Na verdade, tinha o cérebro, a coragem e a firmeza de um homem. Da mulher, possuía apenas a subtileza diplomática. Oficialmente, agiu em nome de Roma, e, como sua representante, anexou também o Egipto. Na realidade o seu reino foi um reino independente que se formou no coração do Império, mas que ao mesmo tempo serviu de dique contra os invasores Sármatas e Citas, que desciam em massa do Norte e já tinham submergido a Grécia. Galieno conseguiu com muito esforço derrotá-los, e os seus soldados, como agradecimento, mataram-no. O seu sucessor, Cláudio II, encontrou-os pela frente, ainda mais fortes do que antes. Também este conseguiu a custo batê-los num recontro que, se tivesse saído dele derrotado, teria significado o fim da própria Roma. Mas daquela carnifina nasceu a peste, e ele próprio morreu. Era o ano 270 d.C.

E eis que finalmente sobe ao trono um grande general, Domício Aureliano, filho de um pobre camponês da Ilíria, e a quem os seus soldados chamavam «mão na espada». Nunca tivera outra actividade a não ser a militar, mas tinha também o estofo de um homem de Estado. Compreendeu imediatamente que não podia combater contra todos aqueles inimigos juntos, motivo por que pensou tirar algum partido da diplomacia, e cedeu a Dácia aos Godos, que eram os mais perigosos, para os manter sossegados. Depois, atacou separadamente os Vândalos e os Alamanos, que invadiam já a Itália, e dispersou-os em três batalhas sucessivas.

Mas dava-se conta de que a catástrofe, com estas vitórias, era apenas adiada, não evitada, e por isso recorreu a uma medida que era já o sinete da morte de Roma e o início da Idade Média: ordenou a todas as cidades do Império que se cercassem de muralhas e que, a partir de agora, contassem apenas com as suas próprias forças. O poder central abdicava.

Contudo, esta visão pessimista da realidade não impediu que Aureliano continuasse a cumprir o seu dever até ao fim. Não aceitou o separatismo de Zenóbia, marchou contra ela, derrotou o seu exército, matou o seu primeiro ministro e conselheiro, Longino, levou-a para Roma acorrentada, e desterrou-a para que envelhecesse tranquilamente em Tivoli, numa *villa* magnífica, e em relativa liberdade. Por um instante, Roma acreditou que voltara a ser *caput mundi*, e atribuiu o título de *Restitutor*, «restaurador», a Aureliano, que tentou implantar estavelmente esta sua obra sobre bases políticas e morais. Este homem singular, que via tudo com uma clareza tão desencantada, pensou resolver o conflito religioso que corroía o Império, criando uma nova fé, que conciliasse os velhos deuses pagãos com o novo Deus cristão, e inventou a religião do Sol, para a qual mandou erigir um templo maravilhoso. Com ele, a religião oficial foi, pela primeira vez, monoteísta, isto é, reconheceu um único deus, embora não fosse o correcto. Foi um grande passo em frente, no caminho para o triunfo definitivo do Cristianismo. Aureliano declarou que fora investido com o supremo poder por esse deus, e já não pelo Senado, ou seja, pelos homens. E com isso sancionou o princípio da monarquia absoluta, aquela que se proclama como tal precisamente «pela graça de Deus», e que, de origem oriental, se veio a perpetuar no mundo até há um século.

Prova do cepticismo com que os seus súbditos, no entanto, acolheram esta invenção, é o facto de, apesar de ser «ungido do Senhor», eles terem matado Aureliano, como tinham feito com quase todos os seus antecessores. E para o seu lugar, sem esperar por qualquer indicação vinda do Céu, o Senado nomeou Tácito, um descendente do ilustre historiador, o qual aceitou apenas porque tinha já setenta e cinco anos, e portanto nada tinha a perder. De facto, sobreviveu apenas seis meses, e só por isso conseguiu morrer na sua cama.

Sucedeu-lhe (276 d.C.) Probo, que o era de nome e de facto. Infelizmente, era também um sonhador. E quando, depois de ter vencido as suas excelentes guerras contra os Alemães, que continuavam a extravasar um pouco por toda a parte, pôs os soldados a trabalhar os campos, pensando fixá-los neles, como camponeses, estes, que agora já estavam habituados a ter como ofício o mercenarismo e a viver do roubo, mataram-no, embora para logo a seguir se arrependerem e erguerem um monumento à sua memória. E eis-nos chegados a Diocleciano, o último imperador romano de verdade. Chamava-se, de facto, Diocletes, era filho de um liberto dálmata, e viu-se que tinha objectivos ambiciosos quando lutou para obter o comando dos pretorianos: compreendera, finalmente, que ao trono não se chegava através da carreira política ou militar, mas através dos corredores do Palácio.

Mas também compreendera que uma vez coroado, não se devia permanecer no Palácio, para não sofrer, aí, o fim de todos os outros; ou melhor, não se devia ficar, sequer, em Roma. E de facto a sua primeira decisão, como imperador, foi sensacional: transferir a capital para a Ásia Menor, para Nicomédia. Os Romanos ficaram ofendidos, mas Diocleciano justificou este passo com as exigências militares. A Urbe estava fora de mão, e o comando supremo devia aproximar-se das fronteiras, para melhor as controlar, e por isso foi dividido: Diocleciano, com o seu título de Augusto e a maior parte do exército, cuidou das orientais, como já Valeriano fizera; para olhar pelas ocidentais, designou, também com o título de Augusto, Maximiano, um valente general, que se instalou em Milão. Cada um destes Augustos escolheu o seu próprio César: Diocleciano, na pessoa de Galério, que instalou a sua capital em Mitrovizza, na actual Jugoslávia; Maximiano, na pessoa de Constâncio Cloro, assim chamado pela palidez do seu rosto, que escolheu como sede Treveris, na Germânia. Assim se formou a chamada *tetrarquia*, na qual Roma não desempenhou qualquer papel, nem sequer de segundo plano. Tornara-se simplesmente a maior cidade de um Império que cada vez era menos romano. Nela permaneceram os teatros e os circos, os palácios dos senhores, os mexericos, os salões intelectuais, e as pretensões. Mas o cérebro e o coração estavam emigrados noutras paragens.

Os dois Augustos comprometeram-se solenemente a abdicar do poder após vinte anos, a favor, cada um, do seu César, aos quais começaram por dar, como esposas, as suas próprias filhas. Mas, ao mesmo tempo, Diocleciano conduziu a bom termo a reforma absolutista do Estado, já iniciada por Aureliano, que contradizia plenamente aquela divisão de poderes. O que ele fez foi uma experiência socialista com uma relativa planificação da economia, nacionalização das indústrias e multiplicação da burocracia. A moeda foi vinculada a um padrão ouro que permaneceu constante durante mais de mil anos. Os camponeses foram fixados à terra e constituíram «os servos da gleba». Operários e artesãos foram «congelados» em associações hereditárias, que ninguém tinha o direito de abandonar. Foram instituídos os *armazenamentos nacionais*. Este sistema não podia funcionar sem um controlo rigoroso dos preços, o qual foi instituído com um famoso édito de 301 d.C., que representa ainda hoje uma das obras-primas da economia controlada. Tudo nele está previsto e regulamentado, excepto a natural tendência dos homens para as evasões e o seu engenho para serem bem sucedidos nelas. Para combatê-las, Diocleciano teve de multiplicar até ao infinito a sua *Guarda Fiscal*. «Neste nosso Império», resmungava o liberalista Lattanzio, «em cada dois cidadãos, um é funcionário governamental.» Informadores, superintendentes e fiscais pululavam. E mesmo assim, as mercadorias eram igualmente subtraídas aos armazenamentos nacionais e vendidas no mercado negro, e as deserções nas associações de artes e ofícios estavam na ordem do dia. Choveram prisões e condenações por estes abusos, e patrimónios de biliões foram destruídos pelas multas do fisco. E então, pela primeira vez na história da Urbe, viram-se cidadãos romanos atravessar às escondidas os *limites* do Império, ou seja, a «cortina de ferro» daqueles tempos, para procurar refúgio entre os *bárbaros*. Até aí, tinham sido os bárbaros a procurar refúgio nas terras do Império, cobiçando a cidadania como o mais precioso dos bens. Agora, acontecia o contrário. Isto era, sem dúvida, o sintoma do fim.

No entanto, esta experiência era a única que Diocleciano podia tentar. Tinha em vista o encerramento do mundo romano dentro de um colete de aço, para refrear a sua decomposição. Por muito ineficaz que fosse, o remédio era imposto pelas circunstâncias, e, pesem embora os seus muitos inconvenientes, para alguma coisa serviu. Constâncio e Galério, incumbidos de fazer a guerra, voltaram a impor as bandeiras romanas na Britânia e na Pérsia. E, no interior, reinou a ordem. Era uma ordem de cemitério, onde tudo se tornava estéril e seco. Cada categoria transformara-se numa casta hereditária, visando, sobretudo, elaborar uma etiqueta própria, complicada, de modelo oriental. Pela primeira vez, o imperador teve uma *corte* de verdade, com um cerimonial minucioso. Diocleciano proclamou-se uma reencarnação de Júpiter (ao passo que Maximiano se contentou, mais modestamente, em ser uma encarnação de Hércules), inaugurou um uniforme de seda e ouro, um pouco à maneira de Eliogabalo, exigiu que lhe chamassem «Domino», enfim, comportou-se em tudo como um imperador bizantino, ainda antes de a capital ser transferida, definitivamente, para aqueles lados. Mas não abusou deste seu poder absoluto, do qual talvez se risse para si próprio, porque era um homem de espírito, cheio de equilíbrio e de bom senso. Foi um administrador sensato e um juiz imparcial. E, ao fim de vinte anos de reinado, manteve o compromisso que assumira ao subir ao trono.

No ano 305 d.C., com uma cerimónia solene que se realizou simultaneamente em Nicomédia e em Milão, os dois Augustos abdicaram, cada um a favor do seu César e genro. Diocleciano, com apenas cinquenta e cinco anos, retirou-se para o belíssimo palácio que mandara construir em Espálato, e nunca mais de lá saiu. Quando, alguns anos depois, Maximiano pediu a sua intervenção para pôr fim à guerra de sucessão em que redundara a nova tetrarquia, respondeu que semelhante convite só podia vir de alguém que nunca vira o viço com que cresciam as couves na sua horta. E não se mexeu.

Viveu até aos sessenta e três anos, e nunca ninguém soube o que é que pensava da anarquia que recomeçara depois dele. Tinha feito tudo o que um homem podia fazer: retardara-a vinte anos.

# 46

# Constantino

Flávio Valério Constantino era filho bastardo de Constâncio Cloro – o César de Maximiano que era agora o novo Augusto de Milão – que o tivera de Helena, uma criada oriental que se tornara sua concubina. Diocleciano, quando nomeou Constâncio, em Treveris, César, tinha-lhe ordenado que se livrasse daquela companheira pouco qualificada e que se casasse com Teodora, a filha de Maximiano. O rapaz não tivera uma boa educação por parte da madastra, mas adquirira-a, sozinho, no regimento, onde se alistara muito jovem. O outro Augusto, Galério, o de Nicomédia, chamou para junto de si o brilhante oficial: interessava-lhe tê-lo com refém, no caso de vir a ter dissabores com o pai, seu colega de Milão, que na realidade devia ser seu subordinado, e ao qual impusera, como César, Severo. Para si, tinha escolhido, como César, Maximino Daza.

Mas Constantino não se sentia tranquilo no quartel general de Galério, e talvez tivesse motivos fundamentados para isso. E assim, um dia fugiu, atravessou toda a Europa, juntou-se a seu pai na Britânia, ajudou-o valorosamente a vencer algumas batalhas e fechou-lhe os olhos poucos meses depois, em York. Os soldados, que lhe eram dedicados pelas suas altas qualidades de comando, aclamaram-no Augusto. Mas Constantino preferiu o título, mais modesto, de César, «porque», disse, «esse permite-me ter o comando das legiões, sem as quais a minha vida correria perigo». E Galério, o Augusto no activo, embora contrariado, ratificou-o.

Mas, entretanto, o título de Augusto, em Milão, estava a ser disputado por dois concorrentes. Por princípio, devia ser atribuído a Severo, o actual César. Mas o filho de Maximiano, Maxêncio, adiantou a sua candidatura, apoiado pelos pretorianos. Receando não ser capaz de governar sozinho, pediu ajuda a seu pai, que assim retomou o cargo de que abdicara juntamente com Diocleciano; e com ele marchou contra Severo, que foi morto pelos soldados. De Nicomédia, Galério tentou resolver o conflito, nomeando um Augusto à sua escolha, Licínio. Então, também Constantino entrou em campo como Augusto. Para que o caos atingisse o auge, Maximino Daza, o César de Galério, fez a mesma coisa. E deste modo Diocleciano, regando as suas couves em Espálato, soube que a sua tetrarquia se transformara numa exarquia, toda ela de Augustos, em guerra uns contra os outros.

Honestamente, não temos coragem para confundir ainda mais a cabeça do pobre leitor, já posta duramente à prova, tal como a nossa, por um enredo destes, fazendo-o ainda acompanhar os seus desenvolvimentos. E vamos à conclusão, a qual representou também o fim da idade pagã e o início da cristã. A 27 de Outubro de 312 d.C., os dois maiores aspirantes ao trono, Constantino e Maxêncio, encontraram-se frente a frente, com os seus exércitos, cerca de vinte quilómetros a norte de Roma. O primeiro, com uma hábil manobra, atirou o segundo ao Tibre. Depois, Constantino olhou para o céu, e mais tarde contou ao historiador Eusébio que tinha visto aparecer uma cruz flamejante, com estas palavras inscritas: *In hoc signo vinces*, «Com este sinal vencerás».

Naquela noite, enquanto dormia, uma voz retumbou-lhe nos ouvidos, exortando-o a marcar a cruz de Cristo nos escudos dos legionários. Ao alvorecer deu essa ordem, e em vez do estandarte mandou alçar um *pendão* que tinha uma Cruz entrelaçada com as iniciais de Jesus. Sobre o exército inimigo flutuava a bandeira com o símbolo do Sol, imposto por Aureliano como novo deus pagão. Era a primeira vez, na história de Roma, que se combatia uma guerra em nome da religião. Mas foi a Cruz que venceu. E o Tibre, arrastando para a foz os cadáveres de Maxêncio e dos seus soldados que o atulhavam, parecia varrer para longe os resíduos do mundo antigo.

Não estava tudo terminado, porque ainda restavam Licínio e Maximino. Com o primeiro, Constantino encontrou-se em Milão, em 313 d.C., e o resultado dessa entrevista foi a repartição do Império entre os dois Augustos, e a compilação do famoso édito que proclamava a tolerância do

Estado em relação a todas as religiões, e restituía aos cristãos os bens sequestrados nas últimas perseguições. Maximino morreu, Licínio casou com a irmã de Constantino, e por algum tempo pareceu que os dois imperadores seriam capazes de dar vida a uma pacífica diarquia.

Mas no ano seguinte já estavam novamente em litígio. Constantino derrotou em Panónia um exército de Licínio, que se vingou nos cristãos do Oriente, recomeçando as perseguições contra eles. Constantino ainda não se convertera oficialmente. Mas os cristãos agora viam nele o seu defensor, e decerto constituíam a esmagadora maioria, se não a totalidade, daquele exército de cento e trinta mil homens que sob o seu comando pessoal marchou contra os cento e sessenta mil defensores do paganismo, às ordens de Licínio. Primeiro em Adrianópolis e depois em Shkodêr, os primeiros repetiram a vitória. Licínio rendeu-se e foi-lhe poupada a vida, que, porém, veio a perder no ano seguinte. Sob o signo de Cristo se voltou a formar um Império que agora, de romano, tinha apenas o nome.

O que tinha, então, acontecido?

Deixáramos os cristãos em Roma, no início da sua organização. Foram a princípio escassas centenas, e depois alguns milhares de pessoas, quase todas hebraicas, recolhidas nas suas pequenas *ecclesiae*, com poucas ligações entre si e uma doutrina ainda em estado fluido, rodeados mais pela indiferença do que pela hostilidade dos gentios. Estas células espalhadas e escassas estavam unidas pela crença de que Jesus era o Filho de Deus, que o seu regresso estava para breve, a fim de estabelecer na terra o Reino dos Céus, e que a fé n'Ele seria compensada com o paraíso. Mas existiam já grandes divergências sobre a data do Regresso. Alguns tomaram como o seu anúncio as calamidades que se abateram sobre o Império; Tertuliano disse que se devia esperá-lo após a queda de Roma, a qual parecia tão iminente que um bispo da Síria partiu com os seus fiéis em direcção ao deserto, certo de aí encontrar o Senhor; Barnabé proclamou que faltavam ainda mil anos. Só muito mais tarde triunfou a tese de Paulo, que transferia definitivamente para a vida ultraterrena o Reino do Senhor. Mas por agora, a esperança da sua iminente ocorrência contribuiu poderosamente, com as promessas imediatas que implicava, para a difusão da fé.

Mas havia outros pontos da doutrina que ameaçavam dar origem a verdadeiras heresias. Celso, o mais violento dos polemistas anticristãos, escrevera que a nova religião estava dividida em facções, e que cada cristão constituía, dentro dela, um partido, adaptando-a a seu bel-prazer.

Ireneu contava vinte facções dessas. Era preciso, pois, uma autoridade central que distinguisse definitivamente o que era justo daquilo que era falso.

A primeira decisão a tomar, que foi debatida durante dois séculos, era sobre o lugar da sua sede. A nova religião nascera em Jerusalém; mas Roma tinha a seu favor as palavras de Jesus: «Tu és Pedro, e sobre esta pedra edificarei a minha Igreja». E Pedro viera a Roma. Aquilo que levou à decisão, mais do que os argumentos, foi a circunstância de o mundo ser dominado por Roma e não por Jerusalém. Tertuliano garantiu que Pedro, ao morrer, confiara os destinos da Igreja a Lino. Mas o primeiro sucessor comprovado é o terceiro, Clemente, do qual nos ficou uma carta escrita à mão, em tom de autoridade, aos outros bispos.

Estes começaram a reunir-se, cada vez com mais frequência, nos Sínodos, os quais foram os árbitros supremos daquela religião cristã, que se chamou católica porque universal. O termo papa tornou-se exclusivo do Supremo Pontífice apenas quatro séculos mais tarde, durante os quais era atribuído a todos os bispos a fim de sublinhar a sua igualdade.

Com esta primeira e rudimentar organização, a Igreja combateu a sua guerra em duas frentes: a externa, do Estado, e a interna, das heresias. E não sabemos qual das duas era a mais perigosa. Sabemos apenas que no final do segundo século a Igreja começara a perturbar os Romanos a tal ponto que um deles, entre os mais cultos, Celso, dedicou a vida ao estudo do seu funcionamento e escreveu a esse respeito um livro preciso e informadíssimo, embora parcial e rancoroso nas suas conclusões. Estas diziam que um cristão não podia ser um bom cidadão. Num certo sentido tinha razão, na medida em que o Estado continuava a ser pagão. Mas a verdade é que o paganismo já não tinha defensores; e mesmo os que se recusavam a abraçar a nova fé já não encontravam argumentos para defender a velha. Na esteira de Marco Aurélio e de Epicteto, Plotino foi classificado como filósofo pagão apenas porque não se baptizou. Mas toda a sua moral é já cristã, como de resto é a de Epicteto e a de Marco Aurélio.

Mesmo quando a negavam, todas as grandes inteligências desse tempo começaram a aplicar-se em torno da doutrina de Jesus e dos Apóstolos. Tertuliano, que, embora fosse de Cartago, tinha o rigoroso sentido jurídico dos Romanos e era, mais do que tudo, um grande advogado, quando se converteu retirou do Evangelho um código de vida prática e deu-lhe a orgânica de um verdadeiro decreto-lei. Este vigoroso orador, que falava como Cícero e escrevia como Tácito, dono de um mau génio brigão e sarcástico, foi de grande utilidade à Igreja, que tinha necessidade, depois de tanta teologia e metafísica gregas, de organizadores e codificadores. Tertuliano, à força de dedicação, acabou quase herege, porque na velhice, exacerbando-se-lhe o temperamento, criticou os cristãos ortodoxos como sendo demasiado frouxos e indulgentes e uns papas-moles, e abraçou a regra mais rigorosa de Montano, uma espécie de Lutero antecipado que pregava o regresso a uma fé mais austera.

Outro propagandista formidável foi Orígenes, autor de mais de seis mil obras, entre livros e opúsculos. Tinha dezassete anos quando seu pai foi condenado à morte como cristão. O rapaz pediu para segui-lo no martírio, e sua mãe, para lho impedir, escondeu-lhe as roupas. «Peço-te: não renegues a tua fé por amor a nós», escreveu o rapaz àquele que ia morrer. Impôs-se a si mesmo uma aprendizagem de asceta. Jejuava, dormia nu sobre o pavimento, e por fim castrou-se. Orígenes era, na verdade, o tipo perfeito do estóico, e deu uma versão do Cristianismo que era, de facto, a sua e que a princípio foi aceite, mas não por todos. O bispo de Alexandria, Demétrio, considerou-a incompatível com o hábito talar que Orígenes passara a usar e revogou a sua ordenação. O despadrado continuou a pregar com admirável zelo, e contestou a tese de Celso numa obra que ficou famosa; foi preso e torturado, mas não renegou a sua fé, e morreu pobre e sem mácula, tal como vivera. Mas duzentos anos depois as suas teorias foram condenadas por uma Igreja que agora já tinha bastante autoridade para o fazer.

O papa que mais contribuiu para fortalecer a organização nestes primeiros anos difíceis foi Calisto, que muitos consideravam um aventureiro. Diziam que antes de se converter fora escravo, tinha arranjado dinheiro recorrendo a sistemas bastante equívocos, tornara-se banqueiro, roubara os seus clientes, fora condenado a trabalhos forçados e conseguira fugir graças a um embuste. O facto de, assim que foi nomeado papa, ter proclamado válido o arrependimento para apagar todo e qualquer pecado, mesmo mortal, leva-nos a suspeitar que nestes boatos algum bocadinho de verdade devia haver. De qualquer maneira, foi um grande papa, que desmembrou o perigoso cisma de Hipólito e afirmou definitivamente a autoridade do poder central. Décio, que foi um irredutível inimigo dos cristãos, dizia que preferiria ter em Roma um imperador rival do que um papa como Calisto. Sob o seu governo, o papado tornou-se de facto romano, em muitos sentidos. Aos sacerdotes pagãos da Urbe pediu emprestada a estola, o uso do incenso e das velas acesas diante do altar, e a arquitectura das basílicas. Mas as heranças não se limitaram a estas, de carácter formal. Os edificadores da Igreja apropriaram-se, principalmente, da estrutura administrativa do Império e copiaram-na, instituindo, ao lado de e contra cada um dos governadores de província, um arcebispo, e um bispo ao lado de e contra cada prefeito. À medida que o poder político enfraquecia e o Estado andava à deriva, os representantes da Igreja herdavam as suas funções. Quando Constantino assumiu o poder, já muitas das funções dos prefeitos, cuja categoria decaíra grandemente, eram executadas pelos bispos. A Igreja era, nitidamente, a herdeira designada e natural do Império em colapso. Os Hebreus tinham-lhe dado uma ética; a Grécia dera-lhe uma filosofia; Roma estava a dar-lhe dando a sua língua, o seu espírito prático e organizativo, a sua liturgia e a sua jerarquia.

# 47

# O Triunfo dos Cristãos

Na fantasia das pessoas, saturada por maus romances e por filmes horrorosos, a perseguição dos cristãos está associada, sobretudo, ao nome de Nero. Mas é um erro. Nero mandou condenar e supliciar um certo número de cristãos por causa do incêndio de Roma, com o único fim de afastar as suspeitas que as pessoas tinham contra ele próprio. Tratou-se de uma manobra de diversão, que não se apoiava em nenhum ressentimento sério do povo ou do Estado contra aquela comunidade religiosa, que de resto era das mais pacíficas, e que, como todas as outras, desfrutava de uma vasta tolerância em Roma. A Urbe hospedava de maneira liberal todos os deuses de todos os forasteiros que nela vinham habitar, e nisto era, de facto, *caput mundi*. Havia mais de trinta mil deuses desses em coabitação. Aliás, quando um estrangeiro pedia a cidadania, a sua concessão não era sujeita a nenhuma condição religiosa.

As primeiras desavenças nasceram quando houve a imposição de reconhecer o imperador como deus e adorá-lo. Para os pagãos, era fácil: no Olimpo deles havia já tantos deuses, que mais um, quer se chamasse Caracala ou Cómodo, não enchia nem vazava. Mas os judeus e os cristãos, que a polícia não conseguia distinguir uns dos outros, adoravam um único, Aquele, e não estavam nada dispostos a trocá-lo por outro. Por fim, ainda antes de Nero, foi promulgada uma lei que os isentava daquele gesto, que para eles era de abjuração. Mas Nero e os seus sucessores faziam pouco caso das leis, e assim surgiu o primeiro mal-entendido que pôs a nu outras e mais profundas incompatibilidades. Não foi por acaso que Celso, o primeiro a analisá-las a sério, disse que a recusa de adorar o imperador era, em suma, a recusa de se submeterem ao Estado, do qual a religião, em Roma, não constituía senão um instrumento. Ele descobriu que os cristãos colocavam Cristo acima de César, e que a moralidade deles não coincidia, de modo algum, com a romana, que fazia dos próprios deuses os primeiros servidores do Estado. Tertuliano, ao responder-lhe que era justamente isso que constituía a superioridade deles, reconheceu o fundamento destas acusações, e foi ainda mais além, proclamando que o dever do cristão era, precisamente, desobedecer à lei quando a achava injusta.

Enquanto esta diatribe se manteve como monopólio dos filósofos, não originou mais do que disputas. Mas quando o número de cristãos aumentou e a sua conduta começou a fazer-se notar entre a população, esta começou a incubar desconfianças, que hábeis propagandistas exploraram habilmente, como mais tarde se fez contra os judeus. Começou-se a dizer que praticavam exorcismos e magias, que bebiam sangue humano, que veneravam um burro, e que davam mau-olhado. Era o «dá-lhas, que é culpado» que amadurecia e criava a atmosfera do *pogrom* e da «caça às bruxas».

Depois de Nero, a hostilidade para com eles tornou-se uma onda de fundo, e a lei que proclamava delito capital a profissão da nova fé não foi sugerida pelo capricho de um imperador, mas sim suscitada por um frémito de ódio colectivo. Aliás, a maior parte dos imperadores procurou fugir-lhe ou aplicá-la com indulgência. Trajano escrevia a Plínio, elogiando-lhe a tolerância: «Aprovo os teus métodos. O acusado que negar ser cristão e fizer prova disso com um acto de homenagem aos nossos deuses deve ser absolvido, sem qualquer dúvida». Adriano, como bom céptico que era, ia mais longe: concedia a absolvição baseando-se, unicamente, num simples gesto formal de arrependimento. Mas era difícil opor-se às vagas de ódio popular quando se desencadeavam, principalmente quando ocorria alguma calamidade que fosse atribuída, por regra, à indignação dos deuses, pela tolerância que se mostrava em relação aos ímpios cristãos. A religião pagã, em Roma, estava morta, mas a superstição continuava viva; e não havia terramoto, peste ou carestia que não fosse atribuída àqueles pobres diabos. Nem mesmo aquele santo homem que foi Marco Aurélio, em cujo reinado as calamidades foram múltiplas, pôde resistir a estes sobressaltos, tendo de se lhes vergar. Átalo, Potino e Policarpo foram alguns dos mais ilustres entre esses mártires.

A DIFUSÃO DO CRISTIANISMO NO FINAL DO SÉCULO III

A perseguição começou a tornar-se sistemática com Séptimo Severo, que proclamou o baptismo um delito. Mas agora os cristãos já eram suficientemente fortes para reagir, e fizeram-no por meio de uma acção de propaganda que qualificava Roma como a «nova Babilónia», defendia a sua destruição e afirmava a incompatibilidade do serviço militar com a nova fé. Era a predicação aberta do derrotismo, e suscitou a ira daqueles «patriotas» que pela pátria ameaçada pelo inimigo externo já não se batiam, mas com o inimigo interno e desarmado eram intransigentes. Décio viu, neste sobressalto de indignação, um cimento de unidade nacional, e explorou-o, dando-lhe satisfação. Convocou uma grande cerimónia de homenagem aos deuses, avisando que seriam anotados os nomes de quem não participasse nela. Houve, por medo, muitas abjurações, mas também muitos heroísmos pagos com a tortura. Tertuliano dissera: «Não chorai pelos mártires. Eles são a nossa semente». Verdade terrível e cruel. Seis anos depois, no governo de Valeriano, o próprio papa, Sisto II, foi condenado à morte.

A batalha mais intensa foi a que Diocleciano desencadeou. É curioso como um imperador tão grande não tenha visto a sua inutilidade, ou antes, a sua contraproducência. Mas parece que foi um acesso de ira que lhe sugeriu o modo de actuação. Um dia em que estava oficiando como Pontífice Máximo, os cristãos que estavam à sua volta fizeram o sinal da cruz. Irritado, Diocleciano ordenou que todos os súbditos, civis e militares, repetissem o sacrifício, e que aqueles que se recusassem fossem chicoteados. As recusas foram muitas, e então o imperador ordenou que todas as igrejas cristãs fossem arrasadas, todos os seus bens confiscados, os seus livros queimados e os seus adeptos mortos.

Estas ordens estavam ainda em via de execução quando ele se retirou para Espálato, onde teve todo o tempo e disponibilidade para pensar nos resultados daquela perseguição, que constituiu a prova mais brilhante do Cristianismo e o «coroou», por assim dizer, como triunfador. Os *Autos dos Mártires*, em que se narram, talvez com algum exagero, os suplícios e as mortes dos cristãos que não renegaram a fé, constituíram um meio de propaganda formidável. Difundiram a convicção de que o Senhor tornava insensíveis aos sofrimentos aqueles que os enfrentavam em Seu nome, e lhes abria as portas do Reino dos Céus.

Não sabemos se também Constantino se convenceu disso, quando mandou gravar a Cruz de Cristo no seu pendão. Sua mãe era cristã. Mas ela pouca influência tivera na educação daquele rapaz, que a adquirira sob a sua tenda, no meio dos soldados, onde se rodeara de filósofos e mestres de retórica pagãos. Mesmo depois da conversão, continuou a benzer os exércitos e as searas segundo o ritual pagão, foi raras vezes à igreja, e a um amigo que lhe perguntava qual o segredo do seu êxito, respondeu: «É a Fortuna que faz de um homem um imperador». A Fortuna, não Deus. Nas suas relações com os sacerdotes tinha um certo ar de patrão, e só nas questões teológicas os deixava à vontade, não porque lhes reconhecesse autoridade na matéria, mas porque se tratava de assuntos para os quais se estava nas tintas. Nos testemunhos de cristãos contemporâneos, como Eusébio, que tinha para com ele os mais profundos motivos de gratidão, ele é considerado pouco menos do que um santo. Nós acreditamos que ele tenha sido, sobretudo, um homem político equilibrado, frio, de ampla visão e de grande bom-senso que, tendo comprovado pessoalmente o malogro da perseguição, preferiu cobri-la com o sigilo.

É muito provável, no entanto, que a este cálculo de probabilidade duvidosa se tenham, nele, juntado ainda outros, mais complexos. Devia ter ficado muito impressionado com a moralidade superior dos cristãos, com a decência da sua vida, enfim, com a revolução puritana que eles tinham introduzido nos costumes de um Império que já os perdera todos. Tinham qualidades admiráveis de paciência e disciplina. E agora, se se quisesse encontrar um bom escritor, um bom advogado, um funcionário honesto e competente, era preciso procurá-lo entre eles. Pode dizer-se que não havia cidade em que o bispo não fosse melhor do que o prefeito. Não seria possível substituir os burocratas velhos e corruptos por esses prelados irrepreensíveis, e fazer deles o instrumento de um novo Império?

As resoluções vencem, não por força das suas ideias, mas sim quando conseguem produzir uma classe dirigente melhor do que a anterior. E o Cristianismo fora bem sucedido, precisamente nessa empresa.

Constantino começou por reconhecer aos bispos competência como juízes nas suas circunscrições ou dioceses. Depois, isentou de impostos os bens da Igreja, reconheceu como «pessoas jurídicas» as associações dos fiéis, deu a seu filho um padre como tutor, depois de o ter baptizado, e por fim anulou o Édito de Milão, que garantia a tolerância de todas as religiões em pé de igualdade, passando a reconhecer o primado da religião católica, que a partir desse momento foi a religião do Estado, e tornando obrigatórios, para todos os cidadãos, os preceitos do Sínodo.

Agindo mais como papa do que como rei, convocou o primeiro Concílio *Ecuménico*, isto é, «universal», da Igreja, para resolver as divergências internas que a corroíam. Ele próprio forneceu, com os fundos do Estado, os meios para que trezentos e dezoito bispos e um número infinito de outros prelados menores pudessem deslocar-se a Niceia, perto de Nicomédia. Havia questões graves para resolver. Alguns extremistas do ascetismo tinham-se afastado de um sacerdócio que, aos seus olhos, se mostrava demasiado aberto aos compromissos e ligado aos bens terrenos, tendo dado início a um movimento monástico.

Quase ao mesmo tempo, o bispo de Cartago, Donato, lançou o projecto, que imediatamente conquistou adeptos, de um saneamento dos sacerdotes que, durante as perseguições, renegaram a fé por medo, e de todos os que deles receberam o baptismo. A proposta fora rejeitada, mas dera lugar a um cisma que iria perdurar durante séculos. O perigo maior, porém, era representado por Ario, um pregador de Alexandria que atacava a doutrina pela base, contestando a consubstancialidade de Cristo com Deus. O bispo excomungara-o, mas Ario continuara a pregar e a conquistar seguidores. Constantino mandara chamar os dois litigantes e tentara fazer de mediador entre eles, convidando-os a encontrarem um compromisso. A tentativa falhou e o conflito aumentou e aprofundou-se. Era principalmente este facto que tornara necessário o Concílio.

O papa Silvestre I, velho e doente, não pôde intervir. Atanásio foi o advogado de acusação de Ario, que respondeu com coragem e honestidade. Era um homem sincero, pobre, melancólico, que errava por boa-fé. Dos trezentos e dezoito bispos, apenas dois o apoiaram até ao fim, e foram excomungados com ele. Constantino assistiu a todos os debates, mas só raramente interveio, para chamar os adversários à calma e à reflexão, quando a discussão se inflamava. Quando o veredicto, que reafirmava a divindade de Cristo e condenava Ario foi formulado, ele converteu-o num édito que desterrava o herege e os seus dois apoiantes, condenava ao fogo os seus livros e cominava a pena de morte a quem os escondesse.

Constantino encerrou o Concílio oferecendo um grande banquete aos intervenientes, e depois dedicou-se à organização da sua nova capital, que, numa cerimónia solene, dedicou à Virgem. Chamou-lhe *Nova Roma*, mas os pósteros deram-lhe o nome dele: Constantinopla.

Não sabemos se ele se deu conta de que com esta transferência da capital decretava, praticamente, o fim do Império Romano e o início de um outro, que iria continuar, é certo, a chamar-se «romano», mas do qual a Itália seria, apenas, uma província, e Roma a cidade mais importante.

Constantino foi uma personagem estranha e complexa. Fazia grande pompa do seu fervor cristão, mas nas suas relações de família não se mostrou muito respeitador dos preceitos de Jesus. Mandou sua mãe, Helena, a Jerusalém, para destruir o templo de Afrodite que os ímpios governadores romanos tinham erigido sobre o túmulo do Redentor, e onde, segundo Eusébio, foi encontrada a Cruz sobre a qual Ele fora supliciado. Mas logo a seguir mandou matar sua mulher, seu filho e seu sobrinho.

Casara duas vezes: primeiro com Minervina, que lhe dera Crispo, um valente oficial que se cobrira de medalhas nas campanhas contra Licínio; depois com Fausta, a filha de Maximiano, que lhe dera três rapazes e três meninas. Parece que Fausta, para excluir Crispo da sucessão, o acusou, ao imperador, de ter tentado seduzi-la; e que depois Helena, que tinha um fraco por Crispo, contou a Constantino que fora Fausta que seduzira o enteado. Para não errar, o imperador matou os dois. Quanto ao sobrinho Liciniano, filho de sua irmã Constância, que o tivera de Licínio, dizem que o mandou matar porque conspirava.

Nenhum destes factos se encontra referido na *Vida de Constantino*, escrita por Eusébio à maneira de panegírico e, logicamente, com o objectivo de exaltar aquele que fizera, de uma seita perseguida, a Igreja do Império. Constantino não era um santo, como disse o seu biógrafo. Foi um grande general, um competente administrador, um perspicaz homem de Estado, que no entanto cometeu, também ele, alguns erros.

No dia de Páscoa do ano 337 d.C., trigésimo aniversário da sua subida ao trono, sentiu que estava próximo do fim. Chamou um padre, pediu os sacramentos, abandonou a veste de púrpura para vestir a branca, dos baptizandos, e esperou a morte tranquilamente.

Perante o tribunal dos homens, os serviços que prestou à causa da civilização cristã são amplamente suficientes para que ele seja absolvido dos delitos com que se manchou. Perante o de Deus, não sabemos.

# 48

# A Hereditariedade de Constantino

Entre os sucessores de Augusto, Constantino foi o único que permaneceu no trono mais de trinta anos. Mas estragou a sua grandiosa obra de reconstrução com o mais absurdo dos testamentos, dividindo o Império em cinco fatias e destinando-as, respectivamente, aos seus filhos Constantino, Constâncio e Constante, e aos dois sobrinhos, Delmácio e Anibaliano.

A coisa causa-nos espanto, porque ele não pode deixar de ter visto o que aconteceu com as partilhas de Diocleciano, e as balbúrdias que se desencadearam entre todos aqueles Augustos e Césares. Mas, já que decidira assim, podia pelo menos ter tomado precauções para dar aos seus três rapazes nomes que os diferenciassem um pouco melhor. É um lindo sarilho, mesmo para quem quer apenas resumir a sua história, desenlear o emaranhado novelo daqueles indivíduos quase homónimos. Tentaremos fazê-lo o melhor possível.

Quem tomou precauções para nos facilitar o trabalho, simplificando as rivalidades, foram os regimentos da guarnição da capital, os quais, mal o grande defunto caiu no fundo da cova, se insurgiram e fizeram um belo massacre, em que pereceram dois dos cinco herdeiros: Anibaliano e Delmácio. A estes fizeram companhia também os meios-irmãos do morto e os seus filhos, excepto dois, Galo e Juliano, que foram desterrados e dos quais ainda ouviremos falar, além de um número impreciso de outros jerarcas. Constantinopla acabara de nascer, e já inaugurava o repertório de carnificinas que havia, ao longo dos séculos, de assinalar-lhe a história.

Fora na verdade Constâncio, como mais tarde se disse, que encomendara aquela chacina? Não se sabe com precisão. Sabe-se apenas que ele estava na cidade quando tudo se passou, que nada fez para a impedir, e que foi o seu maior beneficiário. Reuniu-se com os outros dois irmãos em Esmirna, e com eles fez uma segunda divisão. Para si ficou com todo o Oriente, incluindo Constantinopla e a Trácia; a Constante, que era o mais novo, deu a Itália, a Ilíria, a África, a Macedónia e a Acaia, mas obrigando-o a uma espécie de vassalagem em relação a Constantino II, ao qual couberam as Gálias.

Se Constâncio excogitou esta cláusula para provocar uma rivalidade entre os dois e ser depois o árbitro, temos de reconhecer que o golpe lhe resultou em cheio. Não tinham ainda passado três anos e eles já estavam em luta. Mas na primeira batalha, Constantino, que era de temperamento fogoso, lançou-se demasiado para a frente, caiu numa emboscada e foi morto. Constante não perdeu tempo e anexou todas as suas possessões. E Constâncio, que talvez estivesse à espera de uma longa guerra, que desgastaria as forças de ambos os adversários, ficou a ver navios, e com um único rival, é certo, mas mais poderoso do que ele.

Também desta vez a sorte o ajudou, sob a forma de uma conspiração contra Constante, que, na Gália, vencia batalha após batalha contra os rebeldes porque era um bom general, mas não valia nada como homem de Estado. Espremia os súbditos com os impostos, irritava-os com as suas teimosias, e escandalizava-os com os seus costumes. Um comandante de milícias bárbaras, Magnêncio, matou-o e proclamou-se imperador. Mas o mesmo fizeram, logo de seguida, Veteranião, que comandava as tropas na Ilíria, e Nepoziano, sobrinho do morto.

Constâncio tinha agora todos os requisitos para intervir no Ocidente, com o pretexto de aí restabelecer a justiça. Justamente naquela altura concluíra uma trégua com o rei da Pérsia, Shahapur, que até aí só lhe arranjara sarilhos, mantendo-lhe os exércitos ocupados. Ao comando destes marchou agora contra os usurpadores, mas fazendo acompanhar a acção militar de uma hábil acção diplomática, que era, ao fim e ao cabo, a arte em que melhor se saía. Veteranião deixou-se levar no engodo, uniu as suas tropas às de Constâncio na planície de Sérdica, onde viera ao seu encontro, e ajoelhou-se diante dele, pedindo-lhe perdão. O perdão foi concedido, aliás, até foi acrescido de alguns galões e medalhas. Em seguida, os dois exércitos marcharam em conjunto contra Magnêncio, derrotaram-no na Hungria, seguiram-no até Espanha, e aqui obrigaram-no a matar-se, com seu irmão Decêncio. E assim o Império se reunificou novamente, sob o governo de um único soberano.

Ao contrário do seu antecessor e pai, este não era um grande general, não gostava das guerras e tentava evitá-las. Mas quando se via obrigado a fazê-la, levava-a até ao fim, ainda que com grande cautela, e arriscava a pele corajosamente, porque tinha uma grande consciência dos seus deveres e assumia-os sem olhar a despesas e sacrifícios. Era um homem solitário e desconfiado, melancólico e taciturno, sem arrebatamentos, sem calor humano, sem vícios nem relaxamentos. Em muitas coisas assemelha-se a Filipe II de Espanha e a Francisco José da Áustria. Tal como eles, era pio, mas não unia à fé as outras duas virtudes teologais: a esperança e a caridade. Pelo contrário, era pessimista, incapaz de indulgência, e acreditava que para salvar uma alma era muitas vezes necessário queimar um corpo. Casara três vezes, não por amor, mas por desejo de um herdeiro. Nenhuma das três mulheres lho dera. Agora, encontrava-se sem sucessores. Nem sequer os seus irmãos tinham tido tempo de os deixar. Entre os vivos, no grande cemitério em que encontrara sepultura a extensa progenitura de Constantino, não restavam senão os dois rapazes que escaparam ao massacre de 337: Galo e Juliano.

Estes vegetavam havia anos numa cidadezita da Capadócia, sob a tutela de um bispo ariano, Eusébio, também ele pobre em matéria de caridade, levando uma vida de colégio, solitária e desolada. A mãe, Basilina, morrera já, quando sob os seus olhos se desenrolou a carnificina em que pereceram o pai, os tios, os primos, e até os criados. Galo tinha nessa altura dez anos; Juliano, seis. E ambos souberam, mais tarde, que o responsável, directo ou indirecto, do massacre, fora ele, Constâncio, que agora, inesperadamente, se recordava deles.

O eleito foi Galo, o mais velho, que de um dia para o outro, de prisioneiro que era, se viu casado com Constantina, a irmã do imperador, nomeado César, e colocado em Antióquia com poderes quase absolutos. Para lhe pôr a cabeça no lugar, naquele salto brusco que teria provocado vertigens a qualquer um; não tinha sequer inteligência, da qual era visivelmente desprovido. Aquilo que lhe fora dado presenciar em rapaz fizera-lhe crer que o assassínio e o engano eram a regra entre os homens, e, para se proteger, seguiu o processo de dar corpo a qualquer suspeita e de matar quem quer que fosse indiciado. Antes que Constâncio se tivesse apercebido do erro que cometera ao fazer aquela escolha, já ele degolara, não apenas homens individualmente, mas até populações inteiras. O imperador,

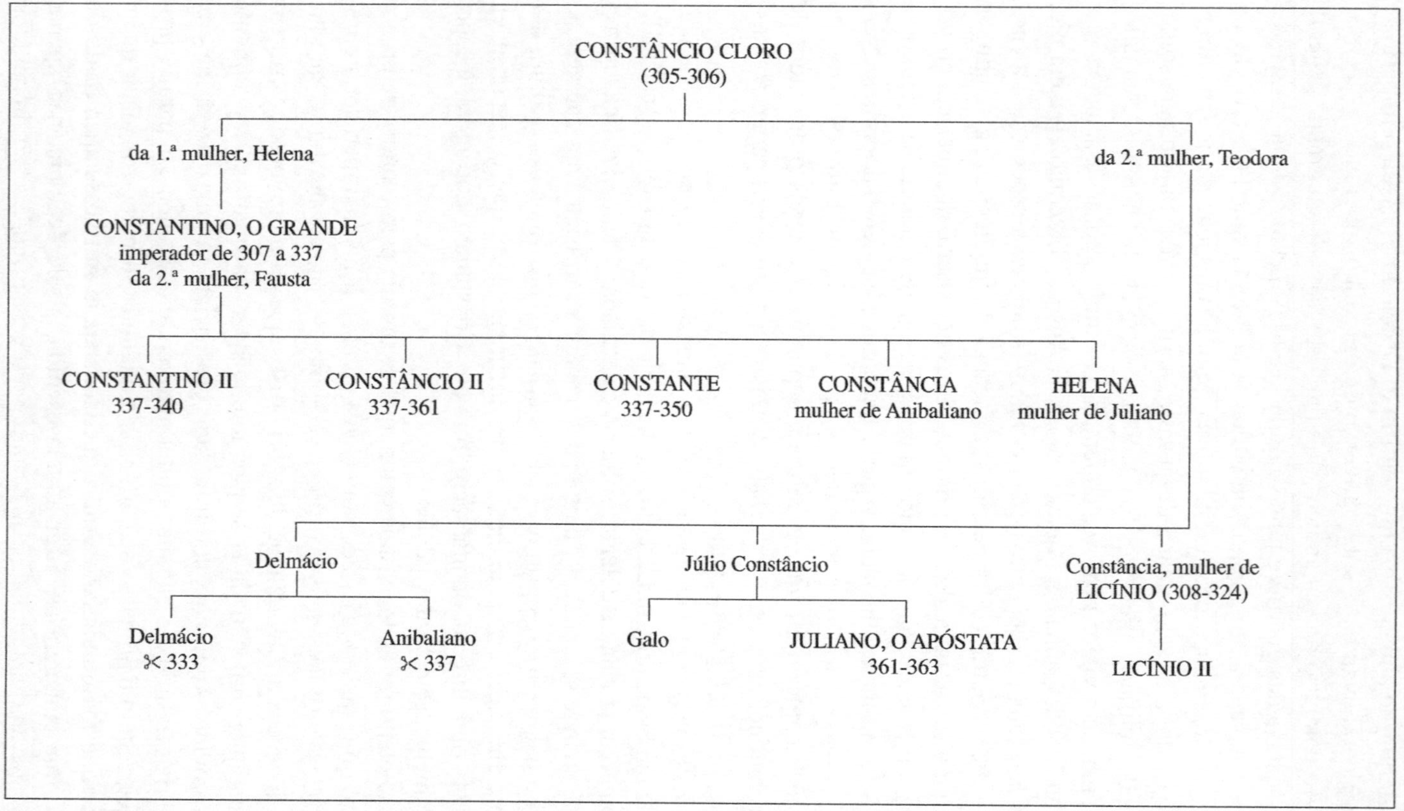


A HEREDITARIEDADE DE CONSTANTINO

temendo que uma excomunhão o levasse à rebelião aberta, fingiu que nada se passava e, mostrando-se sempre seu amigo, chamou-o a Milão, onde naquela altura se encontrava. Inquieto, Galo mandou ir primeiro Constantina, para auscultar as intenções de Constâncio. Mas Constantina morreu durante a viagem, e Galo teve de se decidir a ir pessoalmente. Porém, chegado à Panónia, um destacamento de soldados deteve-o e conduziu-o a Pola, onde o prenderam no palácio em que Constantino mandara matar o seu primogénito, Crispo. Constâncio era muito ligado às tradições de família, até nas mortes. Um processo sumário, facilitado pelo testemunho bem remunerado de um eunuco da corte, levou-o à pena de morte, imediatamente executada.

Constâncio estava novamente sem sucessores, e envelhecia. No dia em que decidira livrar-se de Galo, desterrara também Juliano, suspeitando que ele fosse cúmplice do irmão. Mas aquele rapaz era o único em cujas veias corria ainda o sangue de Constantino. Depois de muitas hesitações, chamou-o e nomeou-o César. O sucessor não podia ser senão ele.

Aquela escolha feita contra a vontade revelou-se de imediato excelente. Juliano, que passava por ser um mandrião, entregue unicamente à literatura e à filosofia, assim que se viu com algumas responsabilidades sobre os ombros, acostumou-se logo. Nunca tinha visto um quartel, quando o imperador lhe deu, em empreitada, as províncias ocidentais, então em plena revolta. Juliano, a princípio, deixou que os generais fizessem o trabalho, mas estudando atentamente os movimentos deles. Depois, tomou o comando efectivo das tropas, enfrentou as hordas francas e alamanas infiltradas para lá do Reno, aniquilou-as, sufocou a rebelião dos indígenas, e restabeleceu a autoridade imperial na Britânia. Nunca o título de César fora dado a um homem com tanta pertinência.

Infelizmente, naquele preciso momento o rei persa Shahapur voltou a estar em pé de guerra, e, para suster a sua ameaça, Constâncio pediu a Juliano que lhe enviasse uma parte do seu exército. Juliano, que tomara gosto pelo ofício de soldado, obedeceu, mas contrariado, e não se sabe até que ponto escondeu dos seus homens a mágoa por ter de se separar deles. Eles, no entanto, tiveram a certeza que correspondiam ao seu desejo recusando-se a obedecer, e, em vez disso, aclamando-o Augusto, ou seja, imperador. Juliano apressou-se imediatamente a escrever a Constâncio, dizendo-lhe que tudo isto acontecera independentemente da sua vontade, aliás contra ela. Mas quando Constâncio lhe respondeu que lhe perdoava se renunciasse ao título e fizesse acto de submissão, Juliano, em vez de aceitar, marchou contra ele à frente do seu exército. Não assaltara o banco, mas recusava-se a restituir o produto do roubo que, sem saber como, lhe caíra dentro de casa.

A guerra não se deu, porque Constâncio, que partira, também ele, para fazê-la, morreu em viagem. Quando abriram o testamento, todos viram com o maior espanto que ele designara como único herdeiro aquele que vinha combater e, em caso de vitória, provavelmente matar. Como sempre, não obedecera aos sentimentos, mas sim à razão de Estado. E, tendo reconhecido no rebelde as qualidades de um grande político, fizera dele o seu sucessor. Juliano retribuiu-lhe prestando-lhe exéquias solenes, vestindo-se de luto e debulhando-se em lágrimas sobre o seu caixão. Foi uma belíssima comédia, magnificamente representada por ambas as partes.

Acerca de Juliano correram rios de tinta, como se não bastassem aqueles que ele próprio gastou. Porque era grafómano e tinha a paixão dos editais, dos panegíricos, e dos ensaios entre o filosófico e o político. Talvez a importância deste imperador, que reinou apenas vinte meses, tenha sido um pouco exagerada.

A razão por que se fez tanto barulho à volta do seu nome é o facto de se lhe atribuir o propósito de restaurar o paganismo contra o Cristianismo. Já Constâncio tivera de dedicar a maior parte do seu tempo às questões religiosas. Aliás, actuara mais como papa do que como imperador, intervindo nas disputas internas da Igreja, entre donatistas, arianos e melesianos. Porque era cristão, e dos mais fervorosos. Mas, de uma forma muito pagã, considerava a Igreja um instrumento do Estado e, com a desculpa de protegê-la, pretendia controlá-la.

Juliano teve os mesmos interesses religiosos, mas orientados em sentido oposto, e por isso lhe foi dado o título de «Apóstata». Para enchê-lo de rancor contra a nova fé, não há dúvida que muito deve ter contribuído aquele bispo Eusébio, que, como seu tutor, acompanhara com o chicote as aulas de catequese. O único afecto que encontrara naquele desterro de Nicomédia fora na pessoa de um velho servo cita, Mardónio, que lhe lia Homero e os filósofos gregos. Nunca se soube se Mardónio era pagão ou cristão. Sabe-se apenas que estava imbuído de classicismo, e que foi ele que transmitiu esse gosto ao seu amozinho e aluno. Este olhava à sua volta e não lhe parecia que os cristãos de que estava rodeado dessem um grande exemplo. Não era, não obstante o que foi dito, um homem de pensamento profundo, e basta ler os seus textos para ficarmos convencidos disso. Por vezes, os seus raciocínios perdem-se em devaneios. Tinha uma óptima memória, mas não percebia nada de arte, obstinava-se teimosamente em problemas filosóficos secundários, perdendo de vista os principais, e comprazia-se com citações e virtuosismos de esteta. Era fatal que ele confundisse a Igreja com os seus maus pastores e que associasse ambos numa mesma antipatia. No entanto, não honra a sua inteligência política a ideia que lhe é atribuída e que provavelmente cultivou de facto, de um regresso ao paganismo como religião do Estado. Qualquer *regresso*, em política, é, por si só, um erro.

A famosa *apostasia* de Juliano foi, sobretudo, um marcado agnosticismo. Desinteressou-se das heresias que continuavam a dilacerar a Igreja, e é provável que as visse com simpatia. Mas concedeu a liberdade de culto aos judeus e permitiu-lhes que reconstruíssem o templo de Salomão, cujas estruturas, porém, foram destruídas por um terramoto, que os escritores cristãos aclamaram como um castigo do Céu. Que ele, às escondidas, tenha encorajado a reposição dos antigos cultos pagãos, foi dito, mas não foi provado. De qualquer maneira, não deve ter obtido grande satisfação com isso, porque as pessoas não aderiram, a não ser contra a vontade e sem entusiasmo. Em Alexandria, o bispo Jorge foi morto pelos pagãos; em Antióquia, o templo de Apolo foi incendiado pelos cristãos: Juliano não ordenou represálias, nem num caso nem no outro. Queria mostrar-se imparcial.

Sabe Deus como e onde iria terminar esta sua anacrónica política religiosa, se Shahapur não o tivesse forçado a retomar as armas. Preparou aquela expedição difícil e perigosa com o cuidado habitual, apetrechando um imenso exército e uma frota de mil barcos, para descer o Tigre. Os primeiros recontros foram-lhe favoráveis, mas a cidade de Ctesifonte resistiu-lhe com as suas fortificações formidáveis, e por fim obrigou-o à retirada. Mas quem é que conseguia fazer os barcos subir a corrente? Juliano deu ordens para que fossem queimados. Não podia agir de outra maneira, mas a decisão desmoralizou os soldados e enfureceu-os. A região era pobre, pedregosa, queimada pelo sol, hostil. Os cavaleiros persas perturbavam a marcha, infligindo graves perdas com os seus dardos. Um deles atingiu Juliano, cravando-se-lhe no fígado. O imperador tentou extraí-lo com as mãos, alargou a ferida e provocou uma hemorragia mortal. Compreendeu que estava à beira da morte, chamou, para junto do leito em que o tinham acomodado, dois filósofos seus amigos, Máximo e Prisco, e pôs-se a conversar com eles, serenamente, acerca da imortalidade da alma.

Dizem que a certa altura meteu a mão na ferida, retirou-a suja de sangue e, salpicando para o ar algumas gotas, exclamou com raiva: «Venceste, Galileu!».

Mas provavelmente não é verdade.

# 49

# Ambrósio e Teodósio

Quem nomeou o sucessor, sobretudo para tomar providências em relação à sua própria salvação naquela hora de perigo, foi o exército, que o escolheu, enquanto prosseguia a retirada, entre os seus oficiais. E foi um certo Joviano, a quem a sorte concedeu a realização, como imperador, de um único gesto, mas estúpido e vil: uma paz apressada, que concedia aos Persas a Arménia e a Mesopotâmia, como se estivesse a pagar uma vitória que eles nunca tinham alcançado.

Feito isto, Joviano adoeceu e morreu, antes de chegar à capital.

Mais uma vez o exército parou para designar outro imperador, e desta vez o escolhido foi Valentiniano, um bravo general, filho de um cordoeiro da Panónia, que Juliano, dizem, despedira anteriormente, por não ter querido renegar a sua fé cristã. Assustado com as responsabilidades que, com o trono, lhe choviam em cima, Valentiniano tomou como sócio, em igualdade de partes, o irmão Valente, ao qual deixou Constantinopla e as províncias orientais, ficando com as ocidentais para si, das quais Milão era, agora, a capital. Corria o ano 364 d.C.

Ambos os irmãos tiveram de enfrentar imediatamente dois grandes problemas. Valente viu-se perante a insurreição de Procópio, único parente de Juliano, que, comandando alguns destacamentos na Capadócia, se fez proclamar imperador. Foi derrotado, capturado e decapitado. Valentiniano teve de haver-se com os Alamanos que, ao saberem da morte de Juliano, de quem tinham um medo terrível por causa das estrondosas derrotas que lhes infligira, recomeçaram as suas invasões nas fronteiras da Gália. O imperador cercou-os e aniquilou-os junto ao Reno. Depois mandou à Britânia o seu melhor general, Teodósio, que ali repôs a ordem, desbaratando os Saxões e os Celtas da Hibérnia. Mas este valente soldado foi mal recompensado pelos serviços que prestou. Porque, enviado logo a seguir para África para aí restabelecer a paz, foi vítima das intrigas de alguns funcionários desonestos, que, com as suas calúnias, conseguiram que ele fosse processado, condenado e decapitado.

Valentiniano, também enganado, cometeu este erro certamente de boa-fé. Não era homem de grande inteligência, mas tinha bom senso e um carácter firme e recto. Infelizmente, era sujeito a explosões de cólera, e foi nesses sobressaltos de fúria que cometeu os dois maiores erros da sua vida: a assinatura no veredicto da condenação de Teodósio, e a sua própria morte. De facto, deixou-se fulminar por uma síncope no dia em que teve uma tremenda arrelia com os Quados, que se revoltaram.

Estamos em Novembro de 375 d.C.. Mas a sucessão ao trono, desta vez já estava em ordem, porque Valentiniano, oito anos antes, adoptara como colega o filho Graciano, ao qual, aos quinze anos, dera como mulher Constância, de treze, filha póstuma do imperador Constâncio, cuja viúva casara depois com Procópio, do qual também ficara viúva, mas com mais um filho: Valentiniano II. Sim, é um pouco difícil, bem sei que é, e por isso tentarei explicar melhor.

Valentiniano tinha, além do irmão Valente, para quem ficara a parte oriental do Império, um filho chamado Graciano. Este casara com Constância, filha do imperador Constâncio. A mãe dela, Justina, tendo ficado viúva, casou depois com o usurpador Procópio, o qual lhe deu um filho chamado Valentiniano, que era, portanto, meio-irmão de Constância. Entendidos?

Ora Justina, que era uma mulher ambiciosíssima, tanto tramou e intrigou que fez com que o compadre Valentiniano assumisse como colega não só Graciano, mas também Valentiniano, que tinha então quatro anos. De maneira que, quando o imperador morreu, enquanto em Constantinopla continuava Valente, em Milão subia ao trono o jovem Graciano, tutor de Valentiniano II, com o qual haveria, mais tarde, de partilhar o poder.

Era um momento terrível, porque, justamente nessa ocasião, estavam a descer da Rússia avalanches de bárbaros, mais temíveis do que todos os outros: os Hunos. Já tinham entrado em contacto com os Godos, que o rei Ermanrico unira numa federação, nas fronteiras orientais do Império.

Aterrorizados, estes pediram a Valente que os anexasse, prometendo, em troca, montar sentinela. Valente, após muitas hesitações, aceitou, mas para logo se arrepender, quando viu aqueles novos súbditos, que oscilavam entre duzentos e trezentos mil, dedicarem-se à pilhagem e ao saque, como era costume deles. Ele estava prestes a voltar a pegar em armas contra a Pérsia. Teve de pôr o projecto de lado para acorrer a Adrianópoles, para onde os brigões Godos tinham ido. Em vez de esperar o sobrinho Graciano, que, como estava combinado, chegava do Norte para esmagarem o inimigo num torno, Valente atacou imediatamente, sozinho, e fazendo uso de todo o exército. Ele próprio, ferido, foi assado vivo na cabana em que os seus impedidos o abrigaram.

Graciano, sozinho, não ousou atacar. Apesar de ter apenas vinte anos, já mostrara ser um bom general. Agora, deu também prova de grande sensatez. Retirou-se cautelosamente, e dispôs as suas forças de modo a protegerem a Ilíria e a Itália. E, vendo que não podia dividir as responsabilidades do Império com Valentiniano II, um menino que era o seu meio-cunhado, pensou em arranjar um colega para o Oriente. Com muita perspicácia, escolheu-o na pessoa do general Teodósio, o filho homónimo daquele que Valentiniano mandara injustamente matar em África. E confiou-lhe o Império do Oriente. Mas entretanto entrara em cena outra, e decisiva, personagem: aquele Ambrósio, bispo de Milão, que agora todos os Italianos, e principalmente os Lombardos, veneram como santo.

Não era padre e não estivera no seminário. Era um excelente funcionário laico, que até 374 fora governador da Ligúria e da Emília. Nessa qualidade, tivera de resolver as controvérsias entre católicos e arianos, que também grassavam naquelas dioceses. Fizera-o tão bem que quando morreu o bispo Ausêncio, que também era Ariano, foi nomeado seu sucessor. Naquela altura nem sequer era baptizado, e a sua eleição apresentava todas as marcas da irregularidade. Mas Valentiniano I, que tinha grande estima por ele, confirmara-a. E Ambrósio, no espaço de poucos dias, recebeu os sacramentos, as ordens e o chapéu episcopal.

Era um homem que, se tivesse nascido hoje na América, se teria tornado um Ford ou um Rockefeller. E Graciano que, quando seu pai morreu, se lhe dedicou inteiramente, encontrou nele o seu colaborador mais valioso. Bispo e soberano conduziram, em conjunto, a luta contra o paganismo e a heresia ariana. Esta última, morto Valente que fora seu seguidor, não teve mais defensores. Teodósio, que talvez devesse a sua nomeação, em grande parte, a Ambrósio, foi, em matéria religiosa, um

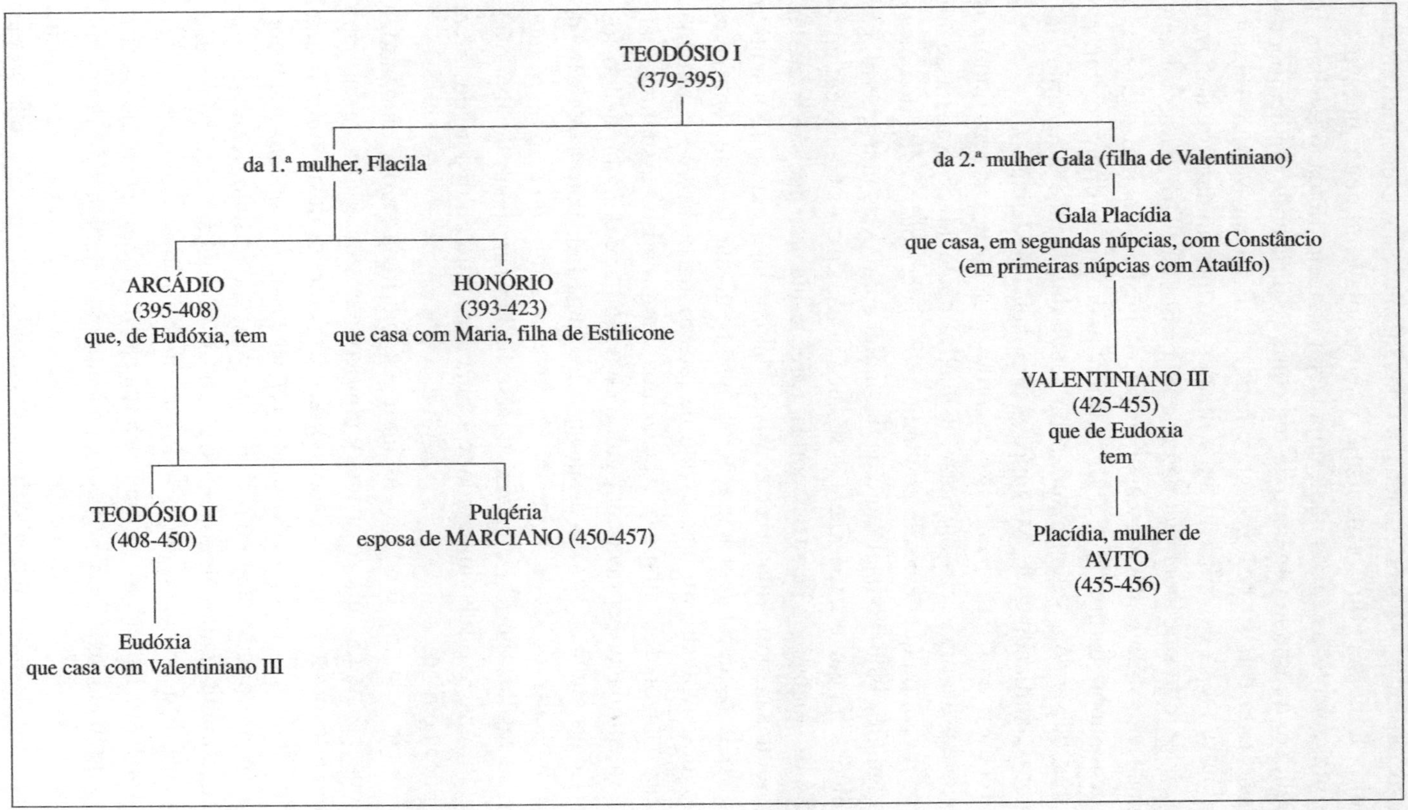


A HEREDITARIEDADE DE TEODÓSIO

zeloso executor das suas ordens. O paganismo estava definitivamente sepulto. E, no seio do Cristianismo, era o catolicismo que triunfava.

Infelizmente, as coisas não caminharam tão bem no plano estritamente político. Acusando Graciano de ser, como se diria hoje, um democrata-cristão chui e falso beato, o governador da Britânia, Magno Máximo, rebelou-se-lhe. A conspiração tinha filiados até mesmo na corte do jovem imperador, que se encontrava naquele momento em Paris e que foi apunhalado enquanto tentava escapar. Hipocritamente, Máximo deplorou o incidente numa carta a Teodósio, em que lhe propunha dividir o Império em três, deixando a Valentiniano, sob a tutela de sua mãe e de Ambrósio, a Itália, e confiando a ele, Máximo, as províncias ocidentais.

Teodósio era um cavalheiro de reflexos lentos. Os seus inimigos chamavam-lhe um «caga-dúvidas», e efectivamente talvez exagerasse um pouco no tempo que levava a ponderar as suas decisões. O fim do colega e amigo Graciano, ao qual tanto devia, indignara-o. Mas uma guerra, nas condições em que o Império então se encontrava, com os Godos em alvoroço e os Hunos e os Persas às portas, pareceu-lhe uma decisão a rejeitar. Enviou uma resposta dilatória e evasiva. Máximo interpretou-a em sentido positivo. E, esquecendo a acusação de falso beato que lançara contra Graciano, desenvolveu um grande zelo na luta contra os hereges, para conquistar o favor de Ambrósio. Apesar dos compromisos assumidos para com Valentiniano, pensava com gulodice na Itália, conseguiu que aí fossem aceites alguns dos seus destacamentos mais fiéis com o pretexto de reforçar as guarnições de fronteira, e tudo teria terminado com outro regicídio se Justina, aterrorizada, não tivesse fugido para junto de Teodósio, levando consigo o filho imperador e a filha Gala, que, entre parêntesis, era um amor de filha.

Era tão bela que Teodósio, assim que a viu, ficou logo apaixonado, e o amor fez aquilo que o cálculo político não conseguira fazer, para estimulá-lo a castigar o usurpador. O recontro entre os dois exércitos deu-se na Panónia. E Máximo, derrotado, foi decapitado. Teodósio casou com Gala, acompanhou a sogra e o cunhadito de volta a Milão, fez-lhes companhia durante algum tempo, e este gesto serviu também para estabelecer uma espécie de tutela do Império do Oriente sobre o do Ocidente.

Ambrósio, entretanto, continuara a sua batalha contra a heresia. Os arianos, aniquilados por Teodósio em Constantinopla, tinham sido protegidos em Itália por Justina, que educara Valentiniano segundo as suas teorias. Agora, Justina pediu que lhe fosse concedida pelo menos uma igreja.

Ambrósio respondeu que não. Valentiniano cominou-lhe o exílio. E Ambrósio não se moveu. Era um santo, sim, mas tinha um grande caracterzinho. Logo a seguir deram-se outros episódios clamorosos. Os cristãos de Calínico queimaram a sinagoga. Teodósio, ainda em Milão, ordenou que fosse reconstruída à custa dos culpados. Ambrósio foi pedir a revogação daquela ordem. E, como não foi recebido, agarrou na caneta e no tinteiro: «Escrevo-te para que me escutes no teu palácio. De outro modo, far-me-ei ouvir na minha igreja...».

O que é que se passara no mundo, para permitir que um padre se elevasse a juiz do chefe supremo do Estado, do qual, até àquele momento, era apenas um simples funcionário? Se Teodósio fosse Valentiniano I, também teria tido uma síncope, tal foi a sua cólera. Mas, pelo contrário, calou-se e vergou-se. Pouco depois teve de intervir contra os de Tessalonica, que tinham massacrado os guardas, culpados de terem preso um auriga, ídolo dos *tiffosi*. Agiu com a mão um bocado pesada, é certo, mas desta vez não se tratava de questões religiosas. No entanto, mesmo nessa ocasião Ambrósio se insurgiu, falou do púlpito, recusou encontrar-se com o imperador e proibiu-lhe o acesso à igreja enquanto ele não pediu solene e humildemente perdão. Era o triunfo do poder espiritual sobre o temporal, e para o celebrar foi composto um hino, propositadamente: *Te Deum laudamus*.

O paganismo teve ainda um sobressalto com Arbogaste, um *condottiero* franco que lhe permanecera fiel e que prestara assinaláveis serviços ao Império, no governo de Graciano. Agora era o chefe dos guardas de Valentiniano, mas desprezava aquele rapazinho que se punha de joelhos diante de Ambrósio e lhe beijava o anel. Um dia, o jovem imperador foi encontrado morto na sua cama. Arbogaste disse que ele se suicidara, e não lhe usurpou o lugar. Apercebia-se de que o Império Romano, por muito em decadência que estivesse, ainda não chegara ao ponto de aceitar um bárbaro como ele no trono. E elevou a esse lugar Flávio Eugénio, chefe das repartições civis, qualquer coisa como chanceler de Sua Majestade, deixando para si o comando do exército.

Nem mesmo desta vez Teodósio reagiu de imediato. Pelo contrário, deixou passar dois anos antes de se decidir ao castigo. Neste período, Arbogaste impôs a Eugénio uma política que pretendia ser de tolerância e de equidistância em relação às duas religiões. Mas ele próprio teve de se render à evidência de que o paganismo não ressuscitava, nem com injecções de adrenalina.

No ano 394, o imperador e o usurpador entraram em guerra. Flávio e Arbogaste, que esperavam o inimigo em Itália, cobriram os desfiladeiros dos Alpes Orientais com estátuas de Júpiter, o qual fez, assim, a sua última aparição entre os homens, armado de raios de ouro. Teodósio, antes de partir, fora ao deserto da Tebaida visitar um anacoreta que lhe predissera a vitória.

Cada um dos exércitos mobilizara, assim, o deus respectivo, e de facto o recontro foi resolvido por uma espécie de milagre meteorológico: um violentíssimo vento boreal que, soprando nos olhos dos flavianos, quase os cegou. Júpiter, Arbogaste e Eugénio foram arrastados na mesma catástrofe. Mas quem os derrotou em nome de Jesus, embora sob o comando do imperador romano Teodósio, foram principalmente os Godos pagãos, às ordens de Alarico.

Teodósio, tendo chegado a Milão como vencedor, aí morreu de hidropisia. O imperador romano não tinha ainda cinquenta anos, e nunca fora a Roma, agora isolada da grande política. Não fora um grande, mas sim um bom soberano: leal e honesto, embora um pouco timorato e temeroso.

Deixava dois filhos: Arcádio, de dezoito anos, e Honório, de onze.

# 50

# O Fim

O Império do Ocidente, que cabia ao pequeno Honório, já fora considerado por Teodósio satélite do do Oriente, que um bispo submetera à tutela espiritual da Igreja, e que, para se defender, fora forçado a aceitar, dentro das suas próprias fronteiras, populações bárbaras, ainda pagãs e absolutamente desprovidas de estado e de direito. Mas mesmo no seu interior se estava a desagregar. Tendo deixado de estar protegidas por um exército, que as guerras externas reclamavam para as fronteiras, as pequenas comunidades de aldeia e de província entregam-se cada vez mais à protecção dos fidalgos provincianos, que podem dispor de milícias próprias. Esses fidalgos chamam-se *potentes*, e tornam-se cada vez mais independentes da autoridade central, à medida que esta enfraquece progressivamente. São também favorecidos por uma legislação que, de Diocleciano para a frente, petrificou a sociedade cada vez mais, ligando irrevogavelmente o camponês à terra e ao seu patrão, isto é, fazendo dele um servo da gleba, assim como do artesão um escravo do seu ofício. Agora, nasce-se com o destino traçado e não há possibilidade de mudá-lo. Quem abandona a propriedade ou a oficina, mesmo que consiga escapar aos carabineiros que imediatamente vão à sua procura, está destinado a morrer à fome, porque não encontra outro emprego. E quem é rico tem de continuar a pagar impostos, mesmo se alienar ou perder a riqueza. De outra maneira, vai para a prisão.

Estas leis, por muito absurdas que possam parecer, eram impostas pelas circuntâncias. Quando os esqueletos se partem, é preciso engessá-los.

O gesso não impede a decomposição, mas retarda-a. Tudo isto, porém, é o fim de Roma, da sua civilização, do seu ordenamento jurídico, que fazia de cada homem o árbitro do seu destino, igualava-o aos outros perante a lei e, com a cidadania, fazia dele não apenas um súbdito mas também um protagonista. Começou a Idade Média. O poderoso toma o lugar do Estado, ao qual se contrapõe, cada vez com maior sucesso, até que o quebra numa miríade de *feudos*, cada um deles com o seu senhor a comandá-lo, armado até aos dentes, ao lombo de uma massa amorfa, miúda e desarmada, abandonada aos seus caprichos e sem possuir qualquer direito: nem sequer o de mudar de profissão e de residência.

Ao lado do pequeno Honório, de onze anos, a quem cabia em herança aquele edifício a desmoronar-se, foi colocado o general Estilicão. Era um vândalo, isto é, um bárbaro de raça alemã, e a sua escolha diz-nos até que ponto os Romanos já estavam destruídos. Entre todos os oficiais do exército, apenas ele oferecia garantias de lealdade, de coragem e de perspicácia. E de facto, teve a oportunidade de dar imediatamente provas disso na situação que se gerou entre Milão e Constantinopla, mal Teodósio caíra na cova. O defunto imperador dividira o Império, mas não dissera que províncias pertenciam a cada um dos cotos. Arcádio, que subiu ao trono do do Oriente, e aconselhado pelo seu Estilicão, que se chamava Rufino, considerou como suas a Dácia e a Macedónia. Surgiu uma disputa entre as duas capitais. Alarico, que apesar das promessas ninguém compensara da cooperação que dera a Teodósio na guerra contra Arbogaste, marchou sobre Constantinopla. E com certeza tê-la-ia posto a saque se Rufino não o tivesse conseguido convencer de que a Grécia era um pedaço muito mais saboroso. O Império, incapaz de se defender, salvava a capital à custa das províncias.

O único que se indignou com isso foi Estilicão, o bárbaro, que enviou a Constantinopla um destacamento de tropas, que Arcádio lhe mandou pedir, tendo dado ordens ao seu comandante, Gaina, também ele bárbaro, para matar Rufino. As ordens foram escrupulosamente executadas, e para o lugar do defunto foi nomeado um adversário dele, o camarista da corte Eutrópio, com a intervenção do qual foi possível restabeler um entendimento entre os dois irmãos. Imediatamente, Estilicão aproveitou para meter os Godos na ordem, pois estavam a saquear o Peloponeso. Tinha-os já afunilado no istmo de Corinto, quando Constantinopla, ciumenta daquele êxito ocidental, estipulou uma aliança com eles e ordenou ao general que os deixasse em paz. Estilicão roeu-se todo, mas obedeceu, até porque naquele momento a África se revoltara, ajudada às escondidas por Arcádio e Eutrópio, ao mesmo tempo que vagas de bárbaros invadiam a Balcânia, e Alarico, o aliado de Constantinopla, depois de ter atravessado a Albânia e a Dalmácia, entrava, nem mais nem menos, na planície do Pó. O pobre general vândalo, o único que restava que acreditava no Império, que o servia com fidelidade, que era forçado a passar a vida sobre a sela de um cavalo lançado a galope, para tapar os buracos que se abriam por todo o lado, voltou à Itália e derrotou Alarico, mas sem destruir as suas forças, porque pensava fazer dele seu aliado contra as forças inimigas, cada vez mais prepotentes. E, não se fiando já em Milão, que, sem defesas naturais, podia ser conquistada por qualquer um, transferiu a capital para Ravena, uma aldeia de pouco valor, mas rodeada de pântanos palúdicos que tornariam impossível um assédio. Corria o ano 403 d.C.

A transferência foi feita precisamente a tempo de fugir a uma invasão de outros Godos, que se chamaram Ostrogodos para os distinguir dos Visigodos de Alarico, os quais, sob o comando de Radagaiso, passaram os Alpes e se abateram sobre a península, submergindo-a até à Toscana. Era a primeira vez, desde os tempos de Aníbal, que a Itália sofria uma afronta semelhante. Estilicão precisou de um ano para recrutar tropas. Só em 406 teve as forças suficientes para surpreender as de Radagaiso em Fiésole e exterminá-las. Mas ao mesmo tempo, Vândalos, Alanos e Suevos rompiam as defesas romanas de Mogúncia e entravam na Gália, onde desembarcava também, vindo da Britânia, um usurpador chamado Constantino, que pôs em fuga os bárbaros, os quais porém, em vez de se retirarem, invadiram a Espanha. As mais belas províncias do Ocidente estavam praticamente perdidas, e a Itália entregue a si própria.

Neste marasmo, em que qualquer um teria perdido a cabeça, Estilicão era o único que a mantivera fresca. Enquanto negociava com Alarico para garantir a sua ajuda, notificou uma incorporação entre os Italianos. Estes recusaram alistar-se, e acusaram-no de capitulação perante o bárbaro. Com que soldados desse bárbaro é que o general os poderia defender, uma vez que eles se recusavam a dar-lhos, só Deus sabe. Honório, aterrorizado, esqueceu de repente os serviços que durante dez anos aquele fiel capitão lhe prestara, e ordenou a sua prisão. Estilicão podia muito bem ter-se insurgido, porque as poucas tropas de que dispunha o Império só a ele eram fiéis. Mas tinha demasiado respeito pela autoridade para se rebelar. Trucidaram-no numa igreja, em Ravena. Foi, provavelmente, o mais estúpido, ignóbil e catastrófico dos delitos que se cometeu em nome de Roma. Não só privou o Império do seu melhor servidor, como deu a ver a todos os bárbaros que ainda lhe eram fiéis aquilo em que o Império se transformara. Eles eram os melhores funcionários e soldados que ainda aguentavam a barraca de pé. Acreditavam no prestígio de Roma. E Roma, ao matar Estilicão, destruiu-o com as suas próprias mãos.

A partir daí, tudo se precipitou. Alarico, em vez de vir para Itália como aliado, chegou como conquistador. Propôs um acordo a Honório, que o recusou com uma sobranceria que podia ter sido nobre se fosse acompanhada de um gesto de coragem, mas que se tornava insolente e ridícula na boca de um homem que se encerrava em Ravena tendo como seus defensores apenas os mosquitos e abandonando o resto da Itália ao adversário. Este marchou precisamente sobre Roma e assediou-a. O mundo susteve a respiração. Como? Chegava-se à ousadia de assediar Roma?

O próprio Alarico parecia dominado por um medo infundado, quando a cidade se rendeu sem combater, e proibiu os seus soldados de nela entrarem. Entrou sozinho, e desarmado, para pedir ao Senado que depusesse Honório. E o Senado, que agora existia apenas como figura, anuiu imediatamente. Mas no ano seguinte, como Honório não descia do trono, ele voltou a Roma, e desta vez acampou lá todo o exército, mas proibindo, ou tentando proibir, o saque. Os bárbaros vaguearam pela cidade, espantados e assustados com a sua própria audácia. Nas selvas germânicas de onde os seus antepassados eram originários, sempre se contaram fábulas sobre Roma, como de uma miragem inatingível. Mais do que espoliar, foram espoliados, por uma população que desaprendera de combater mas aprendera a roubar. E o próprio Alarico se transformou de conquistador em prisioneiro, quando se encontrou diante de Gala Placídia, a belíssima filha de Teodósio, e meia-irmã de Honório e de Arcádio. A partir daquele momento, o rei a quem obedeciam os Godos passou a ter uma rainha a quem obedecer. Levou-a consigo, rodeando-a de todas as honras na sua última aventura: a expedição a África. Mas, enquanto a preparava nas costas da Calábria, a morte colheu-o em Cosenza. Os seus soldados mandaram-lhe construir um túmulo subterrâneo, enorme e faustoso. Em seguida, para que ninguém viesse a conhecer o seu segredo e o violasse, mataram todos os escravos que trabalharam na sua escavação. Como seu sucessor foi aclamado o irmão de sua mulher, Ataúlfo, um belíssimo rapaz de quem Gala Placídia era amante havia já algum tempo.

A profanação de Roma de 410 e a escolha voluntária feita por uma princesa de sangue real, que à sofisticada corte imperial preferira a tenda singela de um chefe bárbaro, mergulharam no horror o mundo inteiro. Os pagãos disseram que era uma vingança dos deuses pela traição dos homens. E os cristãos, que tinham lutado contra Roma durante quatro séculos, agora, na hora da sua queda, sentiram-se de repente órfãos, e viram nisso o sinal da vinda do Anticristo. «A fonte das nossas lágrima secou», soluçou S. Jerónimo.

Honório era o único que parecia estar-se nas tintas. Fechado entre os charcos da sua Ravena, recusou a anuência ao casamento de Gala com Ataúlfo e, insensível à desagregação em que a própria Itália se precipitava, vegetou até 423, quando morreu. Demasiado cedo, para os seus jovens anos. Demasiado tarde, para o modo como os preenchera. Também Ataúlfo morrera, muito tempo antes, sob o punhal de um bárbaro, e Gala, viúva, regressara a casa. Honório casou-a à força com um general caquético, Constâncio; e, como não tinha herdeiros, designou como seu sucessor o filho nascido deste casamento: Valentiniano III.

Também Arcádio, em Constantinopla, morrera havia já algum tempo, deixando no trono um rapazinho: Teodósio II. E foi um espectáculo tragicómico o que se viu naquele momento em que os dois cotos do Império, acossados pela mesma catástrofe, entravam em contacto apenas para litigar sobre a delimitação das fronteiras. O Império estava já todo nas mãos dos bárbaros, e os dois imperadores romanos, além do mais primos-irmãos, lutavam entre si por uma soberania teórica sobre províncias praticamente já perdidas. Apenas em África a romanidade mostrava uma última chispa de orgulho e de coragem, com o general Bonifácio, condenado já por alta traição, e o bispo Agostinho, assediados em Hipona, resistindo aos Vândalos de Genserico. Foi na fúria da batalha, em que caiu, que o prelado escreveu a sua obra capital: *A Cidade de Deus*.

O ameaçador predomínio do elemento germânico sobre o romano encontrava o seu símbolo e síntese nas vicissitudes da família imperial. Em Ravena, Valentiniano III estava no trono, mas a verdadeira rainha era Placídia, que escolhera, como instrumento do seu poder, um outro bárbaro, Écio, digno sucessor de Estilicão. Ela demonstrara que não acreditava nos Romanos, nem sequer como maridos. Imaginem se ia confiar neles como generais e homens de Estado. Quando no horizonte surgiu Átila, à frente dos seus terríveis Hunos, ela levou sua filha, Honória, a fazer aquilo que ela própria fizera com Ataúlfo: propôs-lha como esposa. Compreendia que Roma, agora, com os bárbaros só podia sair vencedora num único campo de batalha: a cama.

Mas Átila não era Alarico. Em vez de se entusiasmar com Honória, reclamou um dote disparatado: a Gália. Era a mais bela província do Império e, apesar de a soberania imperial ser aí apenas teórica, a corte de Ravena não podia renunciar a ela. Átila invadiu-a da mesma maneira, e Écio teve de entrar em guerra com ele. Mas, para conseguir um exército adequado, foi obrigado, por um milagre da diplomacia, a ter como aliado na empresa o rei dos Visigodos, Teodorico. A gigantesca batalha travou-se nos Campos Cataláunicos, perto de Troyes. Os Romanos venceram, mas de Romanos tinham apenas o rótulo. Bárbaros eram aqueles que derrotaram outros bárbaros, e o seu comandante supremo era um bárbaro romanizado. Este ficou dono do campo de batalha, mas não seguiu o inimigo que se retirava em boa ordem. Não tinha forças suficientes ou esperava fazer dele seu aliado, como Estilicão fizera com os Godos?

Em 452, Átila voltou. Desta vez, porém, não vinha para atacar a Gália, mas sim a própria Itália. Valentiniano, que, após a morte de sua mãe, assumira o poder efectivo, não quis repetir o erro indecoroso de Honório abandonando Roma ao seu destino. E, contra o parecer de Aécio, que o aconselhava a fugir para o Oriente, até para se desembaraçar dele, transferiu-se para a Urbe, para partilhar a sua sorte. E aqui entrou em acordo com o papa, Leão I, para enviar uma embaixada de senadores a Átila, já acampado junto ao rio Míncio.

Segundo a lenda, Átila atemorizou-se perante a ameaça de ser excomungado se ousasse atacar Roma. Mas, uma vez que era pagão, não vemos o que é que a excomunhão pudesse significar para ele. Contudo, em vez de atravessar os Apeninos, atravessou os Alpes, e no ano seguinte morreu. Do vasto e efémero Império que construíra, desde a Rússia até ao Pó, nada restou, nem sequer o povo, que se desintegrou e foi rapidamente absorvido pelas populações eslavas e germânicas, no meio das quais acampara como se fosse dono.

O fim deste perigoso inimigo foi um alívio para a Itália e para a Europa, mas uma paulada na cabeça para Aécio, que, fechado em Ravena, não colaborara absolutamente nada para isso. Valentiniano, que sempre suportara com dificuldade aquele servidor com ar de patrão, viu aí a oportunidade para se livrar dele, como Honório fizera com Estilicão. E fê-lo com as próprias mãos, trespassando-o com a espada, um dia em que discutiram. Outro erro fatal, pois imediatamente todos os bárbaros que estavam acampados nas províncias do Império e que tinham aceitado uma vassalagem teórica, entraram em agitação, e um deles matou o próprio Valentiniano, no Campo de Marte. Genserico, o rei dos Vândalos que agora eram senhores de África, chegou com o seu exército, anunciando-se como vingador do imperador. Na realidade, o que pretendia era que o seu lugar fosse ocupado por seu próprio filho, Unérico, casando-o com a filha do defunto, Eudócia. O casamento fez-se. Mas enquanto os soldados o festejavam, saqueando escrupulosamente a cidade e dando assim à palavra «vândalos» o significado que todos conhecemos, o novo rei dos Visigodos, Teodorico II, conseguia que fosse eleito na Gália outro imperador da sua confiança, Avito.

Genserico voltou para África a correr, mas com um belo espólio: a nora, a comadre, viúva de Valentiniano, com a outra filha, Placídia, e alguns milhares de Romanos bem colocados, entre os quais algumas dúzias de senadores, como que para dizer que Roma agora era coisa sua. Chegado a casa, preparou uma frota com a qual ocupou a Sicília, a Córsega e a Itália Meridional. Mas Avito tinha um grande general, bárbaro, já se vê, e do estofo de Estilicão e de Aécio: Ricimero. Este derrotou o inimigo numa grande batalha naval, a seguir depôs Avito, que encontrou consolação na fé e se fez nomear bispo de Piacenza, e só quatro anos depois, em 457, é que nomeou um sucessor para ele, escolhendo-o na pessoa de Majoriano.

Fê-lo apenas para tratar de chamar à ordem os Vândalos, os Visigodos e todos aqueles bárbaros que se aproveitaram da falta de um imperador para se proclamarem também formalmente independentes. Mas de pouco serviu. Eles continuaram a fazer aquilo que lhes convinha. Majoriano tentou uma expedição contra Genserico, que lhe destruiu a frota à traição, e Ricimero, indignado com a ideia de ele querer governar a sério, mandou-o trucidar, para substituí-lo por Líbio Severo, homem mais maleável. Mas Genserico pensava de modo diferente. Tendo renunciado a fazer subir ao trono o filho Unérico, marido de Eudócia, colocava agora as suas esperanças no senador Anício Olíbrio, a quem dera como mulher a irmã de sua nora, Placídia. E iniciara uma nova guerra, ou melhor, continuara com mais vigor aquela que combatia contra Roma havia anos.

Para se defender dela, Ricimero teve uma boa ideia: a de oferecer o trono, por morte de Severo, a um homem de confiança de Constantinopla, e de assim garantir a sua ajuda. Chamava-se Procópio Antémio. Veio para Itália em 467, coroou-se, armou uma frota de mil barcos com cem mil homens às ordens do general Basilisco e enviou-a para as costas da Tunísia. Basilisco, assim que desembarcou, não soube fazer nada melhor do que um acordo para uma trégua de cinco dias com Genserico, que atacou os barcos de surpresa e os incendiou. Falou-se em traição do general.

A traição, na verdade, fora cometida pela corte de Constantinopla, que concluíra, às ocultas, um pacto de aliança com o rei dos Vândalos. O qual retomou a ofensiva, desembarcou em Itália e, pela terceira vez, pôs Roma a saque. Ricinero aceitou Olíbrio como novo imperador, mas morreram ambos naquele ano de 472.

Os vândalos tentaram pôr Glicério no trono, à força. Mas Constantinopla não o reconheceu, nomeou em seu lugar Júlio Nepote e, para protegê-lo de Genserico, comprou a este uma paz desastrosa, reconhecendo-lhe a senhoria não apenas de toda a África, mas também da Sicília, da Sardenha, da Córsega e das Baleares. No ano a seguir, o rei dos Visigodos, Eurico, em troca da neutralidade, obteve a Espanha. Burgúndios, Alamanos e Rúgios repartiram entre si o resto das Gálias. E o Império do Ocidente ficou reduzido apenas à Itália. Nepote deu ordens ao general Orestes para desmobilizar o exército, que já não podia manter. Os bárbaros que o compunham amotinaram-se, Orestes tomou o seu comando, e Nepote fugiu para se juntar, na Dalmácia, àquele Glicério que ele próprio desterrara para lá, depois de lhe ter usurpado o trono.

Orestes proclamou soberano seu filho, Rómulo Augusto. Uma ironia do destino quis dar a este rapaz, destinado a ser o último imperador de Roma, o nome do primeiro. Mas os soldados bárbaros, inebriados pela vitória, agora exigiram terras mesmo no coração da península, e uns queriam a planície do Pó, outros a Emília e outros a Toscana. Um dos seus oficiais, Odoacro, pôs-se à testa da revolta, atacou Orestes em Pavia, derrotou-o e matou-o. Rómulo Augusto, a quem a história chamou, depois, «Augústulo», isto é, «Augusto, o pequeno», para distingui-lo do grande, foi deposto e isolado no Castelo do Ovo, em Nápoles, com uma rica pensão. Odoacro enviou ao imperador do Oriente, Zenão, as insígnias do Império, e declarou que dali em diante governaria a Itália, como seu lugar-tenente.

Desta vez, acabara mesmo: não apenas de facto, mas também de nome. As águias tinham voado para longe. Começava a Idade Média.

# 51

# Conclusão

Aqui termina a nossa história. Como todos os grandes Impérios, o romano não foi abatido pelo inimigo externo, mas corroído pelos seus males internos. E o seu acto de morte não foi assinalado pela deposição de Rómulo Augústulo, mas sim pela adopção do Cristianismo como religião oficial do Estado e pela transferência da capital para Constantinopla. Com este acontecimento duplo começa, para Roma, outro capítulo.

A maioria dos estudiosos afirma que esta catástrofe foi provocada, sobretudo, por dois factos: o Cristianismo e a pressão dos bárbaros, que desciam do Norte e do Oriente. Nós não o cremos. O Cristianismo não destruiu nada. Limitou-se a enterrar um cadáver: o de uma religião em que já ninguém acreditava, e a substituir o vazio que ela deixava. Uma religião não conta pelos templos que constrói e pelos ritos que realiza, mas sim na medida em que fornece uma regra moral de conduta. O paganismo fornecera essa regra. Mas quando Cristo nasceu, já ela caíra em desuso, e os homens, consciente ou inconscientemente, estavam à espera de outra. Não foi o surgimento da nova fé que provocou o declínio da velha; foi, aliás, o contrário. Tertuliano, que via o assunto com clareza, escreveu-o abertamente. Para ele, todo o mundo pagão estava em declínio. E quanto mais depressa fosse enterrado, melhor seria para todos.

Quanto aos inimigos externos, Roma estava habituada havia mil anos a tê-los, a combatê-los e a vencê-los. Os Visigodos, os Vândalos e os Hunos, que surgiam dos Alpes, não eram guerreiros mais ferozes e entendidos do que os Cimbros, os Teutões e os Gauleses que César e Mário tinham enfrentado e destruído. E nada nos permite crer que Átila fosse um general maior do que Aníbal, que venceu dez batalhas contra os Romanos e depois perdeu a guerra. Só que encontrou a impedir-lhe a passagem um exército romano composto exclusivamente de Alemães, incluindo os oficiais, porque Galieno proibira o serviço militar até aos senadores. Roma já se encontrava ocupada e presidida por uma milícia estrangeira. A chamada «invasão» mais não foi do que um render da guarda entre bárbaros.

Mas mesmo a crise militar era apenas o resultado de uma decadência mais complexa, antes de mais biológica. Começara pelas classes altas de Roma (porque, como dizem em Nápoles, «o peixe começa a cheirar mal pela cabeça») com o afrouxamento dos vínculos familiares e a difusão das práticas malthusianas e abortivas. A velha aristocracia orgulhosa, que foi, talvez, a maior classe dirigente que o mundo conheceu, e que durante séculos dera o exemplo da integridade, da coragem, do patriotismo, em suma, do «carácter», depois das guerras púnicas e, mais ainda, depois de César, começou a dar exemplos de egoísmo e de vício. As famílias que a compunham também foram, é certo, dizimadas pelas guerras, onde os seus rebentos caíam generosamente, e pelas perseguições políticas, mas extinguiram-se, sobretudo, por escassez de filhos. Grandes reformadores, como César e Vespasiano, tentaram substituí-la por dinastias mais sólidas de burgueses provincianos e camponeses. Mas esses, por sua vez, também se corrompiam, e a segunda geração era já composta de «dândis» amolecidos, que só não acabavam no cinema, porque ainda não havia cinema.

Este mau exemplo começou a alastrar rapidamente, e já no tempo de Tibério foram previstos subsídios aos camponeses, para os encorajar a terem filhos. É evidente que, para além do morticínio das pestes e das guerras, também no campo se usavam as práticas malthusianas, e ele despovoava-se. Pertinaz oferecia gratuitamente as quintas abandonadas a quem se comprometia a cultivá-las. E, neste vazio material, consequência do vazio moral, infiltravam-se os estrangeiros, principalmente do Oriente, em doses tão maciças que Roma não teve tempo de os absorver e refundir numa sociedade nova e vital. Este processo de assimilação funcionou até César, que chamou os Gauleses para participarem na vida da Urbe, fazendo deles cidadãos, funcionários, oficiais e até senadores. Mas isso tornou-se impossível com os Germanos, muito mais refractários à civilização clássica, e resultou numa catástrofe com os orientais, que nela se insinuaram, sim, mas para corrompê-la.

A consequência de tudo isto foi, no plano político, o despotismo iniciado com Tibério, e que só em alguns casos foi «iluminado». Mas é asneira tomá-lo como alvo da crítica e atirar-lhe com as culpas da catástrofe. O despotismo é sempre uma desgraça. Mas há situações em que se torna necessário. Roma encontrava-se numa dessas situações, quando César o instaurou. Bruto, que o matou, se não era um ambicioso vulgar, era certamente um pobre diabo que pensava curar o grande doente eliminando não o bacilo, mas sim a febre. Também a experiência socialista e planificadora de Diocleciano foi uma desgraça e não resolveu nenhum problema. Mas as consequências impunham-no, como último e desesperado remédio. Se olharmos as coisas de um plano superior e lhes quisermos atribuir um motivo, pode dizer-se que Roma nasceu com uma missão, cumpriu-a, e acabou quando ela acabou. Essa missão foi a de recolher as civilizações que lhe eram anteriores, a grega, a oriental, a egípcia e a cartaginesa, fundi-las, e difundi-las em toda a Europa e na bacia do Mediterrâneo. Não inventou grande coisa, nem na filosofia, nem na arte, nem na ciência. Mas proporcionou as estradas para a sua circulação, os exércitos para defendê-las, um conjunto formidável de leis para garantir o seu desenvolvimento com ordem, e uma língua para as tornar universais. Nem sequer inventou formas políticas: monarquia e república, aristocracia e democracia, liberalismo e despotismo já tinham sido experimentados. Mas Roma fez deles modelos, e em cada um deles brilhou, pelo seu génio prático e organizador.

Ao abdicar com Constantino, confiou a sua estrutura administrativa a Constantinopla, que dela viveu por mais mil anos. E o próprio Cristianismo, para triunfar no mundo, teve de tornar-se romano. Pedro compreendera muito bem que só seguindo pela Ápia, pela Cássia, pela Aurélia e por todas as outras vias construídas pelos engenheiros romanos, e não pelas pistas instáveis que levavam ao deserto, os missionários de Jesus conquistariam a terra. Os seus sucessores chamaram-se Sumos Pontífices, como aqueles que presidiam aos actos religiosos da Urbe pagã. E contra a austera regra hebraica, introduziram na nova liturgia muitos elementos da pagã: o fausto e a espectacularidade de certas cerimónias, a língua latina, e até um vestígio de politeísmo na veneração dos santos.

Assim, já não como centro político de um Império, mas como cérebro directivo da Cristandade, ela preparou-se para se tornar *caput mundi*, e continuou a sê-lo até à Reforma protestante.

Jamais outra cidade no mundo teve uma aventura mais maravilhosa. A sua história é de tal maneira grande, que faz até parecer pequeníssimos os delitos gigantescos nela disseminados. Talvez um dos problemas da Itália seja precisamente este: ter por capital uma cidade desproporcionada, em nome e em passado, em relação à modéstia de um povo que, quando grita «Força, Roma!», se refere apenas a uma equipa de futebol.

# Cronologia

*AB URBE CONDITA*

*c. 2000 a.C.* – A Itália é invadida por populações nórdicas, que se fundem com os indígenas lígures e sículos: crê-se que neles tenham tido origem os Úmbrios, os Sabinos e os Latinos.

*c. 1000* – Desenvolvimento de Alba Longa, capital do Lácio.

*21 de Abril de 753* – Data tradicional da fundação de Roma.

*Até c. 600* – Os reis agricultores.

*600-509* – Os reis mercadores.

*S.P.Q.R.*

*509 a.C.* – Os Etruscos são expulsos da cidade e é instaurado em Roma um governo republicano. Pacto com Cartago.

*493* – Os plebeus retiram-se para o Monte Sacro. Após a vitória romana no lago Regilo, é estipulado o *foedus Cassianum*, entre Romanos e Latinos.

*451-449* – Biénio dos decênviros e publicação da Lei das Doze Tábuas.

*449* – Outra saída da plebe de Roma.

*445* – A *lex Canuleia*, sobre os casamentos entre patrícios e plebeus.

*396* – Após uma longa guerra, quase secular, Veios é destruída.

*386* – Os Gauleses de Breno derrotam os Romanos, entram em Roma e saqueiam-na.

*343-341* – Primeira guerra samnítica.

*327-304* – Segunda guerra samnítica.

*195-190* – Guerra contra Antíoco da Síria, e derrota de Antíoco em Magnésia.

*186* – Nova revolta de escravos na Apúlia.

*171-168* – Guerra contra Perses da Macedónia, e sua derrota em Pidna.

*149-146* – Terceira guerra púnica.

*146* – Destruição de Cartago. Saque de Corinto.

*139-133* – Revolta de escravos na Sicília.

*133* – Tibério Graco é eleito tribuno e propõe a Lei Agrária.

*123* – Caio Graco é eleito tribuno.

*117-105* – Contencioso e guerra com Jugurta da Numídia.

*102* – Mário destrói os Teutões em *Aquae Sextiae* (Aix-en-Provence).

*101* – Mário destrói os Cimbros perto de Vercelli, nos Campos Raudii.

*100* – Mário é eleito cônsul pela sexta vez.

*90-88* – Guerra social, contra os *sócios* da Itália centro-meridional; concessão da cidadania aos itálicos.

*88* – Sila marcha sobre Roma e Mário foge.

*86* – Sila bate em Queroneia um exército de Mitridates, rei do Ponto.

Mário morre.

*82-79* – Ditadura de Sila.

*78* – Sila morre, depois de ter abdicado no ano anterior.

*74-64* – Segunda guerra com Mitrídates.

*72* – Termina em Espanha uma longa guerra para sufocar a rebelião do mariano Sertório.

*72-71* – Guerra contra os gladiadores e os escravos, chefiados por Espártaco.

*69* – Lúculo na Arménia.

*67* – Pompeio contra os piratas.

*63* – A conjura de Catilina durante o consulado de Cícero.

*60* – César, Pompeio e Crasso entram em acordo e formam o chamado primeiro triunvirato.

*58-51* – A campanha de César na Gália.

*53* – Crasso perde a vida no Oriente, combatendo contra os Partos.

OS CÉSARES

*49* – César, em Janeiro, atravessa o Rubicão com as suas legiões da Gália em armas.

Guerra em Espanha contra os pompeianos.

*48* – A guerra contra Pompeio na Grécia.

Batalha de Farsalo e fuga de Pompeio.

Pompeio é morto no Egipto por Ptolomeu.

*48-47* – César no Egipto, contra Ptolomeu.

*47* – César derrota Fárnaces em Zela.

*47-46* – Campanha de África contra os pompeianos; vitória de César em Tapso.

*46-45* – Campanha em Espanha contra os pompeianos; vitória de César em Munda.

*44* – A 15 de Março, César é morto pelos conjurados.

*43* – António, Octaviano e Lépido entram em acordo para o segundo triunvirato. Cícero é morto por ordem dos triúnviros.

*42* – Bruto e Cássio matam-se no recontro de Filipos.

*40* – Recontro de Perúgia entre as forças de Octaviano e as de António. António vai à Pérsia.

*31* – Batalha de Áccio, entre Octaviano e António e Cleópatra.

*29* – Octaviano, ficando como senhor único, celebra o triunfo.

*27* – O Senado abdica dos seus poderes e confere-lhe o título de Augusto.

*c. 4* – Nasce, na Palestina, Jesus Cristo.

*9 d.C.* – Massacre das legiões de Varo, na Germânia.

*14* – Morte de Augusto.

*Príncipes da dinastia Cláudia:*

*14-37* – Tibério.

*26* – Tibério afasta-se de Roma e retira-se para Capri.

*30* – Neste ano, provavelmente, morre em Jerusalém Jesus Cristo.

*31* – Queda de Sejano.

*37-41* – Calígula.

*41-54* – Cláudio.

*54-68* – Nero.

*64* – Roma é gravemente danificada por um incêndio, do qual Nero acusa os cristãos, dando assim início à série de perseguições contra eles.

*68-69* – Sucedem-se três imperadores : Galba, Otão, Vitélio.

*Príncipes da dinastia Flávia:*

*69-79* – Vespasiano.

*70* – Jerusalém é destruída por Tito.

*79-81* – Tito.

*79* – A erupção do Vesúvio.

*81-96* – Domiciano.

*96* – Morto Domiciano, o Senado nomeia imperador Cocceio Nerva.

*98* – Nerva morre e indica para imperador Trajano.

*98-117* – Trajano.

*101-107* – Campanha para a conquista da Dácia.

*113-117* – Campanha no Oriente contra os Partos.

*117-138* – Adriano.

*138-161* – Antonino Pio.

*161-180* – Marco Aurélio.

*165-180* – Guerra contra os Quados, os Lombardos, os Marcomanos e os Sármatas.

*180-192* – Cómodo.

*193* – Seguem-se, num único ano, Pertinaz, Dídio Juliano e, ao mesmo tempo, Clódio Albino, Séptimo Severo e Pescénio Nigro.

*Os Severos*

*193-211* – Séptimo Severo.

*211-217* – Caracala.

*212* – É concedida a cidadania romana a todos os libertos do Império.

*217-218* – Macrino.

*218-222* – Eliogabalo.

*222-235* – Severo Alexandre.

*235-268* – A anarquia militar.
Maximino.
Gordião.
Balbino.
Gordião II.
Filipe o Árabe.
Décio (249-251)
Galo.
Emiliano.
Valeriano.
Galieno (253-268).

*268-270* – Cláudio II.

*270-275* – Domício Aureliano, *Restitutor Orbis*.

*275-276* – Tácito.

*276-282* – Marco Aurélio Probo.

*282-283* – Marco Aurélio Caro.

*284-305* – Diocleciano.

*301* – Édito sobre os preços.

*303* – Édito contra os cristãos.

*305* – Abdicação de Diocleciano.

*305-306* – Constâncio Cloro.

*305-312* – Lutas entre Galério, Maximiano, Maxêncio, Severo, Maximino e Constantino.

*312, 27 Outubro* – Derrota de Maxêncio na Ponte Múlvia, perto de Roma.

*312-337* – Constantino (era já Augusto desde 307).

*311* – Édito de Galério a favor dos cristãos.

*313* – Édito de Milão, promulgado por Constantino, a favor dos cristãos.

*325* – Constantino convoca em Niceia o Concílio Ecuménico contra Ário.

*330* – Inaugura em Bizâncio a *Nova Roma*, isto é, Constantinopla.

*337* – Constantino recebe o baptismo e morre. Constantino II, Constâncio, Constante, Delmácio, Anibaliano. Anibaliano e Delmácio são mortos.

*337-361* – Constâncio.

*340* – Morre Constantino II.

*350* – Morre Constante.

*350-353* – Luta contra Magnêncio.

*355* – Juliano é nomeado César por Constâncio.

*361-363* – Juliano, o Apóstata.

*363-364* – Joviano.

*364-375* – Valentiniano.

*364-378* – Valente (colega de Valentiniano).

*367-383* – Graciano (também colega de Valentiniano e seu sucessor).

*374* – Ambrósio, governador da Ligúria e da Emília. Ambrósio, bispo de Milão.

*375-392* – Valentiniano II.

*378* – Valente é derrotado e morto pelos Godos, na batalha de Adrianópolis.

*379* – Graciano toma como colega Teodósio.

*379-395* – Teodósio.

*383-388* – Magno Máximo.

*392 -394* – Flávio Eugénio.

*394* – Flávio Eugénio tomba em batalha (no Frígido) contra Teodósio.

*395* – Arcádio e Honório dividem o Império entre si.

*395-408* – Arcádio.

*395-423* – Honório.

*408* – Assassínio de Estilicão.

*408-450* – Teodósio II.

*410* – Alarico saqueia Roma. Alarico morre enquanto está preparando uma expedição a África.

*410-415* – Ataúlfo, rei dos Visigodos.

*425-455* – Valentiniano III.

*430* – Os Vândalos de Genserico assediam Hipona, onde morre Santo Agostinho.

*451* – Os Hunos de Átila invadem a Gália e são derrotados por Aécio nos Campos Cataláunicos.

*452* – Átila imobilizado em Itália por Leão I.

*453* – Morte de Átila.

*454* – Valentiniano mata Aécio.

*455-456* – Avito.

*455* – Saque de Roma por parte dos vândalos.

*457-461* – Majoriano.

*461-465* – Líbio Severo.

*467-472* – Procópio Antémio.

*472* – Olíbrio. Morre Ricimero.

*473-474* – Glicério.

*474-475* – Júlio Nepote.

*474* – Genserico é reconhecido como senhor da África, da Sicília, da Sardenha, da Córsega e das Baleares.

*475* – Eurico, rei dos Visigodos, obtém a Espanha. As Gálias são repartidas pelos Burgúndios, Alamanos e Rúgios.

*475-476* – Rómulo Augusto.

*476* – Odoacro depõe Rómulo Augusto e envia ao imperador do Oriente, Zenão, as insígnias do Império, assumindo apenas o título de «patrício». Assim termina a série dos imperadores do Império romano do Ocidente.

# Índice